ПРАВОВОЙ СЛОВАРЬ ПРЕДПРИНИМАТЕЛЯ

С приложением действующего законодательства
Российской Федерации, связанного с предпринимательством

МОСКВА
НАУЧНОЕ ИЗДАТЕЛЬСТВО
«БОЛЬШАЯ РОССИЙСКАЯ ЭНЦИКЛОПЕДИЯ»
1993

34(03)
П68

Редакция теории государства и права: зав. ред. Н.Л. ТУМАНОВА, вед. научн. ред. К.Н. ЯЦЫНИНА, научн. ред.: Г.В. ГАНИНА, Г.Н. КОЛОКОЛОВА, редактор Л.Н. ВЕРВАЛЬД.

Научные консультанты: доктор юридических наук, проф. О.А. ЖИДКОВ; кандидат экономических наук В.А. ФИРСОВ.

В подготовке "Правового словаря предпринимателя" принимали участие:

Техническая редакция – зав. Р.Т. НИКИШИНА.

Производственный отдел – зам. зав. В.Н. МАРКИНА.

Издательско-компьютерный отдел – зав. И.Н. КОНОВАЛОВА, вед. специалист Л.А. РОМАНЕНКО, инженеры: М.С. ИСАКОВ, И.А. МИНАЕВА, операторы ЭВМ: В.В. КЛЕПИКОВ, Л.А. КОРНЕЕВА, Е.А. МИХАЙЛОВА.

Корректорская – зав. Ж.А. ЕРМОЛАЕВА.

Отдел перепечатки рукописей – зав. Л.А. МАЛЬЦИНА.

Редакция иллюстраций – гл. художник А.В. АКИМОВ.

Зам. директора по производству Н.С. АРТЕМОВ.

Оформление художника Л.Ф. ШКАНОВА.

ОТ ИЗДАТЕЛЬСТВА

В связи с проводимыми в России глубокими экономическими реформами, имеющими целью создание рыночной экономики, в стране в 90-е гг. возникли и возникают совершенно новые структуры, складываются неизвестные ранее нашему обществу правовые отношения в сфере собственности, внешней торговли и т.д. Образовалось значительное количество бирж, различного вида товариществ, совместных с иностранным капиталом предприятий, осуществляется приватизация государственной собственности, акционирование предприятий во всех сферах экономики.

В этой связи в нашу жизнь вошли совершенно новые термины и понятия, обновилось законодательство с тем, чтобы создать надежную правовую базу для нового развития, хотя и не всегда это законодательство успевает за стремительным ходом событий в жизни общества.

Выпуская свой небольшой энциклопедический правовой словарь для людей, занявшихся или желающих заняться предпринимательской деятельностью, издательство ставит своей задачей, во-первых, познакомить читателей с новой терминологией и новыми понятиями, в т.ч. по возможности и в юридическом аспекте; во-вторых, дать сведения о различных формах товариществ, их правовых особенностях, порядке образования и деятельности и т.д. Статьи словаря посвящены вопросам фрахтования, патентов и лицензирования, страхования. Большое внимание уделено проблемам договорных отношений (особенностям отдельных видов договоров, их участникам, их новым видам — лизинг, инжиниринг и др., вопросам давности и т.д.). Особо выделена группа договоров, связанных с внешнеторговыми перевозками, страхованием грузов и др. Многие из этих договоров относятся к области, как правило, мало знакомого читателю международного частного права, и потому этой специфической отрасли права посвящен ряд статей. Учитывая интерес к биржам, банковским операциям (в т.ч. и с иностранной валютой), валютному регулированию, ценным бумагам (чеку, акциям, векселям и др.), многие статьи словаря связаны с этими вопросами.

Нельзя было обойти вниманием и вопросы конкуренции, антимонопольного законодательства, налогообложения, а также имущественной ответственности в сфере правовых отношений предпринимателя.

В небольших по размеру статьях трудно подробно изложить, как конкретно регулирует закон те или иные отношения, поэтому издательство посчитало полезным снабдить словарь текстами действующих законов, связанных с предпринимательством. Даются также и т.н. подзаконные нормативные акты (в частности, положения), принятые в развитие указанных законов.

Мы надеемся, что наше небольшое издание поможет в какой-то мере предпринимателям и лицам, интересующимся этими проблемами, лучше ориентироваться в сложных процессах, происходящих в этой сфере общественной жизни, а также в практической работе.

АВА́ЛЬ, поручительство по *векселю*, *чеку*; может быть выдано на всю сумму или часть ее за любое ответственное лицо: векселедателя, акцептанта, чекодателя, чекодержателя, индоссанта (см. в ст. *Индоссамент*). А. учиняется на лицевой стороне документа путем простого подписания или на добавочном листе (т.н. **а л л о н ж е**). Термин "А." используется и при поручительстве в отношении др. *оборотных документов*. Практикуется также предоставление банками кредита в форме А.

АВА́НС, 1) ден. сумма или др. имуществ. ценность, выдаваемая должником кредитору в счет предстоящих платежей во исполнение договорного обязательства. 2) Ден. сумма, выдаваемая для покрытия расходов по выполнению конкретного поручения. В этом случае получатель А. обязан представить соответств. отчет об израсходованной сумме.

АВА́РИЯ в м о р с к о м п р а в е, убытки, причиненные судну, грузу и *фрахту* при морской перевозке грузов (т.е. все связанные с этим расходы). О б щ а я А.— убытки, возникшие от намеренно и разумно принятых мер (чрезвычайные расходы или частичные пожертвования груза либо оборудования судна) в целях спасения судна, груза и фрахта от общей для них опасности полной гибели (убытки от выбрасывания за борт части груза или оборудования судна в целях его облегчения; убытки от подмочки груза в связи с тушением пожара на судне; расходы, связанные с мероприятиями по снятию судна с мели). Распределяются пропорционально стоимости каждого из этих объектов, указ. в *диспаше*, и возмещаются страховщиком в установленном ею размере. Капитан выдает груз только после подписания получателем аварийной подписки по установленной форме — обязательства оплатить судовладельцу взносы, падающие на груз согласно диспаше (т.н. а в а р и й н ы й б о н д). Ч а с т н а я А.— случайные убытки от повреждения судна или груза. Их несет непосредственно потерпевшая сторона или ответственный за их возникновение. При страховании на условиях "включая частную аварию" убытки возмещаются страховщиком. См. также *Франшиза*.

АВИ́ЗО, 1) извещение, направляемое одним учреждением банка другому о выполненных операциях по счетам клиентов (напр., дата и содержание операции, сумма, наименование плательщика и получателя), а также письм. уведомление банком клиента об открытии *аккредитива*, выставлении *чека*, переводе денег и др. 2) Извещение об отгрузке товара покупателю или комиссионеру.

АВУА́РЫ, 1) активы (ден. средства, *чеки*, *векселя*, переводы, *аккредитивы*), за счет к-рых производятся платежи и погашаются обязательства. 2) Средства банка, в т.ч. в иностр. валюте, *ценных бумагах* и золоте, находящиеся на хранении в загран. банках. 3) Вклады частных лиц и орг-ций в банках.

АГЕ́НТ, лицо (юридич. или физич.), совершающее определенные действия по поручению и в интересах другого лица, как правило, за вознаграждение, размер к-рого определяется соглашением между А. и лицом, давшим поручение.

АГЕНТИ́РОВАНИЕ, а г е н т с к о е о б с л у ж и в а н и е, осуществляется за обусловленное вознаграждение одним лицом (юридич. или физич.) – агентом по поручению другого лица – доверителя (принципала) от его имени, за его счет и в его интересах. Характер, объем, порядок и условия А. определяются договором между доверителем и агентом. А. применяется в разл. сферах деятельности, наиболее распространено в сфере обслуживания мор. судов в портах.

АГЕ́НТСКИЙ ДОГОВО́Р, договор, в соответствии с к-рым одно лицо (принципал) поручает другому лицу (агенту) совершение определенных юридич. и фактич. действий за счет и от имени принципала. В странах континент. Зап. Европы соответств. отношения регулируются договорами поручения и комиссии. К агентским операциям относятся торгово-посреднические действия, совершаемые с целью продажи или покупки товаров на оговоренной территории.

АККРЕДИТИ́В, поручение банка одному или нескольким банкам производить по распоряжению и за счет клиента платежи физич. или юридич. лицу в пределах обозначенной суммы на условиях, указ. в А. Осн. виды А.– денежный и товарный (документарный). Денежный А.– именной денежный документ, содержащий распоряжение банка о выплате держателю А. указ. в нем суммы полностью или частями. Товарный А. применяется гл. обр. во внеш. торговле. Покупатель дает поручение обслуживающему его банку открыть товарный А., где указываются: наименование и адрес поставщика; сумма и срок действия А.; род товаров, подлежащих оплате, и др.

АКЦЕ́ПТ, 1) в гражд. праве согласие заключить договор на условиях, указ. в предложении (*оферте*). 2) Согласие на оплату или гарантирование оплаты денежных, расчетных, товарных документов или товара. 3) Форма безналичных расчетов, осуществляемая через кредитно-банковские учреждения. Вексельный А. означает согласие на оплату *векселя* и оформляется в виде соответствующей надписи акцептанта на векселе. Применяется также банковский А. *чеков*. Акцептованный чек имеет гарантию оплаты банком указ. в нем суммы.

АКЦИ́З, вид косвенного налога, преимущественно на предметы массового потребления (чаще всего на спиртные напитки, предметы роскоши), а также услуги. Включается в цену товара или тарифы на услуги.

АКЦИОНЕ́РНАЯ КОММАНДИ́ТА, вид компании (товарищества), соединяющий элементы *акционерного общества* и *коммандитного товарищества*. Часть участников – вкладчики – отвечает по обязательствам А.к. всем своим имуществом, а часть – акционеры – лишь в пределах своего вклада, воплощенного в *акциях*.

АКЦИОНЕ́РНОЕ О́БЩЕСТВО, вид товарищества, уставный фонд к-рого разделен на определенное число *акций* равной номинальной стоимости. Признается юридич. лицом и отвечает по обязательствам в пределах принадлежащего ему имущества (ответственность каждого акционера ограничена стоимостью его акций). Закон РФ от 25 дек. 1990 "О предприятиях и предпринимательской деятельности", определяя А.о. как объединение граждан и (или) юридич. лиц для совместной хоз. деятельности, подразделяет их на А.о. закрытого типа [уставный фонд образуется только за счет вкладов (акций) учредителей] и А.о. открытого типа (продажа акций осуществляется в форме открытой подписки).

А́КЦИЯ, ценная бумага, удостоверяющая долевое участие в предприятии, являющемся, как правило, *акционерным обществом*. Сумма участия соразмерна денежной сумме, обозначенной на А. Владельцу А. принадлежит право на получение соответствующей части прибыли предприятия (в форме *дивиденда*). Различаются А. именные и предъявительские. Передача именных А. совершается путем надписи на самой А. (*индоссамента*) и регистрации передачи в книге акционеров (иногда уставы акционерных обществ требуют для передачи именных А. также согласия правления общества). Для передачи предъявительских А. не требуется к.-л. формальностей. Уставом акционерного общества может быть предусмотрен выпуск обыкновенных (простых) и привилегированных А. Привилегиров. А. дают право на первоочередное получение дохода в виде фиксированного процента от номинальной суммы А., но обычно не дают права голоса на собраниях акционеров. Оставшаяся часть чистой прибыли распределяется в виде дивидендов между владельцами обыкновенных А., к-рые, как правило, имеют право голоса на собраниях акционеров.

Решающее слово в управлении акционерной компанией имеют владельцы крупных пакетов А., из к-рых наибольший часто является контрольным (см. *Контрольный пакет акций*). См. также *Золотая акция*.

АЛЛО́НЖ, см. в ст. *Аваль, Бланковая надпись*.

АНДЕРРА́ЙТИНГ, первичное размещение ценных бумаг (акций) вновь образованного акционерного общества. В зарубежных странах, как правило, осуществляется по договору акционерного общества, выпускающего акции (эмитента), с инвестиционно-банковской или брокерской фирмами (андеррайтетами).

АНТИМОНОПО́ЛЬНОЕ ЗАКОНОДА́ТЕЛЬСТВО, совокупность законов, принятых во многих странах, особенно с высокой степенью концентрации в экономике, с целью защиты конкуренции и др. саморегулирующихся рыночных институтов от воздействия монополии. Антимонопольные положения имеются также в междунар. договорах об экономич. интеграции (напр., в Римском договоре о создании "Общего рынка"). Впервые антимонопольный закон был принят в США (закон Шермана 1890). Этот закон заложил основу амер. системы А. з. – антитрестового законодательства; он запрещает соглашения и сговоры, имеющие целью ограничение междуштатной или иностр. торговли, а также монополизацию (даже попытку монополизации) такой торговли. Закон предусматривает судебные, в т.ч. уголовно-правовые способы поддержки механизмов конкуренции и наказания его нарушителей. Европейская система А. з., сформировавшаяся во 2-й пол. 20 в., строится не на принципе запрещения монополии, а на признании необходимости контроля с помощью спец. адм. органов за ее злоупотреблениями.

В Российской Федерации осн. положения А. з. закреплены в законе от 22 марта 1991 "О конкуренции и ограничении монополистической деятельности на товарных рынках". Отдельные антимонопольные статьи включены в другие нормативные акты, напр., в законы "О предприятиях и предпринимательской деятельности" и "О банках и банковской деятельности в РСФСР", в "Положение об акционерных обществах" и т.п. В А. з. предусматривается создание гл. обр. адм. механизмов пресечения *монополистической деятельности*, поощрения конкуренции и развития товарных рынков. Центр. место в законодательстве отводится гос. контролю за предприятиями, занимающими *доминирующее положение* на рынке. Злоупотребления *хозяйствующих субъектов* таким положением (изъятие товаров из обращения с последующим поднятием цен, установление препятствий для доступа на рынок конкурентов, использование в договорной практике дискриминационных условий и т.п.), если они ведут к существенному ограничению конкуренции, к ущемлению интересов др. хозяйствующих субъектов или граждан, квалифицируются в законе как монополистическая деятельность и запрещаются. Устанавливается спец. Гос. реестр объединений и предприятий-монополистов, включение в к-рый влечет для соответств. производителя жесткий контроль за ценами, уровнем рентабельности, объемами выпускаемой продукции и т.п.

Вводится также предварит. гос. контроль за созданием, присоединением и слиянием союзов, ассоциаций, концернов, а также *акционерных обществ* и *товариществ с ограниченной ответственностью*, если их капитал превышает установленный законом размер. Гос. комитет по антимонопольной политике (ГКАП) вправе отказать в согласии на указ. структурные преобразования, если их следствием может быть возникновение доминирующего положения или существенное ограничение конкуренции. В том случае, когда доминирующие предприятия осуществляют монополистическую деятельность и (или) их действия имеют своим результатом существ. ограничения конкуренции, комитет может своим решением предписать *принудительное разделение хозяйствующих субъектов*.

В российском антимонопольном законе предусматривается также запрет горизонтальных рыночных соглашений (согласованных действий) хозяйствующих субъектов, занимающих в совокупности доминирующее положение на рынке, установления (поддержания) цен и тарифов, отказа от заключения договоров с определенными контрагентами, территориального или иного раздела рынков и т.п.

Попыткой преодолеть наследие гос. монополизма является запрещение соглашений органов власти и управления с др. подобными органами или отдельными хозяйствующими субъектами, если такие соглашения могут иметь или имеют своим результатом существенное ограничение конкуренции или ущемление интересов др. хозяйствующих субъектов и граждан. Кроме того, запрещаются любые акты или действия органов власти или управления, ограничивающие самостоятельность хозяйствующих субъектов или создающие для них дискриминационные либо благоприятствующие условия.

А. з. России содержит особые положения, запрещающие должностным лицам органов гос. власти и управления заниматься самостоят. предпринимательской деятельностью, иметь в собственности предприятия, использовать право голоса при принятии решения общим собранием акционерного общества, занимать должности в органах управления

хозяйствующего субъекта. Спец. раздел антимонопольного закона России говорит о недопустимости недобросовестной конкуренции (ложной рекламы, подрыва деловой репутации конкурентов, самовольного использования товарных знаков и т.п.).

Контроль за соблюдением А. з. РФ возложен на ГКАП, функции к-рого очень широки: предупреждение, ограничение и пресечение монополистической деятельности, выдача обязательных для хозяйствующих субъектов предписаний, наложение штрафов на предприятия или на их должностных лиц, а также на должностных лиц органов управления, нарушающих закон либо игнорирующих предписания комитета или его территориальных управлений и др. В марте 1992 в УК РСФСР была внесена спец. статья 175^1, согласно к-рой неисполнение в срок должностным лицом органа власти, управления или хозяйствующего субъекта законных предписаний ГКАП или его территориальных управлений, если оно совершено лицом, к-рое в течение года подвергалось адм. взысканию за те же действия, наказывается исправительными работами на срок до двух лет, или штрафом до 1 тыс. руб., или лишением права занимать определенные должности или заниматься определенной деятельностью на срок до трех лет. В Кодекс РСФСР об адм. правонарушениях были включены статьи, предусматривающие адм. ответственность за нарушение А. з.

Хозяйствующие субъекты, органы управления, должностные лица, не согласные с решением комитета (или территориальных управлений), вправе обжаловать его в арбитражный суд.

АРБИТРАЖ, способ разрешения споров, при к-ром стороны обращаются к арбитрам (третейским судьям), избираемым самими сторонами или назначаемым по их соглашению либо в порядке, установленном законом.

АРБИТРАЖНОЕ СОГЛАШЕНИЕ (**а р б и т р а ж н а я о г о в о р к а**), соглашение заинтересов. сторон о передаче спора между ними на разрешение в порядке арбитражного разбирательства. Наличие А.с. исключает возможность обращения в суд для разрешения спора, подпадающего под действие этого соглашения. В А.с. обычно указывается, в какой арбитраж передаются споры. См. также *Арбитражный суд, Третейский суд.*

АРБИТРАЖНЫЙ СУД, 1) в РФ орган, рассматривающий возникающие в процессе предпринимат. деятельности споры, вытекающие из гражд. правоотношений (экономич. споры) либо из правоотношений в сфере управления. См. также *Высший арбитражный суд.* 2) Постоянно действующий орган при Торг.-пром. палате (до дек. 1987 — Внешнеторг. арбитражная комиссия) для разрешения споров, вытекающих из договорных и гражд.-правовых отношений при осуществлении внешнеэкономич. и науч.-технич. связей.

АРЕНДА, срочное и возмездное пользование имуществом. По договору А. (имущественного найма) арендодатель (наймодатель) обязуется предоставить арендатору (нанимателю) имущество во временное владение и пользование либо пользование за плату для самостоят. осуществления предпринимательской деятельности или иных целей. В Рос. Федерации А. допускается во всех отраслях нар. х-ва и может применяться в отношении имущества всех форм и видов собственности. В А. могут быть переданы земля и др. природные ресурсы, имущество предприятий, объединений, имуществ. комплексы, иное имущество, необходимое арендатору для самостоят. осуществления хоз. или иной деятельности. Продукция, плоды и иные доходы, полученные арендатором в результате использования арендованного имущества в соответствии с договором, являются его собственностью.

АРЕНДА МАШИН И ОБОРУДОВАНИЯ, во внешнеэкономич. отношениях форма аренды с предоставлением экспортного кредита на долгосрочной (*лизинг*), среднесрочной (хайринг) и краткосрочной (рентинг) основе. При такой форме право собственности на товар не переходит к арендатору, он выплачивает арендные платежи.

АРЕСТ ИМУЩЕСТВА, опись имущества и объявление запрета распоряжаться им. А.и. применяется по гражд. делам в качестве одной из мер по обеспечению иска, а также по угол. делам в случаях возможной конфискации имущества. Влечет ограничение права распоряжения имуществом: оно не может быть продано, подарено, обменено, уничтожено, сдано в наем или заложено. А.и. оформляется актом об аресте, составная часть к-рого – опись этого имущества. Если в акт об А.и. включены вещи, принадлежащие не должнику, а др. лицам, эти лица вправе обратиться в суд с иском об освобождении имущества от ареста. См. *Обращение взыскания на имущество, Опись имущества.*

АУДИТ, независимая экспертиза финансовой отчетности коммерческих предприятий или отдельных их операций с точки зрения соответствия действующему законодательству. Может быть проведена также экспертиза общего положения предприятия, эффективности его деятельности, оценка предполагаемых контрактов или операций и т.д. Заключение А. может использоваться в подтверждение достоверности отчетности предприятия для налоговых органов.

АУДИТОР, независимый эксперт, профессионал, уполномоченный или приглашенный

произвести экспертизу финансовой отчетности коммерческого предприятия (аудит).

В международ. экономич. отношениях эксперты-А. дают заключения по качеству продукции и ее конкурентоспособности при заключении контрактов. При положительном заключении выдается соответств. сертификат.

АУДИТОРСКАЯ СЛУЖБА, спец. служба, представители к-рой осуществляют независимую экспертизу финансовой отчетности предприятий (в т.ч. коммерческих) в целях подтверждения ее достоверности. Заключение А. с. могут потребовать налоговые органы, контрагенты при заключении сделки с данной фирмой и т.п. Помощь А. с. может быть использована для налаживания ведения дел в предприятии, бухгалтерского учета, а также при необходимости оценки имущества в процессе приватизации и акционирования предприятий. В РФ А. с. должны получить соответствующую *лицензию* на свою деятельность.

АУКЦИОН, способ продажи, при к-ром товар (или его образцы) предварительно выставляют для осмотра. В форме А. продается также *недвижимость*, осуществляется принудит. продажа имущества неплатежеспособных должников и др. Обычно при А. устанавливается стартовая цена.

БАНКОВСКОГО ВКЛАДА ДОГОВОР, договор, в соответствии с к-рым банк обязуется хранить вложенные вкладчиком ден. средства, выплачивать по ним доход в виде процентов или в иной форме, выполнять поручения вкладчика по расчетам со вклада и возвратить сумму вклада по первому требованию вкладчика на условиях и в порядке, предусмотренном для вклада данного вида законодательством и договором.

БАНКОВСКОГО СЧЕТА ДОГОВОР, договор, в соответствии с к-рым банк обязуется хранить ден. средства на счете клиента, зачислять поступающие на этот счет суммы, выполнять распоряжения клиента об их перечислении, выдаче со счета и о проведении других банковских операций, предусмотренных для счета данного вида законодат. актами, устанавливаемыми в соответствии с ними банковскими правилами и договором. Банк гарантирует тайну счетов клиента.

БАНКРОТСТВО, несостоятельность, отсутствие средств у должника (физич. или юридич. лица) и отказ в связи с этим платить кредиторам по своим долговым обязательствам. Факт Б. устанавливается решением суда, арбитражного суда. Если Б. юридич. лица вызвано неправомерными действиями собственника его имущества, он отвечает по обязательствам юридич. лица при недостаточности средств последнего для удовлетворения требований кредиторов. В РФ вопросы несостоятельности (Б.) предприятий регламентируются Законом, принятым Верховным Советом РФ 19 ноября 1992.

БАРТЕРНАЯ СДЕЛКА, о б м е н н а я, сделка, при к-рой товар (услуги) поставляются в обмен на эквивалентное по стоимости количество др. товаров и услуг. Получила наибольшее распространение во внешней торговле, т.к. позволяет осуществлять прямой обмен товарами без использования валюты. Характерна для отношений между странами, не имеющими достаточных валютных средств. В 90-е гг. Б.с. заняли значит. место во внутр. торговле в СССР (между областями, республиками, отд. производителями), а также в торговле со странами Вост. Европы.

БИРЖА, организационно оформленный, регулярно функционирующий рынок (аукционного типа), на к-ром осуществляется торговля *ценными бумагами* (фондовая Б.), оптовая торговля товарами, определяемыми родовыми признаками, по образцам и стандартам (товарная Б.), заключаются сделки купли-продажи валюты (валютная Б.), перепродаются, в порядке перестрахования, страховые риски. Особый вид Б.— посреднические бюро по учету безработных и подысканию для них работы.

БИРЖЕВОЙ АРБИТРАЖ, орган в составе *биржи*, на к-рый возлагается разрешение споров, возникающих по *биржевым сделкам* и иным вопросам биржевой деятельности. В РФ назначается биржевым советом в составе 5 чел. (в т.ч. трое с юридич. образованием). Споры рассматриваются по заявлениям брокеров, клиентов, иных участников биржевой торговли, срок рассмотрения – 1 месяц. Решение принимается большинством голосов участвующих в деле арбитров.

БИРЖЕВЫЕ ПОСРЕДНИКИ, члены биржи, имеющие право осуществления *биржевых сделок*. Права и обязанности Б.п. определяются биржевым законодательством, уставами бирж, а также особыми брокерскими уставами и обычаями. Численность Б.п. на каждой бирже строго ограничена. Как правило, Б.п. могут быть только физич. лица, однако в нек-рых странах членство в бирже разрешается и акционерным банкам. См. также *Брокер, Дилер, Джоббер, Куртье, Маклер.*

БИРЖЕВЫЕ СДЕЛКИ, соглашения о взаимной передаче прав и обязанностей в отношении имущества (товаров, *ценных бумаг* и др.), допущенного к обращению на *бирже*.

Б.с. подразделяются на кассовые, к-рые исполняются сразу или в ближайшие 2–3 дня, и срочные, к-рые выполняются через определенный срок (см. *Фьючерсные сделки*). Б.с. подлежат регистрации на бирже.

БЛАНКОВАЯ НАДПИСЬ, способ оформления передачи права требования по *ценной бумаге* ее новому владельцу. Б.н. состоит из подписи прежнего владельца на обороте ценной бумаги или на прикрепленном к ней добавочном листе (т.н. аллонже) без к.-л. указания о новом владельце. Владелец ценной бумаги, получивший ее по Б.н., в свою очередь может передать бумагу другому лицу путем совершения новой именной или Б.н. либо путем простого вручения без совершения к.-л. надписи. При наличии Б.н. любой предъявитель ценной бумаги предполагается ее законным владельцем.

БОДМЕРЕЯ, заем под залог судна и груза, получаемый за счет владельца судна его капитаном в случаях крайней нужды в денежных средствах для завершения рейса.

БОНИФИКАЦИЯ, уплачиваемая покупателем продавцу надбавка к обусловленной в договоре цене, если качество поставленного товара окажется выше предусмотренного сделкой. Под "обратной" или "взаимной" Б. понимается скидка с цены за худшее по сравнению с обусловленным качество поставляемого товара (рефакция).

БОНУС, дополнит. скидка, предоставляемая продавцом покупателю в соответствии с условиями сделки или отд. соглашении. Исчисляется с цены товара или от суммы, на к-рую закуплены товары в течение определенного периода (года, полугодия, квартала).

БРОКЕР, физич. лицо или фирма, занимающиеся посредничеством, в т.ч. при биржевых операциях на товарной, фондовой или валютной *бирже*. Заключает сделки, как правило, по поручению, от имени и за счет клиентов, может также действовать и от своего имени, но за счет доверителя, выступая, т.о., как комиссионер. В нек-рых случаях брокерские фирмы принимают на себя поручительство за исполнение сделки (*делькредере*), т.е. выступают как гаранты (см. *Гарантия*), и несут ответственность в объеме обязательств, принятых по этой гарантии. Б. могут оказывать своим клиентам дополнит. услуги (по изучению рынка, рекламе товаров и др.).

В

ВАЛОВОЙ ВНУТРЕННИЙ ПРОДУКТ (ВВП), один из основных обобщающих показателей, характеризующих уровень экономич. развития гос-ва. Исчисляется как совокупность рыночных цен всех конечных товаров и услуг, произведенных на нац. территории за отчетный финансовый год, за вычетом сальдо платежного баланса. От *валового национального продукта* отличается на величину платежного баланса.

ВАЛОВОЙ НАЦИОНАЛЬНЫЙ ПРОДУКТ (ВНП), один из обобщающих показателей, характеризующих уровень экономич. развития гос-ва. Исчисляется как совокупность рыночных цен всех конечных товаров и услуг, произведенных на нац. территории за отчетный финансовый год, а также включает сальдо платежного баланса. Больше *валового внутреннего продукта* на величину платежного баланса и больше национального дохода на величину амортизации.

ВАЛЮТА, 1) денежная единица страны и ее тип (бумажные деньги, золотая или серебр. В.). 2) Денежные знаки иностр. государств, а также кредитные и платежные (*чек, вексель*) средства, выраженные в иностр. денежных единицах и используемые в междунар. расчетах. См. также *СКВ*.

ВАЛЮТНОЕ РЕГУЛИРОВАНИЕ, принципы и порядок осуществления валютных операций, установленные в законодат. порядке. Законом определяются также полномочия и функции органов В. р., права и обязанности граждан и юридич. лиц в отношении владения, пользования и распоряжения *валютными ценностями*, ответственность за нарушение норм В. р. В РФ в соответствии с законом о валютном регулировании и валютном контроле 1992 осн. органом В. р. является Центр. банк РФ, к-рый издает нормативные акты по указ. вопросам, устанавливает общие правила выдачи *лицензий* банкам и иным кредитным учреждениям на осуществление валютных операций и выдает такие лицензии.

ВАЛЮТНЫЕ ЦЕННОСТИ, в понятие В. ц. включаются иностр. валюта, *ценные бумаги* в иностр. валюте, драгоц. металлы, природные драгоц. камни (алмазы, рубины, сапфиры и др.) в сыром и обработанном виде, а также жемчуг (за исключением ювелирных и др. бытовых изделий из этих камней и лома таких изделий).

ВАЛЮТНЫЙ АУКЦИОН, организация уполномоченными банками (напр., в РФ – Всеросс. биржевым банком) открытых операций по покупке и продаже средств в иностр. свободно конвертируемой валюте (*СКВ*). Правилами проведения В.а. предусмотрено участие в них только отечеств. юридич. лиц (как правило, только для текущих операций по импорту товаров и услуг) и иностр. инвесторов. В ряде случаев участники В.а. вносят установленный залог. Стартовая цена валюты устанавливается аукционным комитетом. Участники открытых В.а. освобождаются от выплаты комиссионного вознаграждения, аукционных сборов и др. платежей.

ВАЛЮТНЫЙ КУРС, цена денежной единицы одной страны, выраженная в денежной единице др. страны. Установление В.к. наз. к о т и р о в к о й, к-рая осуществляется обычно спец. комиссиями валютных бирж. На В.к. значит. влияние оказывают состояние платежного баланса той или иной страны, стабильность данной денежной единицы, золотое обеспечение, уровень инфляции в стране и др. Центр. банк РФ устанавливает курс рубля по отношению к иностр. валютам и периодически публикует соответств. курсовые бюллетени.

ВАРРАНТ, складское свидетельство, удостоверяющее принятие товара на хранение и право собственности на него. Является *оборотным документом,* передача к-рого осуществляется путем *индоссамента.* Иногда В. именуется лишь отрывной купон складского свидетельства, удостоверяющий залоговое право на складированный товар. Такой залоговый В. может передаваться третьим лицам как вместе со складским свидетельством, так и отдельно от него. Купля-продажа складированных товаров осуществляется путем передачи покупателю В. Если залоговый В. не отделен от основного документа, это означает, что товар свободен от вещных обременений. См. также *Расписка.*

ВАУЧЕР, п р и в а т и з а ц и о н н ы й   ч е к, в РФ гос. *ценная бумага* целевого назначения, реализующая в процессе *приватизации* механизм бесплатной передачи гражданам предприятий, их подразделений, имущества, *акций* и долей в *акционерных обществах* и товариществах, находящихся в федеральной собственности, гос. собственности республик, краев, областей, округов, а также муниципальной собственности гг. Москвы и С.-Петербурга.

Право на получение В. имеют граждане РФ, постоянно проживающие на территории РФ на дату вступления в силу Указа Президента РФ о выпуске В. независимо от возраста, размеров дохода и срока проживания на территории РФ, а также военнослужащие, проходящие службу за ее пределами и ряд других категорий граждан.

Каждый гражданин РФ имеет право получить по одному В. равной минимальной стоимости каждого выпуска и использовать его по своему усмотрению (продать, приобрести долю в объектах приватизации, поместить в фонд, занятый управлением имуществом, и т.д.). Каждый В. имеет определенный срок действия, к-рый устанавливается при его выпуске пр-вом РФ и указывается на самом чеке. В., использованный в качестве платежного средства при приобретении объектов приватизации, погашается и изымается из обращения.

ВЕ́КСЕЛЬ, *ценная бумага,* удостоверяющая ничем не обусловленное, выраженное в письменной, строго установленной законом форме обязательство векселедателя (*простой вексель*) либо иного указанного в векселе плательщика (*переводный вексель* – *тратта*) выплатить по наступлении предусмотренного В. срока определенную сумму конкретному лицу – владельцу В. (векселедержателю) или его приказу (т.е. другому, указанному им лицу). Все обязанные по переводному В. лица отвечают перед векселедержателем как солидарные должники. Передача от одного лица к другому оформляется передаточной надписью – *индоссаментом.* В РФ Положение о переводном и простом В. утверждено пост. Президиума Верх. Совета от 24 июня 1991 "О применении векселя в хозяйственном обороте РСФСР".

ВЕ́НЧУРНЫЕ КОМПА́НИИ, рисковые компании, высокотехнологичные мелкие компании, создаваемые для разработки и коммерческого использования технико-технологич. нововведений. Средства на создание и развитие В. к. получают от фирм *венчурного капитала* безвозмездно под свою идею-проект. Интерес инвестора В.к. удовлетворяют, предоставляя ему права на результаты своих н.-и. и опытно-конструкторских разработок, а в случае рыночного успеха и инкорпорирования – получения учредительской прибыли и права основного акционера. Создаются, как правило, совместно профессиональными учеными (инженером) и менеджером из ведущих исследовательских и коммерч. орг-ций под готовую идею, прошедшую стадию первичной проработки, когда осознана несомненная коммерч. ценность новации. Степень риска В.к. весьма высока. Разновидностью В.к. являются компании "спин-офф" – В.к. занятые коммерциализацией результатов военно-космич. н.-и. и опытно-конструкторских работ. Вокруг них группируется большое число мелких узкоспециализиров. обслуживающих компаний, фирм, агентств.

ВЕ́НЧУРНЫЕ ПРЕДПРИЯ́ТИЯ, см. в ст. *Малый бизнес.*

ВЕ́НЧУРНЫЙ КАПИТА́Л, рисковый капитал, принципиально новая форма финансирования процесса коммерциализации технико-технологич. нововведений. Формируется фирмами В.к. в виде фондов, из различных внешних источников, гл. обр. от частных страховых компаний, к-рые затем в целевом порядке инвестируются в идею, проект, реализуемый в *венчурных компаниях.* Большинство фирм В.к. – небольшие (3–5 чел.) *товарищества с ограниченной ответственностью,* созданные высококвалифицированными предпринимателями, менеджерами. Часть фирм В.к. самостоятельна, др. часть отпочковалась от крупных корпораций и финансовых групп, третьи – отделились от банков, страховых компаний и пенсионных фондов. Форма венчурного финансирования отличается от традиционных бюджетного финансирования, банковского кредитования, т.к. капитал инвестируется безвозвратно. Интерес инвестора заключается в приобретении прав на все новации – как запатентованные, так и беспатентные ("ноу-хау"), а также в учредительской прибыли от инкорпорирования венчурных компаний, добившихся успеха.

ВЕЩЬ, в гражд. праве объект права собственности и иных *вещных прав.* Различаются В., определяемые родовыми признаками (характеризуются свойствами, общими для всех В. данного рода, и определяются числом, весом, мерой) и В. индивидуально-определенные (В., выделенная из однородной массы, либо В., обладающая особыми, только ей присущими признаками, или В. уникальная); В. делимые (не утрачивают при делении присущих им полезных свойств) и неделимые (утрачивают эти свойства); главная В. и ее принадлежность (В., служащая главной В. и связанная с ней общим хоз. назначением). Указ. различия влекут определенные юридич. последствия – напр., принадлежность следует судьбе главной В. (ключ продается вместе с замком, пылесос – со шлангами и щетками и т.д.).

ВЕ́ЩНОЕ ПРА́ВО, разновидность имуществ. прав; объектом В. п. является конкретная вещь. К числу В.п. относятся *право собственности, залог,* нек-рые сервитуты (право пользоваться в установленных пределах чужой вещью или ограничивать ее собственника в определенном отношении) и др. В.п.– абсолютное право. Это значит, что в отличие от относительных прав, к-рые защищаются законом против конкретных обязанных лиц (напр., обязательственное право), В.п. защищается против всех и каждого, т.е. против любого нарушителя этого права.

ВЗНОС В НАТУ́РЕ, взнос, осуществляемый при образовании *акционерного общества* или при увеличении его капитала. Дает такие же права, как акционерам, оплатившим *акции* в денежной форме. В. в н. может состоять в предоставлении обществу земельных участков, зданий, оборудования, соответствующей клиентуры и т.п. Такие взносы подлежат соответств. оценке и рассматриваются как часть акц. капитала. Взносы в форме ценной информации, предоставления престижного имени для фирменного наименования к акц. капиталу не относятся.

ВИНДИКАЦИЯ, **виндикационный иск**, в гражд. праве иск собственника или лица, владеющего имуществом на законном основании, об истребовании его из чужого незаконного владения. По рос. праву собственник может виндицировать свое имущество от недобросовестного, а если имущество приобретено безвозмездно, то и от добросовестного приобретателя (т.е. от лица, к-рое не знало и не должно было знать о том, что оно не вправе отчуждать это имущество), независимо от того, каким путем оно выбыло из владения собственника. Если же имущество приобретено от добросовестного приобретателя возмездно, оно может быть истребовано лишь в случае, если было утеряно собственником или лицом, к-рому он передал его во владение, похищено у того или другого либо выбыло из их владения к.-л. иным путем помимо их воли. Деньги, а также ценные бумаги на предъявителя не могут быть истребованы от добросовестного приобретателя.

ВЛАДЕНИЕ, фактич. обладание вещью. В. может быть законным (титульным), т.е. основанным на правовом титуле, праве, или незаконным, т.е. не имеющим правового основания. Законным владельцем может быть и не собственник имущества (напр., арендатор, залогодержатель). Право В. вещью – одно из правомочий любого обладателя *вещного права*, закон связывает с этим определенные правовые последствия (напр., право на истребование имущества из чужого незаконного владения). В зависимости от того, знал или не знал владелец о незаконности своего В., различают В. недобросовестное и добросовестное.

ВНЕШНЕТОРГОВАЯ ФИРМА, в РФ структурное подразделение крупного производств., научно-производств. объединения, предприятия и др., осуществляющее внешнеэкономич. деятельность от их имени и по их поручению. Не имеет, как правило, статуса юридич. лица. Возглавляется директором, имеет самостоятельный баланс, основные и оборотные фонды.

ВНУТРЕННЯЯ КОВЕРТИРУЕМОСТЬ ВАЛЮ-ТЫ, возможность купить на ден. единицу данной страны иностр. валюту только в банках этой страны или продать этим же банкам иностр. валюту за нац. ден. единицы по установленному курсу. См. также *СКВ*.

ВСЕМИРНЫЙ БАНК, в системе ООН группа трех финансовых учреждений, целью к-рых является содействие повышению уровня жизни в различных странах путем направления им финансовых ресурсов из развитых стран. В. б. включает: Международный банк реконструкции и развития, Международную финансовую корпорацию и Международную ассоциацию развития.

ВСТРЕЧНАЯ ТОРГОВЛЯ, совокупность двусторонних и многосторонних экспортно-импортных *сделок*, при к-рых каждый из партнеров покрывает стоимость своих закупок адекватными по стоимости поставками товаров. Поскольку В.т. осуществляется, как правило, без валютных расчетов, она активнее всего используется странами с неконвертируемой валютой. Охватывает до 1/3 объема мировой торговли.

ВСТРЕЧНОЕ ТРЕБОВАНИЕ, требование должника к кредитору, направленное на прекращение существующего между ними обязательства путем зачета, т.е. погашения в том размере, в к-ром одно требование покрывается другим.

ВСТРЕЧНЫЙ ИСК, исковое требование ответчика к истцу, заявленное для совместного рассмотрения с первоначальным иском в уже возбужденном процессе. Принятие В.и. означает соединение двух дел для совместного рассмотрения, при этом каждая из сторон занимает одновременно положение и истца, и ответчика: ответчик по первоначальному иску становится истцом, а истец – ответчиком. В.и. может быть заявлен до вынесения судом решения.

ВТОРИЧНОГО РЫНКА КУРС, устанавливаемый на фондовой бирже курс *ценных бумаг* малых и средних обществ и предприятий, к-рые не допущены к офиц. котировке.

ВЫСШИЙ АРБИТРАЖНЫЙ СУД Рос. Федерации, высший экономич. судебный орган России. Осуществляет также надзор за суд. деятельностью всех арбитражных судов. Пред. В.а.с. избирается Верх. Советом и утверждается Съездом нар. депутатов. В.а.с. принадлежит право законодательной инициативы.

ГАРАНТИЙНОЕ ПИСЬМО, документ, исходящий от гаранта (поручителя) и содержащий изложение характера и объема обязательства, принимаемого поручителем, в частности, условий, при наступлении к-рых *га-*

рантия может быть реализована. В Г.п. обычно указывается также срок действия гарантии.

ГАРАНТИЙНЫЙ СРОК (в гражд. праве), 1) срок, в течение к-рого покупатель может предъявить поставщику (продавцу) *претензию* в связи с установлением в надлежащем порядке скрытых недостатков (дефектов) в продукции, работах. 2) Срок, в течение к-рого изготовитель обеспечивает стабильность качеств. показателей изделия (путем ремонта и др.).

ГАРАНТИЯ, обеспечение, ручательство; предусмотренное законом или договором обязательство, в силу к-рого лицо (физич. или юридич.) отвечает перед кредиторами полностью или частично при неисполнении или ненадлежащем исполнении обязательства должником.

ГАРАНТИЯ БАНКОВСКАЯ, поручительство банка-гаранта за своего клиента (или банка-корреспондента) об исполнении им своего денежного обязательства. Г.б. обычно выдается под соответствующее обеспечение (напр., залог имущества, др. ценностей).

ГЕНЕРАЛЬНОЕ СОГЛАШЕНИЕ ПО ТАРИФАМ И ТОРГОВЛЕ (ГАТТ), многостороннее междунар. соглашение о взаимном предоставлении тарифных льгот; заключено в 1947 23 странами, в 1991 – число участников св. 150. Цели ГАТТ – устранение дискриминационных тарифов в междунар. торговле, снижение таможенных тарифов, урегулирование вопросов, связанных с импортными квотами, принятие соглашений о тарифах по отдельным видам товаров (т.н. конвенционные тарифы) и т.д.

ГЕРБОВЫЙ СБОР, гос. сбор, взимаемый с отд. лиц и орг-ций путем продажи спец. бланков или марок при оформлении документов по гражданско-правовым сделкам. В РФ введен в 1991 по операциям с *ценными бумагами*.

ГОСУДАРСТВЕННАЯ СОБСТВЕННОСТЬ, форма собственности, при к-рой имущество, в т.ч. средства и продукты произ-ва, принадлежат гос-ву полностью или на основе долевой либо совместной собственности. Гос-ву могут принадлежать *акции* в акц. обществах разл. форм собственности; кроме того, гос-во может иметь в собственности любое имущество, необходимое для осуществления его функций. В соответствии с Законом о собственности в Рос. Федерации 1990 Г.с. Рос. Федерации выступает в виде федеральной собственности и собственности республик, входящих в Рос. Федерацию, авт. областей, авт. округов, краев и областей.

ГРАЖДАНСКО-ПРАВОВАЯ ОТВЕТСТВЕННОСТЬ, см. *Ответственность гражданско-правовая*.

ГРАЖДАНСКОЕ ПРАВО, отрасль права, регулирующая товарно-денежные и иные ос-

нованные на равенстве участников имуществ. отношения, а также связанные с ними личные неимуществ. отношения. Участниками регулируемых Г.п. отношений являются граждане (физич. лица), юридич. лица, гос-во, а также авт. и адм.-терр. образования.

Г.п. содержит общие положения, имеющие значение для всех гражд. отношений (напр., о *сделках*, исковой *давности*), а также о *праве собственности*, *обязательственном праве* (в т.ч. общие положения об *обязательствах* и отд. виды договоров – купля-продажа, аренда и т.д.), авторском праве, праве на изобретения и др. результаты творчества, используемые в производстве, о наследственном праве, правоспособности иностр. граждан и юридич. лиц и применении гражд. законов иностр. гос-в и междунар. договоров. Нормы Г.п., как правило, содержатся в Гражд. кодексе (ГК). В РФ действует ГК Рос.Федерации, принятый в 1964 (с послед. изменениями и дополнениями). В соответствии с пост. ВС РФ от 14 июля 1992 положения этого кодекса применяются, если они не противоречат законодат. актам, действующим на терр. РФ. Впредь до принятия нового ГК РФ на терр. РФ применяются Основы гражд. законодательства Союза ССР и республик 1991, за исключением положений, устанавливающих полномочия Союза ССР в области гражд. законодательства, и в части, не противоречащей Конституции РФ и законодат. актам РФ, принятым после 12 июня 1990.

ДАВНОСТЬ, 1) и с к о в а я , срок, по истечении к-рого погашается право кредитора на защиту гражданских прав в суде, арбитражном суде, третейском суде или ином юрисдикционном органе. При определенных условиях течение срока исковой Д. приостанавливается (напр., в силу *моратория*) или прерывается (напр., предъявлением иска). После перерыва течение исковой Д. начинается снова. В рос. праве различаются сроки Д. общий (три года) и сокращенные (специальные), к-рые применяются в случаях, прямо указ. в законе. 2) П р и о б р е т а т е л ь н а я Д.– факт продолжительного владения имуществом, к-рый при определенных условиях является основанием приобретения права собственности.

ДВИ́ЖИМОСТЬ, один из видов имущества. К Д., в отличие от *недвижимости*, относится все, кроме земли и того, что непосредственно связано с ней (здания, сооружения и т.п.).

ДЕБИТО́Р, см. *Должник*.

ДЕВАЛЬВА́ЦИЯ, официальное снижение курса нац. валюты по отношению к иностр. валютам.

ДЕВИ́ЗЫ, выраженные в иностр. валюте разл. платежные и кредитные документы. Часто термином Д. обозначаются все выраженные в иностр. валюте платежные средства.

ДЕЕСПОСО́БНОСТЬ (в праве), способность лица (гражданина, орг-ции) своими действиями приобретать права и создавать для себя юридич. обязанности, а также нести ответственность за совершение правонарушения. Юридич. лица приобретают *правоспособность* и Д. одновременно с момента возникновения. Пределы правоспособности и Д. юридич. лица определяются его уставом.

ДЕКЛАРА́ЦИЯ О ДОХО́ДАХ (н а л о г о в а я д е к л а р а ц и я), документ, содержащий сведения о фактически полученных доходах и произведенных расходах физич. лицами. Представляется налоговому органу по месту постоянного жительства в установленные законодательством сроки. В декларации граждане указывают все полученные ими доходы за год, источники их получения и суммы начисленного и уплаченного налога. От представления Д. о д. освобождаются граждане, получающие доходы за выполнение ими трудовых обязанностей только по месту основной работы (службы, учебы), и нек-рые др. категории налогоплательщиков.

ДЕКЛАРА́ЦИЯ ТАМО́ЖЕННАЯ, см. *Таможенная декларация*.

ДЕЛОВО́Е ПРА́ВО, понятие, применяемое в лит-ре ряда стран для объединения в практич. целях разл. правовых институтов, связанных с регулированием предпринимательской деятельности. Поскольку в законодательстве и в др. офиц. документах термин Д. п. отсутствует, юридич. теорией (в т.ч. российской) используются и иные термины для обозначения права, регламентирующего деловой оборот: экономическое, предпринимательское, хозяйственное, торгово-промышленное и т.д. В отличие от *торгового права*, Д. п. включает нормы как частно-правового, так и публично-правового характера (см. *Публичное право*).

Наибольшее распространение термин "Д. п." получил в лит-ре США. В широком плане Д. п. рассматривается как вся совокупность норм, имеющих отношение к бизнесу и составляющих его своеобразную "правовую окружающую среду". В более узком плане оно конструируется как право, регламентирующее саму организацию бизнеса (товарищества, корпорации, представительства и т.п.), а также устанавливающее над ним соответствующий гос. контроль: антитрестовское (антимонопольное) право, законодательство о ценных бумагах, о защите потребителей, об охране окружающей среды и т.д. В России, где система частного предпринимательства находится в стадии становления, сам термин "Д. п." (как и его эквиваленты) пока не является признанным в лит-ре, в деловых и юридич. кругах.

ДЕЛЬКРЕ́ДЕРЕ, одно из условий договора комиссии; ручательство комиссионера за исполнение третьим лицом сделки, совершенной комиссионером для комитента (см. *Комиссия*). За принятие на себя Д. комиссионер получает от комитента особое вознаграждение.

ДЕМЕРЕ́ДЖ, денежное возмещение, уплачиваемое фрахтователем перевозчику за задержку судна под погрузкой или разгрузкой сверх времени, обусловленного договором морской перевозки (см. в ст. *Фрахтование*). Исчисляется на основе указанной в договоре ставки.

ДЕ́МПИНГ, экспорт товаров по заниженным ценам, т.е. по ценам значительно ниже цены производства, а иногда и цен внутр. рынка. Д.- один из видов *ограничительной деловой практики*, одно из средств борьбы за рынки сбыта.

ДЕ́НЕЖНОЕ ОБЯЗА́ТЕЛЬСТВО, обязательство, содержанием к-рого является уплата определенной или определимой денежной суммы. По Д.о. обычно исчисляются проценты, их размер устанавливается законом или договором.

ДЕПОЗИ́Т, 1) материальная ценность (обычно денежная сумма или *ценная бумага*), переданная на хранение в финансово-кредитные, таможенные, судебные или адм. учреждения и подлежащая по наступлении определенных условий возврату внесшему ее лицу (или передаче к.-л. другому лицу по его указанию). Для хранения сумм Д. учреждения банка открывают отд. текущие счета. 2) Вклады в кредитных учреждениях.

ДЖО́ББЕР, биржевой посредник, к-рый может заключать сделки только с другими биржевыми посредниками – членами *бирж*.

ДИВИДЕ́НД, часть прибыли торговых товариществ (прежде всего *акционерных обществ*), ежегодно подлежащая разделу между их членами, а также размер прибыли, выплачиваемый на одну *акцию*.

ДИ́ЛЕР, физич. или юридич. лицо, осуществляющее торговое посредничество, обычно от своего имени и за свой счет. Д. называются также биржевые посредники, являющиеся членами фондовых *бирж* и занимающиеся перепродажей ценных бумаг и валют. Д. имеют право заключать сделки как между собой и *брокерами*, так и непосредственно с клиентами. На большинстве фондовых бирж Д. могут осуществлять брокерские операции.

ДИСБУ́РСМЕ́НТСКИЙ СЧЕТ, перечень расходов, произведенных морским агентом за счет судовладельца в связи с пребыванием судна в порту. Д.с. и все прилагаемые к нему оригиналы оправдательных документов заверяются капитаном судна. Порядок оплаты Д.с. устанавливается по соглашению между агентом и судовладельцем.

ДИСКО́НТ, 1) учетный процент, взимаемый банками при учете векселей. 2) В биржевых сделках скидка с котировальной цены товара за его пониженное качество по сравнению со стандартом, а также из-за отступления (в пользу продавца) от типовых условий контракта, принятых на данной бирже для сделок на срок (т.н. *фьючерсных сделок*). 3) Разница между номиналом *ценной бумаги* и ее биржевым курсом, если он ниже.

ДИСПА́Ч, премия, выплачиваемая судовладельцем своему контрагенту (грузоотправителю, грузополучателю, фрахтователю) по *договору морской перевозки* за более быструю погрузку или разгрузку судна по сравнению с погрузочно-разгрузочными нормами, вытекающими из условий договора перевозки. Обычно размер Д. равен половине ставки *демереджа*.

ДИСПА́ША, расчет убытков по общей *аварии* и распределение их между судном, *фрахтом* и грузом соразмерно их стоимости. Составляется спец. лицами – диспашерами.

ДИСТРИБЬЮ́ТЕР, организация или частное лицо, выступающее как посредник между производителем и потребителем. В широком смысле Д. являются крупные магазины, супермаркеты, имеющие большой ассортимент традиционных потребительских товаров.

Специализация Д. существует в посредничестве при реализации товаров специфич. ассортимента (напр., стали, особых видов проката), как правило, такие Д.– оптовые орг-ции и фирмы. Фирма может иметь собств. Д. по продаже своих товаров за рубежом, где он является ее единств. представителем на основе спец. договора.

ДОВЕРИ́ТЕЛЬНАЯ СО́БСТВЕННОСТЬ (траст), своеобразное правоотношение, в силу к-рого одно лицо (доверительный собственник) осуществляет управление имуществом, переданным ему др. лицом, учредившим траст. Во всех отношениях с третьими лицами доверит. собственник выступает как собственник, но несет ответственность перед своим доверителем. Д. с. сложилась в англ. праве, получила закрепление и в праве США. В 20 в. на основе института Д. с. возникли различные фирмы (позднее, как

правило, банковские), осуществляющие управление различного рода доверенным имуществом. См. также *Траст-компани*.

ДОГОВО́Р, см. в ст. *Сделка*.

ДОГОВО́Р В ПО́ЛЬЗУ ТРЕ́ТЬЕГО ЛИЦА́, соглашение сторон, в соответствии с к-рым исполнения договора может требовать как лицо, заключившее договор, так и лицо, не участвовавшее в его заключении, но в пользу к-рого обусловлено исполнение (т.н. третье лицо), поскольку иное не предусмотрено законодательством, договором и не вытекает из существа обязательства. К числу Д. в п.т.л. относятся, напр., договор перевозки груза, договор страхования.

ДОГОВО́Р МОРСКО́Й ПЕРЕВО́ЗКИ, соглашение, содержащее условия перевозки морем грузов и пассажиров. Осн. содержание Д.м.п. заключается в том, что перевозчик (фрахтовщик) обязуется принять от грузоотправителя (фрахтователя) груз, доставить его в сохранности в предусмотренное договором место назначения и там сдать либо фрахтователю, либо по его указанию другому получателю груза; фрахтователь обязуется в согласованные сроки предоставить предусмотренный договором груз для погрузки его на судно, уплатить обусловленную провозную плату (фрахт) и принять груз в пункте назначения. Наличие Д.м.п. должно быть подтверждено письменным документом (чартером, *коносаментом* и др.). О различных условиях Д.м.п. см. в ст. ст. *КАФ*, *ФОБ*, *СИФ*, *ФАС*, *Франко*.

ДОЛГОВА́Я РАСПИ́СКА, см. в ст. *Расписка*.

ДОЛЕВА́Я ОТВЕ́ТСТВЕННОСТЬ, см. *Ответственность долевая*.

ДОЛЖНИ́К, сторона в *обязательстве*, обязанная совершить в пользу другой стороны – *кредитора* определенное действие (передать имущество, выполнить работу и др.) или воздержаться от определенного действия.

ДОМИНИ́РУЮЩЕЕ ПОЛОЖЕ́НИЕ на рынке, исключит. положение производителя (*хозяйствующего субъекта*) на рынке данного товара, позволяющее ему оказывать решающее влияние на *конкуренцию*. Д. п. затрудняет доступ на рынок др. производителям. По рос. законодательству устанавливается предельная величина доли производителя на рынке определенного товара (не более 35%), при ее превышении возникает Д. п. Закон устанавливает ряд других случаев, когда производитель признается доминирующим на рынке товара. Действия, являющиеся злоупотреблением Д. п. на рынке, запрещаются.

ДОМИЦИЛИ́РОВАННЫЙ ВЕ́КСЕЛЬ, 1) *переводный вексель*, содержащий обозначение места платежа иное, чем место, указанное рядом с наименованием плательщика (акцептанта). 2) *Простой вексель*, содержащий обозначение места платежа иное, чем место выдачи векселя.

ДОРОЖНЫЙ ЧЕК, т р е в е л л е р с ч е к, платежный документ на спец. бланке, представляющий собой денежное обязательство выплатить обозначенную в чеке сумму владельцу, чей образец подписи проставляется на Д.ч. в момент его продажи. Д.ч. используется гл. обр. как средство обеспечения валютой туристов.

ДОЧЕРНЕЕ ПРЕДПРИЯТИЕ, предприятие, созданное в качестве юридич. лица другим предприятием путем передачи ему части своего имущества в полное хоз. ведение. Учредитель утверждает устав Д.п., назначает его руководителя и осуществляет в отношении Д.п. другие права собственника, предусмотренные законодат. актами о предприятии. Д.п. должно быть указано в уставе создавшего его предприятия.

ДУБЛИКАТ, второй или следующий экземпляр к.-л. письм. документа, имеющий в отличие от копии одинаковую с подлинником юридич. силу.

ЕВРОПЕЙСКИЙ БАНК РЕКОНСТРУКЦИИ И РАЗВИТИЯ (ЕБРР), междунар. банк, начавший свои операции в 1991 в целях содействия реализации экономич. реформ в странах Вост. Европы и в гос-вах, образовавшихся на терр. б. СССР. Капитал банка в основном (50%) принадлежит Комиссии европ. сообществ и входящим в Европ. сообщество странам. Содействие предполагается осуществлять в форме крупных целевых кредитов, предпочтительно негос. формам хозяйствования.

ЗАЕМ, в гражд. праве договор, согласно к-рому одна сторона (займодавец) передает другой стороне (заемщику) в собственность (полное хоз. ведение, оперативное управление) деньги или вещи, определенные родовыми признаками – числом, весом, ме-

рой, а заемщик обязуется возвратить займодавцу такую же сумму денег или равное количество вещей того же рода и качества. По законодательству Рос. Федерации договор З., как правило, безвозмездный, взимание процентов по нему допускается в предусмотр. законом случаях – напр., по заемным операциям кредитных учреждений, ссудным операциям ломбардов.

ЗАКРЫТАЯ КОРПОРАЦИЯ, в США разновидность предпринимательской корпорации. От обычной *корпорации* отличается небольшим числом акционеров (обычно 15–30 чел.), между которыми, как правило, существуют доверительные взаимоотношения. Это обусловливает упрощенную схему управления З.к. – при соответствующей оговорке в уставе общее собрание акционеров может не созываться, все акционеры имеют статус директоров. Правила о *публичной отчетности* на З.к. не распространяются. Акции З.к. не котируются на биржах, их отчуждение производится только с согласия остальных акционеров.

З.к. по своему характеру аналогична частной компании англ. права и *товариществу с ограниченной ответственностью* стран континент. Европы.

ЗАЛОГ, в гражд. праве один из способов обеспечения исполнения *обязательств*. Состоит в передаче должником кредитору денег или иной имуществ. ценности, из стоимости к-рой кредитор имеет преимуществ. право удовлетворить свое требование при неисполнении должником обязательства (за излишек, предусмотренными законом). Предметом З., в т.ч. банковского, может быть любое имущество, включая имуществ. права. В случае перехода права собственности (права полного хоз. ведения, права оперативного управления) на заложенное имущество от залогодателя к другому лицу залоговое право сохраняет силу. Закон РФ "О залоге" принят 29 мая 1992.

ЗЛОУПОТРЕБЛЕНИЕ ПРАВОМ, использование субъективного права в противоречии с его социальным назначением, а также влекущее за собой нарушение охраняемых законом интересов другого лица, либо обществ. и гос. интересов.

ЗНАК ОБСЛУЖИВАНИЯ, см. *Товарный знак.*

"ЗОЛОТАЯ АКЦИЯ", предусмотрена Указом Президента РФ от 16 нояб. 1992 с целью обеспечения интересов и контроля гос-ва при приватизации крупных предприятий и их подразделений. "З. а.", обычная во всех отношениях *акция*, дает ее владельцу право "вето" в конкретных, строго определенных случаях (напр., когда предприятие решает изменить орг.-правовую форму, совершает сделку на сумму более 10% уставного капитала, собирается ликвидировать имущество или производство, имеющее гос. значение). "З. а." вводится на срок не более трех лет, она не может быть продана, а по истечении срока превращается в обыкновенную акцию.

ЙМПОРТНАЯ КВОТА, см. в ст. *Квота*.

ИНВЕСТИЦИИ ИНОСТРАННЫЕ, долгосрочные вложения капиталов одной страны в экономику другой. Различают И.и. гос. и частные, финансовые (в *ценные бумаги*) и реальные (в производство, движимое и недвижимое имущество), *портфельные инвестиции* (участие) и прямые (полный контроль), в т.ч. в объекты, находящиеся в полной собственности иностр. инвестора. В России регулируются рядом законодат. актов об И.и., о *совместных предприятиях* и др., а также межгос. соглашениями (двусторонними и многосторонними) о защите иностр. инвестиций.

ИНВЕСТИЦИОННЫЙ ТОВАР, разновидность товаров, составляющих или могущих составлять материально-вещественную часть инвестиций. Основной компонент реальных инвестиций. Как правило, это – основное и вспомогательное оборудование, техника и технология производств. и непроизводств. назначения, здания, сооружения и т.д.

ИНДОССАМЕНТ, передаточная надпись, к-рая учиняется на векселях, чеках, коносаментах и др. *ценных бумагах* их держателем для передачи прав по этим документам от одного лица (индоссанта) к другому. И. может быть именным, т.е. в пользу определенного лица, и бланковым, т.е. на предъявителя (см. *Бланковая надпись*).

ИНЖИНИРИНГ, предоставляемый на коммерч. основе комплекс инженерно-консультац. услуг самого широкого плана, необходимых для разработки и сооружения различных объектов в пром-сти, с. х-ве, сфере услуг и инфраструктуре. В понятие И. входит полное, частичное и расширенное инженерно-консультационное сопровождение соответствующих проектов.

Видами И. являются услуги предпроектного (исследования, составление технико-экономич. обоснования и др.), проектного (рабочий проект, генеральный план и др.), послепроектного (составление контрактов, подготовка торгов и др.) этапов; рекомендаций по эксплуатации оборудования и реализации получаемой продукции.

Контракты по И. широко распространены в междунар. торговле, услуги по И. предоставляются обычно крупными специализиров. фирмами.

ИНКАССО, банковская операция, посредством к-рой банк по поручению клиента получает на основании денежно-товарных или расчетных документов причитающиеся клиенту денежные суммы и зачисляет их на его счет в банке.

ИННОВАЦИЯ, в широком смысле нововведение, преобразования в экономич., технич., социальной и иных областях, связанные с новыми идеями, изобретениями, открытиями и т.п. В предпринимательстве И.– коммерческое использование экономич. или технологич. новшеств. В узком смысле в этой области И.– первое использование изобретения, за к-рым следует распространение изобретения (диффузия). Виды И.: новый продукт (или дифференциация его качества); процесс в сфере произ-ва и сбыта (напр., новая технология изготовления), освоение новых форм и путей сбыта и др. Значит. (фундаментальная) И. означает создание на базе новой ключевой технологии многочисл. товаров и их качеств. вариантов, производств. процессов, рыночных механизмов. И. представляет интерес для бизнеса, т.к. дает использующему ее временное монопольное положение на рынке.

ИНОСТРАННОЕ ПРАВО (применение И.п.). В отд. случаях суд. и арбитражные органы данного гос-ва разрешают споры по правоотношениям, содержащим т.н. иностр. элемент (заключение договора за границей или нахождение там наследственного имущества или имущества – объекта договора, выполнение перевозки иностр. перевозчиком и т.д.) в соответствии с нормами иностр. права. Необходимость этого обусловлена развитием контактов между орг-циями и гражданами различных стран и тесными связями ряда правоотношений с правопорядком иностр. гос-ва. По общему правилу И.п. может применяться только к имуществ., семейным и личным отношениям, входящим в сферу *международного частного права*. Однако в отд. случаях возможно признание и применение за границей правовых актов иностр. *публичного права* (признание и исполнение решений иностр. судов, выданных за границей документов об образовании и т.д.). Чаще всего И.п. применяется судами и внешнеторг. арбитражем. Пределы применения И.п. определяют *коллизионные нормы*, к-рые содержат указания, в отношении каких вопросов и право какого именно иностр. гос-ва подлежит применению. Суд может привлечь стороны к установлению содержания И.п., обратиться в этих целях к экспертам или направить запрос компетентным гос. органам. В ряде стран И.п., подлежащее применению, рассматривается обычно как фактическое обстоятельство, подлежащее доказыванию заинтересованной стороной. В ФРГ, нек-рых скандинавских и латино-амер. странах суды применяют И.п. по собственной инициативе.

И.п. должно применяться так, как оно применяется в стране, где оно действует. Суды др. страны, применяющие И.п., не должны давать свое толкование его норм.

ИНТЕЛЛЕКТУА́ЛЬНАЯ СО́БСТВЕННОСТЬ, юридич. понятие, включающее права, относящиеся к лит., художеств. и научным произведениям, к исполнит. деятельности артистов, к звуко- и видеозаписи, радио- и телевиз. передачам (т.е. к авторским правам). На уровне И.с. защищаются также права в сфере научных открытий, изобретений и др. прав, относящихся к *промышленной собственности*. Она связана также с защитой *недобросовестной конкуренции*.

Право И.с. защищается нац. законодательством большинства гос-в, Междунар. конвенциями об авторском праве (Бернской и Женевской), а также Междунар. конвенцией 1967 об учреждении Всемирной организации интеллектуальной собственности. В РФ функции защиты И.с. осуществляет Рос. агентство интеллектуальной собственности.

ИПОТЕ́КА, вид *залога*, при к-ром заложенное имущество остается во владении залогодателя до наступления срока платежа. Наиболее широкое распространение И. получила а сфере банковского кредитования (залог *недвижимости* и прав на нее).

ИСКОВА́Я ДА́ВНОСТЬ, см. в ст. *Давность*.

КАБОТА́Ж, плавание судна между портами одного гос-ва. Различаются морской К. и речной К. Морской К. подразделяется на большой (плавание между портами, располож. на побережье разных морей) и малый (плавание в пределах одного моря).

КАЗНАЧЕ́ЙСКИЙ ВЕ́КСЕЛЬ, краткосрочное обязательство гос-ва со сроками погашения до 12 мес. Распространяются первоначально на аукционах, проводимых спец. банками. К.в. считаются надежными *ценными бумагами*, т.к. по существу имеют гос. гарантию.

КА́ЗУС, событие, к-рое наступает помимо чьей-либо воли и потому не может быть предусмотрено при данных условиях.

КАРТЕ́ЛЬ, одна из форм *монополистической деятельности*; объединение производителей (или потребителей) однотипной продукции (услуг) для регулирования условий ее производства, сбыта (приобретения). Имеет форму картельного соглашения, устанавливающего цены, объемы продаж, распределение рынков сбыта и т.д., обязательные для всех участников К. Цель создания К.– получение монопольной прибыли путем устранения, ограничения и регламентации конкуренции внутри объединения и подавления "внешней" конкуренции со стороны тех, кто не участвует в картельном соглашении. См. также *Антимонопольное законодательство*.

КАФ, вид договора внешнеторг. купли-продажи при морской перевозке груза, при к-ром в цену товара включается стоимость его мор. перевозки (фрахта) до порта назначения. Риск гибели и повреждения груза до момента сдачи товара перевозчику лежит на продавце (в обязанности к-рого входит страхование товара), и с момента сдачи переходит на покупателя.

КВО́ТА (экспортная, импортная), доля участия предприятия, компании и т.д. в произ-ве, сбыте, экспорте и импорте конкретного вида товаров. Наиболее распространены во внешнеэкономич. отношениях, как правило, для ограничения импорта определенного вида товаров в ту или иную страну в целях защиты нац. рынка (напр., установление К. для импорта автомобилей японского произ-ва в США и Зап. Европу). К. экспортную устанавливают соглашениями компаний внутри страны обычно во исполнение *антимонопольного законодательства*. В России вопросы квотирования импорта и экспорта упорядочены в целях сбалансирования внутр. рынка и с учетом валютных приоритетов гос. и региональных программ. Перечень товаров (услуг), подлежащих квотированию, утверждается ежегодно. Экспорт и импорт в пределах выделенных К. осуществляются по *лицензиям*.

КЛИ́РИНГ, система безналичных расчетов за товары и услуги, основанная на зачете взаимных требований и обязательств. На основе К. производятся обычно расчеты между банками различных стран. В междунар. торговле соглашения о расчетах по К. заключаются, как правило, с менее развитыми странами, валюта к-рых не является конвертируемой. В этом случае в соглашениях о К. предусматривается периодическое (напр., ежегодно или каждые 2–3 года) установление сальдо по клиринговому счету, к-рое погашается страной-должником в порядке, установленном в соглашении (в твердой валюте, золотом, товарами).

КНИГИ ТОРГО́ВЫЕ, см. *Торговые книги*.

КОКО́М, см. *Координационный комитет по экспортному контролю*.

КОЛЛИЗИОННОЕ ПРАВО, совокупность норм, разрешающих коллизии между законами различных гос-в (напр., между иностр. и рос. законами). К.п. входит в состав *международного частного права*. В ряде иностр. гос-в (напр., в Великобритании, США) понятие "международное частное право" отождествляется с понятием К.п. Нормы К.п. содержатся во внутр. (нац.) законодательстве или в междунар. договорах и именуются коллизионными нормами. К.п. часто противопоставляется "материальному праву", к к-рому отсылают коллизионные нормы и к-рым следует руководствоваться для определения прав и обязанностей сторон в конкретном правоотношении.

КОЛЛИЗИОННЫЕ НОРМЫ, нормы права, не решающие спора по существу, а определяющие, право какого гос-ва должно быть применено к данному правоотношению. Наиболее характерны для *международного частного права*. К.н.— наиболее сложные правовые нормы, осн. их часть составляют т.н. к о л л и з и о н н а я   п р и в я з к а, т.е. указание в законе, подлежащем применению к правоотношению, указ. в первой части К.н. Наиболее распространенные коллизионные привязки в сфере договорного права (купли-продажи, подряда и др.): закон места заключения договора (lex loci contractus), т.е. все споры по данному договору решаются по закону той страны, где он заключен; закон места исполнения обязательств (lex loci solutionis), закон суда (lex fori), т.е. закон той страны, где рассматривается спор; закон места нахождения имущества (lex rei sitae); закон места совершения сделки, определяющий ее форму (locus regit actum), и др.

По праву, применяемому в соответствии с К.н., определяется правомерность формы договора, его содержания, правомочия сторон и др. вопросы. Следует отметить, что К.н. применяются в тех случаях, когда стороны в договоре, в пределах, допустимых законодательством той или иной страны, сами не определили, право какой страны будет применяться (т.н. автономия воли сторон).

КОМИССИОННЫЕ ОПЕРАЦИИ, торгово-посреднические сделки, регулируемые договором *комиссии*. Сторонами К.о. могут быть физич. и юридич. лица, гос-во. Размер комиссионного вознаграждения устанавливается в виде определенного процента от суммы сделки или разницы между ценой, назначенной комитентом, и ценой, по к-рой товар реализован комиссионером. Во внешней торговле используется практика разовых комиссионных поручений (индентов), когда импортер одной страны дает поручение комиссионеру др. страны на покупку определенной партии товара. К К.о. относятся и операции *консигнации*, заключаю-

щиеся в продаже товара со склада на основе договора поручения.

КОМИССИЯ, в гражд. праве договор, по к-рому одна сторона (комиссионер) обязуется по поручению др. стороны (комитента) за вознаграждение заключить с третьим лицом сделку от своего имени, но в интересах и за счет комитента. Договор К. заключается в письменной форме. См. также *Делькредере.*

КОММАНДИТНОЕ ТОВАРИЩЕСТВО, вид торг. товарищества, участники к-рого подразделяются на "полных" товарищей, несущих неогранич. имуществ. ответственность по обязательствам К.т., и коммандистов, отвечающих по долгам К.т. в пределах своего вклада.

КОММЕРСАНТ, участник хоз. оборота, от своего имени заключающий сделки и осуществляющий в качестве самостоятельного хозяйствующего субъекта иные хоз. операции в виде предпринимательства. Т.о., в качестве К. рассматривается лицо, осуществляющее предпринимательскую деятельность на профессиональной основе.

КОММЕРЧЕСКАЯ ТАЙНА, сведения и документы, отражающие деятельность акционерной компании, пр-тия, фирмы, банка и т.п., информацию о к-рых они вправе не раскрывать. В Рос. Федерации перечень сведений, составляющих К.т., определяется руководителем пр-тия. Перечень сведений, к-рые не могут составлять К.т., определяется пр-вом. Так, в соответствии с пост. пр-ва РФ от 5 дек. 1991 К.т. предприятия и предпринимателя не могут составлять *учредительные документы* и устав, сведения по установленным формам отчетности о финансово-хоз. деятельности, сведения о платежеспособности и др.

КОММЕРЧЕСКИЕ ОРГАНИЗАЦИИ, *юридические лица,* преследующие извлечение прибыли в качестве основной цели своей деятельности. Это — хоз. общества и товарищества; производств. кооперативы; арендные предприятия; коллективные предприятия; гос. и другие предприятия, основанные на праве *полного хозяйственного ведения* переданным им имуществом учредителей; хоз. объединения указ. юридич. лиц.

КОММЕРЧЕСКИЙ АКТ, по рос. праву документ, составляемый в случаях обнаружения недостачи, повреждения и порчи груза при ж.-д., речных, мор. и возд. перевозках. Является основанием имуществ. ответственности перевозчика, грузополучателя или грузоотправителя.

КОММЕРЧЕСКОЕ ПРАВО, см. *Торговое право.*

КОМПЕНСАЦИОННЫЕ СДЕЛКИ, договоры купли-продажи, по к-рым покупаемый товар оплачивается поставкой др. к.-л. товаров или оказанием услуг. Списки взаимопоставленных товаров или услуг, их количество и цена прилагаются к договору. В отличие от бартерной сделки К.с. обычно предусматривают частичную ден. оплату товаров. Во внешнеторг. отношениях между государствами могут заключаться к о м п е н с а ц и о н н ы е   с о г л а ш е н и я .

КОМПЛЕКТНЫЕ ПОСТАВКИ, разновидность товарных операций, предполагающих взаимоувязанную поставку компонентов предмета сделки, в т.ч. на внешний рынок. Включает комплекс исследовательских и проектно-изыскательских работ, связанных с сооружением комплектного объекта, или оказание технич. помощи, поставку материалов, машин и др.

КОНВЕНЦИОННЫЕ ТАРИФЫ, см. в ст. *Генеральное соглашение по тарифам и торговле.*

КОНДИЦИИ, условия о качестве товара, его упаковке, предусмотренные договором купли-продажи (отсюда – кондицион. товар, кондицион. тара и т.п.). Существуют также К. качества, ассортимента, принятые на данном товарном рынке.

КОНКУРЕНТНЫЕ ЛИСТЫ, вид внешнеторг. информации, обобщающей данные о ценах, технико-экономич. показателях, качестве и коммерч. условиях реализации экспортируемой и импортируемой продукции.

КОНКУРЕНТОСПОСОБНОСТЬ, совокупность качественных и стоимостных характеристик товара, обеспечивающая удовлетворение конкретной потребности покупателя и характеризующая по этим показателям отличие его от товара-конкурента.

КОНКУРЕНЦИЯ, состязательность *хозяйствующих субъектов* – производителей товаров, за сбыт этих товаров на данном рынке. При нормальном уровне К. ни один из производителей не имеет возможности быть монополистом, ограничивать К. и конкурентоспособность др. производителей. Антимонопольное законодательство многих стран, в т.ч. и РФ, направлено на недопущение недобросовестной К., на запрещение к.-л. соглашений, направленных на существ. ограничение К.

См. также *Антимонопольное законодательство, Недобросовестная конкуренция.*

КОНКУРС, 1) соревнование для выявления наилучших из числа участников, представленных работ и т.п. 2) Порядок заявления и удовлетворения требований, предъявляемых кредиторами к несостоятельному должнику. 3) В РФ – форма осуществления приватизации гос. и муниципальных предприятий.

КОНОСАМЕНТ, товарораспорядительный документ. Содержит условия договора мор. перевозки груза, удостоверяет факт наличия договора и служит доказательством приема груза к перевозке.

КОНСАЛТИНГ, предоставление на коммерческой основе услуг консультац. характера (правовая экспертиза контрактов, справки о возможных контрагентах, их рейтинге, различного рода информация в конкретной сфере деятельности).

КОНСИГНАЦИЯ, во внеш. торговле условие продажи товаров через консигнационные склады посредников, когда право собственности на товар, поступивший на склад посредника, остается за экспортером до момента продажи товара покупателю. Хранение товара осуществляется за счет экспортера. Если в обусловленный период товар не будет продан, он возвращается собственнику за его счет.

КОНСОРЦИУМ, соглашение двух и более орг-ций разл. стран для достижения определенной хоз. цели. Возможен К. и нескольких орг-ций одной страны, как правило, осуществляющих внешнеэкон. деятельность. Существуют три вида соглашений о К.: устанавливающее договорные обязательства сторон; ведущее к созданию товарищества, не являющегося юридич. лицом; учреждающее юридич. лицо.

КОНСУЛЬСКАЯ ФАКТУРА (инвойс), документ, подписанный консулом страны назначения товара, в к-ром свидетельствуется цена данного товара и стоимость всей отправленной его партии. Предъявляется, обычно, тамож. органам при ввозе товара.

КОНТРАГЕНТ, одна из сторон договора.

КОНТРАКТ, то же, что договор.

КОНТРАФАКЦИЯ, незаконное использование предприятиями, фирмами на своих товарных знаках обозначений, помещаемых на популярных товарах др. предприятий, фирм, в целях *недобросовестной конкуренции* и введения в заблуждение потребителя.

КОНТРОЛЬНЫЙ ПАКЕТ АКЦИЙ, доля *акций,* находящаяся в руках одного лица (юридич. или физич.) и позволяющая полностью контролировать деятельность *акционерного общества.* Формально-юридически для формирования К.п.а. необходимо владеть 51 % суммы всего акционерного капитала. Однако, поскольку акционерный капитал складывается из различных видов *ценных бумаг,* возможность полностью контролировать акционерное общество может быть обеспечена гораздо меньшим процентом доли акций. Крупные совр. акционеры-учредители способны сохранять К.п.а., владея 5 % голосов акционеров, обеспечивая контроль рядом других способов, напр., договорами передачи технологии, лицензионными и др.

КОНЦЕРН, наиболее распространенная форма *корпорации* в сфере пром-сти. Представляет собой сложный многоотраслевой комплекс, отличит. особенностями к-рого являются сочетание жесткого централизов. контроля в сфере капиталовложений, финансов, н.-и. и опытно-конструкторских работ с широкой самостоятельностью входящих в К. предприятий, отделений, филиалов и децентрализацией управления.

КОНЦЕ́ССИЯ, передача по договору в коммерческую эксплуатацию на определенный срок разл. объектов, находящихся в гос. собственности. Объектами договора К. могут быть предприятия с. х-ва, пром-сти, участки земли, континентального шельфа, недра и др. Права и обязанности сторон, срок действия договора и др. регулируются договором и законодательством.

КООРДИНАЦИО́ННЫЙ КОМИТЕ́Т ПО ЭКСПОРТНОМУ КОНТРО́ЛЮ (К О К О М), междунар. орг-ция большинства стран Зап. Европы, США и Японии, созданная в 1949 для многостороннего контроля над экспортом в СССР и др. социалистич. страны. КОКОМ составлял перечни товаров и технологий, не подлежащих экспорту в указ. страны, а также устанавливал ограничения по использованию товаров и технологий, разрешенных для поставки в виде исключения. Изменения, произошедшие в отношениях между б. СССР и странами Запада, повлекли определенное смягчение в подходах КОКОМ к экспорту товаров в страны СНГ и Вост. Европы.

КОРПОРА́ЦИЯ, форма организации предпринимательской деятельности – объединение лиц для достижения к.-л. цели. Является юридич. лицом. Функции управления К. осуществляются профессиональными управляющими (*менеджерами*), работающими по найму. К. могут быть как гос., так и частными. По англ.-амер. праву понятие "К." равнозначно понятию акционерного общества в зап.-европ. континент. праве.

КОТИРО́ВКА ВАЛЮ́Т, см. в ст. *Валютный курс*.

КРЕДИ́Т, вид сделки, при к-рой одна сторона (кредитор) предоставляет другой (заемщику) деньги или товар в долг на условиях возвратности, срочности и, как правило, платности. Различают коммерческий, банковский, государственный, международный и потребительский К.

К о м м е р ч е с к и й К. – как правило, краткосрочный, применяется при операциях купли-продажи в товарной форме. Продавец предоставляет свой товар покупателю с отсрочкой платежа на заранее оговоренное время под долговое обязательство – *вексель*.

Б а н к о в с к и й К. – предоставление банками ден. ссуд (или гарантий) под различные виды операций и сделок. Банковский К. классифицируется: 1) в зависимости от обеспечения – без обеспечения (бланковый) и под обеспечение (покупка векселя или его залог), подтоварный и фондовый (под ценные бумаги), ипотечный (под залог недвижимого имущества – земли, строений, сооружений и т.д.); 2) по срокам погашения – онкольный (до востребования), краткосрочный (до 1 года), среднесрочный (от 1 до 5 лет), долгосрочный (св. 5 лет); 3) по способу погаше-

ния – единовременным платежом или в рассрочку; 4) по методу удержания процента – в момент предоставления ссуды, в момент ее погашения или в рассрочку; 5) *аваль* – поручительство за лицо, выдавшее вексель. Дается в виде надписи на лицевой стороне векселя или на прикрепленном к нему листе (аллонже). Банк, давший аваль (авалист), несет солидарную с векселедателем ответственность. Авалист, оплативший вексель, может требовать возмещения с векселедателя и ответственных перед ним лиц.

Г о с у д а р с т в е н н ы й К. – размещение гос. долговых обязательств на внешнем (внешний долг) и внутр. (внутр. долг) рынке среди физич. и юридич. лиц. При этом гос-во становится заемщиком, а население, орг-ции и предприятия – кредиторами. Осуществляется путем выпуска *облигаций* и др. ценных бумаг гос. займов, а также привлечения средств в гос. сберегат. банки.

М е ж д у н а р о д н ы й К. предоставляется гос. и частными банками, др. юридич. и физич. лицами одних стран аналогичным заемщикам из др. стран; междунар. банковскими, другими валютно-финансовыми и кредитными орг-циями, разного рода региональными интеграционными, экономич., производств., экспортными союзами и ассоциациями. Различают коммерческие, банковские, экспортные, финансовые, валютные междунар. К., межправительств. займы, кредитные линии.

П о т р е б и т е л ь с к и й К. предоставляется населению, как правило, для приобретения потреб. товаров длительного пользования (в т.ч. недвижимости, оплаты других расходов текущего характера). Погашение – в рассрочку и разовое. Возможно предоставление потребительского К. под обеспечение (залог недвижимости) или без такового (бланковое), но после проверки платежеспособности получателя К.

Наблюдается тенденция к переходу все бо́льшей доли потреб. расходов на безналичную оплату с помощью кредитных карточек, выдаваемых банками своим вкладчикам для оплаты приобретаемых ими товаров и услуг (в развитых странах – до 20% финансовых услуг).

КРЕДИ́ТНАЯ КА́РТОЧКА, во многих странах форма расчетов за товары и услуги без использования наличных денег. В 1990-е гг. широкое распространение получили пластиковые К.к. с кодированным микропроцессорным устройством, к-рое позволяет банку моментально фиксировать осуществление клиентом платежей или получение наличных денег в спец. автоматах по К.к. Возможно предоставление вкладчику – владельцу К.к. кредита банка по достаточно высокой ставке. Выдается банком владельцу текущего счета (вкладчику) при наличии на этом счете определенной банком суммы. За использование К.к. банком взимается ежегодная плата (в пределах 50 дол. в год).

Крупные банки выдают К.к., действительные во многих странах (напр., К.к. "Америкен Экспресс", "Виза интернейшенел"). Общенац. система К.к. имеется во Франции.

КРЕДИТОР, 1) сторона в обязательстве, имеющая право требовать от др. стороны (дебитора, должника) исполнения обязанности совершить определенные действия либо воздержаться от определенных действий. Поскольку в двусторонних договорах каждая сторона имеет как права, так и обязанности по отношению к др. стороне, К. выступает также и как должник другой стороны. 2) В бухгалтерском учете термин, обозначающий физич. или юридич. лицо, перед к-рым данная орг-ция имеет задолженность, отраженную на ее балансе.

КУРТЬЕ, коммерсант – посредник по заключению договора двумя контрагентами. Не является представителем ни одной из сторон. Получает комиссионное вознаграждение.

ЛИЗИНГ, во внешнеэкономич. отношениях долгосрочная аренда машин, оборудования, транспортных средств, сооружений производств. назначения и др. Приобрел широкое распространение в связи с необходимостью получения потребителями дорогостоящей техники и ее внедрения без крупных капиталовложений. В контрактах по Л. может быть предусмотрено технич. обслуживание поставляемой техники, обучение кадров и т.д. В контракте возможны положения о праве (или обязанности) арендатора купить товар по истечении срока аренды. Обычно устанавливается базисный период, в течение к-рого стороны не имеют права расторгнуть договор Л.

ЛИКВИДНОСТЬ, подвижность активов гос-ва, банков, корпораций, фирм, предприятий и др., обеспечивающая своевременную оплату их обязательств. Повышение Л. снижает доходность активов, т.к. сопровождается полным или частичным изъятием их из оборота. Замедление оборота активов и увеличение задолженности снижают Л. и могут привести к неплатежеспособности.

ЛИКВИДНЫЕ СРЕДСТВА, активы, к-рые могут быть использованы для погашения долговых обязательств гос-ва, банков, корпораций, фирм, предприятий и др. Л.с. гос-в состоят из эмиссионных, казначейских и стабилизационных резервов и фондов, а также запасов свободно конвертируемой валюты, золота, междунар. платежных и резервных средств и др. Л.с. банков включают наличные деньги, остатки средств до востребования, *депозиты* сроком до одного календарного месяца, гос. и частные *ценные бумаги* и др.

Л.с. корпораций и др. предприятий и орг-ций состоят из наличных денег, банковских кредитов, депозитов, части оборотного капитала и др.

ЛИНЕЙНОЕ СУДОХОДСТВО, вид трансп. обслуживания регулярных морских перевозок грузов и пассажиров по определенным, заранее установленным направлениям (линиям), по расписанию, с оплатой по заранее объявленному тарифу.

ЛИЦЕНЗИОННАЯ ТОРГОВЛЯ, одна из осн. форм коммерческой передачи технологии из развитых стран. Стимулирует общий объем их торгово-экономич. деятельности, активную часть платежного и торгового баланса. Практически все *лицензионные соглашения* включают большой перечень дополнит. условий, услуг, *связанных закупок* лицензиару (продавцу лицензии), а в ряде случаев – передачу лицензиару прав на *товарный знак*, знак обслуживания и др. Но Л.т. обычно не учитывает передачу технологии, осуществляемую в порядке внутрикорпоративного трансферта транснац. корпораций.

Л.т. может вестись самостоятельно, а также сопровождать другие виды торгово-экономич. деятельности, напр., торговлю машинами и оборудованием, инвестирование, *инжиниринг, лизинг, франчайзинг,* совместное предпринимательство и др.

В результате выбора адекватной системы правового регулирования Л.т. страна может стимулировать подъем нац. экономики.

ЛИЦЕНЗИОННОЕ ВОЗНАГРАЖДЕНИЕ (лицензионные платежи), вознаграждение продавцу (лицензиару) за предоставление права покупателю (лицензиату) на использование *лицензии.* Существуют два вида Л.в.: 1) периодич. отчисления от дохода покупателя в течение срока действия соглашения (т.н. роялти), т.е. размер вознаграждения напрямую зависит от экономич. эффекта использования лицензии; 2) единоврем. платеж, не связанный во времени с фактич. использованием лицензии, а устанавливаемый заранее на основании экспертных оценок (паушальные платежи) с передачей части ценных бумаг лицензиата, встречная передача технич. документации и др.

ЛИЦЕНЗИОННОЕ СОГЛАШЕНИЕ, договор, в соответствии с к-рым собственник изобретения или технологич. знаний, опыта и секретов производства выдает контрагенту лицензию на использование в определенных пределах своих прав на *патенты*, "*ноу-хау*", *товарные знаки*. В Л.с. определяются вид лицензии (патентная, беспатентная), характер и объем прав на использование технологии (простая, исключительная, полная лицензия), формы *лицензионного вознаграждения*.

ЛИЦЕНЗИЯ, разрешение: 1) экспортная или импортная Л. выдается компетентным гос. органом на осуществление внешнеторг. операций; 2) Л. на использование изобретения или иного технич. достижения выдается на основании *лицензионного соглашения*. Патентная Л. выдается на изобретение, по к-рому подана заявка на *патент* или получен этот документ. Т.н. беспатентные Л. выдаются на технич. достижения (в т.ч. секреты производства – "*ноу-хау*"), к-рые по законам страны не могут охраняться патентом, либо на изобретения, на к-рые по к.-л. причинам заявка на получение охранного документа не подана; 3) Л. на ведение к.-л. деятельности, на отстрел животных и др.

МАК, см. *Морская арбитражная комиссия*.
МАКЛЕР, биржевой посредник. Действует по поручению клиентов и за их счет. Специализируется на определенных видах биржевых операций. М. объединяются в маклерские конторы и фирмы. За услуги они взимают комиссионные, устанавливаемые биржевым комитетом.

МАЛОЕ ПРЕДПРИЯТИЕ, термин, не имеющий четкого правового содержания. Под М.п. понимают кооператив, ассоциацию, центр, совместное предприятие, акционерное общество, отделение иностр. фирмы и т.д. с небольшим количеством занятых. Правовое регулирование М.п. определяется индивидуально конкретной правовой формой каждого из них. М.п. – наиболее гибкая и динамичная форма предпринимательской деятельности. Наличие сети М.п. – необходимое условие формирования экономич. среды, благоприятствующей возникновению конкуренции товаропроизводителей, развитию рыночных отношений, противодействия монополизму в производстве и др. сферах деятельности. М.п. способны быстро реагировать на изменение потребит. спроса, наиболее восприимчивы к технич. новинкам, обеспечивают быструю окупаемость затрат.

МАЛЫЙ БИЗНЕС, термин, используемый для обозначения подавляющего числа (св. 95%) мелких и средних предприятий и компаний, как самостоятельных, так и находящихся в различной степени зависимости от более крупных фирм, корпораций, др. учреждений. Правовая форма М.б. не определена, гл. обр. это частные предприятия и *товарищества с ограниченной ответственностью*, а также бесприбыльные орг-ции. Критерий М.б. варьируется в зависимости от страны, отрасли, сферы деятельности, напр., до 50, 100, 250, 1000 занятых.

По занятости, объему производства на М.б. приходится не менее половины в экономике каждой страны (кроме б. республик СССР). Он составляет основу экономич. структуры, из к-рой вырастали и вырастают гиганты индустрии, является амортизатором в периоды спада экономич. конъюнктуры, служит важнейшим фактором структурной перестройки и стимулятором научно-технич. прогресса и развития экономики.

Традиционно велик удельный вес М.б. в сфере услуг и в стр-ве, велика доля М.б. в пром-сти и сфере наукоемкого производства.

Важнейшим компонентом М.б. стали предприятия – субподрядчики крупных корпораций (до 50% стоимости их готовой продукции), в т.ч. их дилеры и операторы, мелкие венчурные предприятия, фирмы *венчурного капитала*, технологич. парки (до 50% всех нововведений), компании, занятые *лизингом*, консультативные, маркетинговые, рекламные и др.

МАРКА ПРОИЗВОДСТВЕННАЯ, клеймо (штамп), проставляемое на изделиях, к-рые выпускает предприятие, или на их упаковке в целях индивидуализации изготовителя. В Рос. Федерации предусматривается обязательная маркировка товаров всеми производств. предприятиями. М.п. не регистрируется и применяется независимо от *товарного знака*.

МАРКА ТОРГОВАЯ, см. *Торговая марка*.
МАРКЕТИНГ, комплексная система и принцип организации н.-и. и опытно-конструкторских разработок, производства, сбыта и послепродажного обслуживания, в зависимости от требований реального рыночного спроса и тенденций его развития. Включает в себя изучение рынков, конкурентов, цен, спроса и предложения, формирование внутрифирменной ценовой политики, стимулирование спроса и рекламы, оптимизацию структуры, территориального размещения производств., сбытовых и сервисных служб. Важнейший элемент системы управления.

МАРКИРОВКА, см. *Марка производственная*.

МЕЖДУНАРОДНОЕ ЧАСТНОЕ ПРАВО, отрасль права; содержит нормы, регулирую щие гражданско-правовые отношения с иностр. элементом. Иностр. (или междунар.) элемент означает наличие одного из след. условий: одна из сторон договора – иностр. гражданин или иностр. юридич. лицо; имущество – объект правоотношения – находится за границей (напр., в случае открытия наследства за границей); юридич. факт, повлекший возникновение правоотношения, имел место за границей (причинение ущерба, заключение договора и т.п.). Особенностью регулирования гражданско-правовых отношений М.ч.п. является то, что в ряде случаев его нормы не регулируют конкретно возникший спор, а только указывают, законодательство какой страны подлежит применению. Такие нормы наз. коллизионными. *Коллизионное право* – важнейший раздел М.ч.п. (см. также *Коллизионные нормы*).

МЕЖДУНАРОДНЫЙ ВАЛЮТНЫЙ ФОНД (МВФ), специализиров. учреждение ООН, созд. в 1944 (начал функционировать в 1945). В задачи МВФ входит содействие развитию междунар. сотрудничества в валютной и торг. сферах для увеличения занятости и улучшения экономич. положения в странах – членах МВФ. В этих целях МВФ осуществляет финансирование нуждающихся стран, испытывающих трудности с платежным балансом, оказывает им технич. помощь по совершенствованию методов хозяйствования. Фонд располагает определенными средствами, к-рые он временно и на определенных условиях предоставляет своим членам, чтобы дать им возможность выполнить свои бюджетные программы. РФ – член МВФ с 1992 (СССР членом МВФ не являлся).

МЕНЕДЖЕР, термин англоязычного происхождения, означающий управленческую профессию и вид деятельности. М.– наемный работник, выполняющий функции организации и управления в частных и гос. коммерческих учреждениях, предприятиях, орг-циях. В широком смысле понятие М. охватывает весь слой руководителей от низшего звена (напр., бригадира) до директора или президента. В узком смысле, более употребимом в практике, применяется к руководителям-управленцам среднего и высшего звена. Осн. функция М.– принятие управленческих решений на основании собств. опыта и знаний с учетом мнения специалистов-экспертов, консультантов и др.

МОНОПОЛИСТИЧЕСКАЯ ДЕЯТЕЛЬНОСТЬ, деятельность производителей товаров, направленная на ограничение, недопущение и устранение конкуренции на товарном рынке и причиняющая вред потребителям. По российскому законодательству как М.д. рассматриваются аналогичные действия органов власти и управления. См. *Антимонопольное законодательство*.

МОРАЛЬНЫЙ ВРЕД, в праве – вред неимуществ. характера, причиненный неправомерными действиями. Выражается в причинении нравств. (напр., умаление достоинства, подрыв репутации) или физич. страданий. Возмещается виновным лицом в денежной или иной материальной форме и в размере, определяемых судом, независимо от подлежащего возмещению имуществ. вреда.

МОРАТОРИЙ, в гражд. праве отсрочка исполнения обязательств, устанавливаемая законом или пост. пр-ва на определенный срок либо до окончания к.-л. чрезвычайных событий (напр., войны, стихийного бедствия).

МОРСКАЯ АРБИТРАЖНАЯ КОМИССИЯ (МАК), постоянно действующий *третейский суд* при рос. Торгово-промышленной палате. Разрешает споры, вытекающие из договорных и других гражданско-правовых отношений, возникающих при осуществлении торгового мореплавания. Действует на основании Кодекса торг. мореплавания или междунар. договоров, в к-рых участвует гос-во.

МОРСКАЯ ЭКОНОМИЧЕСКАЯ ЗОНА, участок шириной 200 морских миль, прилегающий к границе территориальных вод. Введена большинством гос-в, имеющих морские границы, для защиты своих экономич. интересов, экологич. обстановки и контроля промысловой и др. деятельности.

МУНИЦИПАЛЬНАЯ СОБСТВЕННОСТЬ, собственность р-на, города и входящих в них адм.-терр. образований. В Рос. Федерации к числу объектов М.с. относятся имущество местных органов гос. власти и местного самоуправления, средства местного бюджета и внебюджетных фондов, жилищных фондов, нежилые помещения в домах жилищного фонда, объекты инженерной инфраструктуры и др.

МУНИЦИПАЛЬНОЕ ПРЕДПРИЯТИЕ, пр-тие, учрежденное местным органом власти или органом местного самоуправления. Является юридич. лицом, имеет собственное наименование с указанием организационно-правовой формы пр-тия.

НАИБОЛЬШЕЕ БЛАГОПРИЯТСТВОВАНИЕ, принцип, применяемый в междунар. договорах, гл. обр. регулирующих экономич., в т.ч. торговые, отношения между разл.

гос-вами. Означает, что каждое из договаривающихся гос-в обязуется предоставлять другому гос-ву, его физич. и юридич. лицам в той или иной области их взаимоотношений права, преимущества, привилегии и льготы, столь же благоприятные, какие оно предоставляет или предоставит в будущем любому третьему гос-ву, его физич. и юридич. лицам. Важной областью применения принципа Н.б. является таможенный режим (пошлины, налоги и др. сборы, правила и формальности, применяемые при таможенной обработке товаров, и т.п.). В торг. договорах часто предусматривается режим Н.б. в отношении внутр. налогов и сборов, к-рыми облагается производство, обработка и обращение импортированных товаров; правового положения физич. и юридич. лиц иностр. гос-ва; правил и формальностей при транзите товаров, а также в отношении условий мореплавания и др.

Принцип Н.б. получил широкое распространение в совр. междунар. отношениях, т.к. он создает равные условия для всех иностр. гос-в, их организаций, фирм и граждан.

НАЛОГ НА ИМУ́ЩЕСТВО ПРЕДПРИЯ́ТИЙ, в Рос. Федерации обязат. взносы в бюджет, к-рые платят предприятия, учреждения и орг-ции (в т.ч. с иностр. инвестициями), являющиеся юридич. лицами, а также междунар. объединения и орг-ции, осуществляющие предпринимательскую деятельность; филиалы и др. аналогичные подразделения указ. предприятий, учреждений и орг-ций, имеющие отдельный баланс и расчетный счет. Н. на и.п. платят также пост. представительства и др. обособленные подразделения иностр. фирм, банков и орг-ций, расположенных на терр. России. Данным налогом не облагается имущество бюджетных учреждений и орг-ций, органов гос. власти, коллегий адвокатов, предприятий по производству, переработке и хранению с.-х. продукции; религиозных объединений и орг-ций, жилищно-коммунального и др. городского х-ва и нек-рых др. категории предприятий. Регулируется законом РФ "О налоге на имущество предприятий" от 13 дек. 1991 (с послед. изменениями и дополнениями).

НАЛОГ НА ПРИ́БЫЛЬ предприятий и организаций, осн. форма участия предприятий и орг-ций (в т.ч. бюджетных), являющихся юридич. лицами по законодательству РФ, включая созданные на терр. РФ предприятия с иностр. инвестициями, междунар. объединения и орг-ции, осуществляющие предпринимательскую деятельность, в формировании федерального, республиканских и местных бюджетов. Объект обложения – валовая прибыль предприятия. Регулируется Законом РФ "О налоге на прибыль предприятий и организаций" от 27 дек.

1991; Инструкцией Гос. налоговой службы от 6 марта 1992.

НАЛО́ГИ (сборы, пошлины), обязат. взносы в бюджет соответствующего уровня или во внебюджетный фонд, осуществляемые плательщиками (физич. и юридич. лицами) в порядке и на условиях, определяемых законодат. актами. Объекты налогообложения – доходы (прибыль), стоимость определенных товаров, отдельные виды деятельности налогоплательщиков, операции с *ценными бумагами*, пользование природными ресурсами, имущество юридич. и физич. лиц и т.д. О налогах в Российской Федерации см. *Налоговая система.*

НАЛО́ГОВАЯ СИСТЕ́МА, совокупность налогов, сборов, пошлин, др. платежей, взимаемых в установленном законом порядке. В Рос. Федерации Н.с. состоит из: федеральных налогов (налог на добавленную стоимость, налог на доходы банков, на операции с ценными бумагами, таможенная пошлина и т.д.); налогов республик в составе РФ и налогов краев, областей, авт. области, авт. округов (налог на имущество предприятий, лесной доход, плата за воду, забираемую промышл. предприятиями); местных налогов – обязат. взносов налогоплательщиков, зачисляемых в районные бюджеты районов и городские бюджеты городов, бюджеты поселков и сельских населенных пунктов (налог на имущество физич. лиц, земельный налог, курортный сбор, налог на рекламу, сбор с владельцев собак, за парковку автотранспорта и т.д.). (Закон РФ "Об основах налоговой системы в Российской Федерации" от 27 дек. 1991).

НАЛО́ГОВАЯ СЛУ́ЖБА, в Рос. Федерации система контроля за соблюдением налогового законодательства, за правильностью исчисления, полнотой и своевременностью внесения в соответствующий бюджет налогов и др. обязат. платежей, установленных законодательством России и республик, входящих в ее состав. Единая система Н.с. состоит из главной гос. налоговой инспекции при мин-ве финансов Рос. Федерации, гос. налоговых инспекций при мин-вах финансов республик, входящих в ее состав, гос. налоговых инспекций по краям, областям, авт. области, авт. округам, р-нам, городам, р-нам в городах, к-рые являются юридич. лицами. Инспекциям предоставляется право: производить проверки денежных документов, бухгалтерских книг, отчетов, деклараций и т.д., получать необходимые сведения по вопросам проверок (за исключением сведений, составляющих *коммерческую тайну*), контролировать соблюдение законодательства гражданами, занимающимися предпринимат. деятельностью, выдавать гражданам, осуществляющим индивидуальную деятельность, патенты и регистрац. удостоверения; применять к предприятиям, учреждениям, орг-циям и гражданам финансовые санкции; взыскивать в бюджет недоимки по налогам и др. обязат. платежам в бюджет; налагать адм. штрафы и т.д.

НАЛОГОВЫЕ ДЕКЛАРАЦИИ, см. *Декларация о доходах*.

НАЛОГОВЫЕ ИНСПЕКЦИИ ГОСУДАРСТВЕННЫЕ, орг-ции, на к-рые возложены обязанности по взиманию *налогов* и др. обязат. платежей в бюджет, контролю за правильностью этих платежей и соблюдением налогового законодательства. См. также *Налоговая служба*.

НАЛОГОВЫЕ ЛЬГОТЫ, полное или частичное освобождение от налогов юридич. и физич. лиц, установленное законом. К числу Н.л. относятся: установление необлагаемого минимума налога с доходов населения; изъятие из обложения определенных элементов объекта налога (напр., взносов на благотворит. цели), освобождение от уплаты налогов отдельных лиц или категорий плательщиков; понижение налоговых ставок и др. При определении Н.л. учитываются размеры и источники доходов, категории плательщиков; напр., по подоходному налогу в Рос. Федерации установлен необлагаемый минимум доходов в размере 4275 руб. в месяц. Не облагаются налогом пенсии, студенческие стипендии, выигрыши по гос. займам, лотереям и т.д.

Н.л. могут устанавливаться также в целях стимулирования того или иного вида производства или промысла (напр., освобождаются от налога члены крестьянских х-в – в течение пяти лет, начиная с года образования крестьянского х-ва – по доходам, получаемым от этого х-ва).

НАЛОГООБЛОЖЕНИЕ ДВОЙНОЕ, двойное взимание налогов с одного источника доходов или применение двух нац. систем налогообложения одновременно. В междунар. практике Н.д. связано с одновременным удержанием аналогичных налогов в разных странах вследствие подчиненности налогоплательщика и объекта налогообложения юрисдикции этих гос-в. Заинтересов. стороны договариваются о распределении доходов, облагаемых налогами, или исключении Н.д. В 1979 в ООН разработана типовая конвенция об устранении Н.д.

В соответствии с Законом России от 27 дек. 1991 "О налоге на прибыль предприятий и организаций" сумма прибыли (дохода), полученная за пределами Российской Федерации, включается в общую сумму прибыли, подлежащую налогообложению в России, и учитывается при определении размера налога.

Сумма налога на прибыль (доход), полученную за пределами Российской Федерации, уплаченная предприятиями за границей в соответствии с законодательством др.

гос-в, засчитывается при уплате налога на прибыль в России. При этом размер засчитываемой суммы не может превышать суммы налога на прибыль, подлежащей уплате в России по прибыли (доходу), полученной за границей.

НАЛОЖЕННЫЙ ПЛАТЕЖ, способ расчетов, при к-ром груз или почтовое отправление (посылка, бандероль) выдается получателю после оплаты установленной отправителем стоимости.

НАЦИОНАЛЬНЫЙ ДОХОД, чистый национальный продукт, один из осн. обобщающих показателей, характеризующих уровень экономич. развития гос-ва. Исчисляется как совокупность рыночных цен всех конечных товаров и услуг, произведенных на нац. территории за отчетный финанс. год за вычетом амортизации, т.е. меньше *валового национального продукта* на величину амортизации.

НАЦИОНАЛЬНЫЙ РЕЖИМ, принцип, применяемый в междунар. договорах, в силу к-рого юридич. и физич. лицам (гражданам) одного договаривающегося гос-ва предоставляются на территории другого договаривающегося гос-ва такие же права, льготы и привилегии, какие предоставляются его собственным юридич. и физич. лицам. Н.р. может быть установлен в законодательстве отд. гос-в.

НЕВОЗМОЖНОСТЬ ИСПОЛНЕНИЯ ОБЯЗАТЕЛЬСТВА, отсутствие физич. или юридич. возможности исполнения обязательства в натуре. Физически Н.и.о. означает наличие обстоятельства, создающего непреодолимую преграду для исполнения обязательства (напр., гибель индивидуально-определенной, конкретной вещи, являвшейся предметом обязательства); она может быть вызвана виной должника или кредитора, случаем (см. *Казус*) либо *непреодолимой силой*. Юридически Н.и.о. означает, что исполнение должником обязательства противоречило бы правовым актам, изданным после возникновения данного обязательства. Если Н.и.о. вызвана обстоятельствами, за к-рые должник не отвечает, обязательство прекращается. В остальных случаях она влечет изменение обязательства – оно превращается в обязательство возместить *убытки*, а в случае, предусмотренном законом или договором,– уплатить *неустойку*.

НЕГЛАСНОЕ ТОВАРИЩЕСТВО, в заруб. праве договор между владельцем торг. предприятия и "негласным" товарищем, к-рый обязуется внести вклад в это предприятие (переходящий в состав его имущества) и приобретает право участвовать в прибылях предприятия. Н.т. во вне не выступает, не имеет *фирменного наименования*. В обороте выступает лишь владелец торг. предприятия, к-рый считается собственником всего имущества. Отношения между участниками

Н.т. носят чисто обязательственный характер. На участников Н.т., внесших владельцу предприятия свои вклады, падает риск деятельности предприятия.

НЕДВИЖИМОСТЬ, в гражд. праве – земельные и другие естеств. угодья, иные вещные права на землю, а также всякое иное имущество, прикрепленное к земле и прочно связанное с ней (здания, сооружения и т.д.). Противопоставляется *движимости.*

НЕДОБРОСОВЕСТНАЯ КОНКУРЕНЦИЯ, совершение недобросовестных действий, направленных на ущемление законных интересов лица, ведущего аналогичную предпринимательскую деятельность, и потребителей. Осуществляется разл. способами, в частности, путем введения потребителей в заблуждение относительно изготовителя, назначения, способа и места изготовления, качества и иных свойств товара другого предпринимателя, путем некорректного сравнения товаров в рекламной и иной информации, копирования внешнего оформления чужого товара и иными способами. Законодательство большинства гос-в (в т.ч. Рос. Федерации) запрещает Н.к. и предусматривает меры по ее пресечению.

НЕКОММЕРЧЕСКИЕ ОРГАНИЗАЦИИ, *юридические лица,* не имеющие извлечение прибыли в качестве основной цели своей деятельности (обществ. и религиозные орг-ции, потребительские кооперативы, благотворительные и иные фонды, финансируемые собственником, и др.). Н.о. могут заниматься предпринимат. деятельностью лишь постольку, поскольку это необходимо для их уставных целей.

НЕОСНОВАТЕЛЬНОЕ ОБОГАЩЕНИЕ, в гражд. праве неосновательное приобретение или сбережение имущества одним лицом за счет другого без установленного законом или сделкой основания. Подлежит возврату лицу, за счет к-рого произошло Н.о. Те же последствия наступают, если основание, существовавшее в момент приобретения имущества, впоследствии отпало (напр., получено имущество по завещанию, признанному недействительным).

НЕПРЕОДОЛИМАЯ СИЛА, ф о р с - м а - ж о р , в праве чрезвычайное и непредотвратимое при данных условиях событие (напр., наводнение, шторм и др. стихийные бедствия), освобождающее, как правило, от имуществ. ответственности за неисполнение договора или причинение вреда, а также приостанавливающее течение срока исковой *давности.*

НЕРЕЗИДЕНТ, термин, применяемый законодательством о регулировании внешнеэкономич. и валютно-финансовой деятельности для обозначения следующих субъектов этой деятельности: физических лиц, имеющих постоянное место жительства за пределами данной страны; предприятий и

организаций (в т.ч. юридических лиц), созданных в соответствии с законодательством иностр. гос-ва и с местонахождением за пределами данной страны, а также их филиалов и представительств на территории данной страны; иностр. дипломатич. и иных официальных представительств, а также представительств междунар. орг-ций, находящихся на территории данной страны.

НЕСОСТОЯТЕЛЬНОСТЬ, см. *Банкротство.*

НЕТАРИФНЫЕ ОГРАНИЧЕНИЯ, совокупность неценовых мер государственно-правового характера, направленных на регулирование объемов и структур внешнеторг. деятельности. Применяются для защиты внутр. рынка и нац. экономики от зарубежной конкуренции. Основные Н.о. — лицензирование, квотирование, "добровольные" ограничения; законодательство о защите окружающей среды (экологическое), прав потребителя, нац. *стандартах (сертификация)* и др. Устанавливаются в натуральном или стоимостном выражении и распространяются на определенные сроки, группы товаров, виды деятельности, отрасли, страны и т.д. Важный компонент современной политики протекционизма.

НЕУСТОЙКА (ш т р а ф , п е н я), определенная законодательством (законодательная Н.) или договором (договорная Н.) денежная сумма, к-рую должник обязан уплатить кредитору в случае неисполнения или ненадлежащего исполнения обязательства, в частности в случае *просрочки* исполнения. Как правило, убытки возмещаются в части, не покрытой Н. Законодательством или договором могут быть предусмотрены случаи: когда допускается взыскание только Н., но не убытков; когда убытки могут быть взысканы в полной сумме сверх Н.; когда по выбору кредитора могут быть взысканы либо Н., либо убытки.

"НОУ-ХАУ", совокупность технических, технологических и иных сведений, необходимых для производства или освоения того или иного вида технологии, системы, линии и др. Передается, как правило, на основе *лицензионного соглашения* и включает участие предоставляющего "Н.-х." в запуске технологии, обучении персонала и освоении производства. Нередко договор о "Н.-х." сопровождается контрактом о передаче подлежащего освоению оборудования.

ОБЛИГА́ЦИЯ, разновидность *ценной бумаги* на предъявителя; денежное обязательство юридич. лица, как правило, по долгосрочному займу. Доход по О. выплачивается в форме выигрышей, разыгрываемых в спец. тиражах, или в виде фиксированного процента от нарицательной стоимости О. Погашается в течение определенного заранее установленного срока путем тиражей погашения.

ОБОРО́ТНЫЕ ДОКУМЕ́НТЫ, термин, применяемый для обозначения *ценных бумаг*, передача прав по к-рым производится простым вручением документа либо документа, дополненным *индоссаментом*. Широкое использование О.д. в совр. деловой практике объясняется упрощенным порядком передачи воплощенных в них имуществ. прав и независимостью прав добросовестного держателя от прав предыдущих держателей.

ОБРА́ТНОЕ ТРЕ́БОВАНИЕ, см. в ст. *Регрессный иск*.

ОБРАЩЕ́НИЕ ВЗЫСКА́НИЯ НА ИМУ́ЩЕСТВО, один из способов принудит. исполнения суд. решений, касающихся имуществ. ответственности. Осуществляется только на основании исполнительных документов (напр., исполнительного листа). В Рос. Федерации закон устанавливает виды имущества, на к-рые взыскание не может быть обращено (необходимые продукты питания, предметы домашней обстановки, одежда и т.п.).

ОБРЕМЕНЕ́НИЯ ИМУ́ЩЕСТВА, права третьих лиц на имущество, принадлежащее к.-л. лицу на праве собственности или находящееся в его фактич. владении (напр., право пожизненного проживания в чужом доме, сохранение права залогодержателя на заложенную вещь при ее переходе к новому собственнику).

О́БЩАЯ СО́БСТВЕННОСТЬ, собственность на одно и то же имущество двух или более лиц — участников О.с. (сособственников). Различается О.с. с определением долей (долевая собственность) — напр., жилой дом, принадлежащий нескольким гражданам, или без определения долей (совместная собственность) — напр., имущество супругов. При продаже доли постороннему лицу остальные участники общей долевой собственности имеют преимущественное право покупки продаваемой доли по цене, за к-рую

она продается, и на прочих равных условиях, кроме случая продажи с публичных торгов.

О́БЩЕСТВО С ДОПОЛНИ́ТЕЛЬНОЙ ОТВЕ́ТСТВЕННОСТЬЮ, общество, уставной фонд к-рого разделен на доли определенных *учредительными документами* размеров. При недостаточности имущества общества его участники отвечают по его обязательствам своим имуществом в одинаковом кратном размере к суммам вкладов.

ОБЫКНОВЕ́НИЕ ТОРГО́ВОЕ, см. в ст. *Торговый обычай*.

ОБЫ́ЧАЙ ТОРГО́ВЫЙ, см. *Торговый обычай*.

ОБЯЗА́ТЕЛЬСТВЕННОЕ ПРА́ВО, совокупность гражданско-правовых норм, регулирующих возникновение, исполнение и прекращение *обязательств*, отдельные их виды (куплю-продажу, мену, дарение, подряд и др.) и ответственность за нарушение обязательств. О.п. слагается из общей и особенной частей. Общая часть включает нормы, определяющие понятие обязательств, основания их возникновения, содержание и порядок исполнения, ответственность за нарушение и основания прекращения обязательств. Нормы особенной части О.п. регулируют отдельные виды обязательств.

ОБЯЗА́ТЕЛЬСТВО, гражд. правоотношение, в силу к-рого одна сторона (должник) обязана совершить в пользу др. стороны (кредитора) определенное действие (передать имущество, выполнить работу и т.п.) либо воздержаться от него, а кредитор имеет право требовать от должника исполнения его обязанности. О. возникают из договоров, др. оснований, предусмотренных законом. Односторонний отказ от исполнения О. не допускается, за исключением случаев, предусмотренных договором или законодательством.

ОГРАНИЧИ́ТЕЛЬНАЯ ДЕЛОВА́Я ПРА́КТИКА, совокупность приемов предпринимательской деятельности, используемых для ограничения экономич. свободы конкурентов, устранения самой конкуренции и приобретения монопольной власти на рынке. Неблагоприятное воздействие О.д.п. на рынки соответств. товаров и услуг делает необходимым организацию спец. гос. контроля за нею прежде всего с помощью *антимонопольного законодательства*. Антимонопольный закон РФ 1991 ("О конкуренции и ограничении монополистической деятельности на товарных рынках") запрещает О.д.п., если она осуществляется *хозяйствующим субъектом*, обладающим *доминирующим положением* на рынке.

Практически О.д.п. может выражаться в изъятии предприятием-монополистом товаров из обращения с целью создания дефицита или повышения цен, в навязывании контрагенту условий, не относящихся к предмету договора, во включении в договор дискриминирующих положений и т.д. Запрещаются и в установленном порядке признаются недействительными также соглашения конкурирующих производителей, занимающих в совокупности доминирующее положение, если такие соглашения имеют или могут иметь своим результатом существ. ограничение конкуренции. К числу подобных соглашений закон относит совместное установление цен и тарифов, понижение или повышение цен на торгах и аукционах, отказ от заключения договоров с определенными продавцами или покупателями и т.п.

ОНКÓЛЬНЫЙ КРЕДИ́Т, краткосрочный кредит, к-рый погашается по первому требованию.

ОПЕРАТИ́ВНОГО УПРАВЛÉНИЯ ПРÁВО, в Рос. Федерации право учреждений – юридич. лиц, финансируемых за счет средств собственника, владеть, пользоваться и распоряжаться имуществом, закрепленным за ними собственником, в пределах, установленных законодат. актами, в соответствии с целями своей деятельности, заданиями собственника и назначением имущества.

ÓПИСЬ ИМУ́ЩЕСТВА, акт, составляемый для обеспечения взыскания имущества по исполнительным документам судебным исполнителем либо др. лицом, имеющим право налагать арест на имущество. Имущество включается в опись в количестве, необходимом для погашения присужденной взыскателю суммы и связанных с этим расходов. В опись не может быть включено имущество, на к-рое по закону не допускается обращение взыскания, напр., необходимые предметы домашней обстановки. См. также *Арест имущества.*

ОПТÓВАЯ ТОРГÓВЛЯ, свободная купля-продажа материальных ресурсов (без фондов и лимитов), осуществляемая при свободном выборе партнеров и заказов в условиях состязательности между производителями (или коммерч. посредниками) за наилучшее удовлетворение запросов потребителей. О.т. является элементом рыночной экономики.

ОПЦИÓН, возможность выбора (обычно должником) способа выполнения альтернативного обязательства (предусматривающего право стороны на выбор одного из нескольких предметов исполнения), а также предварит. соглашение о заключении договора в будущем (в сроки, обусловленные сторонами). В биржевой практике О.– условная сделка на срок с указанием определенной цены – О. страхует продавца (покупателя) от изменения цен на рынке.

ÓРГАНЫ УПРАВЛÉНИЯ АКЦИОНÉРНЫМ ÓБЩЕСТВОМ, к О.у.а.о. относятся: общее собрание акционеров, совет акц. общества (наблюдательный совет), правление и его председатель, ревизионная комиссия. В различных странах в зависимости от действующего законодательства могут иметься нек-рые отличия в О.у.а.о.

ОТВÉТСТВЕННОСТЬ ГРАЖДÁНСКАЯ (гражданско-правовая), один из видов юридич. ответственности. Заключается в применении к правонарушителю установленных законом или договором мер воздействия, влекущих для него экономически невыгодные последствия имуществ. характера: возмещение *убытков,* уплату *неустойки* (штрафа, пени), возмещение вреда.

ОТВÉТСТВЕННОСТЬ ДОЛЕВÁЯ, разновидность гражданско-правовой ответственности при наличии в обязательстве множественности (т.е. нескольких) должников. Такое обязательство считается долевым, и каждый из должников обязан исполнить его в равной доле с другими, поскольку из законодательства или договора не вытекает иное.

ОТВÉТСТВЕННОСТЬ СОЛИДÁРНАЯ, разновидность гражданско-правовой ответственности при наличии в обязательстве множественности (т.е. нескольких) должников. В отличие от долевой ответственности О.с. возникает, если это предусмотрено договором или установлено законом, в частности при неделимости предмета обязательства. При О.с. кредитор вправе предъявить требование об исполнении как ко всем должникам совместно, так и к любому из них в отдельности, причем как полностью, так и в части долга.

ОТВÉТСТВЕННОСТЬ СУБСИДИÁРНАЯ, разновидность гражданско-правовой ответственности. Означает дополнит. ответственность лиц, к-рые наряду с должником отвечают перед кредитором за надлежащее исполнение обязательства в случаях, установленных законом или договором (напр., ответственность организации-гаранта по договору банковской ссуды).

ОТКРЫ́ТЫЙ СЧЁТ, одна из форм расчетов во внешней торговле, в соответствии с к-рой отправленный в адрес иностр. покупателя товар (с товарными документами) оплачивается импортером в течение обусловленного в контракте срока. Экспортер записывает сумму отгрузки в своих книгах задолженности (в дебет открытого покупателю счета), а импортер в своих книгах делает соответствующую запись в кредит счета экспортера. После оплаты товара ими совершаются обратные записи.

ОТСРÓЧКА, 1) в гражд. праве О. исполнения обязательства, в частности погашения задолженности, перенесение его на более поздний срок, чем это предусмотрено законом или договором. По рос. праву О. допускается в силу закона или иного нормативного акта, а также по соглашению сторон обязательства. См. также *Рассрочка.* 2) По рос. гражд. процессуальному законодательству суд, постановивший решение по делу, вправе по заявлению лиц, участвующих в деле, исходя из имуществ. положения сторон или других обстоятельств отсрочить или рассрочить исполнение решения. При наличии обстоятельств, делающих исполнение решения затруднительным или невозможным, судебный исполнитель вправе поставить вопрос об О. или рассрочке исполнения. О. исполнения решения в ряде случаев применяется и по исполнит. документам арбитражного суда.

ОФЕРТА, предложение заключить гражданско-правовой договор, достаточно определенно выражающее намерение лица, содержащее все существ. условия договора или порядок их определения. Когда предложение сделано с указанием срока для ответа, договор считается заключенным, если ответ о принятии предложения получен в течение этого срока. Когда предложение сделано устно без указания срока, договор считается заключенным, если другая сторона немедленно заявила о принятии предложения. Когда предложение сделано в письм. форме, договор считается заключенным, если ответ получен до срока, установленного законодательством, а если он не установлен – в течение нормально необходимого для этого времени.

ОФФ–ШОР, центры совместного предпринимательства, предоставляющие льготный режим только для финансово-кредитных операций с иностр. участниками и в иностр. валюте. Используются при создании зон совместного предпринимательства.

"ОФФСЕТ", *сделка*, предполагающая как обмен товарами и услугами, так и предоставление возможности вкладывать капитал взамен различного рода услуг и льгот (напр., поставки узлов и деталей в рамках соглашений о пром. кооперации).

ПАРТНЕРШЙП, по англо-амер. праву вид торг. товарищества, сходный по статусу с аналогичным *полным товариществом* в европ. праве. П.– объединение лиц, совместно ведущих предпринимат. деятельность, обычно выступающее в обороте под общим фирменным наименованием. П. не является юридич. лицом. Его участники несут совместную ответственность по обязательствам П.

ПАТЕНТ, 1) документ, удостоверяющий гос. признание технич. решения изобретением и закрепляющий за лицом, к-рому он выдан, исключит. право на изобретение. Патенто-

обладатель вправе продать или иным образом переуступить П. на изобретение, либо выдать на него *лицензию*. П. действует на территории той страны, где он выдан. Патентообладатель вправе с соблюдением установленного порядка патентовать изобретение в иностр. гос-вах. 2) Документ на право заниматься определенной деятельностью – торговлей или промыслом и т.д.

ПАУШАЛЬНЫЕ ПЛАТЕЖИ, см. в ст. *Лицензионное вознаграждение*.

ПЕНЯ, разновидность *неустойки*, применяемая в случаях *просрочки обязательств*. По общему правилу П. устанавливается в виде процента от суммы (цены) просроченного обязательства и начисляется за каждый день просрочки. Период начисления П. может быть ограничен определенным сроком, после чего взыскивается *штраф*. Может быть установлен и предельный размер П. за день (в твердой сумме) или за весь период ее начисления (в процентах к цене просроченного обязательства).

ПЕРЕВОД ДЕНЕЖНЫЙ, одна из форм безналичных расчетов – письм. или телеграфное распоряжение о выплате определенной суммы денег лицу, указ. в переводе. Осуществляется через кредитные учреждения или предприятия связи путем внесения в соответств. учреждение переводимой суммы с указанием получателя и его реквизитов (расчетного счета, адреса и т.п.).

ПЕРЕВОД ДОЛГА, замена должника в обязательстве. В отличие от *уступки требования* допускается лишь с согласия кредитора.

ПЕРЕВОДНЫЙ ВЕКСЕЛЬ (т р а т т а), документ, содержащий приказ векселедателя – кредитора (трассанта) плательщику по векселю – должнику (трассату) уплатить первому векселедержателю (ремитенту) или его приказу определенную денежную сумму в установленный срок. Трассант может являться одновременно и ремитентом – в случаях, когда платеж должен быть произведен трассанту или его приказу. Чтобы приказ имел силу, требуется *акцепт* трассата, т.е. его согласие произвести платеж в указ. срок. Ремитент может передать свое право на получение денег другому лицу путем совершения передаточной надписи – *индоссамента*.

ПЕРЕДАТОЧНАЯ НАДПИСЬ, см. *Индоссамент*.

ПЕРЕДОВЕРИЕ, передача лицом, к-рому выдана доверенность (представителем), своих полномочий другому лицу. По рос. праву допускается, если представитель уполномочен на П. самой доверенностью либо вынужден к этому в силу обстоятельств для охраны интересов доверителя (с обязательным последующим уведомлением его). П. оформляется выдачей представителем нотариально удостоверенной доверенности.

ПЕРЕХОД ПРАВА СОБСТВЕННОСТИ, переход от отчуждателя к приобретателю права собственности на приобретаемое имущество. Момент П.п.с. имеет важное практич. значение, поскольку с П.п.с. у приобретателя возникает право распоряжаться вещью по своему усмотрению, обязанность отвечать за причиненный вред, на него переходит риск случайной гибели или порчи вещи и др. последствия. По рос. законодательству право собственности у приобретателя имущества по договору возникает с момента передачи вещи (вручение приобретателю, сдача трансп. орг-ции или на почту, передача товарораспорядит. документа), если иное не предусмотрено законодательством или договором. Если договор об отчуждении имущества подлежит гос. регистрации или нотариальному удостоверению, право собственности у приобретателя возникает в момент регистрации или удостоверения договора.

ПЛАТЁЖНЫЕ ДОКУМЕНТЫ, *ценные бумаги (чеки, векселя, аккредитивы и др.),* выраженные в нац. или иностр. валюте. См. также *Фондовые ценности.*

ПЛАТЁЖНЫЕ СОГЛАШЕНИЯ, межгос. соглашения, определяющие и регулирующие организацию взаимных расчетов и платежей между участниками этих соглашений. На основе межгос. соглашений заключаются межбанковские соглашения о порядке расчетов между странами, условиях предоставления и погашения кредитов и др. По договоренности сторон междунар. расчеты между ними могут производиться на основе П.с. неклирингового характера); на основе П.с. чисто клирингового характера (см. *Клиринг),* т.е. путем взаимных требований; на основе СКВ и клиринга (платежно-клиринговые соглашения).

ПОДОХОДНЫЙ НАЛОГ С ПРЕДПРИЯТИЙ, взимается с предприятий, орг-ций (в т.ч. бюджетных), являющихся юридич. лицами (включая созданные на терр. России предприятия с иностр. инвестициями, междунар. объединения и орг-ции, осуществляющие предпринимательскую деятельность); филиалов др. аналогичных подразделений предприятий и орг-ций, имеющих отдельный баланс и расчетный счет. Размер ставок налога на доходы не может превышать, за нек-рыми исключениями, 18%. От налога освобождены доходы: религиозных орг-ций – от культовой деятельности и реализации предметов, необходимых для совершения культа; обществ. орг-ций инвалидов, а также находящихся в их собственности учреждений, предприятий в части, направляемой на уставную деятельность этих орг-ций; культурно-просветительских учреждений, театров, фондовых учреждений и коллективов – от культурно-массовой работы, спектаклей, концертов – в части, направляемой на уставную деятельность, и нек-рые др.

доходы. Нек-рые доходы освобождаются от налогообложения на определенный срок. Регулируется Законом Рос. Федерации от 20 дек. 1991 "О подоходном налоге с предприятий".

ПОДПИСЬ, см. *Право подписи.*

ПОДРЯД (в гражд. праве), договор, одна сторона к-рого – подрядчик обязуется за свой риск выполнить определенную работу по заданию другой стороны – заказчика с использованием его или своих материалов, а заказчик обязуется принять работу и оплатить ее. Подрядчик вправе привлечь к исполнению договора других лиц (субподрядчиков), отвечая перед заказчиком за результаты их работы. В этом случае подрядчик выступает перед заказчиком в качестве ген. подрядчика, а перед субподрядчиком – в качестве заказчика. На выполнение работ, предусмотренных договором, может быть составлена твердая или приблизит. смета.

ПОЛЕЗНАЯ МОДЕЛЬ, конструктивное выполнение средств производства и предметов потребления, а также их составных частей. Правовая охрана предоставляется П. м., если она является новой и промышленно применимой. В РФ отношения, связанные с созданием, правовой охраной и использованием П. м., регулируются Патентным законом РФ от 18 июня 1992.

ПОЛИС СТРАХОВОЙ, документ, как правило, именной, выдаваемый страховой орг-цией (страховщиком) страхователю. Удостоверяет заключение договора личного или имущ. страхования и его условия, включая размер страховой премии и суммы страховки.

ПОЛНОГО ХОЗЯЙСТВЕННОГО ВЕДЕНИЯ ПРАВО, в рос. законодательстве право предприятия – юридич. лица, имущество к-рого принадлежит другому лицу и гос-ву и закреплено собственником за этим предприятием для самостоят. предпринимат. деятельности, осуществления прав и обязанностей собственника в отношении этого имущества. Собственник имеет право на часть прибыли от использования имущества созданного им предприятия.

ПОЛНОЕ ТОВАРИЩЕСТВО, объединение граждан и (или) юридич. лиц для совместной хоз. деятельности. Все участники П.т. несут неогранич. и солидарную ответственность (см. *Ответственность солидарная)* по его долгам. Вклады участников П.т. могут быть различными как по характеру, так и по размеру. Размер вклада, устанавливаемый в договоре, определяет долю участия каждого члена П.т. По рос. праву П.т. не является юридич. лицом, а юридич. лица – его участники сохраняют самостоятельность и права юридич. лица.

ПОЛОЖИТЕЛЬНЫЙ УЩЕРБ В ИМУЩЕСТВЕ, см. в ст. *Убытки.*

ПОЛЬЗОВАНИЕ, в гражд. праве одно из осн. правомочий собственника. Заключается в праве потребления вещи с учетом ее назначения (эксплуатация имущества, получение от него плодов и доходов и т.п.). Запрещается П. имуществом в ущерб интересам др. лиц (т.н. *злоупотребление правом*).

ПОРТФЕЛЬНЫЕ ИНВЕСТИЦИИ, долгосрочные вложения капитала в *акции*, *облигации* и др. *ценные бумаги* с целью получения прибыли, не дающие инвестору права контроля над получателем капитала. П.и. производятся для более прибыльного помещения средств, достижения устойчивости от отраслевых, региональных, структурных изменений конъюнктуры. П.и.— осн. объект трастовых операций (см. *Доверительная собственность*) и сделок на фондовых биржах.

ПОРУЧИТЕЛЬСТВО, в гражд. праве один из способов обеспечения исполнения обязательств. Поручитель обязуется отвечать (полностью или в части) перед кредитором за исполнение обязательства основным должником. П. в отличие от *неустойки* дает кредитору возможность получить исполнение и при несостоятельности должника. Обязанность поручителя наступает лишь в случае невыполнения обязательства осн. должником. П. широко используется в совр. обороте при различного рода кредитных операциях в банковской практике.

ПОСРЕДНИЧЕСТВО, профессиональная деятельность по осуществлению посреднических функций с целью содействия сторонам, желающим заключить сделку. Посредниками могут быть как отд. физич. лица (*маклеры*, *брокеры*), так и спец. посреднические фирмы. П. обычно специализировано: купля-продажа определенных товаров, торг. сделки с *ценными бумагами* и т.д. Посредник, сам непосредственно не заключая сделки, представляет интересы обеих сторон и перед каждой из них отвечает за убытки, причиненные по его вине.

ПОСТАВКА, в гражд. праве договор, по к-рому одна сторона — поставщик, являющийся предпринимателем, обязуется в обусловленные сроки (срок) передавать в собственность другой стороне — покупателю товар, предназначенный для предпринимательской деятельности или иных целей, не связанных с личным (семейным, домашним) потреблением, а покупатель обязуется принимать товар и платить за него определенную цену. В Рос. Федерации к договору П. применяются правила о договоре купли-продажи, если иное не предусмотрено иными законодат. актами или договором.

ПОТРЕБИТЕЛИ (защита прав), понятие, введенное в б. СССР Законом о защите прав П., принятым в мае 1991 с целью защиты прав граждан от физич. и морального ущерба, причиненного по вине изготовителя (исполнителя) товаров (работ и услуг) потребительского назначения, а также гарантирования минимального уровня потребления продовольств. и непродовольств. товаров и услуг. В РФ Закон о защите прав потребителей принят 7 февр. 1992.

ПОШЛИНА ГОСУДАРСТВЕННАЯ, денежный сбор, взимаемый соответств. гос. органами — судом, арбитражным судом, нотариатом и др.— при выполнении ими определенных функций. Различают П.г. простую и пропорциональную. Простая П.г. взимается в твердой сумме, пропорциональная — установлена в процентном отношении к соответств. сумме. В РФ закон о П.г. принят 9 дек. 1991.

ПРАВО ОПЕРАТИВНОГО УПРАВЛЕНИЯ, см. *Оперативного управления право*.

ПРАВО ПОДПИСИ, в рос. праве полномочие должностных лиц предприятий, учреждений, орг-ций, объединений и др. на подписание исходящих от них документов. Подпись — обязательный реквизит документов, к-рые служат основанием для приемки и выдачи денежных средств и товарно-материальных ценностей. Такие документы снабжаются двумя подписями: право первой подписи принадлежит руководителю, а также должностным лицам, им уполномоченным; право второй подписи — гл. бухгалтеру и лицам, им на то уполномоченным.

ПРАВО ПОЛНОГО ХОЗЯЙСТВЕННОГО ВЕДЕНИЯ, см. *Полного хозяйственного ведения право*.

ПРАВО ПРЕИМУЩЕСТВЕННОЙ ПОКУПКИ (ПРОДАЖИ), см. *Преимущественной покупки право*.

ПРАВО СЛЕДОВАНИЯ, признак, выражающий наряду с *преимущественным правом*, абсолютный характер *вещных прав*. Сущность П.с. состоит в том, что вещное право следует за вещью при ее переходе к другим лицам. Т.о., собственник, лишившись помимо своей воли обладания вещью, вправе истребовать ее из чужого незаконного владения (см. *Виндикация*).

ПРАВО СОБСТВЕННОСТИ, совокупность правовых норм, закрепляющих, регулирующих и сохраняющих принадлежность материальных благ (вещей и др.) отд. лицам или коллективам и основанные на этом правомочия собственника по владению, пользованию и распоряжению ими. См. ст. ст. *Частная собственность*, *Собственность гражданина*, *Собственность юридических лиц*, *Собственность общественных объединений (организаций)*, *Государственная собственность*, *Муниципальная собственность*.

ПРАВОПРЕЕМСТВО, 1) в гражд. праве — переход прав и обязанностей одного лица к другому в силу закона или соглашения (напр., при наследовании, дарении). Личные права (напр., авторство, честь и достоинство) неотчуждаемы от их носителей и не могут передаваться др. лицам. Не допускается и преемство имуществ. права, если оно связано с личностью субъекта этого права (напр., нельзя передать право на алименты, пенсию).

Различается П. общее (универсальное), когда к правопреемнику переходят не только все права, но и обязанности правопредшественника (напр., при слиянии юридич. лиц) и частное (сингулярное), когда от одного лица к другому переходят отд. права (напр., при *уступке требования*). 2) Процессуальное П.– замена в гражд. процессе (судебном или арбитражном) заинтересованного лица, участвующего в деле, его правопреемником в материальном правоотношении. Оно наступает в случае смерти гражданина, прекращения юридич. лица (общее П.), а также при уступке требования, *переводе долга* (частное П.).

ПРАВОСПОСОБНОСТЬ, способность физич. лиц (граждан) и юридич. лиц иметь права и нести обязанности, предусмотренные и допускаемые законом. Возникает в момент рождения человека, для юридич. лица – с момента утверждения (регистрации) его устава или положения (в Рос. Федерации – с момента гос. регистрации юридич. лица). См. также *Дееспособность*. По рос. праву П. юридич. лиц – это возможность иметь гражд. права, соответствующие целям деятельности юридич. лица, предусмотренным в его *учредительных документах*, и нести связанные с этой деятельностью обязанности. Юридич. лицо вправе осуществлять любые виды деятельности, не противоречащие указ. целям и не запрещенные законодательством. Отд. видами деятельности, перечень к-рых определяется законодат. актами, юридич. лицо может заниматься только на основании спец. разрешения (лицензии). Юридич. лицо может быть ограничено в правах лишь в случаях и порядке предусмотренных законодат. актами. Решение об ограничении прав может быть обжаловано юридич. лицом в суд, арбитражный суд.

ПРЕДВАРИТЕЛЬНЫЙ ДОГОВОР, оформленный в письм. форме договор, по к-рому стороны обязуются заключить в будущем договор на передачу товаров, выполнение работ и т.д. на условиях, предусмотренных П.д. Порядок согласования существ. условий будущего договора, не предусмотренных П.д., если такой порядок не установлен законодательством, определяется сторонами в П.д. Если сторона П.д. уклоняется от заключения предусмотренного им договора, другая сторона вправе обратиться в суд, арбитражный суд или третейский суд с иском о понуждении заключить соответств. договор. Сторона, необоснованно уклоняющаяся от заключения договора, предусмотренного П.д., должна возместить другой

стороне убытки, вызванные просрочкой, если иное не предусмотрено законодательством.

ПРЕДОПЛАТА, форма расчетов, заключающаяся в том, что продавец товара или услуг отпускает (отгружает, предоставляет) товары или оказывает услуги только после получения на свой счет причитающейся ему заранее оговоренной фиксированной суммы денег или процента от сделки. Существуют П.: полная, частичная и револьверная. П о л н а я П. составляет полную стоимость сделки; ч а с т и ч н а я П.– заранее оговоренную фиксированную сумму или процент; р е в о л ь в е р н а я П. осуществляется при более или менее длительных операциях под регулярно (периодически) отгружаемые (предоставляемые) товары или услуги. Использование П. позволяет стабилизировать отношения контрагентов, гарантировать интересы товаровладельца при неустойчивой экономич. конъюнктуре, гиперинфляции, замедлении скорости оборота и кризисе платежеспособности.

ПРЕДСТАВИТЕЛЬСТВО (в гражд. праве), 1) совершение сделок и иных юридич. действий одним лицом (представителем) от имени и в интересах др. лица на основании полномочия, выраженного в доверенности, адм. акте или в законодательстве либо явствующего из обстановки, в к-рой действует представитель. В торг. обороте различаются П., осуществляемое служащими торг. предприятия, и П. через разл. агентов – либо выступающих в качестве посредников при заключении сделок (см. *Посредничество*) или непосредственно заключающих сделки от имени представляемого, находясь с ним в постоянных отношениях. В экспортной торговле большое значение имеет П., осуществляемое на основании договора *комиссии*. 2) П. юридич. лица – обособленное подразделение юридич. лица, расположенное вне места его нахождения и осуществляющее защиту и П. его интересов, совершающее от его имени сделки и иные правовые действия.

ПРЕИМУЩЕСТВЕННОЕ ПРАВО, признак, выражающий, наряду с *правом следования*, абсолютный характер *вещных прав*. Сущность П.п. заключается в том, что при наличии на к.-л. имущество и вещных, и *обязательственных прав* преимущество отдается вещным правам (напр., претензия кредитора по *залогу* удовлетворяется из стоимости заложенной вещи ранее претензий незалоговых кредиторов).

ПРЕИМУЩЕСТВЕННОЙ ПОКУПКИ ПРАВО, право любого участника общей долевой собственности (см. *Общая собственность*) на преимущественное приобретение доли в общем имуществе. Может быть осуществлено при продаже одним из участников этой собственности своей доли постороннему лицу. Продавец обязан письменно известить остальных участников общей долевой собственности о намерении продать свою долю с указанием цены и др. условий продажи. При отказе сособственников от П.п.п. или неосуществлении его в течение месяца в отношении домовладения, а в отношении прочего имущества – в течение 10 дней со дня извещения, продавец вправе продать принадлежащую ему долю любому лицу.

ПРЕТЕНЗИОННЫЙ ПОРЯДОК, одна из форм урегулирования споров между кредитором и должником. При П.п. до передачи спора в арбитражный суд или суд кредитор обязан предъявить должнику обоснованную *претензию* и лишь в случае отказа ее удовлетворения либо неполучения ответа на нее в установленный срок вправе предъявить иск. В РФ Положение о П.п. урегулирования споров, определяющее П.п. урегулирования экономич. споров и споров в сфере управления между предприятиями, учреждениями, орг-циями, органами гос. власти и управления, гражданами-предпринимателями, утверждено пост. ВС РФ от 24 июня 1992.

ПРЕТЕНЗИЯ, требование кредитора к должнику об уплате долга, возмещении убытков, уплате штрафа, устранении недостатков поставленной продукции, проданной вещи или выполненной работы.

ПРЕФЕРЕНЦИИ, во внешнеэкономич. отношениях предпочтительный режим таможенного регулирования (гл. обр. таможенный), обеспечивающий особо благоприятные условия доступа товаров нек-рых стран на рынки друг друга и не распространяющийся на др. страны.

ПРИВАТИЗАЦИОННЫЙ ЧЕК, см. *Ваучер*.

ПРИВАТИЗАЦИЯ, передача пром., с.-х. предприятий, объектов инфраструктуры, участков земли, недр, континентального шельфа, др. недвижимого и движимого имущества из гос., муниципальной, местной собственности в частную, коллективную, акционерную и др. П. может быть частной (долевой, акционерной) и полной. Производится в виде безвозмездной передачи, продажи, торгов (*тендеров*). Порядок и условия регулируются нац. законодательством.

ПРИГРАНИЧНАЯ ТОРГОВЛЯ, внешнеторг. операции, совершаемые компаниями, фирмами и орг-циями приграничных р-нов сопредельных гос-в. Режим правового регулирования устанавливается межправительств. соглашениями, протоколами о торговле, платежах и др., а также нормативными актами правительств каждой стороны. П.т. осуществляется на взаимно сбалансированной основе по предварительно согласованному перечню товарных групп и их количеству. Вся выручка от П.т. остается у предприятий и орг-ций, участвующих в

экспортно-импортных операциях, и местной власти.

ПРИНУДИТЕЛЬНОЕ РАЗДЕЛЕНИЕ ХОЗЯЙСТВУЮЩИХ СУБЪЕКТОВ, предусмотренная антимонопольным законом РФ 1991 ("О конкуренции и ограничении монополистической деятельности на товарных рынках") процедура роспуска сложных рыночных структур в случаях, когда составляющие их хозяйствующие субъекты, занимая *доминирующее положение* на рынке, осуществляют монополистич. деятельность или их действия приводят к существ. ограничению *конкуренции*. Решение о П.р.х.с. принимает Антимонопольный комитет. Такие решения, вписываясь в общую систему мер по демонополизации экономики и развитию конкуренции, тем не менее носят исключительный характер, поскольку представляют собой акт непосредственного гос. вмешательства в производств. и организационные отношения. Сам роспуск предприятий-монополистов, выросших на базе крупномасштабного производства и новейших технологий, как показывает и зарубежный опыт, может нанести вред не столько самим монополистам, сколько экономике страны в целом. Для принятия решения о разделении хозяйствующих субъектов должно быть по крайней мере одно из след. условий: возможность организационного или территориального обособления предприятий, структурных подразделений или единиц; отсутствие между ними тесной технологич. взаимосвязи; разграничение сфер их деятельности в рамках узкой предметной специализации на определенный товар. С учетом сложности процедуры разделения хозяйствующих субъектов Закон предусматривает, что срок, установленный для исполнения соответств. решения, должен составлять минимум шесть месяцев. Такое решение может быть обжаловано в арбитражный суд, к-рый вправе его отменить как необоснованное.

ПРИОБРЕТАТЕЛЬНАЯ ДАВНОСТЬ, см. в ст. *Давность*.

ПРОИЗВОДСТВЕННАЯ МАРКА, см. *Марка производственная*.

ПРОЛОНГАЦИЯ, в гражд. праве продление действия договора сверх предусмотренного при его заключении срока.

ПРОМЫШЛЕННАЯ СОБСТВЕННОСТЬ, юридич. понятие, обозначающее исключит. права на такие нематериальные ценности, как изобретение, *товарный знак, промышленный образец, полезные модели*, знак обслуживания и др. Защита объектов П.с. и ее порядок предусматриваются нац. законодательством большинства гос-в, Парижской конвенцией по охране промышл. собственности 1883, а также осуществляются Всемирной организацией интеллектуальной собственности.

ПРОМЫ́ШЛЕННЫЕ ПРАВА́, совокупность правомочий исключит. характера на широкий круг различных по своей природе объектов. В ряде междунар. соглашений и законодательстве нек-рых гос-в именуется собирательным термином "*промышленная собственность*".

ПРОМЫ́ШЛЕННЫЙ ОБРАЗЕ́Ц, художеств. или художественно-конструкторское решение, определяющее внешний вид пром. изделия. Подразделяются на модели (объемные П.о.), рисунки (плоскостные П.о.) и комбинированные. П.о. признается промышленно применимым, если он может быть воспроизведен пром. способом в соответств. изделии для запуска в хоз. оборот. П.о.– объект *промышленной собственности*. Права автора П.о. защищаются *патентом*.

ПРОСРО́ЧКА, нарушение должником или кредитором срока исполнения обязательства, установленного договором или предусмотренного законодательством. Наиболее частым случаем является П. должника. П. кредитора имеет место при его отказе принять предложенное должником надлежащее исполнение; в случае несовершения действий, до совершения к-рых должник не мог исполнить своего обязательства (напр., покупатель не вывез готовый к сдаче товар в установленный договором срок); при отказе выдать расписку об исполнении обязательства, вернуть долговой документ или отметить в расписке невозможность его возвращения. Ответственность за П. устанавливается либо в нормативном акте, либо предусматривается сторонами в договоре. Это может быть, напр., возмещение убытков, уплата неустойки, несение неблагоприятных последствий П. (напр., за случайно наступившую во время П. *невозможность исполнения обязательства*).

ПРОСТО́Е ТОВА́РИЩЕСТВО, объединение граждан и (или) юридич. лиц, к-рые обязуются соединить свои вклады и совместно действовать для достижения общей цели (см. *Совместная деятельность*). Ведение дел товарищества осуществляется с согласия всех его участников. Каждый из них несет ответственность по общим долгам соразмерно со своей долей участия. При несостоятельности кого-либо из участников товарищества приходящаяся на его долю часть убытков распределяется между остальными участниками на том же основании.

ПРОСТО́Й ВЕ́КСЕЛЬ (соло-вексель), документ, содержащий обязательство векселедателя уплатить определенную денежную сумму лицу, указ. в векселе. П.в. выписывается и подписывается должником.

ПРОТЕ́СТ ВЕ́КСЕЛЯ, удостоверение факта неоплаты *переводного векселя* акцептантом, а *простого векселя* – векселедателем (протест в неплатеже) или факта отказа трассата от акцепта выставленного на него переводного векселя (протест в неакцепте). П.в. оформляется по заявлению векселедержателя соответств. офиц. лицом (обычно нотариусом). О протесте делается отметка на векселе. После П.в. векселедатель может предъявить требование об оплате векселя любому из векселенадписателей (трассанту, авалисту, индоссанту – см. *Аваль, Индоссамент*).

ПРОТОКО́Л О НАМЕ́РЕНИЯХ, договор о намерениях, документ, в к-ром фиксируется обоюдное желание потенциальных партнеров заключить сделку. Регулирует условия, обстоятельства и сроки, при к-рых реальная сделка может быть совершена. Может предшествовать обычной сделке купли-продажи, аренды и др. Правовой силы, как правило, не имеет, форма заключения – произвольная.

ПРОЦЕ́НТ, плата за пользование взятыми в ссуду деньгами, уплачиваемая заемщиком кредитору. Величина П. выражается процентной ставкой, к-рая определяется как отношение процента к денежной ссуде. Исчисляется в расчете на год. Система процентных ставок классифицируется с учетом экономич. содержания ссудных операций, типа рынков, на к-рых они совершаются, сроков совершения ссудных сделок.

ПУБЛИ́ЧНАЯ ОТЧЁТНОСТЬ, обязанность торговых товариществ определенных видов (напр., *акционерных обществ* открытого типа) давать ежегодную публикацию основных данных о результатах своей деятельности – балансов, актов инвентаризации, *торговых книг*. По рос. праву предприятия предоставляют гос. органам информацию, необходимую для налогообложения и ведения общего. системы сбора и обработки экономич. информации; публикуют данные о своей деятельности, включая годовые балансы, в порядке, установленном законодательством. Предприятие имеет право не предоставлять информацию, содержащую *коммерческую тайну*.

ПУБЛИ́ЧНОЕ ПРА́ВО, отрасль права, нормы к-рой в отличие от *частного права*, регулируют деятельность органов гос-ва, отношения между гражданами и гос-вом, административные отношения и др. К П.п. относятся также уголовное и уголовно-процессуальное право, налоговое право и т.п.

ПУЛ, форма объединения предпринимателей или компаний, носящего обычно временный характер. П. является одной из форм монополии рыночной деятельности, т.к. ограничивает конкуренцию. В торговом П. его участники договариваются о накоплении запасов к-л. товара и отсрочке его продажи для создания дефицита и повышения цен; биржевые П. создаются для спекуляции акциями.

РАСПИ́СКА, документ с подписью, удостоверяющий получение подписавшим денег, имуществ. ценностей, документов и т.п. Является одним из письменных доказательств по гражд. делу. В нек-рых случаях свидетельствует о заключении договора (напр., займа). Складская Р.– Р. склада или экспедитора в приеме груза на хранение, выданная складской или трансп.-экспедиторской орг-цией, может служить предметом *залога* или заклада для получения ссуды под товары, принятые на хранение (см. *Варрант*). Складская Р. может быть выдана на имя определенного владельца груза, его приказу или на предъявителя; она может передаваться путем *индоссамента*.

РАСПОРЯЖЕ́НИЕ, в гражд. праве одно из правомочий собственника. В результате актов Р. имуществом осуществляется его отчуждение (купля-продажа, дарение и т.д.), а также передача во временное владение и пользование др. лицу, в залог, сдача на хранение и др. Т.о., Р. определяется юридич. судьба вещи.

РАССРО́ЧКА, 1) в гражд. праве Р. платежа – способ оплаты товаров или услуг, при к-ром платеж производится не в полной сумме их стоимости, а по частям. Т.о., при Р. платежа между контрагентами по договору возникает кредитное обязательство. От Р. необходимо отличать *отсрочку* платежа. 2) По рос. гражд. процессуальному законодательству суд, постановивший решение по делу, вправе по заявлению лиц, участвующих в деле, исходя из имуществ. положения сторон или др. обстоятельств, рассрочить или отсрочить исполнение решения. Вопрос об отсрочке или Р. исполнения суд. решения перед постановившим его судом может поставить и суд. исполнитель при наличии обстоятельств, делающих исполнение решения затруднительным или невозможным.

РЕВАЛЬВА́ЦИЯ, повышение курса нац. денежной единицы по отношению к валютам др. стран, междунар. валютно-денежным единицам. Для страны, ревальвирующей свою валюту, возникает возможность приобрести иностр. валюту дешевле. По экономич. последствиям Р. невыгодна экспортерам, т.к. приводит к уменьшению выручки в соответствующей валюте, но позволяет получить дополнит. выгоды импортерам товаров и кредиторам, предоставляющим средства иностр. заемщикам. См. также *Девальвация*.

РЕГИСТРА́ЦИЯ ПРЕДПРИЯ́ТИЯ, по рос. праву гос. Р.п. является основанием приобретения предприятием статуса *юридического лица*. Р.п. осуществляется местным органом власти. За Р.п. взимается госпошлина, направляемая в местный бюджет. Для Р.п. учредитель должен представить заявление, устав предприятия, решение о его создании или договор учредителей, свидетельство об уплате госпошлины. Решение о Р.п. или отказе в этом должно быть принято не позднее чем в месячный срок с момента подачи указ. документов. Отказ в Р.п. может быть обжалован в арбитражный суд.

РЕГРЕ́ССНЫЙ ИСК (обратное требование), в гражд. праве и процессе требование кредитора о возврате денежной суммы (или иной имуществ. ценности), к-рую он уплатил третьему лицу по вине должника (напр., страховая орг-ция, уплатившая страховое возмещение по имуществ. страхованию, вправе предъявить в пределах этой суммы требование к лицу, ответственному за причиненный вред).

РЕЖИ́М НАИБО́ЛЬШЕГО БЛАГОПРИЯ́Т-СТВОВАНИЯ, см. *Наибольшее благоприятствование*.

РЕЗИДЕ́НТ, термин, применяемый законодательством о регулировании внешнеэкономич. и валютно-финансовой деятельности для обозначения следующих субъектов этой деятельности: *физических лиц*, имеющих постоянное место жительства в данной стране, в т.ч. находящихся за ее пределами; предприятий и орг-ций (в т.ч. *юридических лиц*), созданных в соответствии с законодательством данной страны и находящихся на ее территории, а также их филиалов и представительств на территории других стран; дипломатических и иных официальных представительств данной страны, находящихся за ее пределами.

РЕИМПО́РТ, покупка и ввоз из-за границы отечественных товаров, к-рые не подвергались там переработке. К реимпортным относятся товары, не проданные на аукционах, возвращенные с консигнационных складов, забракованные и т.д.

РЕКВИЗИ́ТЫ, обязательные сведения, к-рые должны содержаться в документе (напр., в договоре, векселе, трансп. накладной, коносаменте) для признания его действительным. Как правило, это наименование и дата составления документа; название и адрес юридич. лица, составляющего документ; наименование сторон, участвующих в совершении операции; ее содержание и др. Отсутствие одного или нескольких Р. в случаях, предусмотренных законом, влечет недействительность или оспоримость документа.

РЕКЛАМÁЦИЯ, претензия покупателя к продавцу или поставщику в связи с нарушением им условий договора. Содержит требование о возмещении причиненного ущерба или устранении недостатков товара. Р. предъявляются ввиду несоответствия качества товара, его количества, сроков поставки, упаковки и маркировки, просрочки платежа и др. в письм. форме с приложением подтверждающих ее материалов и в определенный срок с даты поставки.

РÉНТИНГ, см. в ст. *Аренда машин и оборудования.*

РЕСТИТУ́ЦИЯ, в гражд. праве возврат сторонами, заключившими сделку, всего полученного ими по сделке в случае признания ее недействительной. При невозможности возвратить полученное в натуре возвращается его стоимость в деньгах, если иные последствия недействительности сделки не предусмотрены законодат. актами. По рос. праву общим правилом является двусторонняя Р., т.е. она имеет место по отношению к каждой из сторон сделки. В случаях же когда одна сторона при заключении сделки умышленно действовала во вред другой, нарушая ее права и законные интересы или с целью, заведомо противной интересам гос-ва и общества, либо сделка совершена под влиянием, напр., обмана, угроз, применяется односторонняя Р.– в отношении потерпевшей стороны; виновная сторона возвращает все полученное ею и возмещает понесенные расходы, а полученное потерпевшим от виновной стороны взыскивается в доход гос-ва.

РЕФÁКЦИЯ, см. в ст. *Бонификация.*

РЕЭКСПОРТ, вывоз товаров, ранее ввезенных из-за границы, но не подвергшихся переработке в реэкспортирующей стране. К реэкспортным относятся товары, проданные на междунар. аукционах, товарных биржах и т.д.

РÓЯЛТИ, см. в ст. *Лицензионное вознаграждение.*

СÁНКЦИИ, в гражд. праве меры, предусмотренные законом (напр., гражд. кодексом) или договором (т.н. договорные С.) на случай неисполнения или ненадлежащего исполнения договоров или соглашений. К числу С. относятся, например, возмещение убытков, неустойка, пеня. Финансовые С. предусматриваются в налоговых и банковских отношениях.

СБÓРЫ ТАМÓЖЕННЫЕ, см. *Таможенные сборы.*

СВИДÉТЕЛЬСТВО О ПРОИСХОЖДÉНИИ ТОВÁРА, свидетельство на право использования наименования места происхождения товара, документ, удостоверяющий право использовать наименование места происхождения товара при его маркировке, на упаковке, в рекламе, проспектах, счетах, бланках и иной документации, связанной с введением товара в хоз. оборот. В РФ выдается патентным ведомством по заявке, поданной в установленной форме в течение трех месяцев, считая с даты получения документа об уплате пошлины. Действует в течение 10 лет, считая с даты поступления заявки в патентное ведомство, и по заявке обладателя С. о п.т. продлевается каждый раз на 10 лет. Сведения о месте происхождения товара заносятся по решению патентного ведомства в Гос. реестр и их использование охраняется законом, наряду с использованием *товарных знаков* и знаков обслуживания. Аналогичное право на получение С. о п.т. предоставляется юридич. и физич. лицам иностр. гос-в, предоставляющих такое же право юридич. и физич. лицам РФ на основе принципа взаимности.

СВОБÓДНЫЕ ЭКОНОМИ́ЧЕСКИЕ ЗÓНЫ (СЭЗ), участки территории гос-ва, имеющие льготный режим для деятельности иностр. частного капитала и выраженной внешнеэкономич. направленность. Создаются для привлечения иностр. инвестиций и увеличения валютных поступлений в гос-бюджет. Имеют характер анклавов, практически не связанных технологически с общей экономикой страны и ее внутр. рынком. Используются, в основном, как вынужденная мера развивающимися странами для пополнения доходной части госбюджета наряду с учреждениями налоговых оазисов (гаваней), центров офф-шор и др. За исключением совместных предприятий (с участием капитала фирм и орг-ций страны местопребывания) все инвестиции поступают извне, и вся продукция СЭЗ идет на экспорт. СЭЗ располагаются, как правило, близ границ, важных междунар. трансп. узлов. Различаются по размерам, специализации, характеру правового регулирования, названиям. Зоны специализируются на торговых, производств., научно-технич., финансовых операциях. Соответственно устанавливается система правового регулирования, стимулирующая приток иностр. инвестиций в тот или иной вид предпринимательства. К осн. мерам стимулирования относятся снижение или отмена таможенных сборов на экспортно-импортные операции, налогов, установление льготных арендных ставок, сроков амортизации, условий для проведения валютно-финансовых, банковских, страховых операций, реинвестирования и вывоза прибыли, платы за ресурсы, а также принятие на себя гос-вом местонахождения СЭЗ забот о подготовке и развитии инфраструктуры и др.

Площадь СЭЗ, как правило, не превышает неск. кв. км. Первой в совр. понимании СЭЗ стал Шеннон близ междунар. аэропорта Шеннон (Ирландия). Существует несколько территорий и небольших гос-в с гораздо большей площадью и имеющих сходный с СЭЗ характер правового регулирования – Гонконг, Сингапур, Гибралтар, а также 50-километровая полоса территории Мексики вдоль границы с США.

Существующая в РФ программа предполагает в перспективе поэтапное создание ряда СЭЗ, охватывающих значит. участки территорий, но в приоритетном порядке разрабатываются проекты развития компактных субзон в р-нах гг. Находка и Выборг.

СВЯЗАННЫЕ ЗАКУ́ПКИ, в соответствии с *лицензионным соглашением* обязательное приобретение получателем лицензии (лицензиатом) ряда дополнит. технологически несложных товаров и услуг, сопровождающих передачу технологии. Осуществляются в течение всего срока действия лицензионного соглашения. Включают "*ноу-хау*", комплектующие, вспомогат. материалы, сырье, полуфабрикаты, оборудование и др. С. з. могут составлять до 70% и более стоимости, уплачиваемой лицензиатом по лицензионному соглашению. См. также *Лицензионная торговля*.

СДЕ́ЛКА, действия граждан или юридических лиц, направленные на установление, изменение или прекращение гражданских прав и обязанностей. Самый распространенный вид С.– договор (т.е. двусторонняя или многосторонняя С.), но С. могут быть и односторонними – выражающими волю одного лица (доверенность, акцепт). Юридич. лица совершают С. в соответствии с целями их деятельности, предусмотренными в *учредительных документах*. Недействительна С., не соответствующая требованиям законодательства. С., для к-рой законодательством не установлена письменная (простая либо нотариальная) или иная определенная форма, может быть совершена устно. Несоблюдение требуемой законодательством формы влечет недействительность С. лишь в случае, когда это прямо указано в законодательстве, в частности, это предусмотрено для внешнеэкономич. С. Последствием недействительности С. является *реституция*.

СДЕ́ЛКА НА СРОК, см. *Фьючерсные сделки*.

СДЕ́ЛКА "ОФФСЕ́Т", см. "*Оффсет*".

СЕКВЕ́СТР, в гражд. праве запрещение или ограничение, налагаемое гос. властью в ин-

тересах гос-ва на пользование к.-л. имуществом (напр., взывчатыми веществами, ядами и др.).

СЕРТИФИКА́Т, удостоверение, документ, письменное свидетельство. С. именуются: 1) финанс. документ, удостоверяющий право собственности на конкретные акции, облигации, др. *ценные бумаги*, пай; 2) документ, подтверждающий регистрацию акционерной компании в соответств. гос. финанс. органах; 3) вкладное свидетельство кредитного учреждения о депонировании в нем денежных средств (депозитный С.); 4) заемное финанс. обязательство гос. органов; 5) страховой С.– документ, содержащий условия договора страхования, заменяет *полис страховой*; 6) сберегательный С. (предъявительский и именной)– письм. свидетельство банка о вкладе денежных средств, удостоверяющее право вкладчика на получение по истечении установленного срока суммы вклада и процентов по ней в любом учреждении данного банка; 7) пробирный С.– свидетельство, удостоверяющее пробу драгоценных металлов; 8) во внешнеторг. практике – документ, подтверждающий те или иные параметры товара: С. качества, С. происхождения товара и т.п.

СЕРТИФИКА́ЦИЯ, документальное подтверждение соответствия продукции определенным требованиям, конкретным стандартам или технич. условиям. Обязательна С. продукции, в гос. стандартах на к-рую содержатся требования по обеспечению безопасности жизни и здоровья людей, охране окружающей среды. Продукция, предназначенная на экспорт, подлежит обязательной С. и в том случае, если это определено законодательством страны-импортера или договором.

СИНДИКА́Т, монополистич. объединение предпринимателей, участники к-рого, сохраняя как и в *картеле*, свою производств. и правовую самостоятельность, утрачивают возможность индивидуальной коммерч. деятельности. По соглашению между участниками С. сбыт товаров, а иногда и закупка сырья осуществляются через специально учреждаемые совместные коммерч. бюро и агентства. В совр. период С. не имеют большого распространения.

СИСТЕ́МА УЧА́СТИЯ, одна из осн. форм контроля деятельности предприятий, банков и др. юридич. лиц, представляющих собой *акционерное общество, товарищество с ограниченной ответственностью* или орг-цию без цели извлечения прибыли, путем инвестирования в их *акции* и уставный капитал. Осуществляется посредством приобретения одной (головной, материнской) компанией, орг-цией определенной доли (*контрольного пакета акций*) в уставном капитале других создаваемых вновь или действующих компаний и орг-ций (дочерних), к-рые, в свою очередь, выступают как головные по отношению к новому слою компаний и орг-ций (внучатых), и т.д.

С. у. – важнейшая форма инвестирования в новые высокотехнологичные отрасли и сферы экономики в ходе периодически происходящей структурной перестройки. Развитие совр. средств коммуникаций, электронно-аналитич. техники позволило перейти к формализации и моделированию деятельности материнских компаний, оптимизировать в междунар. масштабах их н.-и., производств., сбытовую маркетинговую деятельность, отраслевую и размерную структуру, территориальное размещение в разл. странах, регионах, свободных зонах, технопарках и т.д. всего комплекса юридически независимых, но фактически строго соподчиненных С. у. филиалов, отделений, входящих в сферу контроля.

Широкое распространение в практике внутрифирменного трансферта технологии, договоров о передаче технологии, *лицензионных соглашений* позволило материнским компаниям значительно сократить объем контрольного пакета акций (до примерно 5%), необходимых для приобретения и сохранения с помощью С. у. соподчиненности своих дочерних и внучатых фирм и орг-ций.

СИФ, во внеш. торговле вид договора купли-продажи, связанного с доставкой товара мор. путем. Цена товара при СИФ включает его стоимость, расходы по страхованию и перевозке от порта отправления до порта назначения.

СКВ (с в о б о д н о к о н в е р т и р у е м а я в а л ю т а), валюта страны, свободно и без ограничений обмениваемая банками как своей страны, так и за рубежом на любую другую иностр. валюту по действующему свободному (биржевому) курсу. СКВ являются доллар США, нем. марка, швейцарский и франц. франки, англ. фунт стерлингов, валюта большинства др. развитых стран Зап. Европы и т.п.

СКЛАДСКОЕ СВИДЕТЕЛЬСТВО, см. *Варрант, Расписка.*

СЛУЧАЙ, см. *Казус.*

СМЕШАННОЕ ТОВАРИЩЕСТВО, в Рос. Федерации объединение неск. граждан и (или) юридич. лиц для совместной хоз. деятельности. Включает действит. членов (несут полную солидарную ответственность по обязательствам товарищества всем своим имуществом) и членов-вкладчиков (несут ответственность в пределах своего вклада). С.т. является юридич. лицом, а юридич. лица – участники С.т. также сохраняют самостоятельность и права юридич. лица.

СОБСТВЕННОСТЬ ГРАЖДАНИНА, по рос. праву имущество гражданина, к-рое создается и приумножается за счет его доходов от участия в производстве и иного распоря-

жения своими способностями к труду, от предпринимат. деятельности, ведения собственного х-ва и доходов от средств, вложенных в кредитные учреждения, *акции* и др. *ценные бумаги*, приобретения имущества по наследству и иным основаниям, не противоречащим закону. Право наследования имущества гражданина признается и охраняется законом.

СОБСТВЕННОСТЬ ОБЩЕСТВЕННЫХ ОБЪЕДИНЕНИЙ (ОРГАНИЗАЦИЙ), по рос. праву имущество, принадлежащее обществ. объединениям (орг-циям), являющимся юридич. лицами. К числу объектов С.о.о. (о.) относятся здания, сооружения, жилищный фонд, оборудование, инвентарь, имущество культ.-просвет. и оздоровит. назначения, ден. средства, *акции* и др. *ценные бумаги* и иное имущество, необходимое для обеспечения деятельности, предусмотренной их уставами (положениями).

СОБСТВЕННОСТЬ ЮРИДИЧЕСКИХ ЛИЦ, по рос. праву собственность хоз. обществ и товариществ, кооперативов, коллективных и иных предприятий, созданных в качестве собственников имущества и являющихся юридич. лицами, а также собственность предпринимат. объединений хоз. обществ и товариществ, коллективных и арендных предприятий, кооперативов и иных юридич. лиц (концернов, ассоциаций, союзов, межотраслевых, региональных и иных объединений), являющихся юридич. лицами, на имущество, переданное им их участниками, а также полученное в результате предпринимат. деятельности и приобретенное по основаниям, допускаемым законом.

СОВМЕСТНАЯ ДЕЯТЕЛЬНОСТЬ (п р о с т о е т о в а р и щ е с т в о), договор, в силу к-рого стороны (участники) обязуются путем объединения имущества и усилий совместно действовать для достижения общехоз. или другой цели, не противоречащей законодат. актам (без создания для этого юридич. лица).

СОВМЕСТНОЕ ПРЕДПРИНИМАТЕЛЬСТВО, производственно-хоз. деятельность партнеров двух или нескольких стран, содержанием к-рой является кооперация в сферах производства и обращения, научно-технич., инвестиционной и сервисной областях.

СОВМЕСТНЫЕ ПРЕДПРИЯТИЯ, предприятия, созданные на основе вложения капитала отечеств. и иностр. партнеров и совместно осуществляющие хоз. деятельность, управление и распределение прибылей. Наиболее зрелая и сложная форма *совместного предпринимательства*. Разновидностями С.п. являются торговые фирмы и дома, внедренческие и другие сервисные орг-ции, осуществляющие хоз. деятельность от своего имени при обоюдном интересе и общей собственности. Особенности создания и деятельности С.п. в Рос. Федерации устанавливаются законодат. актами.

СОЛИДА́РНАЯ ОТВЕ́ТСТВЕННОСТЬ, см. *Ответственность солидарная*.

СО́ЛО-ВЕ́КСЕЛЬ, см. *Простой вексель*.

СОХРА́ННАЯ РАСПИ́СКА, см. в ст. *Расписка*.

СПЕЦИФИКА́ЦИЯ, перечень товаров с указанием их количества и качественной характеристики. Неотъемлемая часть договора *поставки*; содержит данные о предмете поставки, в ряде случаев – цену, сроки поставки и иные условия.

СПОТ, термин, применяемый для обозначения сделок на наличный товар, в т.ч. биржевых. В отличие от *фьючерсных сделок* С. предполагает немедленную оплату.

СПРА́ВОЧНЫЕ ЦЕ́НЫ, вид цен оптового оборота во внутр. и междунар. торговле. Разновидность С.ц. – прейскурантные цены, включаемые в прейскуранты фирм. С.ц. служит для продавца и покупателя исходным пунктом при определении контрактной цены. С.ц. – основа для установления скидок, надбавок и т.п. с учетом особенностей поставки товаров. С.ц. различаются в зависимости от принятого порядка включения затрат на транспортировку, погрузку, страхование (см., напр., *ФОБ, СИФ*). В практике междунар. торговли S.ц. получили распространение в виде изданий (прейскурантов) фирм-поставщиков и спец. публикаций.

ССУ́ДА, в гражд. праве договор о безвозмездном предоставлении имущества во временное пользование. В операциях по кредитованию – синоним *займа*.

СТАГНА́ЦИЯ, д е п р е с с и я , з а с т о й , традиционная фаза экономич. развития гос-в с рыночной экономикой, в к-рой наблюдается нек-рый спад деловой активности и конъюнктуры, незначительный рост безработицы и снижение цен. Периодически охватывает экономику одной или ряда стран. Следует за экономич. кризисом. Периодичность и продолжительность С. не определены. Преодолевается с помощью усиления мер гос.-правового регулирования.

СТАГФЛЯ́ЦИЯ, термин, используемый для обозначения кризисного состояния экономики, при к-ром *стагнация* в производстве происходит одновременно с *инфляцией*. В значит. масштабах проявилась в 70-х гг., охватив вслед за США большую часть развитых гос-в. С конца 80-х гг. появилась в б. СССР и во всех б. социалистич. странах. В обоих случаях С. была вызвана "искусственно" нарушением внутриэкономич. закономерностей, приводящим к сочетанию таких логически несовместимых явлений как инфляция и стагнация. Несмотря на сходство общеэкономич. характеристик С. 70-х и 80-х гг. они принципиально отличаются по причинам, характеру протекания, программам и механизмам преодоления, а также

применяемым мерам экономико-правового воздействия.

С. 70-х гг. была вызвана волевым решением группы осн. нефтеперерабатывающих стран – членов "нефтяного картеля" о резком (примерно в 10 раз) увеличении цен на энергоносители. Внезапное повышение цен в основных странах-импортерах вызвало т.н. энергетич. кризис.

С. конца 80-х гг. в б. СССР и др. бывших странах социализма была обусловлена долголетним волевым вмешательством гос-ва в экономику.

СТАЛЛИ́ЙНОЕ ВРЕ́МЯ (с т а л л и я , с т о я - н о ч н о е в р е м я) , период, в течение к-рого должны быть произведены работы по погрузке и разгрузке судна. Продолжительность С.в. устанавливается в договоре морской перевозки отдельно для погрузки и разгрузки судна или общим сроком. С.в. оговаривается определенным числом часов, дней, количеством весовых единиц (тонн) и др. При задержке судна для грузовых работ сверх С.в. фрахтователь или грузоотправитель выплачивает судовладельцу штраф – *демередж*, а при окончании этих работ судовладелец уплачивает фрахтователю премию – *диспач*.

СТАНДА́РТ, нормативно-технич. документ, устанавливающий единые требования к изготовляемой и реализуемой продукции, показатели ее качества и уровень каждого из них, методы и средства измерения, испытаний, правила маркировки, упаковки, транспортирования и хранения.

СТРАХОВА́НИЕ, отношения по защите имуществ. интересов физич. и юридич. лиц при наступлении определенных событий (страховых случаев) за счет денежных фондов, формируемых из уплачиваемых ими страховых взносов (страховых премий). По рос. праву С. может осуществляться в добровольной и обязат. формах. Добровольное С. осуществляется на основе договора между страхователем и страховщиком. Обязат. является С., осуществляемое в силу закона (напр., С. пассажиров дальнего следования). Страховщиками являются юридич. лица любой организационно-правовой формы, предусмотренной законодательством РФ, созданные для осуществления страховой деятельности (страховые орг-ции и общества взаимного страхования) и получившие лицензию на осуществление страховой деятельности на терр. РФ. Предметом непосредственной деятельности страховщиков не могут быть производственная, торгово-посредническая и банковская деятельность. Страховщики могут осуществлять страховую деятельность через страховых агентов и страховых брокеров. Закон РФ "О страховании" принят 27 ноября 1992.

СУБЪЕКТИ́ВНОЕ ПРА́ВО, обеспеченная законом возможность физич. или юридич. лица реализовать свое законное право путем совершения определенных действий или требуя определенного поведения от других лиц. Защищается в принудит. порядке путем предъявления притязания к нарушителю С.п. в суде или ином установленном законом юрисдикционном органе.

ТАЙМ-ЧА́РТЕР, договор *фрахтования* судна на время (на определенный срок).

ТАЙМ-ШИТ, документ, устанавливающий продолжительность времени, фактически затраченного на погрузку или разгрузку судна. Составляется в каждом порту погрузки или выгрузки и подписывается капитаном судна и представителем фрахтователя (отправителя или получателя).

ТАМО́ЖЕННАЯ ДЕКЛАРА́ЦИЯ, документ, составленный в соответствии с требованиями законодательства данной страны, в к-ром владелец сообщает сведения о перемещаемом им через гос. границу грузе. Сведения сообщаются как о партиях импортно-экспортных товаров, перевозимых организациями и иными юридич. лицами, так и гражданами (ручная кладь, валюта, драгоценности и т.п.). Таможенным органам предоставляется право досмотра грузов и личного багажа пассажиров. Все предметы, подлежащие декларированию, не указанные в Т.д. или иным образом скрытые от досмотра, подлежат конфискации как контрабанда. Т.д. заполняются, как правило, при ввозе, вывозе и транзите грузов. В ряде случаев при вывозе иностр. валюты сверх норм, определенных законодательством или валютными правилами, требуется предъявление таможенным органам разрешения на вывоз валюты уполномоченного банка.

ТАМО́ЖЕННЫЕ ПО́ШЛИНЫ, денежные сборы, взимаемые таможнями с пересекающих гос. границу товаров и имущества по ставкам, устанавливаемым *таможенным тарифом.* Т. п. облагаются не все виды ввозимых и вывозимых товаров, нек-рые товары облагаются Т. п. начиная с определенного объема (количества). Действуют ввозные (импортные), вывозные (экспортные) и транзитные Т. п. В зависимости от целей, к-рые преследуют гос-ва при установлении Т. п., различают следующих их виды: фискальные – применяются для пополнения гос. бюджета и распространяются на потребительские товары, производимые внутри страны и не имеющие заменителей; протекционистские – используются для сдерживания конкуренции импортных товаров и защиты отечеств. производителей; преференциальные – предоставляются избирательно одной или неск. странам и распространяются на оговоренный перечень товаров с целью увеличения их импорта; дискриминационные – как и протекционистские, ограничивают импорт, но могут устанавливаться по внеэкономич. мотивам; уравнительные – взимаются с импортируемых товаров с целью выравнивания уровня цен с аналогичными товарами отечеств. производства, взимаются дополнительно к другим видам Т. п.; компенсационные – распространяются на импортируемые товары, при производстве или экспорте к-рых прямо или косвенно использовались субсидии, ставящие их в более выгодное положение по отношению к сходным отечеств. товарам; антидемпинговые – ими облагаются товары, экспорт к-рых стимулируется гос. экспортными премиями с целью осуществления товарного *демпинга.*

В РФ Т. п. взимаются в упреждающем порядке как в конвертируемой, так и в нац. валюте в пересчете по рыночному курсу. В зависимости от цели, поставщика и страны производства импорт ряда товаров может освобождаться от обложения Т. п.

ТАМО́ЖЕННЫЕ СБО́РЫ, денежные средства, взимаемые таможенными органами, сверх *таможенных пошлин.* В таможен. правилах обычно предусматривается следующий Т.с.: за право вывоза товара со склада таможни; за сохранность и складирование товаров; за пломбирование при отправке товара с таможни на внутр. склады; при транзите за штемпелевание посылок, проверенных таможней; санитарные сборы (за освидетельствование продуктов, подлежащих санитарному контролю) и т.п. Кроме того, взимаются т.н. статистические Т.с., связанные с учетом экспортно-импортных грузов, и марочные Т.с. за прием различных деклараций и выдачу таможенных квитанций.

ТАМО́ЖЕННЫЕ ТАРИ́ФЫ, установленный в законодат. порядке систематизиров. свод *таможенных пошлин.* Призваны защитить нац. производителей от иностр. конкуренции, пополнить доходные статьи гос. бюджета (фискальные цели), стимулировать или ограничить экспортную направленность нац. экономики, отд. ее сфер и видов производств. В Т.т. содержатся наименования облагаемых и необлагаемых таможенными пошлинами товаров, ставки на единицу товара, подлежащего обложению, перечень товаров, запрещенных к ввозу, вывозу и транзиту.

Существуют простые и сложные Т.т. В простых Т.т. вводятся единые ставки таможенных пошлин, применяемые к каждому товару. Наиболее распространен сложный Т.т., применяющий дифференц. ставки обложения – максимальные, минимальные, преференциальные, промежуточные по отношению к разл. товарным группам, странам в зависимости от внутр., внешней экономич. политики, специфики отношений с внешнеэкономич. партнерами, участия в междунар. группировках, союзах, сообществах. Максимальные ставки применяются обычно в отношении стран, торговые отношения с к-рыми носят эпизодич. характер; минимальные – для стран, пользующихся режимом *наибольшего благоприятствования*. Преференциальные Т.т. используются, как правило, развитыми странами и их группировками (напр., Великобританией, ЕЭС) к развивающимся странам, с к-рыми традиционно сложился особый характер экспортно-импортных отношений. Преференциальный Т.т. может быть установлен межрегиональными соглашениями.

Т.т. делятся также на адвалорные (процент к цене товара) и специфические (фиксированная ставка с единицы веса, объема и т.д.).

Т.т. большинства стран построены на основе Брюссельской таможенной номенклатуры, структура к-рой базируется на производственном принципе – все товары, имеющие отношение к определенной отрасли или смежным отраслям, сводятся в единый раздел.

Т.т. РФ формируется в соответствии с междунар. принципами и правилами. Он основан на гармонизированной системе описания и кодирования товаров с учетом возможности создания на терр. РФ *свободных экономических зон*, в отношении к-рых применяется льготный таможенный режим.

ТАРА, внешняя упаковка товара, изделия (ящик, бочка, баллон, мешок и т.п.), обеспечивающая их сохранность в процессе хранения и транспортировки. В рос. праве вопросы поставки Т. как самостоятельного товара ("Т. как товар") и как сопутствующей продукции ("Т. под товар") регламентируются спец. нормативными актами и условиями конкретных договоров. Требования к Т. в междунар. торговле определяются особенностями товара, его перевозки (вид транспорта), климатич. условиями, таможенными правилами страны назначения, торговыми обычаями рынка сбыта.

ТЕНДЕР, междунар. конкурс, торги за право получения контракта (подряда) на выполнение тех или иных проектов, видов работ, поставку определенных видов товаров, сооружение разл. объектов промышленности, с. х-ва и (или) инфраструктуры. На Т. выставляются, как правило, крупные комплексные проекты (объекты), включающие большой объем инжиниринговых, проектных, строит.-монтажных, пуско-наладоч-

ных работ, товарных поставок. Т. бывают двух видов – открытые (публичные) и закрытые. В открытых Т. могут участвовать все желающие фирмы и орг-ции. В закрытых – отобранные заказчиком, как правило, наиболее известные орг-ции, зарекомендовавшие себя в качестве надежных подрядчиков и поставщиков.

При комбинированной форме организации Т. конкурс проводится в два этапа: 1-ый этап – открытый Т., 2-ой этап – закрытый Т. Иногда устраивается единичный Т., в к-ром в качестве возможного подрядчика участвует лишь одна орг-ция или группа фирм.

ТЕХНОЛОГИЧЕСКИЙ ПАРК, технопарк, наиболее распространенный термин для обозначения компактно размещенных, гл. обр., небольших (до неск. десятков и сот чел.), узкоспециализиров. компаний, занятых исследованиями, разработками, коммерциализацией их результатов, а также науч., производств., маркетинговым, консультативным, финансовым и др. обслуживанием. Располагаются, как правило, в университетских центрах и прилегающей территории, близ крупных индустриальных и науч. центров, а также в *свободных экономических зонах* с развитой инфраструктурой и коммуникациями.

Основа Т. п. – *венчурные компании*, как независимые, так и созданные по аналогии с ними крупными корпорациями, др. орг-циями, иногда совместно.

ТОВАРИЩЕСТВО НА ВЕРЕ, наиболее простая организац.-правовая форма предприятия (полное товарищество). При этой форме граждане и юридич. лица договариваются о создании предприятия для совместного ведения к.-л. хоз. деятельности. База для хоз. деятельности создается объединением личного имущества товарищей в любой форме (пай, доля и т.д.). Т. на в.– не является юридич. лицом, не подлежит регистрации. Соответственно при возникновении задолженности своим контрагентам все члены Т. на в. отвечают перед кредиторами всем своим имуществом (а не в пределах своего пая или доли). Т. на в. не имеет устава; договор участников регулирует все вопросы их внутр. оформлений. Т. на в. должно иметь наименование, в к-ром указывается фамилия одного или двух товарищей. Элементы Т. на в. существуют в смешанных обществах, напр., в *коммандитном товариществе*.

ТОВАРИЩЕСТВО С ОГРАНИЧЕННОЙ ОТВЕТСТВЕННОСТЬЮ (акционерное общество закрытого типа), по рос. праву объединение граждан и (или) юридич. лиц для совместной хоз. деятельности. Уставной фонд такого товарищества образуется только за счет вкладов (акций) учредителей. Все участники товарищества отвечают по своим обязательствам в пределах своих вкладов. Т. с о.о. является юридич. лицом, действует на основании устава, утверждаемого его участниками. Юридич. лица – участники Т. с о.о. сохраняют самостоятельность и права юридич. лица.

ТОВА́РНАЯ БИ́РЖА, см. в ст. *Биржа.*

ТОВА́РНЫЙ ЗНАК (з н а к о б с л у ж и в а н и я), обозначение, способное соответственно отличать товары и услуги одних юридич. лиц или граждан от однородных товаров и услуг других юридич. лиц или граждан. Подлежит регистрации, удостоверяется свидетельством. Т.з.– один из объектов *промышленной собственности.* Закон РФ "О товарных знаках, знаках обслуживания и наименованиях мест происхождения товаров" принят 23 сент. 1992.

ТОВАРОРАСПОРЯДИ́ТЕЛЬНЫЙ ДОКУМЕ́НТ, документ, дающий право его владельцу распоряжаться указ. в нем товаром (грузом). Т.д. являются *коносамент, варрант,* дубликат ж.-д. накладной, выданной на предъявителя (ордерный). Путем передачи Т.д. могут осуществляться операции купли-продажи или *залога.*

ТОРГИ́ ПУБЛИ́ЧНЫЕ, состязательная форма закупки, в к-рой могут принимать участие все желающие.

ТОРГО́ВАЯ МА́РКА оригинально оформленный отличительный знак, к-рый торговое предприятие вправе помещать на реализуемых им изделиях, изготовленных по его заказу: графич. изображение, оригинальное название, особое сочетание цифр, букв или слов, оригинальная упаковка. См. также *Товарный знак.*

ТОРГО́ВАЯ ОТЧЁТНОСТЬ, см. *Публичная отчетность.*

ТОРГО́ВАЯ РЕГИСТРА́ЦИЯ, в заруб. праве регистрация индивидуальных и определенной части коллективных коммерсантов в торговом реестре, к-рый ведется уполномоченными на это органами гос-ва – судебными (напр., торговыми судами) или административными (напр., мин-вом торговли). Т.р. основывается на принципах публичности (торг. реестр доступен каждому желающему с ним ознакомиться или получить копии занесенных в него сведений), общеизвестности (публикация о Т.р. производится в офиц. газетах и торг. бюллетенях) и достоверности (презумпция правильности записей в реестре может быть опровергнута только в суд. порядке).

ТОРГО́ВАЯ ФИ́РМА, в торг. праве имя (наименование), под к-рым коммерсант – индивидуальный или коллективный (*торговое товарищество*)– ведет свою торг. деятельность. Назначение Т.ф.– идентификация коммерсанта, индивидуализация его деятельности. Т.ф. следует отличать от наименования предприятия, к-рое может и не совпадать с именем коммерсанта.

ТОРГО́ВОЕ ПОСРЕ́ДНИЧЕСТВО, занятие в виде промысла посредничеством между сторонами, желающими заключить *сделку.* В качестве торг. посредников выступают как отд. физич. лица (напр., маклеры, брокеры), так и спец. посреднические общества. Т.п. обычно специализировано по отраслям торг. оборота – купля-продажа определенных товаров, *фрахтование* судов и др.

ТОРГО́ВОЕ ПРА́ВО, в ряде заруб. гос-в самостоят. отрасль права, регулирующая наряду с *гражданским правом* отношения, возникающие в сфере гражд. и торг. оборота. В странах, где имеются спец. торговые кодексы (Франция, ФРГ, Япония), существует т.н. дуализм (двойственность) гражд. права. В своих общих положениях, прежде всего тех, к-рые касаются договоров, Т.п. исходит из принципов и норм об обязательствах, содержащихся в гражд. кодексах. Т.п. регулирует правовое положение и деятельность торг. товариществ и коммерсантов, торговые сделки, оборот ценных бумаг, банкротство и т.п.

ТОРГО́ВОЕ ТОВА́РИЩЕСТВО, объединение лиц (средств и личных усилий) для предпринимат. деятельности в целях извлечения прибыли. К числу Т.т. относятся: *полное товарищество, коммандитное товарищество, акционерное общество, общество с ограниченной ответственностью.*

ТОРГО́ВО-ПОСРЕ́ДНИЧЕСКИЕ ОПЕРА́ЦИИ, разновидность услуг в сфере купли-продажи, в т.ч. при экспортно-импортных сделках. Т.-п. о. могут включать *маркетинг,* проведение переговоров и заключение договоров, кредитование оборотного капитала клиента, предоставление гарантий и страхование, транспортировку, выполнение таможенных формальностей, послепродажное обслуживание, а также нек-рые операции, связанные с доработкой, расфасовкой, упаковкой и т.д. Могут осуществляться за свой счет и за счет клиента, от своего или от его имени.

Различают дилерские, комиссионные, агентские, брокерские Т.-п. о., *факторинг.* Выполняются, как правило, по договорам комиссии, агентским соглашениям, договору-поручению, договору о сотрудничестве. Могут быть разовыми или осуществляться более или менее стабильно.

ТОРГО́ВЫЕ КНИ́ГИ и и н а я т о р г. д о к у м е н т а ц и я, в заруб. праве документы, обязанность ведения к-рых возложена на коммерсантов. Отражают состояние имущества и хоз. деятельности предприятия. К Т.к. относятся, в частности, журнальная книга (сведения о всех хоз. операциях, требованиях к третьим лицам и долгах), инвентарная книга (опись имущества, баланс предприятия и др.), а к иной торг. документации – деловая документация (счета и коммерческая корреспонденция). Все это должно сохраняться в течение установленного законом срока. Содержание Т.к. является *коммерческой тайной*, ознакомление с ними третьих лиц допускается в строго ограниченных случаях и только через посредство суда. См. также *Публичная отчетность*.

ТОРГОВЫЕ СДЕЛКИ, коммерческие сделки, хоз. сделки, т.е. сделки по своему объективному содержанию носящие торговый характер, осуществляемые коммерсантами.

ТОРГОВЫЙ ДОМ, термин, используемый для обозначения крупных торгово-коммерч. компаний, фирм, корпораций и их объединений. Может использоваться в *фирменных наименованиях*. Осн. область деятельности – оптовая торговля, в т.ч. междунар. посредничество. Может внедряться и в производств., банковскую, маркетинговую, снабженческо-сбытовую, биржевую деятельность, а также сферу розничной торговли на местном, региональном, нац., междунар. уровнях. С 1991 создаются в России и ее регионах.

ТОРГОВЫЙ ОБЫЧАЙ, правило, сложившееся в сфере торговли на основе постоянного и единообразного повторения конкретных фактич. отношений. Правовым обычаем (признаваемым и применяемым в качестве нормы права) является обычай, санкционированный гос-вом. Основанием применения неправового обычая (делового, торгового обыкновения – у з а н с а) является то, что он считается как бы элементом волеизъявления сторон договора, если не противоречит закону. Т.о. имеют существ. значение в сфере междунар. торговли и торг. мореплавания (напр., портовые обычаи), восполняя соглашение сторон по вопросам, не получившим разрешения в договоре.

ТОРГОВЫЙ РЕЕСТР, см. в ст. *Торговая регистрация*.

ТРАМПОВОЕ СУДОХОДСТВО, вид трансп. обслуживания морских перевозок, при к-ром морские грузовые суда не закреплены за постоянными портами, р-нами плавания (судно направляется в те пункты, куда оно зафрахтовано), работа судов не ограничивается к.-л. пунктами погрузки и выгрузки и определенными видами грузов, а цена перевозки устанавливается по соглашению сторон в зависимости от конъюнктуры фрахтового рынка (см. *Фрахтование*).

ТРАНСНАЦИОНАЛЬНЫЕ КОРПОРАЦИИ (ТНК), крупные корпорации, имеющие зарубежные активы. Организационная структура ТНК строится на контроле головной (материнской) компанией всех входящих в ТНК структурных подразделений, имеющих статус независимых юридич. лиц, с помощью *системы участия*. Весь комплекс ТНК состоит из исследовательских, производств., сбытовых, маркетинговых, банков-

ских и др. предприятий, выполняющих все жизненно необходимые функции ТНК и превращающие их в "государство в государстве", выводя, т.о., из-под юрисдикции конкретного гос-ва. В соответствии с внутрикорпоративной стратегией и в собств. интересах ТНК изменяют отраслевую и терр. специализацию, перенося операции из страны в страну и вторгаясь в новые сферы деятельности и на новые рынки. Ряд ТНК в правовом отношении превратился в головной офис, *холдинг*.

ТРАНСФЕРТ, 1) перевод иностр. валюты или золота из одной страны в другую. 2) Передача права владения именными *ценными бумагами* одним лицом другому, осуществляемая, как правило, при помощи передаточной надписи (*индоссамента*).

ТРАСТ-КОМПАНИ, распространенный в зарубежных гос-вах вид компаний (как правило, коммерческие банки), выполняющих т.н. доверительные поручения своих клиентов (см. *Доверительная собственность*). Первоначально Т.-к. выступали в качестве исполнителей или администраторов по управлению наследств. имуществом на основании завещания наследодателя (выявление массы наследств. имущества, распределение наследства в соответствии с завещанием и действующим законодательством). В дальнейшем с расширением их функций, Т.-к. осуществляют временное управление имуществом клиента, распоряжаются доверенным портфелем *ценных бумаг* и т.п. В отношении юридич. лиц Т.-к. выступают как различного рода агенты (фискальные, транспортные и др.), а также как уполномоченные по ликвидации в случае *банкротства*.

ТРАТТА, см. *Переводный вексель*.

ТРЕВЕЛЛЕРС ЧЕК, см. *Дорожный чек*.

ТРЕСТ, форма монополистич. объединения предприятий, при к-рой эти предприятия утрачивают свою производств., коммерч. и иную хоз. самостоятельность и находятся под единым руководством. Если даже юридич. самостоятельность сохраняется, возникает новое образование – головное объединение, осуществляющее функции управления всем Т. Как правило, Т. образуется в отраслях, производящих однородную продукцию. В совр. период встречаются редко.

ТРЕТЕЙСКИЙ СУД, суд, избираемый спорящими сторонами. По рос. праву экономич. спор, подведомственный арбитражному суду, может быть передан по соглашению сторон на разрешение Т.с. При уклонении одной из сторон от исполнения решения Т.с. другая сторона вправе обратиться в соответствующий арбитражный суд за подтверждением решения Т.с. и выдачей приказа на его принудит. исполнение. Временное положение о Третейском суде для разрешения экономич. споров утверждено пост. ВС РФ от 24 июня 1992.

ТРЕТЬИ ЛИЦА, в гражд. процессе лица, юридически заинтересованные в исходе спора между сторонами. Различаются Т.л., заявляющие самостоят. требования на предмет спора (вступают в уже начатый процесс, предъявляя иск к обеим сторонам или одной из них), и Т.л., не заявляющие таких требований (вступают в дело на стороне истца или ответчика или привлекаются судом по собственной инициативе либо по ходатайству сторон или прокурора), если решение по делу может повлиять на их права или обязанности по отношению к одной из сторон.

УБЫТКИ, в гражд. праве выраженный в денежной форме ущерб, причиненный одному лицу противоправными действиями другого. К У. относится как реальный ущерб (положительный ущерб в имуществе) – расходы, произведенные лицом, право к-рого нарушено, утрата или повреждение его имущества (т.е. уменьшение наличного имущества), так и упущенная выгода – неполученные доходы, к-рые это лицо получило бы при обычных условиях оборота, если бы его право не было нарушено (т.е. отсутствие приращения имущества, обусловленное правонарушением). У. возмещаются полностью, если законодат. актами или договором не предусмотрено иное.

УЗАНС, см. в ст. *Торговый обычай.*

УПУЩЕННАЯ ВЫГОДА, см. в ст. *Убытки.*

УСТАВ, свод правил, регулирующих организацию, деятельность, права и обязанности *юридического лица*, утвержденный и зарегистрированный в установленном порядке.

УСТУПКА ТРЕБОВАНИЯ (ц е с с и я), передача кредитором принадлежащего ему права требования другому лицу. По рос. праву У.т. недопустима, если она противоречит законодательству или договору или если требование непосредственно связано с личностью кредитора (напр., право на алименты). Не допускается У.т. о возмещении вреда, причиненного жизни или здоровью гражданина.

УЧЕТ ВЕКСЕЛЕЙ, покупка банком *векселей* до наступления сроков платежа по ним с удержанием при этом *учетного процента.*

УЧЕТНЫЙ ПРОЦЕНТ, плата, взимаемая банками при *учете векселей*, нек-рых др. ценных бумаг и долговых обязательств до наступления сроков платежа по ним, разница между номиналом ценной бумаги и суммой, уплачиваемой ее продавцу. Размер У. п. определяется уровнем ссудного процента, сроком и обеспеченностью векселя и др. Право требования уплаты по векселю переходит к банку.

УЧРЕДИТЕЛЬНЫЕ ДОКУМЕНТЫ, документы, на основании к-рых образуется и действует *юридическое лицо*. В РФ У.д. – устав, либо учредительный договор и устав, либо только учредит. договор. Учредит. договор юридич. лица заключается, а устав утверждается учредителями (участниками). В У.д. должны определяться наименование юридич. лица, место его нахождения, цели деятельности, состав и компетенция органов, а также другие сведения, предусмотренные законодательством о юридич. лицах соответств. вида.

УЧРЕДИТЕЛЬНЫЙ ДОГОВОР, договор между учредителями (сторонами) о создании предприятия-*юридического лица*. В У.д. определяются порядок совместной деятельности по созданию предприятия, условия передачи учредителями имущества в его собственность и участия в его деятельности. В У. д. определяются также условия и порядок распределения прибыли и убытков, управление деятельностью юридич. лица, выхода из его состава и утверждается устав (если он необходим для юридич. лиц данного вида).

ФАКТОРИНГ, *торгово-посреднические операции*, сопровождающиеся кредитованием оборотного капитала клиента. Состоит в немедленной оплате факторской компанией до 80% стоимости счетов-фактуры клиента и оплате остатка в договорные сроки, не зависящие от прочих условий и обстоятельств. Клиентами компаний, специализирующихся на Ф., являются обычно небольшие торг., промышл. компании, торг. агенты, *дилеры*, рассчитывающиеся, как правило, по *открытому счету*, что способствует установлению стабильных доверительных долгосрочных отношений.

Фирмы, занятые Ф., принимают на себя все операции по *маркетингу*, страхованию, транспортировке и т.д., что освобождает клиентов от данных операций, способствует функциональной специализации и экономии средств.

ФАС, вид внешнеторгового договора купли-продажи, связанного с доставкой товара водным путем. Покупная цена товара включает, кроме его стоимости, расходы по доставке товара к борту судна в порту погрузки. Расходы по *фрахтованию* судна и погрузке товара на борт судна в порту погрузки несет покупатель. Риск случайной гибели товара или порчи переходит с продавца на покупателя в момент фактич. доставки товара к борту судна, на причал.

ФИЗИЧЕСКОЕ ЛИЦО (в гражд. праве), термин, употребляемый для обозначения человека (гражданина) как участника правоотношения.

ФИЛИАЛ, обособленное подразделение юридич. лица, расположенное вне места его нахождения и осуществляющее все или часть его функций. Не является юридич. лицом. Руководитель Ф. назначается юридич. лицом и действует на основании выданной ему доверенности.

ФИРМА, термин, используемый для обозначения любых коммерческих юридич. лиц — предприятий, компаний, корпораций и т.д. Правового содержания не имеет. Зарегистрированное в установленном порядке *фирменное наименование* конкретной Ф. — объект *промышленной собственности.*

ФИРМЕННОЕ НАИМЕНОВАНИЕ, название конкретного *юридического лица,* присваиваемое в момент его регистрации по учредительным документам в целях индивидуализации. Указывается на всех документах, фирменной упаковке и т.д. Включает название юридич. лица, подчиненность, специализацию. В Рос. Федерации Ф. н. подлежит регистрации путем включения в гос. реестр юридич. лиц. Является объектом *промышленной собственности.* Охраняется нац. законодательством и Парижской конвенцией по охране промышленной собственности 1883 во всех странах — участницах конвенции.

ФОБ, вид внешнеторгового договора купли-продажи, связанного с доставкой товара водным путем. Купля-продажа на этих условиях предполагает обязанность продавца не только доставить товар на причал (см. *ФАС*), но и погрузить его на борт судна. Расходы по фрахтованию судна, размещению товара на его борту несет покупатель. Риск случайной гибели или повреждения товара лежит на продавце — до момента пересечения товаром борта судна в порту погрузки, или с указ. момента.

ФОНДОВАЯ БИРЖА, см. в ст. *Биржа.*

ФОНДОВЫЕ ЦЕННОСТИ, *ценные бумаги* (акции, облигации) и др. долговые обязательства, выраженные в нац. или иностр. валюте. См. также *Платежные документы.*

ФОРВАРДНАЯ СДЕЛКА, вид операций по купле-продаже (в т.ч. предварительной) товаров на срок в оговоренное время (обычно от недели до нескольких лет) по ценам на момент заключения контракта с частичной предоплатой.

ФОРС-МАЖОР, см. *Непреодолимая сила.*

ФРАНКО, в сделках купли-продажи товара термин, обозначающий распределение трансп. расходов между продавцом и покупателем. Осн. виды Ф.: Ф.-вагон (судно) — станция (пристань) назначения (поставщик несет все расходы по доставке товара на станцию или пристань назначения); Ф.-вагон (судно) — станция (пристань) отправления [расходы по доставке товара на станцию (пристань) отправления и по погрузке в вагон (судно) несет поставщик, а по оплате ж.-д. тарифа (водного *фрахта*) — покупатель]; Ф.-склад покупателя (поставщик несет все расходы по доставке товара, в т.ч. по его разгрузке); Ф.-склад предприятия — поставщика (покупатель несет все расходы по доставке товара на свой склад со склада поставщика). См. также *КАФ, СИФ, ФАС, ФОБ.*

ФРАНЧАЙЗИНГ, вид договоров, заключаемых, как правило, крупными компаниями с одной или неск. более мелкими компаниями о предоставлении им для реализации комплекса оригинальных или специфич. товаров и оказании помощи в их коммерциализации. Ф. называют иногда предоставление владельцем своего товарного знака к.-л. товариществу с правом сохранения за собой консультативных функций и помощи в коммерциализации. Если речь идет о предоставлении пром. технологии, говорят о пром. Ф. (т.н. лифрединг).

ФРАНШИЗА, 1) условие в страховом полисе, освобождающее страховщика от возмещения убытков, не превышающих определенного размера. Ф. выражается либо в виде определенной суммы, либо в виде процента от страховой суммы. Ф. может быть условная (страховщик освобождается от ответственности за убытки, если они не достигли суммы Ф., и должен возместить убыток полностью, если сумма его превышает Ф.) или безусловной (убыток возмещается за вычетом Ф.). 2) В кредитных отношениях освобождение банком заемщика, к-рый не погашает кредита, на конкретный период от выплаты процентов по кредиту частично или полностью (предоставляет Ф.). Как правило, при погашении кредита взыскивается более высокий процент.

ФРАХТ, 1) плата за перевозку грузов и пассажиров разл. видами транспорта, в основном морским, воздушным, либо за использование судов на протяжении определенного времени. 2) В сделках купли-продажи одна из разновидностей базисных условий поставки (БУП). Регулируется Междунар. торг. палатой в ее спец. изданиях "Инкотермс". В соответствии с БУП "Ф.-

провозная плата оплачена до ...". Продавец обязан за свой счет поставить товар и приложить необходимые сопроводительные документы; заключить договор о перевозке товара до пункта, указ. в контракте, и оплатить перевозчику; передать товар перевозчику в установленный контрактом срок; послать покупателю уведомление и комплект документов об отгрузке и приеме груза к перевозке (*коносамент*); получить экспортную *лицензию*, оплатить *таможенные пошлины*, налоги и сборы. Транспортировка товаров может осуществляться неск. видами транспорта. Обязанность продавца считается выполненной после передачи груза первому перевозчику. С этого момента риск и прочие расходы переходят на покупателя.

В случае "Ф.– провозная плата и страхование оплачены до ..." продавец дополнительно оплачивает страхование.

ФРАХТОВÁНИЕ, деятельность по заключению договоров найма или по сдаче внаем судна при морской или воздушной перевозке пассажиров или грузов. Условия такого договора (чартера) включают либо ставку за единицу объема перевозимого груза, за одного пассажира, либо общую сумму фрахта на весь срок действия договора. Чартер может заключаться на один рейс, на неск. рейсов или на определенное время (тайм-чартер). Может быть предусмотрено предоставление для перевозки всего судна или определенной части его. В чартерном договоре фиксируется распределение обязанностей и имуществ. ответственность сторон договора Ф.– фрахтовщика (судовладельца, сдающего судно) и фрахтователя (предъявляющего груз к перевозке).

ФЬЮЧЕРСНЫЕ СДÉЛКИ, вид биржевых операций на товарной и фондовой биржах. Состоят в заключении контрактов на куплю-продажу и оплату товаров или *ценных бумаг* через определенный срок, но по ценам, зафиксиров. при подписании контракта. Ф.с. часто заключаются не с целью реальной купли-продажи, а для получения разницы при изменении цен и курсов *акций* к моменту платежа или поставки – сроку завершения сделки (ликвидационному сроку). Ф.с. бывают простыми и премиальными. Простые Ф.с. состоят в реальном выполнении сделки в оговоренные в договоре сроки; премиальные Ф.с. предусматривают отказ от сделки или пересмотр ее условий одной стороной при выплате другой стороной определенной премии.

Реальным продавцам и покупателям Ф.с. дают возможность приобретать и реализовывать товары и ценные бумаги по ценам, к-рые они считают выгодными, даже в том случае, если наличного товара в момент заключения сделки нет. Биржевые маклеры заключают Ф.с., играя на повышение – репорт или понижение – депорт.

ХÁЙРИНГ, см. в ст. *Аренда машин и оборудования.*

ХЕДЖИ́РОВАНИЕ, форма страхования цены и прибыли при совершении *фьючерсных сделок* купли-продажи товаров и *ценных бумаг*, гл. обр., на товарных и фондовых биржах. Позволяет оградить реального покупателя (продавца) от возможных в будущем потерь при изменении цен, а на бирже – извлекать прибыль при изменении цен, в т.ч. при игре "на повышение" и "понижение".

В целом Х. способствует стабилизации производства, рынка товаров и ценных бумаг, сглаживанию сезонных и иных колебаний цен, установлению объективных биржевых цен, курсов и котировок, снижению затрат по купле-продаже ценных бумаг и товаров.

ХОЗЯ́ЙСТВУЮЩИЙ СУБЪÉКТ, по рос. праву все предприятия, независимо от организационно-правовой формы, другие юридич. лица, ведущие деятельность по производству, реализации либо приобретению товаров, и граждане, занимающиеся самостоят. предпринимательской деятельностью.

ХО́ЛДИНГ, х о л д и н г о в а я к о м п а н и я, компания, капитал к-рой инвестируется в *контрольные пакеты акций* др. компаний, становящихся подконтрольными Х.-компании с помощью *системы участия*. Как форма концентрации капитала Х. сложились в результате развития и выделения из банковских структур спец. отделов, компаний (см. *Траст-компани*), занимавшихся доверительными операциями клиентов (см. *Доверительная собственность*).

Структура объединений, возглавляемых Х., может быть многоуровневой. Напр., головной Х. может контролировать неск. дочерних Х., к-рые, в свою очередь, прямо или через посредничество внучатых Х. контролируют компании промышленности, с.-х-ва, сферы услуг. Как правило, в состав Х. входят банки, страховые компании и др. Такая организация позволяет оптимизировать управление подконтрольными предприятиями, сохраняя общий контроль, возможность концентрации ресурсов на приоритетных направлениях.

ЦЕННЫЕ БУМАГИ, денежные и товарные документы, свидетельствующие об имуществ. правах их владельцев и предъявляемые для реализации этих прав. К числу Ц.б. относятся *акции, облигации, векселя, чеки, коносаменты* и т.д. Ц.б. по форме обладают достоверностью и не требуют дополнит. подтверждения прав их держателей. В зависимости от способа обозначения управомоченного лица различают Ц.б.: и м е н н ы е – составленные на имя определенного лица; о р д е р н ы е – выписанные на имя первого приобретателя или его приказу; п р е д ъ я в и т е л ь с к и е – содержащие указание, что лицом, обладающим правом, выраженным в Ц.б., является ее предъявитель, или не содержащие к.-л. упоминания об управомоченных лицах. Как правило, Ц.б. обращаются на фондовой *бирже*.

Ц.б. различаются по видам и объемам имуществ. прав, срокам обращения на рынках, способам погашения и т.д.

ЦЕССИЯ, см. *Уступка требования*.

ЧАРТЕР, договор *фрахтования*. В торговом мореплавании, как правило, используются типовые формы Ч. Ч. могут заключаться заблаговременно либо в срочном порядке (п р о м п т) и даже с условием немедленной готовности судна к погрузке (с п о т - п р о м п т).

ЧАСТНАЯ СОБСТВЕННОСТЬ, одна из форм собственности, означающая абсолютное, защищенное законом право гражданина или юридич. лица на конкретное имущество (землю, др. движимое и недвижимое имущество). Предполагает право свободно осуществлять осн. полномочия собственника: владение, пользование и распоряжение имуществом. В Рос. Федерации право Ч.с. закреплено Законом о собственности 1990. См. также *Право собственности, Собственность гражданина, Собственность юридических лиц*.

ЧАСТНОЕ ПРАВО, совокупность норм, регулирующих имуществ. и нек-рые иные отношения между частными лицами, в т.ч. юридич., в к-рых последние выступают в качестве самостоят. субъектов права. В сферу Ч.п. вступают также гос-во и его органы, если они действуют не как носители публичной власти, а как обычные участники делового оборота. К Ч.п. относятся *гражданское право*, семейное право, *торговое право* и ряд др. отраслей.

Охрана частных прав осуществляется лишь по инициативе заинтересов. лиц и преимущественно в судебном порядке. Испытывая непосредственное воздействие товарно-денежных отношений, рынка, предпринимательства и т.п. факторов, Ч.п. в свою очередь способствует формированию гражданского общества.

ЧЕК, вид *ценной бумаги*; денежный документ установленной формы, содержащий приказ владельца счета в кредитном учреждении (чекодателя) о выплате держателю Ч. указ. в нем денежной суммы. Ч. может быть именным (выписанным на определенное лицо), ордерным (в пользу к.-л. лица или его приказу) и предъявительским. Передача Ч. другому лицу оформляется посредством *индоссамента* (ордерные и предъявительские Ч.), путем простого вручения (предъявительские Ч., а также ордерные Ч. с бланковым индоссаментом), а в нек-рых случаях в порядке, специально предусмотренном законодательством (именные Ч.). В РФ Положение о чеках утверждено пост. ВС 13 февр. 1992. Образец Ч. утверждается Центр. банком РФ.

ЧЕКОВАЯ КНИЖКА, определенное количество сброшюрованных бланков *чеков*, выдаваемое банком владельцу текущего банковского счета. Одна из форм распоряжения клиентом своим текущим счетом.

ШТРАФ, денежное взыскание, мера материального воздействия, применяемая в случаях и порядке, установленных законодательством или договором. В гражд. праве Ш. – вид *неустойки*. Определяется в твердой сумме либо в проценте от суммы нарушенного обязательства. Установление Ш. служит обеспечению исполнения договора и является мерой ответственности за его нарушение.

Э **Ю**

ЭВИКЦИЯ, в гражд. праве отсуждение у покупателя приобретенного им имущества по основаниям, возникшим до продажи (напр., по заявлению третьего лица, что оно является собственником имущества). В случае Э. продавец обязан возместить покупателю понесенные им убытки.

ЭКСПЕДИЦИЯ, в гражданском праве договор, по которому одна сторона (экспедитор) обязуется за счет другой стороны (клиента) и от ее или от своего имени отправлять или принимать принадлежащие клиенту грузы, выполнять иные связанные с этим действия, а клиент сдавать для отправки, принимать грузы и оплачивать услуги экспедитора.

ЭКСПОРТНАЯ КВОТА, см. в ст. *Квота.*

ЮРИДИЧЕСКОЕ ЛИЦО (в гражд. праве), орг-ция, к-рая имеет в собственности, полном хозяйственном ведении или оперативном управлении обособленное имущество, отвечает по своим обязательствам этим имуществом и выступает в суде, арбитражном суде и третейском суде от своего имени. Ю.л., являющиеся *коммерческими организациями*, имеют самостоят. баланс. Ю.л. может иметь имуществ. и личные неимуществ. права, к-рые соответствуют целям деятельности, предусмотренным в его *учредительных документах*, и несет связанные с этой деятельностью обязанности. Отд. видами деятельности, перечень к-рых определяется законодательством, Ю.л. может заниматься только на основании *лицензии.*

ЗАКОН[*]
"О СОБСТВЕННОСТИ В РСФСР"
Принят 24 декабря 1990, с изменениями и дополнениями от 24 июня 1992
("Ведомости...", 1990, № 30, ст. 416; 1992, № 34, ст. 1966)

Раздел I

ОБЩИЕ ПОЛОЖЕНИЯ

Статья 1. Законодательство о собственности в РСФСР

1. На территории РСФСР отношение собственности на землю, другие природные ресурсы, средства производства, предметы потребления и иное имущество регулируются законами РСФСР и республик, входящих в Российскую Федерацию, актами местных Советов народных депутатов, изданными в пределах их полномочий.

Запрещаются и признаются недействительными все действия государственных органов власти и управления, участников экономических отношений и других лиц, противоречащие государственному суверенитету и экономическим интересам Российской Федерации и входящих в нее республик.

2. Отношения собственности, не предусмотренные настоящим Законом, регулируются Гражданским кодексом РСФСР и иными законодательными актами РСФСР, а также законодательными актами республик, входящих в РСФСР, и актами местных Советов народных депутатов, изданными в пределах их полномочий.

3. Общесоюзное законодательство о собственности применяется на территории РСФСР в порядке, предусмотренном Законом РСФСР "О действии актов органов Союза ССР на территории РСФСР".

4. Имущественные и личные неимущественные права авторов открытий, изобретений, рационализаторских предложений гарантируются и защищаются Законом. Отношения по созданию и использованию произведений науки, литературы и искусства, открытий, изобретений, рационализаторских предложений, промышленных образцов, программных средств для электронно-вычислительной техники и других объектов интеллектуальной собственности регулируются авторским правом и иными актами гражданского законодательства, а также межправительственными соглашениями.

Статья 2. Право собственности

1. Право собственности в РСФСР возникает в порядке и на условиях, предусмотренных законодательными актами РСФСР. Право собственности в РСФСР признается и охраняется законом.

В РСФСР гарантируется стабильность отношений собственности и обеспечиваются условия их развития и защиты.

2. Собственник по своему усмотрению владеет, пользуется и распоряжается принадлежащим ему имуществом.

Собственник может передавать свои правомочия по владению, пользованию и распоряжению имуществом другому лицу, использовать имущество в качестве предмета залога или обременять его иным способом, передавать свое имущество в собственность или управление другому лицу, а также вправе совершать в отношении своего имущества любые действия, не противоречащее Закону. Он может использовать имущество для осуществления любой предпринимательской или иной деятельности, не запрещенной Законом.

---

[*] Здесь и в дальнейшем имеются в виду законы, принятые Верховным Советом РФ и опубликованные в "Ведомостях Съезда народных депутатов Российской Федерации и Верховного Совета Российской Федерации".

3. Имущество может находиться в частной, государственной, муниципальной собственности, а также в собственности общественных объединений (организаций).

Установление государством в какой бы то ни было форме ограничений или преимуществ в осуществлении права собственности в зависимости от нахождения имущества в частной, государственной, муниципальной собственности и собственности общественных объединений (организаций) не допускается.

4. Объектами права собственности могут быть предприятия, имущественные комплексы, земельные участки, горные отводы, здания, сооружения, оборудование, сырье и материалы, деньги, ценные бумаги, другое имущество производственного, потребительского, социального, культурного и иного назначения, а также продукты интеллектуального и творческого труда.

Объектами интеллектуальной собственности являются произведения науки, литературы, искуства и других видов творческой деятельности в сфере производства, в том числе открытия, изобретения, рационализаторские предложения, промышленные образцы, программы для ЭВМ, базы данных, экспертные системы, ноу-хау, торговые секреты, товарные знаки, фирменные наименования и знаки обслуживания.

5. Право собственности на имущество, находящееся на территории РСФСР, охраняется Законом независимо от места нахождения собственника.

В РСФСР признается и охраняется Законом право собственности граждан РСФСР, юридических лиц, государства, местных органов власти и самоуправления на имущество, находящееся за пределами Российской Федерации.

6. Результаты хозяйственного и иного использования имущества, включая произведенную продукцию, а также плоды и иные доходы от использования имущества принадлежат собственнику этого имущества, если иное не предусмотрено Законом или договором собственника с другим лицом.

7. Собственник несет бремя, связанное с содержанием принадлежащего ему имущества, а также риск его случайной гибели или случайной порчи, если иное не предусмотрено Законом или договором.

8. В случаях, на условиях и в пределах, предусмотренных Законом, на собственника может быть возложена обязанность допустить ограниченное пользование его имуществом другими лицами.

9. Осуществление права собственности не должно нарушать прав и охраняемых Законом интересов других лиц.

Ущерб, причиненный собственником вследствие злоупотребления своим монопольным или иным доминирующим положением, использования недобросовестных методов предпринимательства (недобросовестной конкуренции) и совершения иных действий, ущемляющих права и охраняемые Законом интересы других лиц, подлежит возмещению в полном объеме.

При осуществлении своего права собственник обязан принимать меры, предотвращающие нанесение им ущерба здоровью граждан и окружающей среде.

Статья 3. Объединение имущества собственниками

1. Допускается объединение имуществ, находящихся в частной, государственной, муниципальной собственности и собственности общественных объединений (организаций), если иное не предусмотрено Законом.

2. Имущество может принадлежать на праве общей (коллективной) собственности одновременно нескольким лицам, с определением долей каждого из них (долевая собственность) или без определения долей (совместная собственность). Владение, пользование и распоряжение имуществом, находящимся в общей собственности, осуществляются по соглашению всех собственников, а при его отсутствии устанавливаются судом, Государственным арбитражем или третейским судом по иску любого из собственников.

3. Участник общей долевой собственности имеет право на выдел своей доли, а участник общей совместной собственности на определение и выдел доли.

4. При продаже доли в общей собственности постороннему лицу остальные участники общей долевой собственности имеют преимущественное право покупки продаваемой доли в порядке и на условиях, установленных законодательством РСФСР, республик, входящих в Российскую Федерацию, и уставом юридического лица.

Статья 4. Труд и собственность

1. Гражданину принадлежит исключительное право распоряжаться своими способностями к труду.

Гражданин осуществляет это право самостоятельно или на основе договора.

2. При осуществлении предпринимательской и иной, не запрещенной законами РСФСР деятельности, собственник вправе заключать договоры с гражданами об использовании их

труда. Гражданину принадлежит в соответствии с действующим законодательством право на долю дохода, полученного в результате использования его труда.

Гражданин вправе с согласия собственника иметь вклад в имуществе предприятия, на котором он работает по найму, получать часть прибыли этого предприятия пропорционально размеру вклада.

Собственник или созданное им предприятие, использующее труд гражданина, гарантируют ему оплату, соответствующую личному трудовому вкладу, и иные условия труда, а также другие социально-экономические гарантии, предусмотренные законодательством РСФСР и трудовым договором, независимо от наличия у этого гражданина вклада в имуществе данного предприятия.

Статья 5. Вещные права

1. В случаях, установленных Законом, а также в других случаях по усмотрению собственника правами владения, пользования и распоряжения его имуществом могут быть наделены другие лица, которые осуществляют эти права в пределах, предусмотренных Законом или собственником имущества.

Лицам, осуществляющим на указанных условиях хозяйственное или иное использование имущества собственника, обеспечиваются те же гарантии защиты их прав и интересов, что и собственнику, если законодательными актами РСФСР не предусмотрено иное.

2. Собственник может закрепить принадлежащее ему имущество за созданным им предприятием на праве полного хозяйственного ведения.

Осуществляя право полного хозяйственного ведения закрепленным за ним имуществом, предприятие владеет, пользуется и распоряжается указанным имуществом, совершает в отношении его любые действия, не противоречащие Закону. К праву полного хозяйственного ведения применяются правила о праве собственности, если законодательными актами или договором предприятия с собственником не предусмотрено иное.

Собственник или лица, уполномоченные собственником управлять его имуществом, в соответствии с Законом и учредительными документами предприятия решают вопросы создания предприятия и определения целей его деятельности, его реорганизации и ликвидации, осуществляют контроль за эффективностью использования и сохранностью вверенного имущества.

Собственник вправе получать часть прибыли от использования имущества, которое он передал предприятию, в размере, определенном договором между собственником и предприятием. Споры, возникающие при определении этой доли, разрешаются судом, арбитражным судом или третейским судом.

3. Имущество, закрепленное собственником за государственными и иными учреждениями, финансируемыми за счет средств собственника, находится в оперативном управлении этого учреждения, осуществляющего в пределах, установленных Законом, в соответствии с целями своей деятельности, заданиями собственника и назначением имущества права владения, пользования и распоряжения им.

Собственники закрепленного за учреждением имущества вправе изъять это имущество либо перераспределить его между другими созданными им юридическими лицами по своему усмотрению, если иное не установлено законодательством РСФСР и республик, входящих в Российскую Федерацию.

4. Учреждения, осуществляющие с согласия собственника предпринимательскую деятельность, в случаях, предусмотренных законодательством РСФСР, приобретают право на самостоятельное распоряжение доходами от такой деятельности и имуществом, приобретенным за счет этих доходов.

Статья 6. Собственность и другие вещные права на землю и природные ресурсы

1. Земля, ее недра, воды, растительный и животный мир являются достоянием народов, проживающих на соответствующей территории и, в соответствии с законами РСФСР и республик, входящих в Российскую Федерацию, находятся в ведении Советов народных депутатов.

2. Земельные участки могут находиться в частной, государственной, муниципальной собственности и собственности общественных объединений (организаций) или предоставляться во владение и пользование гражданину, юридическому лицу, государственным, национально-государственным и административно-территориальным образованиям в соответствии с Земельным кодексом РСФСР, законодательными актами РСФСР, республик, входящих в Российскую Федерацию.

3. Горные отводы для разведки и разработки месторождений минеральных полезных ископаемых являются государственной собственностью и могут предоставляться во владение или пользование гражданину, юридическим лицам в соответствии с законодательными актами РСФСР и республик, входящих в Российскую Федерацию.

4. Отчуждение земельных участков и горных отводов их собственниками допускается при соблюдении условий, предусмотренных законодательными актами РСФСР и республик, входящих в Российскую Федерацию.

5. Допускается объединение земельных участков и горных отводов их собственниками, владельцами или пользователями для совместной деятельности, а также владение, пользование, распоряжение земельными участками и горными отводами на праве общей собственности, общего владения или пользования с соблюдением условий, предусмотренных пунктом 3 настоящей статьи.

6. Иные вещные права на земельные участки и другие природные ресурсы предоставляются и осуществляются в случаях и порядке, предусмотренных законодательными актами РСФСР.

С т а т ь я 7. Приобретение и прекращение права собственности

1. Гражданин или другое лицо, если иное не предусмотрено законом или договором, приобретают право собственности на имущество, приобретенное им по основаниям, не противоречащим Закону, на вещи, созданные или существенно переработанные им, на продукцию, плоды и иные доходы, полученные им от использования принадлежащего ему имущества, а также от использования природных ресурсов или иного имущества, хотя и не принадлежащего данному лицу, но предоставленного ему в соответствии с Законом или договором для этих целей.

2. Право собственности у приобретателя имущества возникает с момента передачи вещи, если иное не предусмотрено Законом или договором.

3. Гражданин или юридическое лицо, не являющееся собственником имущества, но добросовестно и открыто владеющее как собственник недвижимым имуществом не менее пятнадцати лет либо иным имуществом не менее пяти лет, приобретает право собственности на это имущество.

4. Прекращение права собственности помимо воли собственника не допускается, за исключением случаев обращения взыскания на это имущество по обязательствам собственника, в случаях и порядке, предусмотренных законодательными актами РСФСР и республик, входящих в Российскую Федерацию, принудительного отчуждения имущества, которое не может принадлежать данному собственнику в силу Закона, реквизиции и конфискации.

В случаях стихийных бедствий, аварий, эпидемий, эпизоотий и при иных обстоятельствах, носящих чрезвычайный характер, имущество в интересах общества по решению органов государственной власти может быть изъято у собственника в порядке и на условиях, установленных законодательными актами, с выплатой ему стоимости имущества (реквизиция).

В случаях, предусмотренных законодательными актами, имущество может быть изъято у собственника по решению суда, арбитражного суда или другого правомочного государственного органа (должностного лица) в виде санкции за совершение преступления или иного правонарушения (конфискация).

Если в частной, государственной, муниципальной собственности и собственности общественных объединений (организаций) окажется по основаниям, допускаемым Законом, имущество, которое не может принадлежать собственнику в силу Закона, оно должно быть отчуждено в течение одного года, если иные сроки не предусмотрены законодательными актами РСФСР и республик, входящих в Российскую Федерацию. В случае, если имущество не будет отчуждено собственником в указанный срок, оно по решению суда подлежит принудительному отчуждению с возмещением собственнику стоимости имущества за вычетом затрат по его отчуждению.

С т а т ь я 8. Обращение взыскания на имущество собственника

1. Гражданин отвечает по своим обязательствам имуществом, принадлежащим ему на праве собственности.

Перечень имущества гражданина, на которое не может быть обращено взыскание по претензиям кредиторов, устанавливается в Гражданском процессуальном кодексе РСФСР.

2. Собственник или учредитель юридического лица не отвечает по обязательствам созданных ими юридических лиц, а юридическое лицо не отвечает по обязательствам собственника или учредителя, за исключением случаев, предусмотренных настоящим Законом, иными законодательными актами либо учредительными документами юридического лица.

3. По обязательствам юридического лица взыскание может быть обращено на любое имущество, принадлежащее ему на праве собственности или полного хозяйственного ведения.

Государственное или иное учреждение отвечает по обязательствам находящимися в его распоряжении денежными средствами. При недостаточности у государственного или иного учреждения средств ответственность по его обязательствам несет собственник соответствующего имущества.

4. Бесспорное взыскание задолженности по обязательствам собственников перед государством, в том числе задолженности по платежам в бюджет, допускается в случаях, предусмотренных законодательными актами РСФСР. При несогласии с решением о таком взыскании собственник вправе обратиться с иском в суд или арбитражный суд.

Раздел II

ПРАВО ЧАСТНОЙ СОБСТВЕННОСТИ

Глава 1

ПРАВО СОБСТВЕННОСТИ ГРАЖДАНИНА

Статья 9. Общие положения о собственности гражданина

1. Собственность гражданина создается и приумножается за счет его доходов от участия в производстве и иного распоряжения своими способностями к труду, от предпринимательской деятельности, от ведения собственного хозяйства и доходов от средств, вложенных в кредитные учреждения, акции и другие ценные бумаги, приобретения имущества по наследству и по иным основаниям, не противоречащим Закону.

2. Право наследования имущества гражданина признается и охраняется Законом.

Статья 10. Объекты права собственности гражданина

1. В собственности гражданина могут находиться:
– земельные участки;
– жилые дома, квартиры, дачи, садовые дома, гаражи, предметы домашнего хозяйства и личного потребления;
– денежные средства;
– акции, облигации и другие ценные бумаги;
– средства массовой информации;
– предприятия, имущественные комплексы в сфере производства товаров, бытового обслуживания, торговли, иной сфере предпринимательской деятельности, здания, сооружения, оборудование, транспортные средства и иные средства производства;
– любое другое имущество производственного, потребительского, социального, культурного и иного назначения, за исключением отдельных, предусмотренных в законодательных актах видов имущества, которое по соображениям государственной и общественной безопасности либо в соответствии с международными обязательствами не может принадлежать гражданину.

2. Количество и стоимость имущества, приобретенного гражданином в соответствии с Законом или договором, не ограничиваются.

Статья 11. Право собственности гражданина, осуществляющего предпринимательскую деятельность

1. Гражданин может использовать имущество, находящееся в его собственности, для предпринимательской деятельности без образования для этой цели юридического лица. Имущество членов семьи и других граждан, используемое ими для совместной предпринимательской деятельности, произведенная продукция и полученные доходы принадлежат им на праве общей долевой собственности, если договором между ними не предусмотрено иное.

2. В случае закрепления гражданином своего имущества за созданным им предприятием он приобретает права, предусмотренные пунктом 2 статьи 5 настоящего Закона.

3. Гражданин может осуществлять предпринимательскую деятельность, используя свое имущество в качестве вклада в хозяйственные общества и товарищества, кооперативы, коллективные и иные предприятия, другие объединения граждан и юридических лиц.

Статья 12. Право собственности и право владения земельными участками

1. Гражданин вправе приобрести для ведения сельскохозяйственного производства, а также строительства жилого дома, садоводства и огородничества земельные участки в собственность или во владение.

Произведенная на этих участках продукция и полученные доходы являются собственностью гражданина и используются им по собственному усмотрению.

2. Земельные участки для целей, не предусмотренных пунктом 1 настоящей статьи, закрепляются за гражданином во владение, а в случаях и на условиях, предусмотренных законодательными актами РСФСР и республик, входящих в Российскую Федерацию, на праве собственности.

Статья 13. Право собственности гражданина на квартиру,
жилой дом, иные помещения и строения

1. Гражданин, имеющий в собственности квартиру, жилой дом, дачу, гараж, иные помещения и строения, вправе распоряжаться этим имуществом по своему усмотрению: продавать, завещать, сдавать в аренду, совершать с ними иные сделки, не противоречащие Закону.

2. Член жилищного, жилищно-строительного, дачного, гаражного кооперативов, садово-огороднического товарищества или другого кооператива, полностью внесший свой паевой взнос за квартиру, дачу, садовый дом, гараж, иное помещение или строение, предоставленное ему в пользование, приобретает право собственности на это имущество.

Гражданин, который по договору с собственником или в качестве его наследника приобрел в собственность эти строения или помещения, принимается в члены соответствующего кооператива по заявлению этого гражданина.

3. Наниматель жилого помещения в доме государственного или муниципального жилищного фонда и члены его семьи вправе приобрести в собственность соответствующую квартиру, дом путем их выкупа или по другим основаниям, предусмотренным законодательством РСФСР и республик, входящих в Российскую Федерацию.

Глава 2

ПРАВО СОБСТВЕННОСТИ ЮРИДИЧЕСКИХ ЛИЦ

Статья 14. Собственность предприятия

Хозяйственные общества и товарищества, кооперативы, коллективные и иные предприятия, созданные в качестве собственников имущества и являющиеся юридическими лицами, обладают правом собственности на имущество, переданное им в форме вкладов и других взносов их участниками, а также на имущество, полученное в результате своей предпринимательской деятельности и приобретенное по иным основаниям, допускаемым Законом.

Акционерные общества являются также собственниками средств, полученных ими от продажи акций.

Статья 15. Вклад работников в имуществе предприятий

1. В имуществе, являющемся собственностью коллективного, арендного, кооперативного предприятия, определяются вклады всех его работников.

В состав такого вклада включается сумма вклада работника на момент образования предприятия, а также вклада работника в прирост имущества этого предприятия после его создания.

Размер вклада работника в прирост имущества определяется, исходя из его трудового участия в деятельности предприятия и имеющегося у него вклада в имуществе этого предприятия.

2. На вклад работника предприятия начисляются и выплачиваются проценты в размере, определяемом коллективом предприятия, исходя из результатов его хозяйственной деятельности.

3. Работнику, прекратившему трудовые отношения с предприятием, а также наследнику умершего работника по его желанию выплачивается стоимость вклада.

4. При ликвидации предприятия стоимость вклада выплачивается работнику (его наследнику) из имущества, оставшегося после расчетов с бюджетом, банками и другими кредиторами предприятия.

Статья 16. Собственность предпринимательского объединения

1. Предпринимательское объединение хозяйственных обществ и товариществ, коллективных и арендных предприятий, кооперативов и иных юридических лиц (концерны, ассоциации, союзы, межотраслевые, региональные и иные объединения), являющееся юридическим лицом, обладает правом собственности на имущество, добровольно переданное в собственность ему его участниками, а также полученное в результате деятельности предпринимательского объединения.

2. Предпринимательское объединение не имеет права собственности на имущество участников объединения.

3. Имущество, оставшееся после прекращения деятельности предпринимательского объединения, распределяется между входившими в него предприятиями и организациями.

Раздел III

ПРАВО СОБСТВЕННОСТИ ОБЩЕСТВЕННЫХ ОБЪЕДИНЕНИЙ (ОРГАНИЗАЦИЙ)

Статья 17. Собственность общественных объединений (организаций)

1. Общественные объединения (организации), являющиеся юридическими лицами, могут иметь в собственности здания, сооружения, жилищный фонд, оборудование, инвентарь, имущество культурно-просветительного и оздоровительного назначения, денежные средства, акции и другие ценные бумаги и иное имущество, необходимое для обеспечения деятельности, предусмотренной их уставами (положениями).

Общественные организации могут заниматься предпринимательской деятельностью, создавать и приобретать для осуществления этой деятельности предприятия и другое имущество, лишь поскольку это необходимо для выполнения их уставных задач.

2. Предприятия и учреждения, созданные или приобретенные в качестве юридических лиц общественными объединениями, имеют право полного хозяйственного ведения или право оперативного управления на закрепленное за ними имущество.

3. Имущество, оставшееся от ликвидации общественного объединения (организации) после расчетов с бюджетом, банками и другими кредиторами, направляется на цели, предусмотренные его уставом (положением).

Статья 18. Собственность благотворительных и иных общественных фондов

1. Благотворительные и иные общественные фонды, являющиеся юридическими лицами, имеют право собственности на имущество, переданное им учредителями для выполнения деятельности, предусмотренной их уставами. Благотворительные и иные общественные фонды имеют право собственности на имущество, приобретенное или созданное ими за счет собственных средств, включая доходы от собственной хозяйственной деятельности, а также на имущество, переданное им гражданами, юридическими лицами или государством, приобретенное по другим основаниям, допускаемым Законом. Они публикуют для всеобщего сведения отчеты об использовании имущества, находящегося в их собственности.

2. При создании или приобретении благотворительными и иными общественными фондами предприятий и учреждений, являющихся юридическими лицами, а также в случае ликвидации благотворительного или иного общественного фонда применяются положения, предусмотренные соответственно в пунктах 2 и 3 статьи 17 настоящего Закона.

Статья 19. Собственность религиозных организаций

1. В собственности религиозных организаций, являющихся юридическими лицами, могут находиться здания, предметы культа, объекты производственного, социального и благотворительного назначения, денежные средства и иное имущество, необходимое для обеспечения их деятельности.

Религиозные организации имеют право собственности на имущество, приобретенное или созданное ими за счет собственных средств, пожертвованное гражданами, организациями или переданное государством либо приобретенное по другим основаниям, допускаемым Законом.

2. Созданные религиозными организациями в качестве юридических лиц предприятия и учреждения имеют право полного хозяйственного ведения или право оперативного управления закрепленным за ними имуществом.

3. В случае ликвидации религиозной организации ее имущество, оставшееся после расчетов с бюджетом, банками и другими кредиторами, направляется на цели, предусмотренные ее уставом.

Раздел IV

ПРАВО ГОСУДАРСТВЕННОЙ И МУНИЦИПАЛЬНОЙ СОБСТВЕННОСТИ

Статья 20. Общие положения о государственной собственности

1. Государственная собственность РСФСР является достоянием многонационального народа РСФСР.

Государственная собственность в РСФСР выступает в виде федеральной собственности и собственности республик, входящих в Российскую Федерацию, автономных областей, автономных округов, краев и областей.

2. РСФСР, республика, входящая в Российскую Федерацию, автономная область, автономный округ, край, область независимы как собственники принадлежащего им имущества и не отвечают по обязательствам друг друга.

3. Распоряжение и управление государственным имуществом осуществляют соответствующие Советы народных депутатов и уполномоченные ими государственные органы.

4. Положения настоящего Закона применяются к находящейся на территории РСФСР общесоюзной государственной собственности, государственной собственности других союзных республик и входящих в их состав республик, автономных областей, автономных округов, краев и областей.

Статья 21. Объекты права государственной собственности

1. В государственной собственности РСФСР находятся имущество органов власти и управления РСФСР, ресурсы континентального шельфа и морской экономической зоны РСФСР, культурные и исторические ценности общегосударственного значения, средства государственного бюджета РСФСР, государственные банки РСФСР, доли РСФСР в общесоюзных золотом запасе, Алмазном и Валютном фондах, республиканские пенсионный, страховые, резервные и иные фонды.

В государственной собственности РСФСР и субъектов Федерации могут находиться средства производства в промышленности, предприятия транспорта, связи, информатики, топливно-энергетического комплекса, иные предприятия и иное имущество, необходимое для осуществления задач РСФСР.

2. В собственности республик, входящих в Российскую Федерацию, автономных областей, автономных округов, краев, областей находится имущество их органов власти и управления, культурные, исторические ценности народов республик, входящих в Российскую Федерацию, автономных областей, автономных округов, краев, областей, средства соответствующего бюджета, а также предприятия, имущественные комплексы и иное имущество, обеспечивающее самостоятельность национально-государственных и административно-территориальных образований Федерации.

Статья 22. Государственная казна

1. Средства государственного бюджета и иное государственное имущество, не закрепленное за государственными предприятиями и учреждениями, составляют соответственно: государственную казну РСФСР, государственную казну республики, входящей в состав Российской Федерации, казну автономной области, автономного округа, края, области.

2. В казну поступают налоги, пошлины и другие государственные доходы, а также иное имущество, приобретенное РСФСР, республикой, входящей в состав Российской Федерации, автономной областью, автономным округом, краем, областью в соответствии с Законом.

Статья 23. Муниципальная собственность

1. В муниципальной собственности района, города и входящих в них административно-территориальных образований находятся имущество местных органов государственной власти и местного самоуправления, средства местного бюджета и внебюджетных фондов, жилищный фонд, нежилые помещения в домах жилищного фонда, объекты инженерной инфраструктуры (сооружения и сети водопроводно-канализационного хозяйства, теплоснабжения, электроснабжения, газоснабжения, городского электрического транспорта, объекты внешнего благоустройства) и другие объекты, непосредственно осуществляющие коммунальное обслуживание потребителей и находящиеся на территории Советов народных депутатов, за исключением случаев, предусмотренных законодательством о местном самоуправлении.

2. В муниципальной собственности района, города и входящих в них административно-территориальных образований могут находиться предприятия сельского хозяйства, торговли, бытового обслуживания, транспорта, промышленные, строительные и другие предприятия, имущественные комплексы, учреждения народного образования, культуры, здравоох-

ранения и иное имущество, необходимое для экономического и социального развития и выполнения других задач, стоящих перед соответствующими административно- территориальными образованиями в соответствии с законодательством о местном самоуправлении.

3. Распоряжение и управление муниципальной собственностью осуществляют соответствующие местные Советы народных депутатов и органы местного самоуправления.

Статья 24. Имущество государственных и муниципальных предприятий и учреждений

1. Имущество, являющееся государственной или муниципальной собственностью и закрепленное за государственным или муниципальным предприятием, принадлежит предприятию на праве полного хозяйственного ведения.

2. В случае принятия органом, уполномоченным управлять государственным или муниципальным имуществом, решения о реорганизации или ликвидации государственного или муниципального предприятия, кроме случаев, когда оно признано несостоятельным (банкротом), трудовой коллектив вправе потребовать передачи предприятия ему в аренду или преобразования его в иное предприятие, основанное на праве частной собственности.

3. Имущество, являющееся государственной или муниципальной собственностью и закрепленное собственником за учреждением, состоящим на государственном или муниципальном бюджете, находится в оперативном управлении этого учреждения.

Статья 25. Приватизация государственного и муниципального имущества

Предприятия, имущественные комплексы, здания, сооружения и иное имущество, находящееся в государственной или муниципальной собственности, может быть отчуждено в частную собственность граждан и юридических лиц в порядке и на условиях, установленных законодательными актами РСФСР и республик, входящих в Российскую Федерацию, актами местных Советов народных депутатов, изданными в пределах их полномочий.

Раздел V

ПРАВО СОБСТВЕННОСТИ СОВМЕСТНЫХ ПРЕДПРИЯТИЙ, ИНОСТРАННЫХ ГРАЖДАН, ОРГАНИЗАЦИЙ И ГОСУДАРСТВ

Статья 26. Собственность совместных предприятий

Совместные предприятия с участием советских юридических лиц и граждан и иностранных юридических лиц и граждан создаются на территории РСФСР в форме акционерных, других хозяйственных обществ и товариществ и могут иметь в собственности имущество, необходимое для осуществления деятельности, предусмотренной учредительными документами.

Статья 27. Собственность иностранных граждан и лиц без гражданства

Положения настоящего Закона, относящиеся к собственности советских граждан, применяются также к находящейся в РСФСР собственности иностранных граждан и лиц без гражданства, если иное не предусмотрено законодательными актами.

Статья 28. Собственность иностранных юридических лиц

Иностранные юридические лица вправе иметь на территории РСФСР в собственности промышленные и другие предприятия, здания, сооружения и иное имущество для целей осуществления ими предпринимательской и другой деятельности в случаях и порядке, установленных законодательными актами РСФСР и Союза ССР.

Статья 29. Собственность иностранных государств и международных организаций

Иностранные государства и международные организации вправе иметь на территории РСФСР в собственности имущество, необходимое для осуществления дипломатических, консульских и иных международных сношений, в случаях и порядке, установленных международными договорами и законодательными актами РСФСР и Союза ССР.

Раздел VI

ЗАЩИТА ПРАВА СОБСТВЕННОСТИ

Статья 30. Основные положения о защите права собственности

1. Собственник имеет право истребовать свое имущество из чужого незаконного владения.

Если имущество возмездно приобретено у лица, которое не имело права его отчуждения, о чем приобретатель не знал и не мог знать (добросовестный приобретатель), то собственник вправе истребовать это имущество от приобретателя в случае, когда имущество утеряно собственником или лицом, которому было передано собственником во владение, либо похищено у того или другого, либо выбыло из их владения иным путем помимо их воли. Деньги, а также ценные бумаги на предъявителя не могут быть истребованы от добросовестного приобретателя.

2. Собственник может требовать устранения всяких нарушений его права, хотя эти нарушения и не были соединены с лишением владения.

3. Ущерб, нанесенный собственнику преступлением, возмещается государством по решению суда. Понесенные при этом государством расходы взыскиваются с виновного в судебном порядке в соответствии с законодательством РСФСР.

4. Защита права собственности осуществляется судом, арбитражным судом или третейским судом.

5. Права, предусмотренные настоящей статьей, принадлежат также лицу, хотя и не являющемуся собственником, но владеющему имуществом на праве полного хозяйственного ведения, оперативного управления, пожизненно наследуемого владения либо по иному основанию, предусмотренному Законом или договором. Это лицо имеет право на защиту его владения против собственника.

Статья 31. Защита интересов собственника при прекращении его прав
по основаниям, предусмотренным Законом

1. В случае принятия Союзом ССР, РСФСР или республикой, входящей в Российскую Федерацию, законодательных актов, прекращающих право собственности, убытки, причиненные собственнику в результате принятия этих актов, по решению суда или арбитражного суда возмещаются собственнику в полном объеме Союзом ССР, РСФСР или соответствующей республикой, входящей в Российскую Федерацию.

2. Прекращение права собственности в связи с решением государственного органа, направленным непосредственно на изъятие имущества у собственника, в том числе решением об изъятии земельного участка, на котором находятся принадлежащие собственнику дом, иные строения, сооружения или насаждения, допускается лишь в случаях и порядке, установленных законодательными актами РСФСР, республик, входящих в состав Российской Федерации, с предоставлением собственнику равноценного имущества или возмещением ему в полном объеме убытков, причиненных прекращением права собственности.

При несогласии собственника с решением, влекущим прекращение права собственности, оно не может быть осуществлено до решения спора судом, арбитражным судом или третейским судом. При рассмотрении спора решаются также все вопросы возмещения собственнику причиненных убытков.

Статья 32. Недействительность актов, нарушающих права собственников

1. Если в результате издания не соответствующего Закону акта органов государственного управления или местного органа государственной власти нарушаются права собственника и других лиц по владению, пользованию и распоряжению принадлежащим им имуществом, такой акт признается судом или арбитражным судом недействительным по иску собственника или лица, права которого нарушены.

2. Убытки, в том числе упущенная выгода, причиненные гражданам, организациям и другим лицам в результате издания указанных актов, подлежат возмещению в полном объеме за счет средств, находящихся в распоряжении соответствующего органа власти или управления.

ЗАКОН
"О ПРЕДПРИЯТИЯХ И ПРЕДПРИНИМАТЕЛЬСКОЙ ДЕЯТЕЛЬНОСТИ"
Принят 25 декабря 1990, с изменениями и дополнениями от 24 июня 1992
("Ведомости...", 1990, № 30, ст. 418; 1992, № 34, ст. 1966)

Закон определяет общие правовые, экономические и социальные основы создания предприятий в условиях многообразия форм собственности, устанавливает организационно-правовые формы предприятий, действующих на территории РСФСР, и особенности их деятельности, регламентирует права и ответственность субъектов предпринимательства, определяет меры государственной защиты, поддержки и регулирования предпринимательства в РСФСР.

Положения настоящего Закона действуют на всей территории РСФСР по отношению ко всем субъектам предпринимательской деятельности и предприятиям, независимо от формы собственности и сферы деятельности, включая юридических лиц и граждан других союзных республик и иностранных государств, если иное не предусмотрено соответствующими международными договорами и законодательными актами РСФСР и входящих в ее состав республик. Закон не применяется по отношению к юридическим лицам, гражданам и их объединениям, занимающимся деятельностью, не преследующей цели получения прибыли.

Глава I

ОБЩИЕ ПОЛОЖЕНИЯ

Статья 1. Предпринимательство

1. Предпринимательская деятельность (предпринимательство) представляет собой инициативную самостоятельную деятельность граждан и их объединений, направленную на получение прибыли.

2. Предпринимательская деятельность осуществляется гражданами на свой риск и под имущественную ответственность в пределах, определяемых организационно-правовой формой предприятия.

Статья 2. Субъекты предпринимательства

1. Субъектами предпринимательской деятельности в РСФСР могут быть:
– граждане РСФСР и других союзных республик, не ограниченные в установленном законом порядке в своей дееспособности;
– граждане иностранных государств и лица без гражданства в пределах правомочий, установленных законодательством РСФСР;
– объединения граждан – коллективные предприниматели (партнеры).

2. Статус предпринимателя приобретается посредством государственной регистрации предприятия в порядке, установленном настоящим Законом и другими законодательными актами РСФСР. Осуществление предпринимательской деятельности без регистрации запрещается.

3. Предпринимательская деятельность, осуществляемая без привлечения наемного труда, может регистрироваться как индивидуальная трудовая деятельность. Предпринимательская деятельность, осуществляемая с привлечением наемного труда, регистрируется как предприятие.

Статья 3. Формы предпринимательской деятельности

1. Исходя их характера предпринимательской деятельности и отношений с собственником, предпринимательская деятельность может осуществляться как самим собственником, так и субъектом, управляющим его имуществом на праве хозяйственного ведения с установлением пределов такого ведения собственником имущества.

2. Отношения субъекта, управляющего предприятием, и собственника имущества регламентируются договором (контрактом), определяющим взаимные обязательства сторон, ограничения прав использования имущества и осуществления отдельных видов деятельности, порядок и условия финансовых взаимоотношений и материальной ответственности сторон, основания и условия расторжения договора.

Собственник имущества предприятия не имеет права вмешиваться в деятельность предприятия после заключения договора с управляющим за исключением случаев, предусмотренных договором, уставом предприятия и законодательством РСФСР.

Статья 4. Предприятие

1. Предприятием является самостоятельный хозяйствующий субъект, созданный в порядке, установленном настоящим Законом, для производства продукции, выполнения работ и оказания услуг в целях удовлетворения общественных потребностей и получения прибыли.

2. Предприятие самостоятельно осуществляет свою деятельность, распоряжаются выпускаемой продукцией, полученной прибылью, оставшейся в его распоряжении после уплаты налогов и других обязательных платежей.

3. Отношения предприятия с другими предприятиями, организациями, учреждениями, Советами народных депутатов, органами государственного и муниципального управления и гражданами регламентируются законодательством РСФСР и входящих в ее состав республик.

Статья 5. Собственники предприятий

1. В соответствии с Законом "О собственности в РСФСР" в Российской Федерации могут создаваться и действовать предприятия, находящиеся в частной, государственной, муниципальной собственности и собственности общественных организаций.

2. В РСФСР могут создаваться и действовать предприятия, основанные на собственности Союза ССР, РСФСР, входящих в ее состав республик, автономных областей, автономных округов, местных Советов и органов местного самоуправления, общественных организаций, других союзных республик, иностранных государств, международных организаций, юридических лиц и граждан РСФСР, других союзных республик и иностранных государств.

3. В РСФСР могут создаваться и действовать предприятия смешанной формы собственности, основанные на объединении имущества, находящегося в частной, муниципальной и государственной собственности, а также в собственности общественных организаций, иностранных государств, юридических лиц и граждан.

Глава II

ОРГАНИЗАЦИОННО-ПРАВОВЫЕ ФОРМЫ ПРЕДПРИЯТИЙ

Статья 6. Государственное предприятие

1. Государственное предприятие учреждается органами управления РСФСР, входящих в ее состав республик, автономных областей, автономных округов, краев и областей, уполномоченными управлять государственным имуществом.

2. Имущество государственного предприятия или вклад государства в предприятие смешанной формы собственности образуется за счет бюджетных ассигнований и (или) вкладов других государственных предприятий, полученных доходов, других законных источников и находится в собственности РСФСР или входящей в ее состав республики, автономной области, автономного округа, края, области.

Указанное имущество может передаваться в хозяйственное ведение предприятию в лице трудового коллектива.

3. Государственное предприятие отвечает по своим обязательствам имуществом предприятия.

Государство и его органы не несут ответственности по обязательствам государственного предприятия. Предприятие не отвечает по обязательствам государства и его органов.

4. Государственное предприятие является юридическим лицом, имеет собственное наименование с указанием организационно-правовой формы предприятия.

Статья 7. Муниципальное предприятие

1. Муниципальное предприятие учреждается местными Советами народных депутатов или органами местного самоуправления.

2. Имущество муниципального предприятия или вклад местного Совета (органа местного самоуправления) в предприятие смешанной формы собственности образуется за счет ассигнований из средств соответствующего местного бюджета и (или) вкладов других

муниципальных предприятий, полученных доходов, других законных источников и находится в собственности района, города, входящих в них административно-территориальных образований, органов местного самоуправления.

Указанное имущество может передаваться в хозяйственное ведение предприятию в лице его трудового коллектива.

3. Муниципальное предприятие отвечает по своим обязательствам имуществом предприятия.

Местные Советы народных депутатов и местные органы самоуправления не несут ответственности по обязательствам муниципального предприятия, муниципальное предприятие не отвечает по обязательствам местных органов управления.

4. Муниципальное предприятие является юридическим лицом, имеет собственное наименование с указанием организационно-правовой формы предприятия.

Статья 8. Индивидуальное (семейное) частное предприятие

1. Индивидуальным предприятием является предприятие, принадлежащее гражданину на праве собственности или членам его семьи на праве общей долевой собственности, если иное не предусмотрено договором между ними.

2. Имущество индивидуального предприятия формируется из имущества гражданина (семьи), полученных доходов и других законных источников. Индивидуальное предприятие может быть образовано в результате приобретения гражданином (семьей) государственного или муниципального предприятия.

3. Собственник индивидуального предприятия несет ответственность по обязательствам предприятия в пределах, определяемых уставом предприятия.

4. Индивидуальное предприятие имеет собственное наименование с указанием организационно-правовой формы предприятия и фамилии собственника его имущества.

Статья 9. Полное товарищество

1. Полное товарищество представляет собой объединение нескольких граждан и (или) юридических лиц для совместной хозяйственной деятельности на основании договора между ними.

Все участники полного товарищества несут неограниченную солидарную ответственность по обязательствам товарищества всем своим имуществом.

2. Имущество полного товарищества формируется за счет вкладов участников, полученных доходов и других законных источников и принадлежит его участникам на праве общей долевой собственности.

3. Полное товарищество имеет собственное наименование с указанием организационно-правовой формы и имени не менее одного участника товарищества. Полное товарищество не является юридическим лицом.

Юридические лица – участники полного товарищества сохраняют самостоятельность и права юридического лица.

Статья 10. Смешанное товарищество

1. Смешанное товарищество представляет собой объединение нескольких граждан и (или) юридических лиц, созданное на основании договора между ними для совместной хозяйственной деятельности.

Смешанное товарищество включает действительных членов и членов-вкладчиков. Действительные члены смешанного товарищества несут полную солидарную ответственность по обязательствам товарищества всем своим имуществом. Члены-вкладчики несут ответственность по обязательствам товарищества в пределах вклада в имущество товарищества. Смешанное товарищество не отвечает по имущественным обязательствам членов-вкладчиков.

2. Имущество смешанного товарищества формируется за счет вкладов участников, полученных доходов и других законных источников и принадлежит его участникам на праве общей долевой собственности.

3. Смешанное товарищество имеет собственное наименование с указанием организационно-правовой формы и имени не менее одного действительного члена. Смешанное товарищество является юридическим лицом. Юридические лица – участники смешанного товарищества сохраняют самостоятельность и права юридического лица.

Статья 11. Товарищество с ограниченной ответственностью (акционерное общество закрытого типа)

1. Товарищество с ограниченной ответственностью (акционерное общество закрытого типа) представляет собой объединение граждан и (или) юридических лиц для совместной хозяйственной деятельности. Уставный фонд товарищества (акционерного общества) образуется только за счет вкладов (акций) учредителей.

2. Все участники товарищества с ограниченной ответственностью (акционерного общества закрытого типа) отвечают по своим обязательствам в пределах своих вкладов. Вклады участников товарищества с ограниченной ответственностью (акционерного общества закрытого типа) могут переходить от собственника к собственнику только с согласия других участников товарищества, в порядке, предусмотренном уставом товарищества.

3. Имущество товарищества с ограниченной ответственностью (акционерного общества закрытого типа) формируется за счет вкладов участников, полученных доходов и других законных источников и принадлежит его участникам на праве общей долевой собственности.

4. Товарищество с ограниченной ответственностью (акционерное общество закрытого типа) является юридическим лицом, действует на основании устава, утверждаемого его участниками, имеет собственное наименование с указанием организационно-правовой формы товарищества. Юридические лица – участники товарищества с ограниченной ответственностью (акционерного общества закрытого типа) сохраняют самостоятельность и права юридического лица.

Статья 12. Акционерное общество открытого типа

1. Акционерное общество открытого типа представляет собой объединение нескольких граждан и (или) юридических лиц для совместной хозяйственной деятельности.

Акционеры несут ответственность по обязательствам акционерного общества в пределах своего вклада (пакета принадлежащих им акций).

Акционерное общество не отвечает по имущественным обязательствам акционеров.

2. Имущество акционерного общества открытого типа формируется за счет продажи акций в форме открытой подписки, полученных доходов и других законных источников. Свободная продажа акций допускается на условиях, устанавливаемых законодательством РСФСР.

3. Преобразование в акционерные общества государственных и муниципальных предприятий, а также предприятий, в имуществе которых вклад государства или местных Советов составляет более 50 процентов, осуществляется собственником или уполномоченным им органом с учетом мнения трудового коллектива и в соответствии с законодательством РСФСР о приватизации.

4. Акционерное общество открытого типа является юридическим лицом, действует на основании устава, утверждаемого его участниками, имеет собственное наименование с указанием его организационно-правовой формы. Юридические лица – акционеры сохраняют самостоятельность и права юридического лица.

Статья 13. Объединения предприятий

1. Предприятия могут объединяться в союзы, ассоциации, концерны, межотраслевые, региональные и другие объединения. Объединения создаются на договорной основе в целях расширения возможностей предприятий в производственном, научно-техническом и социальном развитии.

Предприятия, входящие в состав объединения, сохраняют свою самостоятельность и права юридического лица. Руководящие органы объединения не обладают распорядительной властью в отношении предприятий, входящих в объединение, и выполняют свои функции на основании договоров с предприятиями.

Решение о вхождении в объединение государственного или муниципального предприятия, а также предприятия смешанной формы собственности, в котором доля государственного или муниципального имущества составляет более 50 процентов, принимается по согласованию с трудовым коллективом.

2. Объединения создаются на основе:

– добровольности вхождения предприятий в объединение и выхода на условиях, определяемых уставом объединения;

– соблюдения антимонопольного законодательства;

– свободы выбора организационной формы объединения;

– организации отношений между предприятиями, входящими в объединение, на основе хозяйственной самостоятельности и договоров.

3. Объединение имеет собственное наименование с указанием его организационно-правовой формы и действует на основании устава.

Статья 14. Филиалы и представительства предприятия

1. Предприятие имеет право учреждать представительства, филиалы, отделения и другие обособленные подразделения с правом открытия текущих и расчетных счетов.

2. Согласование вопроса о размещении таких обособленных подразделений с соответствующими местными Советами народных депутатов производится в порядке, установленном для создания предприятия.

3. Филиалы, представительства, отделения и другие обособленные подразделения предприятий действуют на основании уставов и положений, утверждаемых предприятием.

4. Учреждение филиалов, представительств, отделений и других обособленных подразделений на территории других союзных республик и государств может осуществляться в соответствии с законодательством по месту открытия предприятия, если иное не предусмотрено международными соглашениями.

Статья 15. Предприятие, созданное на основе аренды и выкупа имущества трудовым коллективом

1. Трудовой коллектив государственного, муниципального предприятия, а также предприятия со смешанной формой собственности, в имуществе которого доля государства или местного Совета народных депутатов составляет более 50 процентов, одного или нескольких структурных подразделений (единиц) указанных предприятий имеет право создать товарищество, взять в аренду и (или) выкупить в собственность работников предприятия государственное или муниципальное имущество на условиях, определяемых законодательством РСФСР.

2. В соответствии с договором об аренде произведенная продукция, полученные доходы и другое приобретенное за счет средств арендатора (товарищества) имущество за вычетом арендной платы и других обязательных платежей является его собственностью.

3. Условия хозяйственной деятельности товарищества, арендующего имущество, имущественная ответственность сторон, порядок и условия выкупа имущества определяются договором об аренде.

Глава III

ПРАВОВОЙ СТАТУС ПРЕДПРИНИМАТЕЛЯ, ГАРАНТИИ ПРЕДПРИНИМАТЕЛЬСКОЙ ДЕЯТЕЛЬНОСТИ

Статья 16. Права предпринимателя

Каждый субъект предпринимательской деятельности имеет право:

– начинать и вести предпринимательскую деятельность путем учреждения, приобретения или преобразования предприятия, а также заключения договора с собственником имущества предприятия;

– привлекать на договорных началах и использовать финансовые средства, объекты интеллектуальной собственности, имущество и отдельные имущественные права граждан и юридических лиц;

– самостоятельно формировать производственную программу, выбирать поставщиков и потребителей своей продукции, устанавливать на нее цены в пределах, определенных законодательством РСФСР и договорами;

– осуществлять внешнеэкономическую деятельность;

– осуществлять административно-распорядительную деятельность по управлению предприятием;

– нанимать и увольнять работников от имени предприятия или самостоятельно в соответствии с действующим законодательством и уставом предприятия;

– распоряжаться прибылью предприятия в соответствии с законодательством РСФСР, договорами и уставом предприятия;

– пользоваться услугами системы государственного социального обеспечения, медицинского и социального страхования;

– образовывать союзы, ассоциации и другие объединения предпринимателей;

– оспаривать в суде в установленных законом порядке действия граждан, юридических лиц, органов государственного управления.

Статья 17. Обязанности предпринимателя

Предприниматель обязан:

– выполнять обязательства, вытекающие из законодательства РСФСР и заключенных им договоров, в том числе договоров с собственником имущества предприятия;

– заключать в соответствии с законодательством РСФСР самостоятельно или от имени предприятия трудовые договоры с работающими по найму гражданами или уполномоченными ими органами;

– полностью рассчитываться со всеми работниками предприятия согласно заключенным договорам, независимо от финансового состояния предприятия;

64

— осуществлять социальное, медицинское и иные виды обязательного страхования граждан, работающих по найму, обеспечивать им условия для трудовой деятельности в соответствии с законодательством РСФСР и коллективным договором;

— выполнять решения центральных и местных органов власти по социальной защите инвалидов и других лиц с ограниченной трудоспособностью;

— своевременно предоставлять декларацию о доходах предприятия и уплачивать налоги в порядке и размерах, определяемых законодательством РСФСР;

— заявлять о банкротстве предприятия в случае невозможности исполнения обязательств перед кредиторами.

Статья 18. Ответственность предпринимателя

1. Предприниматель несет ответственность в соответствии с законодательством РСФСР за ненадлежащее исполнение заключенных договоров, нарушение прав собственности других субъектов, загрязнение окружающей среды, нарушение антимонопольного законодательства, несоблюдение безопасных условий труда, реализацию потребителям продукции, причиняющей вред здоровью.

2. Предприниматель отвечает перед кредиторами имуществом предприятия в соответствии с организационно-правовой формой предприятия.

3. Предприниматель, в соответствии с законодательством РСФСР, несет ответственность перед собственником имущества предприятия за невыполнение обязательств, предусмотренных договором (контрактом).

Статья 19. Участие предпринимателя в распределении прибыли предприятия

1. Прибыль предприятия после уплаты налогов, других обязательных платежей, дивидендов поступает в распоряжение предпринимателя и используется им самостоятельно, если иное не предусмотрено уставом предприятия.

2. Предприниматель, работающий по договору (контракту), может получать вознаграждение как в форме заработной платы, так и в форме доли прибыли предприятия. Формы, порядок и условия оплаты труда предпринимателя определяются договором (контрактом), заключенным с собственником имущества предприятия.

3. При осуществлении предпринимательской деятельности коллективным предпринимателем доходы каждого из партнеров определяются на основании договора между ними.

4. Личные доходы предпринимателя подлежат налогообложению в порядке, установленном законодательством РСФСР о налогообложении граждан.

Статья 20. Гарантии предпринимательской деятельности

1. В РСФСР гарантируется:

— право заниматься предпринимательской деятельностью, создавать предприятия и приобретать необходимое для их деятельности имущество;

— недопущение отказа в регистрации предприятия по мотивам нецелесообразности;

— защита прав и интересов субъектов предпринимательской деятельности, действующих на территории РСФСР, других союзных республик и иностранных государств на основе международных соглашений, недопущение дискриминации предприятий со стороны государства, его органов и должностных лиц;

— равное право доступа всех субъектов предпринимательской деятельности на рынок, к материальным, финансовым, трудовым, информационным и природным ресурсам, равные условия деятельности предприятий, независимо от вида собственности и их организационно-правовых форм;

— защита имущества предприятий от незаконного изъятия;

— свободный выбор предпринимателем сферы деятельности предприятия в пределах, установленных законодательством РСФСР и заключенными договорами;

— право предпринимателя в соответствии с законодательством РСФСР, уставом предприятия и договором (контрактом), заключенным с собственником, самостоятельно распоряжаться имуществом предприятия, определять объемы производства, порядок и условия сбыта продукции, распределять прибыль на развитие производства;

— экономическая, научно-техническая, правовая поддержка предпринимательской деятельности;

— возможность страхования предпринимательского риска страховыми обществами;

— недопущение монопольного положения на рынке отдельных предприятий и их объединений и недобросовестной конкуренции.

2. Вмешательство государства и его органов в деятельность предприятия не допускается, кроме как по установленным законодательством РСФСР основаниям и в пределах правомочий указанных органов. Предприятие имеет право обращаться в арбитражный суд с заявлением о признании недействительными (полностью или частично) актов государственных и иных органов (адресованных конкретным лицам или группам лиц), в том числе

5 Словарь предпринимателя

решений Советов народных депутатов и администрации, не соответствующих законодательству и нарушающих охраняемые законом права и интересы, а также в суд – о признании неправомерными действий должностных лиц, касающихся предприятия.

Причиненный предприятию ущерб, в том числе и упущенная выгода, в результате выполнения противоречащих законодательству РСФСР указаний государственных и иных органов либо их должностных лиц, нарушивших права предприятия, а также ненадлежащее осуществление такими органами или их должностными лицами предусмотренных законодательством обязанностей по отношению к предприятию, подлежат возмещению этими органами.

Споры о возмещении убытков решаются судом или арбитражным судом в соответствии с их компетенцией.

Глава IV

ОСНОВЫ ДЕЯТЕЛЬНОСТИ ПРЕДПРИЯТИЯ

Статья 21. Сферы деятельности предприятия

1. Предприятие осуществляет свою деятельность во всех сферах и отраслях народного хозяйства. Предприятие может осуществлять один или несколько видов деятельности.

2. Предприятие может осуществлять любые виды деятельности, предусмотренные его уставом, если они не запрещены законодательством РСФСР и входящих в ее состав республик.

3. Исключительно государственным предприятиям разрешается:

– производство любых видов оружия, боевых припасов, взрывчатых веществ, пиротехнических изделий, а также ремонт боевого оружия;

– изготовление и реализация наркотических, сильнодействующих и ядовитых веществ;

– посев, возделывание и сбыт культур, содержащих наркотические и ядовитые вещества;

– переработка руд драгоценных металлов, радиоактивных и редкоземельных элементов;

– лечение больных, страдающих опасными и особо опасными инфекционными, онкологическими заболеваниями, а также психическими заболеваниями в агрессивных формах;

– производство ликеро-водочных и табачных изделий;

– изготовление орденов и медалей.

4. Отдельные виды деятельности могут осуществляться предприятием только на основании специального разрешения (лицензии).

Перечень этих видов деятельности и порядок получения лицензии определяются Советом Министров РСФСР и Советами Министров входящих в ее состав республик или уполномоченными ими органами.

Статья 22. Планирование деятельности предприятия

Предприятие самостоятельно планирует свою деятельность и определяет перспективы развития, исходя из спроса на производимую продукцию, работы, услуги и необходимости обеспечения производственного и социального развития предприятия, повышения личных доходов его работников.

Основу планов составляют договоры, заключенные с потребителями (покупателями) продукции, работ, услуг, в том числе с государственными органами и поставщиками материально-технических ресурсов.

Статья 23. Цены и ценообразование

1. Предприятие реализует свою продукцию, работы, услуги, отходы производства по ценам и тарифам, устанавливаемым самостоятельно или на договорной основе, а в случаях, предусмотренных законодательством РСФСР, по государственным ценам.

2. В соответствии с антимонопольным законодательством государство имеет право регулировать цены на продукцию предприятий, занимающих доминирующее положение на рынке.

3. Перечень видов продукции, по которым применяется государственное регулирование цен, устанавливается Советом Министров РСФСР.

Статья 24. Финансовые и кредитные отношения

1. Источником формирования финансовых ресурсов предприятия являются прибыль, амортизационные отчисления, средства, полученные от продажи ценных бумаг, паевые и иные взносы членов трудового коллектива, предприятий, организаций, граждан, а также кредиты и другие поступления, не противоречащие Закону.

2. Предприятие вправе открывать расчетный и другие счета в любом банке для хранения денежных средств и осуществления всех видов расчетных, кредитных и кассовых операций.

Банк или его отделение по месту регистрации предприятия обязаны открыть расчетный счет по требованию предприятия.

3. Предприятие несет полную ответственность за соблюдение кредитных договоров и расчетной дисциплины. Предприятие, не выполняющее свои обязательства по расчетам, может быть в судебном порядке объявлено неплатежеспособным (банкротом) в соответствии с законодательством РСФСР.

С т а т ь я 2 5. Внешнеэкономическая деятельность

1. Предприятие имеет право самостоятельно осуществлять внешнеэкономическую деятельность в соответствии с законодательством РСФСР.

На экспорт отдельных видов продукции по перечню, определенному Советом Министров РСФСР, устанавливается государственная монополия.

2. Валютные взаимоотношения предприятия с республиканским и местным бюджетами регулируются законодательством РСФСР. Валютная прибыль предприятия после уплаты налогов в республиканский и местный бюджеты используются предприятием самостоятельно.

Иные изъятия валютных средств предприятия запрещаются.

3. Предприятие имеет право пользоваться кредитом советских и зарубежных банков и коммерческим кредитом в иностранной валюте, а также приобретать валюту на аукционах, валютных биржах, у юридических лиц и граждан в порядке, установленном законодательством.

С т а т ь я 2 6. Трудовые отношения

1. Отношения работника и предприятия, возникшие на основе трудового договора, регулируются законодательством РСФСР о труде.

Отношения работника и предприятия, возникшие на основе договора о членстве в хозяйственном товариществе, регулируются гражданским законодательством РСФСР и учредительными документами товарищества.

2. Формы, системы и размер оплаты труда работников предприятия, а также другие виды их доходов устанавливаются предприятием самостоятельно.

3. Предприятие обеспечивает гарантированный Законом минимальный размер оплаты труда, условия труда и меры социальной защиты работников независимо от видов собственности и организационно-правовых форм предприятия.

С т а т ь я 2 7. Социальная деятельность

1. Социальное развитие, улучшение условий труда, обязательное социальное и медицинское страхование и социальное обеспечение работников предприятия и членов их семей регулируются законодательством РСФСР.

2. Предприятие обязано обеспечить своим работникам безопасные условия труда и несет ответственность в установленном законодательством порядке за ущерб, причиненный их здоровью и трудоспособности.

3. Предприятие может самостоятельно устанавливать для своих работников дополнительные отпуска, сокращенный рабочий день и иные льготы, а также поощрять работников организаций, обслуживающих трудовой коллектив и не входящих в состав предприятия.

С т а т ь я 2 8. Контроль за деятельностью предприятия

1. Предприятие, независимо от его организационно-правовой формы, ведет бухгалтерскую и статистическую отчетность в порядке, установленном законодательством РСФСР.

Предприятие предоставляет государственным органам информацию, необходимую для налогообложения и ведения общегосударственной системы сбора и обработки экономической информации.

Предприятие публикует данные о своей деятельности, включая годовые балансы, в порядке, установленном законодательством РСФСР.

2. Предприятие имеет право не представлять информацию, содержащую коммерческую тайну. Перечень сведений, составляющих коммерческую тайну, определяется руководителем предприятия.

Перечень сведений, которые не могут составлять коммерческую тайну, определяется Советом Министров РСФСР.

3. За искажение государственной отчетности должностные лица предприятия несут установленную законодательством РСФСР материальную, административную и уголовную ответственность.

4. Налоговые, природоохранные, антимонопольные и другие государственные органы, на которые законодательством РСФСР возложена проверка деятельности предприятия, осуществляют ее по мере возникновения необходимости и в пределах своей компетенции. Предприятие имеет право не выполнять требования этих органов по вопросам, не входящим

в их компетенцию, и не знакомить их с материалами, не относящимися к предмету контроля.

Результаты проверок сообщаются предприятию.

Статья 29. Ответственность предприятия

1. За нарушение договорных, кредитных, расчетных и налоговых обязательств, продажу товаров, пользование которыми может причинить вред здоровью населения, а равно нарушение иных правил предпринимательской деятельности, предприятие несет ответственность в соответствии с законодательством РСФСР.

2. Предприятие обязано возместить ущерб, причиненный нерациональным использованием земли и других природных ресурсов, загрязнением окружающей среды, нарушением правил безопасности производства, санитарно-гигиенических норм и требований по защите здоровья его работников, населения и потребителей продукции.

3. Деятельность предприятия, нарушающего установленный режим природопользования, может быть приостановлена в порядке, предусмотренном законодательством РСФСР, до устранения допущенных нарушений.

Глава V

УПРАВЛЕНИЕ ПРЕДПРИЯТИЕМ

Статья 30. Основы управления предприятием

1. Управление предприятием осуществляется в соответствии с законодательством РСФСР и уставом предприятия. Предприятие самостоятельно определяет структуру органов управления и затраты на их содержание.

2. Собственник имущества осуществляет свои права по управлению предприятием непосредственно либо через уполномоченные им органы.

Собственник или уполномоченные им органы могут полностью или частично делегировать эти права высшему органу управления предприятием (совету, правлению и др.), предусмотренному его уставом.

3. Особенности управления предприятиями отдельных организационно-правовых форм регулируются соответствующими законодательными актами РСФСР.

Статья 31. Руководитель предприятия

1. Наем (назначение, избрание) руководителя предприятия является правом собственника имущества предприятия и реализуется им непосредственно, а также через уполномоченные им органы, которым делегированы права по управлению предприятием.

На государственном и муниципальном предприятии, а также на предприятии, в имуществе которого вклад государства или местного Совета составляет более 50 процентов, это право реализуется учредителем предприятия совместно с трудовым коллективом.

2. При найме (назначении, избрании) руководителя предприятия с ним заключается договор (контракт), в котором определяются права, обязанности и ответственность руководителя предприятия перед собственником имущества и трудовым коллективом, условия оплаты его труда, срок контракта, условия освобождения от занимаемой должности.

3. Руководитель предприятия без доверенности действует от имени предприятия, представляет его интересы, распоряжается имуществом предприятия, заключает договоры, в том числе трудовые, выдает доверенности, открывает в банках расчетный и другие счета, пользуется правом распоряжения средствами, утверждает штаты, издает приказы и дает указания, обязательные для всех работников предприятия.

4. Руководитель предприятия может быть освобожден от занимаемой должности до истечения срока договора (контракта) по основаниям, предусмотренным договором или законодательством РСФСР.

Статья 32. Трудовой коллектив предприятия

1. Трудовой коллектив предприятия составляют все граждане, участвующие своим трудом в его деятельности на основе трудового договора.

2. Трудовой коллектив предприятия независимо от его организационно-правовой формы:
– решает вопрос о необходимости заключения с администрацией коллективного договора, рассматривает и утверждает его проект;
– рассматривает и решает вопросы самоуправления трудового коллектива в соответствии с уставом предприятия;
– определяет перечень и порядок предоставления работникам предприятия социальных льгот из фондов трудового коллектива;

– определяет и регулирует формы и условия деятельности на предприятии политических партий, религиозных и других общественных организаций.

3. Трудовой коллектив государственного или муниципального предприятия, а также предприятия, в имуществе которого вклад государства или местного Совета составляет более 50 процентов:

– рассматривает и утверждает совместно с учредителем изменения и дополнения, вносимые в устав предприятия;

– совместно с учредителем предприятия определяет условия контракта при найме руководителя;

– принимает решение о выделении из состава предприятия одного или нескольких структурных подразделений для создания нового предприятия;

– принимает решение о создании на основе трудового коллектива товарищества для перехода на аренду и выкупа предприятия.

4. Порядок и формы осуществления полномочий трудового коллектива определяются в соответствии с законодательством РСФСР. На государственных и муниципальных предприятиях, а также предприятиях, в имуществе которых вклад государства или местного Совета составляет более 50 процентов, полномочия трудового коллектива осуществляются общим собранием (конференцией) и его выборным органом – советом трудового коллектива.

5. Взаимоотношения трудового коллектива с предпринимателем, охрана труда, социальное развитие, участие работников в прибыли предприятия регулируются законодательством РСФСР, уставом и коллективным договором. Споры, возникающие при заключении и исполнении коллективного договора, разрешаются в порядке, установленном законодательством РСФСР.

Глава VI

ОБЩИЕ УСЛОВИЯ УЧРЕЖДЕНИЯ И ПРЕКРАЩЕНИЯ ДЕЯТЕЛЬНОСТИ ПРЕДПРИЯТИЯ

Статья 33. Порядок учреждения предприятия

1. Предприятие может быть учреждено либо по решению собственника имущества или уполномоченного им органа, либо по решению трудового коллектива государственного или муниципального предприятия в случаях и порядке, предусмотренных настоящим Законом и другими законодательными актами РСФСР.

Предприятие может быть учреждено в результате выделения из состава действующего предприятия, объединения, организации структурных подразделений (единиц) с сохранением за данными структурными подразделениями (единицами) существующих обязательств перед предприятием.

Предприятие также может быть учреждено в результате принудительного разделения в соответствии с антимонопольным законодательством РСФСР. Споры по вопросам выделения и разделения предприятий решаются судом или арбитражным судом.

2. Учредительными документами предприятия являются устав предприятия, а также решение о его создании или договор учредителей. В уставе предприятия определяются организационно-правовая форма предприятия, его название, адрес, органы управления и контроля, порядок распределения прибыли и образования фондов предприятия, условия реорганизации и ликвидации предприятия.

Устав предприятия утверждается его учредителем (учредителями). На государственном и муниципальном предприятии, а также предприятии смешанной формы собственности, в имуществе которого доля государства или местного Совета составляет более 50 проц., устав утверждается учредителем (учредителями) совместно с трудовым коллективом.

3. Предприятие считается учрежденным и приобретает права юридического лица со дня его государственной регистрации.

Статья 34. Государственная регистрация предприятия

1. Государственная регистрация предприятия, независимо от его организационно-правовой формы, осуществляется районным, городским, районным в городе Советом народных депутатов по месту учреждения предприятия.

Данные государственной регистрации предприятия в месячный срок сообщаются Советом, зарегистрировавшим предприятие, в Министерство финансов РСФСР для включения в Государственный реестр.

Деятельность незарегистрированного предприятия запрещается. Доходы, полученные от деятельности незарегистрированного предприятия, взыскиваются через суд и направляются в местный бюджет.

2. За регистрацию предприятия взимается государственная пошлина в размере, устанавливаемом законодательством РСФСР, и направляется в местный бюджет.

3. Для регистрации предприятия учредитель представляет следующие документы:
— заявление учредителя;
— устав предприятия;
— решение о создании предприятия или договор учредителей;
— свидетельство об уплате государственной пошлины.

4. Решение о регистрации или отказе в регистрации предприятия должно быть принято не позднее чем в месячный срок с момента подачи заявления учредителя, устава, договора учредителей и свидетельства об уплате государственной пошлины. О регистрации предприятия держатель реестра объявляет в местной печати не позднее чем в недельный срок со дня регистрации.

5. При внесении изменений или дополнений в учредительные документы предприятия и при изменении организационно-правовой формы предприятия учредитель обязан в недельный срок сообщить сответствующие сведения Совету, зарегистрировавшему предприятие.

Статья 35. Отказ в регистрации предприятия

1. Отказ в государственной регистрации предприятия возможен в случае нарушения установленного настоящим Законом порядка создания предприятия, а также несоответствия учредительных документов требованиям законодательства РСФСР.

Отказ в регистрации предприятия по другим мотивам является незаконным. О решении отказать в регистрации предприятия соответствующий орган обязан сообщить в трехдневный срок в письменной форме учредителю предприятия.

2. Отказ в регистрации предприятии может быть обжалован в арбитражный суд. Предприниматель может взыскать через арбитражный суд убытки, нанесенные в результате незаконного отказа в регистрации предприятия.

Статья 36. Разрешение на занятие хозяйственной деятельностью

1. Разрешение районного, городского, районного в городе Совета народных депутатов на занятие определенной хозяйственной деятельностью необходимо лишь в случае, если:
— согласно законодательству РСФСР требуется квалификационный аттестат;
— для деятельности предприятия требуется участок земли, другие природные ресурсы, разрешение на использование которых в соответствии с законодательством РСФСР выдается местным Советом;
— предприятие создает производство по решению республиканских или союзных органов управления.

2. Разрешение на занятие хозяйственной деятельностью выдается соответствующим Советом народных депутатов по представлению заявления предпринимателя. Совет народных депутатов обязан рассмотреть в недельный срок со дня представления заявления предпринимателя вопрос о разрешении на хозяйственную деятельность и сообщить в трехдневный срок предприятию о своем решении в письменной форме.

В разрешении на занятие хозяйственной деятельностью может быть отказано в случае:
— если производство не соответствует установленным законодательством РСФСР экологическим и медицинским нормам;
— в иных случаях, предусмотренных законодательством РСФСР и входящих в ее состав республик.

В разрешении на занятие хозяйственной деятельностью может быть указан срок функционирования предприятия.

3. Отказ Совета народных депутатов в выдаче разрешения на занятие хозяйственной деятельностью, а также в предоставлении участка земли и других природных ресурсов может быть обжалован в судебном порядке не позднее чем в месячный срок со дня вручения решения местного органа упрасления.

4. Разрешение на хозяйственную деятельность может быть отменено в судебном порядке по основаниям, установленным законодательством РСФСР.

Статья 37. Ликвидация и реорганизация предприятия

1. Прекращение деятельности предприятия может осуществляться в виде его ликвидации или реорганизации (слияние, присоединение, разделение, выделение, преобразование в иную организационно-правовую форму).

2. Ликвидация и реорганизация предприятия производятся по решению собственника или органа, уполномоченного создавать такие предприятия, с согласия трудового коллектива либо по решению суда или арбитражного суда. Реорганизация предприятия, которая может вызвать экологические, социальные, демографические и иные последствия, затрагивающие интересы населения территории, должна согласовываться с соответствующим Советом народных депутатов. В случаях, предусмотренных законодательством РСФСР, реорганиза-

ция и ликвидация предприятия производятся по согласованию с антимонопольным комитетом РСФСР.

3. Предприятие ликвидируется в случаях:

– признания его банкротом;

– принятия решения о запрете деятельности предприятия из-за невыполнения условий, установленных законодательством РСФСР, если в предусмотренный решением срок не обеспечено соблюдение этих условий или не изменен вид деятельности;

– признания судом или арбитражным судом недействительными учредительных документов и решения о создании предприятия;

– по другим основаниям, предусмотренным законодательными актами РСФСР и входящих в ее состав республик.

4. При рерганизации и ликвидации предприятия увольняемым работникам гарантируется соблюдение их прав и интересов в соответствии с законодательством РСФСР и входящих в ее состав республик.

5. Предприятие считается реорганизованным или ликвидированным с момента исключения его из Государственного реестра.

6. В случае слияния одного предприятия с другим все имущественные права и обязанности каждого из них переходят к предприятию, возникшему в результате слияния.

При присоединении одного предприятия к другому последнему переходят все имущественные права и обязанности присоединенного предприятия.

7. В случае разделения предприятия к возникшим в результате этого разделения новым предприятиям переходят в соответствующих частях по разделительному акту (балансу) имущественные права и обязанности реорганизованного предприятия. При выделении из предприятия одного или нескольких предприятий к каждому из них переходят в соответствующих частях по разделительному акту (балансу) имущественные права и обязанности реорганизованного предприятия.

8. При преобразовании одного предприятия в другое к вновь возникшему предприятию переходят все имущественные права и обязанности прежнего предприятия.

9. Порядок и условия прекращения деятельности отдельных видов предприятий регулируются соответствующими законодательными актами РСФСР.

С т а т ь я 3 8 . Ликвидационная комиссия

1. Ликвидация предприятия осуществляется ликвидационной комиссией, образуемой собственником имущества предприятия или уполномоченным им органом, совместно с трудовым коллективом. По их решению ликвидация может проводиться самим предприятием в лице его органа управления.

Ликвидация предприятия при банкротстве осуществляется в соответствии с законодательством РСФСР.

Собственник, суд, арбитражный суд или орган, уполномоченный создавать предприятия, принявший решение о ликвидации предприятия, устанавливает порядок и сроки проведения ликвидации, а также срок для заявления претензий кредиторов, который не может быть менее двух месяцев с момента объявления о ликвидации.

2. Ликвидационная комиссия либо другой орган, проводящий ликвидацию предприятия, помещает в официальной печати по месту нахождения предприятия публикацию о его ликвидации и о порядке и сроке заявления кредиторами претензий. Наряду с этой публикацией ликвидационная комиссия (орган, проводящий ликвидацию) обязана провести работу по взиманию дебиторской задолженности предприятию и выявлению претензий кредиторов. Кредиторы и иные юридические лица, состоящие в договорных отношениях с ликвидируемым предприятием, извещаются о ликвидации предприятия в письменном виде.

Ликвидационная комиссия (орган, проводящий ликвидацию) оценивает наличное имущество ликвидируемого предприятия и рассчитывается с кредиторами, составляет ликвидационный баланс и представляет его собственнику или органу, назначившему ликвидационную комиссию.

ЗАКОН
"О КОНКУРЕНЦИИ И ОГРАНИЧЕНИИ МОНОПОЛИСТИЧЕСКОЙ ДЕЯТЕЛЬНОСТИ НА ТОВАРНЫХ РЫНКАХ"
Принят 22 марта 1991

("Ведомости...", 1991, № 16, ст. 499)

Раздел I

ОБЩИЕ ПОЛОЖЕНИЯ

С т а т ь я 1. Цели Закона

Закон определяет организационные и правовые основы предупреждения, ограничения и пресечения монополистической деятельности и недобросовестной конкуренции и направлен на обеспечение условий для создания и эффективного функционирования товарных рынков.

С т а т ь я 2. Сфера применения Закона

1. Закон действует на всей территории РСФСР.

Закон распространяется на отношения, в которых участвуют хозяйствующие субъекты, органы власти и управления, отдельные должностные лица в процессе деятельности на республиканском (РСФСР) и местных товарных рынках. Закон применяется и в тех случаях, когда действия или соглашения, соответственно совершаемые либо заключаемые органами власти и управления или хозяйствующими субъектами РСФСР за пределами территории РСФСР, приводят к ограничению конкуренции или влекут за собой другие отрицательные последствия на республиканском (РСФСР) и местных товарных рынках.

2. Закон не распространяется на отношения, регулируемые нормами правовой охраны изобретений, промышленных образцов, товарных знаков и авторских прав, за исключением тех случаев, когда соответствующие права умышленно используются их обладателями в целях ограничения конкуренции.

3. Отношения, связанные с монополистической деятельностью и недобросовестной конкуренцией на финансовых рынках и рынках ценных бумаг, регулируются другими законодательными актами РСФСР.

4. Верховный Совет РСФСР вправе устанавливать изъятия из действия настоящего Закона по отношению к сферам деятельности, указанным в п. 3 статьи 21 Закона РСФСР "О предприятиях и предпринимательской деятельности".

С т а т ь я 3. Государственные антимонопольные органы РСФСР

1. Для проведения государственной политики по развитию товарных рынков и конкуренции, ограничению монополистической деятельности и пресечению недобросовестной конкуренции в составе Совета Министров РСФСР образуется Государственный комитет РСФСР по антимонопольной политике и поддержке новых экономических структур (далее – Антимонопольный комитет РСФСР).

Основные задачи, функции, полномочия и ответственность Антимонопольного комитета РСФСР определяются настоящим Законом и иными законодательными актами РСФСР.

2. Антимонопольный комитет РСФСР образует территориальные управления, полномочия которых устанавливаются этим комитетом в пределах его компетенции.

Антимонопольный комитет РСФСР не вправе делегировать территориальным управлениям полномочия по применению ответственности в виде штрафа к хозяйствующим субъектам, их должностным лицам и должностным лицам органов управления.

Статья 4. Определение основных понятий

Для целей настоящего закона принимаются следующие понятия и определения:

товар – продукт деятельности (включая работы, услуги), предназначенный для обмена;

республиканский товарный рынок – сфера обращения товаров в пределах границ РСФСР;

местный товарный рынок – сфера обращения товаров в пределах границ республики, входящей в состав РСФСР, автономной области, автономного округа, края, области;

хозяйствующие субъекты – занимающиеся деятельностью по производству, реализации либо приобретению товаров частные, государственные, муниципальные или иные предприятия, акционерные общества и иные товарищества, союзы, ассоциации, концерны, межотраслевые, региональные и другие объединения предприятий, а также иные объединения (организации) и учреждения, пользующиеся правами юридического лица, граждане, занимающиеся самостоятельной предпринимательской деятельностью;

органы власти и управления – органы государственной власти и управления РСФСР, республик, входящих в состав РСФСР, автономных областей, автономных округов, краев, областей; органы власти и управления районов, городов и входящих в них административно-территориальных образований, органы управления общественными объединениями (организациями). К органам управления относятся также союзы, ассоциации, концерны, межотраслевые, региональные и другие объединения предприятий при выполнении ими функции управления (размещение заказов для государственных нужд, выделение лимитов на материальные ресурсы и др.);

конкуренция – состязательность хозяйствующих субъектов, когда их самостоятельные действия эффективно ограничивают возможности каждого из них воздействовать на общие условия товаров на данном рынке и стимулируют производство тех товаров, которые требуются потребителю;

доминирующее положение – исключительное положение хозяйствующего субъекта на рынке определенного товара, дающее ему возможность оказывать решающее влияние на конкуренцию, затруднять доступ на рынок другим хозяйствующим субъектам или иным образом ограничивать свободу их экономической деятельности. Доминирующим признается положение хозяйствующего субъекта, доля которого на рынке определенного товара превышает предельную величину, устанавливаемую ежегодно Антимонопольным комитетом РСФСР, за исключением тех случаев, когда хозяйствующий субъект докажет, что несмотря на превышение предельной величины его положение на рынке не является доминирующим. Не может быть признано доминирующим положение хозяйствующего субъекта, доля которого на рынке определенного товара не превышает 35%;

монополистическая деятельность – противоречащие настоящему Закону действия (бездействие) хозяйствующих субъектов или органов власти и управления, направленные на недопущение, ограничение или устранение конкуренции и (или) причиняющие ущерб потребителям.

Раздел II

МОНОПОЛИСТИЧЕСКАЯ ДЕЯТЕЛЬНОСТЬ

Статья 5. Злоупотребление хозяйствующим субъектом
доминирующим положением на рынке

1. Запрещаются действия хозяйствующего субъекта, занимающего доминирующее положение, которые имеют либо могут иметь своим результатом существенное ограничение конкуренции и (или) ущемление интересов других хозяйствующих субъектов или граждан, в том числе такие действия, как:

изъятие товаров из обращения с целью создания или поддержания дефицита на рынке либо повышения цен;

навязывание контрагенту условий договора, не выгодных для него или не относящихся к предмету договора (необоснованные требования передачи финансовых средств, в том числе в иностранной валюте, сырья, материалов, изделий, жилых домов, квартир, рабочей силы контрагента и др.);

включение в договор дискриминирующих условий, которые ставят контрагента в неравное положение по сравнению с другими хозяйствующими субъектами;

согласие заключить договор лишь при условии внесения в него положений, касающихся товаров, в которых контрагент (потребитель) не заинтересован;

создание препятствий доступу на рынок (выходу с рынка) другим хозяйствующим субъектам;

нарушение установленного нормативными актами порядка ценообразования.

2. В исключительных случаях действия хозяйствующего субъекта, указанные в п. 1 настоящей статьи, могут быть признаны правомерными, если хозяйствующий субъект докажет, что его действия способствовали или будут способствовать насыщению товарных рынков, улучшению потребительских свойств товаров и повышению их конкурентоспособности, в частности на внешнем рынке.

Статья 6. Соглашения (согласованные действия) хозяйствующих субъектов, ограничивающие конкуренцию

1. Запрещаются и в установленном порядке признаются недействительными полностью или частично достигнутые в любой форме соглашения (согласованные действия) конкурирующих хозяйствующих субъектов (потенциальных конкурентов), занимающих в совокупности доминирующее положение, если такие соглашения (согласованные действия) имеют либо могут иметь своим результатом существенное ограничение конкуренции, в том числе соглашения (согласованные действия), направленные на:

установление (поддержание) цен (тарифов), скидок, надбавок (доплат), наценок;

повышение, снижение или поддержание цен на аукционах и торгах;

раздел рынка по территориальному принципу, по объему продаж или закупок, по ассортименту реализуемых товаров либо по кругу продавцов или покупателей (заказчиков);

ограничение доступа на рынок или устранение с него других хозяйствующих субъектов в качестве продавцов определенных товаров или их покупателей (заказчиков);

отказ от заключения договоров с определенными продавцами или покупателями (заказчиками).

2. Запрещаются и в установленном порядке признаются недействительными полностью или частично достигнутые в любой форме соглашения (согласованные действия) неконкурирующих хозяйствующих субъектов, один из которых занимает доминирующее положение, а другой является его поставщиком или покупателем (заказчиком), если такие соглашения (согласованные действия) имеют либо могут иметь своим результатом существенное ограничение конкуренции.

3. В исключительных случаях соглашения (согласованные действия) хозяйствующих субъектов, указанные в пп. 1 и 2 настоящей статьи, могут быть признаны правомерными, если хозяйствующие субъекты докажут, что их соглашения (согласованные действия) способствовали или будут способствовать насыщению товарных рынков, улучшению потребительских свойств товаров и повышению их конкурентоспособности, в частности на внешнем рынке.

Статья 7. Акты и действия органов власти и управления, направленные на ограничение конкуренции

1. Органам власти и управления запрещается принимать акты и (или) совершать действия, которые ограничивают самостоятельность хозяйствующих субъектов, создают дискриминирующие или, напротив, благоприятствующие условия деятельности отдельных хозяйствующих субъектов, если такие акты или действия имеют либо могут иметь своим результатом существенное ограничение конкуренции и (или) ущемление интересов хозяйствующих субъектов или граждан, в том числе запрещается:

устанавливать запреты на осуществление определенных видов деятельности хозяйствующими субъектами или на производство определенных видов товаров, за исключением случаев, предусмотренных законодательством;

необоснованно препятствовать осуществлению деятельности хозяйствующих субъектов в какой-либо сфере;

устанавливать запреты на продажу (покупку, обмен, приобретение) товаров из одного региона РСФСР (республики, края, области, района, города, района в городе) в другой или иным образом ограничивать права хозяйствующих субъектов на продажу (приобретение, покупку, обмен) товаров;

давать хозяйствующим субъектам указания о первоочередной поставке товаров (выполнении работ, оказании услуг) определенному кругу покупателей (заказчиков) или о приоритетном заключении договоров без учета установленных законодательными актами или нормативными актами РСФСР приоритетов;

необоснованно препятствовать созданию новых хозяйствующих субъектов в какой-либо сфере деятельности;

необоснованно предоставлять отдельным хозяйствующим субъектам налоговые или иные льготы, ставящие их в преимущественное положение по отношению к другим хозяйствующим субъектам, работающим на рынке того же товара.

2. Запрещается образование министерств, государственных комитетов, других структур государственного управления с целью монополизации производства или реализации товаров, а также наделение существующих министерств, государственных комитетов и

других структур государственного управления полномочиями, осуществление которых имеет либо может иметь своим результатом существенное ограничение конкуренции.

Статья 8. Соглашения (согласованные действия) органов власти и управления, ограничивающие конкуренцию

Запрещаются и в установленном порядке признаются недействительными полностью или частично достигнутые в любой форме соглашения (согласованные действия) органа власти или управления с другим органом власти или управления либо с хозяйствующим субъектом, которые имеют либо могут иметь своим результатом существенное ограничение конкуренции и (или) ущемление интересов хозяйствующих субъектов или граждан, в том числе соглашения (согласованные действия), направленные на:

повышение, снижение или поддержание цен (тарифов);

раздел рынка по территориальному принципу, по объему продаж или закупок, по ассортименту реализуемых товаров либо по кругу продавцов или покупателей (заказчиков);

ограничение доступа на рынок или устранение с него хозяйствующих субъектов.

Статья 9. Недопустимость участия в предпринимательской деятельности должностных лиц органов государственной власти и государственного управления

Должностным лицам органов государственной власти и государственного управления запрещается:

заниматься самостоятельной предпринимательской деятельностью;

иметь в собственности предприятия;

самостоятельно или через представителя голосовать посредством принадлежащих им акций, паев, долей участия при принятии решений общим собранием акционерного общества, товарищества с ограниченной ответственностью или другого товарищества;

занимать должности в органах управления хозяйствующего субъекта.

Раздел III

НЕДОБРОСОВЕСТНАЯ КОНКУРЕНЦИЯ

Статья 10. Формы недобросовестной конкуренции

Не допускается недобросовестная конкуренция, в том числе:

распространение ложных, неточных или искаженных сведений, способных причинить убытки другому хозяйствующему субъекту либо нанести ущерб его деловой репутации;

введение потребителей в заблуждение относительно характера, способа и места изготовления, потребительских свойств, качеств товара;

некорректное сравнение хозяйствующим субъектом в процессе его рекламной деятельности производимых или реализуемых им товаров с товарами других хозяйствующих субъектов;

самовольное использование товарного знака, фирменного наименования или маркировки товара, а также копирование формы, упаковки, внешнего оформления товара другого хозяйствующего субъекта;

получение, использование, разглашение научно-технической, производственной или торговой информации, в том числе коммерческой тайны, без согласия ее владельца.

Раздел IV

ЗАДАЧИ, ФУНКЦИИ И ПОЛНОМОЧИЯ АНТИМОНОПОЛЬНОГО КОМИТЕТА РСФСР

Статья 11. Задачи и функции Антимонопольного комитета РСФСР

1. К основным задачам Антимонопольного комитета РСФСР относятся:

содействие формированию рыночных отношений на основе развития конкуренции и предпринимательства;

предупреждение, ограничение и пресечение монополистической деятельности и недобросовестной конкуренции;

государственный контроль за соблюдением антимонопольного законодательства.

2. Антимонопольный комитет РСФСР выполняет следующие функции:

направляет в Совет Министров РСФСР предложения по вопросам совершенствования антимонопольного законодательства и практики его применения, заключения по проектам законов и других нормативных актов, касающихся функционирования рынка и развития конкуренции;

дает рекомендации органам власти и управления по проведению мероприятий, направленных на содействие развитию товарных рынков и конкуренции;

разрабатывает и осуществляет меры по демонополизации производства и обращения;

контролирует соблюдение антимонопольных требований при создании, реорганизации и ликвидации хозяйствующих субъектов;

контролирует крупные продажи и покупки акций, могущие привести к доминирующему положению хозяйствующих субъектов.

3. Для разработки мер по совершенствованию функционирования рынка, развитию конкуренции, преодолению тенденций к монополизации, для анализа структуры и состояния товарных рынков, научного обеспечения деятельности Антимонопольного комитета РСФСР при Комитете создаются и действуют экспертные советы.

4. Для финансирования мероприятий по развитию предпринимательства, конкуренции и ограничению монополистической деятельности при Антимонопольном комитете РСФСР за счет средств республиканского бюджета РСФСР образуется Фонд поддержки предпринимательства и развития конкуренции. Положение о Фонде утверждается Советом Министров РСФСР.

С т а т ь я 12. Полномочия Антимонопольного комитета РСФСР

Антимонопольный комитет РСФСР вправе:

давать хозяйствующим субъектам обязательные для исполнения предписания о прекращении нарушений ими настоящего Закона, о восстановлении первоначального положения, об их принудительном разделении, о расторжении или изменении договоров, противоречащих настоящему Закону;

давать органам управления обязательные для исполнения предписания об отмене или изменении принятых ими неправомерных актов, о прекращении нарушений, а также о расторжении или изменении заключенных ими соглашений, противоречащих настоящему Закону;

вносить в соответствующие органы власти и управления предложения о введении обязательного лицензирования, запрещении или приостановлении экспортно-импортных операций хозяйствующих субъектов в случае нарушения ими антимонопольного законодательства;

принимать решения о наложении штрафов на хозяйствующие субъекты и их должностных лиц, а также на должностных лиц органов управления за нарушение настоящего Закона и (или) неисполнение предписаний Антимонопольного комитета РСФСР;

обращаться в суд или арбитраж с исками и заявлениями, а также участвовать при рассмотрении в суде и арбитраже дел, связанных с нарушением антимонопольного законодательства;

направлять в органы прокуратуры материалы для решения вопроса о возбуждении уголовного дела по признакам преступлений, связанных с нарушением антимонопольного законодательства.

С т а т ь я 13. Право доступа к информации

Лица, уполномоченные Антимонопольным комитетом РСФСР (территориальным управлением), в целях выполнения возложенных на Комитет функций имеют право беспрепятственного доступа в министерства, ведомства, другие органы управления, а также на предприятия и в их объединения, в организации, учреждения для ознакомления со всеми необходимыми документами.

С т а т ь я 14. Обязанности хозяйствующих субъектов и органов управления в отношении предоставления информации Антимонопольному комитету РСФСР

Хозяйствующие субъекты, органы управления и их должностные лица обязаны по требованию Антимонопольного комитета РСФСР (территориального управления) представлять достоверные документы, письменные и устные объяснения и иную информацию, необходимую для осуществления Антимонопольным комитетом РСФСР (территориальным управлением) функций, предусмотренных настоящим Законом.

Статья 15. Обязанности Антимонопольного комитета РСФСР
по соблюдению коммерческой тайны

Сведения, составляющие коммерческую тайну, которые получены Антимонопольным комитетом РСФСР (территориальным управлением) на основании статей 13 и 14 настоящего Закона, не подлежат разглашению.

В случае разглашения сведений, составляющих коммерческую тайну, причиненные убытки подлежат возмещению Антимонопольным комитетом РСФСР в порядке, установленном законодательством.

Статья 16. Содействие развитию товарных рынков и конкуренции

В целях содействия развитию товарных рынков и конкуренции Антимонопольный комитет РСФСР может направлять соответствующим органам власти и управления рекомендации:

о предоставлении льготных кредитов, а также об уменьшении налогов или освобождении от них хозяйствующих субъектов, впервые вступающих на данный товарный рынок;

об изменении сфер применения свободных, регулируемых и фиксированных цен, в том числе об установлении фиксированных цен на товары, производимые или реализуемые хозяйствующими субъектами, злоупотребляющими своим доминирующим положением;

о создании параллельных структур в сферах производства и обращения, в частности за счет государственных капиталовложений;

о финансировании мероприятий по расширению выпуска дефицитных товаров в целях устранения доминирующего положения отдельных хозяйствующих субъектов;

о привлечении иностранных инвестиций, учреждении совместных предприятий, создании и развитии свободных экономических зон;

о лицензировании экспортно-импортных операций и изменении таможенных тарифов;

о внесении изменений в перечни видов деятельности, подлежащих лицензированию.

Раздел V

ПРЕДУПРЕЖДЕНИЕ И УСТРАНЕНИЕ ДОМИНИРУЮЩЕГО ПОЛОЖЕНИЯ ХОЗЯЙСТВУЮЩИХ СУБЪЕКТОВ НА ТОВАРНЫХ РЫНКАХ

Статья 17. Государственный контроль за созданием, слиянием, присоединением, преобразованием, ликвидацией хозяйствующих субъектов

1. В целях предупреждения доминирующего положения отдельных хозяйствующих субъектов осуществляется предварительный государственный контроль за созданием, слиянием и присоединением союзов, ассоциаций, концернов, межотраслевых, региональных и других объединений предприятий, преобразованием органов управления и хозяйствующих субъектов в указанные объединения, а в случаях, предусмотренных настоящей статьей, также за созданием, слиянием, присоединением и ликвидацией акционерных обществ, товариществ с ограниченной ответственностью и других хозяйствующих субъектов.

2. Для получения согласия на создание союза, ассоциации, концерна, межотраслевого, регионального или другого объединения предприятий, учредители помимо документов, предусмотренных Законом РСФСР "О предприятиях и предпринимательской деятельности", для регистрации объединения представляют в Антимонопольный комитет РСФСР (территориальное управление) ходатайство о даче согласия, сведения об основных видах деятельности каждого из объединяющихся хозяйствующих субъектов, их доле на соответствующем товарном рынке и согласии на вхождение в объединение.

Антимонопольный комитет РСФСР (территориальное управление) не позднее 30 дней с момента получения ходатайства сообщает заявителю в письменной форме о своем решении – согласии или отказе. Отказ должен быть мотивирован.

3. Антимонопольный комитет РСФСР (территориальное управление) вправе отказать в даче согласия на создание упомянутых выше объединений, если это может привести к их доминирующему положению и (или) существенному ограничению конкуренции. В то же время Антимонопольный комитет (территориальное управление) имеет право дать согласие на создание объединения даже при возможности возникновения указанных неблагоприятных последствий в случае, если создание объединения может существенно способствовать насыщению товарных рынков, улучшению потребительских свойств товаров и повышению их конкурентоспособности, в частности на внешнем рынке.

4. Регистрация объединения осуществляется местным Советом народных депутатов или иным государственным органом, на который возложена регистрация, только при наличии согласия Антимонопольного комитета РСФСР (территориального управления).

5. В установленном пп. 2, 3 и 4 настоящей статьи порядке осуществляется предварительный контроль за:

слиянием и присоединением союзов, ассоциаций, концернов, межотраслевых, региональных и других объединений предприятий, а также преобразованием в указанные объединения органов управления или хозяйствующих субъектов;

слиянием, присоединением и ликвидацией государственных и муниципальных предприятий, если это приводит к появлению хозяйствующего субъекта, занимающего доминирующее положение;

созданием, слиянием и присоединением акционерных обществ и товариществ с ограниченной ответственностью, за исключением случаев, предусмотренных п. 7 настоящей статьи;

созданием, слиянием и присоединением других товариществ и объединений, в которых участвуют юридические лица, если это приводит к появлению хозяйствующего субъекта, занимающего доминирующее положение за исключением случаев, предусмотренных п. 7 настоящей статьи.

6. Орган управления, принимающий решение о создании, слиянии и присоединении союзов, ассоциаций, концернов, межотраслевых, региональных и других объединений предприятий, о преобразовании органов управления и хозяйствующих субъектов в указанные объединения, а в случаях, предусмотренных настоящей статьей,— также о создании, слиянии, присоединении и ликвидации акционерных обществ, товариществ с ограниченной ответственностью и других хозяйствующих субъектов, должен получить предварительное согласие Антимонопольного комитета РСФСР (территориального управления) в порядке, установленном настоящей статьей.

7. Настоящая статья не применяется:

к акционерным обществам, товариществам с ограниченной ответственностью и другим товариществам, уставный капитал которых не превышает 50 миллионов рублей или иную предельную величину, устанавливаемую Антимонопольным комитетом РСФСР. В случае, когда акционерное общество, товарищество с ограниченной ответственностью или другое товарищество не обращались при их создании в Антимонопольный комитет РСФСР (территориальное управление), увеличение уставного капитала сверх установленной предельной величины может быть произведено только с согласия Антимонопольного комитета РСФСР (территориального управления), выдаваемого в порядке, предусмотренном настоящей статьей;

к ликвидации государственных и муниципальных предприятий, осуществляемой по вступившему в законную силу решению суда или арбитража.

С т а т ь я 1 8 . Государственный контроль за соблюдением антимонопольного законодательства при приобретении акций, паев, долей участия в уставном капитале хозяйствующих субъектов

Приобретение хозяйствующим субъектом, охватывающим более 35% рынка определенного товара, акций, паев, долей участия в уставном капитале другого хозяйствующего субъекта, работающего на рынок того же товара, а также покупка любым юридическим лицом или гражданином контрольного пакета акций, паев, долей участия хозяйствующего субъекта, занимающего доминирующее положение, осуществляется с предварительного согласия Антимонопольного комитета РСФСР (территориального управления).

Заявления о даче согласия рассматриваются в порядке, установленном статьей 17 настоящего Закона.

Для целей настоящей статьи под контрольным пакетом акций, паев, долей участия понимается такое их количество, которое обеспечивает более 50% голосов при принятии решений на общем собрании акционеров, учредителей, пайщиков.

С т а т ь я 1 9 . Принудительное разделение хозяйствующих субъектов

1. В случае, когда хозяйствующие субъекты, занимающие доминирующее положение, осуществляют монополистическую деятельность и (или) их действия приводят к существенному ограничению конкуренции, Антимонопольный комитет РСФСР вправе принять решение о принудительном разделении этих хозяйствующих субъектов.

2. Решение о принудительном разделении хозяйствующих субъектов принимается при наличии одного или нескольких следующих условий:

возможности организационного и (или) территориального обособления предприятий, структурных подразделений или структурных единиц;

отсутствия тесной технологической взаимосвязи предприятий, структурных подразделений или структурных единиц (в частности, если доля внутреннего оборота в общем объеме валовой продукции хозяйствующего субъекта составляет менее 30%);

разграничение сфер деятельности предприятий, структурных подразделений или структурных единиц в рамках узкой предметной специализации на определенный товар.

3. Решение Антимонопольного комитета РСФСР о принудительном разделении хозяйствующих субъектов подлежит исполнению в установленный им срок, который не может быть менее шести месяцев.

С т а т ь я 2 0 . Обжалование решений Антимонопольного комитета РСФСР,
принятых на основании статей 17, 18 и 19 настоящего Закона

В случае, когда в 45-дневный срок с момента направления в Антимонопольный комитет РСФСР (территориальное управление) ходатайства о создании, слиянии, присоединении, преобразовании, ликвидации ответ не будет получен либо в даче согласия будет отказано по мотивам, которые заявитель сочтет необоснованными, он вправе обратиться в суд или арбитраж с заявлением о признании согласия выданным (если ответ не получен) либо о признании отказа необоснованным.

В таком же порядке обжалуются решения Антимонопольного комитета РСФСР о принудительном разделении хозяйствующего субъекта, а также решения по заявлению о приобретении акций, паев, долей участия.

С т а т ь я 2 1 . Поддержка разделения хозяйствующего субъекта или
его выхода из ведомственного подчинения

Не противоречащее закону требование трудового коллектива о выделении структурного подразделения или структурной единицы хозяйствующего субъекта либо о выходе хозяйствующего субъекта из ведомственного подчинения может быть поддержано Антимонопольным комитетом РСФСР (территориальным управлением), если такому выделению либо выходу препятствует или хозяйствующий субъект, или орган управления.

Раздел VI

ОТВЕТСТВЕННОСТЬ ЗА НАРУШЕНИЕ НАСТОЯЩЕГО ЗАКОНА

С т а т ь я 2 2 . Последствия нарушения настоящего Закона

1. В случае нарушения настоящего Закона хозяйствующие субъекты, органы управления и их должностные лица обязаны:

в соответствии с предписаниями Антимонопольного комитета РСФСР (территориального управления) прекратить нарушение, восстановить первоначальное положение, расторгнуть или изменить договор, выполнить иные действия, предусмотренные предписанием;

возместить причиненные убытки;

уплатить штраф.

2. Убытки взыскиваются судом или арбитражем в соответствии с их компетенцией.

3. Штраф налагается Антимонопольным комитетом РСФСР по основаниям, предусмотренным статьями 23 и 24 настоящего Закона.

С т а т ь я 2 3 . Основания для наложения штрафов на хозяйствующие субъекты

1. Хозяйствующие субъекты несут ответственность в виде штрафа за следующие нарушения:

уклонение от исполнения или несвоевременное исполнение предписаний Антимонопольного комитета РСФСР (территориального управления) о прекращении нарушений, восстановлении первоначального положения, принудительном разделении, о расторжении или изменении договоров, противоречащих настоящему Закону,– в размере до 1 миллиона рублей;

представление Антимонопольному комитету (территориальному управлению) заведомо недостоверных (ложных) сведений – в размере до 50 тысяч рублей.

2. Взысканные штрафы зачисляются в соответствующий бюджет.

Статья 24. Ответственность должностных лиц органов управления
и хозяйствующих субъектов за нарушение настоящего Закона

1. Должностные лица органов управления и хозяйствующих субъектов несут административную ответственность в виде штрафа:

за уклонение от исполнения или несвоевременное исполнение предписаний Антимонопольного комитета РСФСР (территориального управления) – в размере до 2 тысяч рублей;

за предоставление заведомо недостоверных (ложных) сведений (статья 14 настоящего Закона) – в размере до 1 тысячи рублей.

2. Взысканные штрафы зачисляются в соответствующий бюджет.

3. Должностные лица органов управления и хозяйствующих субъектов, виновные в неоднократном совершении деяний, предусмотренных п. 1 настоящей статьи, привлекаются к уголовной ответственности в соответствии с действующим законодательством.

Статья 25. Ответственность должностных лиц Антимонопольного комитета
РСФСР за нарушение настоящего Закона

Должностные лица Антимонопольного комитета РСФСР (территориального управления) несут за нарушение настоящего Закона административную ответственность в виде штрафа в размере от 100 до 1000 рублей.

Статья 26. Взыскание убытков, причиненных хозяйствующим субъектам
неправомерными действиями (бездействием) органов власти
и управления

В случае, если принятым в нарушение настоящего Закона актом органа власти или управления, в том числе Антимонопольного комитета РСФСР (территориального управления), либо неисполнением или ненадлежащим исполнением указанными органами своих обязанностей причинены убытки хозяйствующему субъекту, он вправе обратиться в суд или арбитраж с иском к органу власти или управления о возмещении этих убытков.

Раздел VII

ПОРЯДОК ПРИНЯТИЯ, ОБЖАЛОВАНИЯ И ИСПОЛНЕНИЯ РЕШЕНИЙ АНТИМОНОПОЛЬНОГО КОМИТЕТА РСФСР

Статья 27. Основания для рассмотрения дел о нарушениях настоящего Закона
Антимонопольным комитетом РСФСР

1. Антимонопольный комитет РСФСР (территориальное управление) рассматривает факты нарушения настоящего Закона и принимает по ним решения в пределах своей компетенции.

Дела рассматриваются на основании заявлений народных депутатов, хозяйствующих субъектов, органов власти и управления, обществ и союзов потребителей; материалов прокуратуры, суда и арбитража, а также по собственной инициативе Антимонопольного комитета РСФСР (территориального управления).

2. Заявления подаются в Антимонопольный комитет РСФСР (территориальное управление) в письменной форме с приложением документов, свидетельствующих о фактах нарушения антимонопольного законодательства.

Содержание документов и заявлений не подлежит разглашению.

3. Порядок рассмотрения дел определяется правилами, утверждаемыми Антимонопольным комитетом РСФСР.

Статья 28. Порядок обжалования решений Антимонопольного комитета РСФСР

1. Органы управления, хозяйствующие субъекты, должностные лица вправе обратиться в суд или арбитраж с заявлением о признании недействительными полностью или частично предписаний Антимонопольного комитета РСФСР (территориального управления) либо об отмене или изменении решений о наложении штрафа.

2. Подача заявления не приостанавливает исполнение предписания или решения о наложении штрафа на время его рассмотрения в суде или арбитраже, если судом либо арбитражем не вынесено определение о приостановлении исполнения указанных актов.

С т а т ь я 29. Порядок исполнения предписаний и других решений
Антимонопольного комитета РСФСР

1. Предписание Антимонопольного комитета РСФСР (территориального управления) подлежит исполнению в срок, установленный в предписании. Уклонение от исполнения или несвоевременное исполнение предписания влечет за собой последствия, предусмотренные настоящим Законом и другими законодательными актами РСФСР.

2. Штраф, наложенный Антимонопольным комитетом РСФСР, уплачивается хозяйствующим субъектом или должностным лицом в соответствующий бюджет в 30-дневный срок с момента получения ими решения о наложении штрафа. При уклонении от уплаты штрафа в установленный срок или неуплате штрафа в полном размере Антимонопольный комитет РСФСР вправе обратиться в суд или арбитраж с заявлением о взыскании суммы штрафа с хозяйствующего субъекта или с должностного лица.

ЗАКОН
"О НЕСОСТОЯТЕЛЬНОСТИ (БАНКРОТСТВЕ) ПРЕДПРИЯТИЙ"
Принят 19 ноября 1992
("Ведомости...", 1993, № 1, ст. 6)

Настоящий Закон определяет условия и порядок объявления предприятия несостоятельным должником и осуществления конкурсного производства, устанавливает очередность удовлетворения требований кредиторов.

Закон создает правовую основу для принудительной или добровольной ликвидации несостоятельного предприятия, если проведение реорганизационных процедур экономически не целесообразно или они не дали положительного результата.

Понятия, используемые в целях настоящего Закона:

активы – имущество предприятия, в состав которого входят основные средства, другие долгосрочные вложения (включая нематериальные активы), оборотные средства, финансовые активы;

пассивы – обязательства (за исключением субвенций, дотаций, собственных средств и других источников) предприятия, состоящие из заемных и привлеченных средств, включая кредиторскую задолжность;

арбитражный управляющий – лицо, назначаемое арбитражным судом, которому передаются функции внешнего управления имуществом должника;

внешнее управление имуществом должника – реорганизационная процедура, направленная на продолжение деятельности предприятия-должника и назначаемая арбитражным судом по заявлению должника, собственника предприятия-должника или кредитора (кредиторов) и осуществляемая на основании передачи функций по управлению предприятием-должником арбитражному управляющему;

добровольная ликвидация предприятия-должника – внесудебная процедура ликвидации несостоятельного предприятия, осуществляемая по соглашению между его собственником и кредиторами под контролем кредиторов;

должник, предприятие-должник – предприятие, которое не выполняет или в ближайшее время не сможет выполнить свои обязательства перед кредиторами;

конкурсная масса – имущество должника, на которое может быть обращено взыскание в процессе конкурсного производства;

конкурсное производство – процедура, направленная на принудительную или добровольную ликвидацию несостоятельного предприятия, в результате которой осуществляется распределение конкурсной массы между кредиторами;

конкурсный кредитор – физическое или юридическое лицо, имеющее имущественные требования к должнику и не являющееся носителем залоговых прав;

конкурсный управляющий – лицо, осуществляющее конкурсное производство;

мировое соглашение – процедура достижения договоренности между должником и кредиторами относительно отсрочки и (или) рассрочки причитающихся кредиторам платежей или скидки с долгов;

недобросовестное удовлетворение требований кредиторов – удовлетворение требований отдельных кредиторов в ущерб интересам остальных кредиторов;

неудовлетворительная структура баланса – такое состояние имущества и обязательств должника, когда за счет имущества не может быть обеспечено своевременное выполнение обязательств перед кредиторами в связи с недостаточной степенью ликвидности имущества должника. При этом общая стоимость имущества может быть равна общей сумме обязательств должника или превышать ее;

предприятие – занимающееся предпринимательской деятельностью юридическое лицо, или не образующие юридического лица предприниматели, или гражданин-предприниматель;

принудительная ликвидация предприятия-должника – процедура ликвидации несостоятельного предприятия, осуществляемая по решению арбитражного суда;

реорганизационные процедуры – процедуры, направленные на поддержание деятельности и оздоровление предприятия-должника с целью предотвращения его ликвидации;

санация (оздоровление предприятия-должника) – реорганизационная процедура, когда собственником предприятия-должника, кредитором (кредиторами) или иными лицами оказывается финансовая помощь предприятию-должнику;

умышленное банкротство – преднамеренное создание или увеличение руководителем или собственником предприятия его неплатежеспособности, нанесение ими ущерба предприятию в личных интересах или в интересах иных лиц, заведомо некомпетентное ведение дел;

фиктивное банкротство – заведомо ложное объявление предприятием о своей несостоятельности с целью введения в заблуждение кредиторов для получения от них отсрочки и (или) рассрочки причитающихся кредиторам платежей или скидки с долгов.

Раздел I

ОБЩИЕ ПОЛОЖЕНИЯ

Статья 1. Понятие и признаки несостоятельности (банкротства)

Под несостоятельностью (банкротством) предприятия понимается неспособность удовлетворить требования кредиторов по оплате товаров (работ, услуг), включая неспособность обеспечить обязательные платежи в бюджет и внебюджетные фонды, в связи с превышением обязательств должника над его имуществом или в связи с неудовлетворительной структурой баланса должника.

Внешним признаком несостоятельности (банкротства) предприятия является приостановление его текущих платежей, если предприятие не обеспечивает или заведомо не способно обеспечить выполнение требований кредиторов в течение трех месяцев со дня наступления сроков их исполнения. Несостоятельность (банкротство) предприятия считается имеющей место после признания факта несостоятельности арбитражным судом или после официального объявления о ней должником при его добровольной ликвидации.

Статья 2. Типы применяемых к должнику процедур

1. В соответствии с настоящим Законом в отношении должника применяются следующие процедуры:

реорганизационные;

ликвидационные;

мировое соглашение.

2. Реорганизационные процедуры включают внешнее управление имуществом должника и санацию.

3. К ликвидационным процедурам относятся:

принудительная ликвидация предприятия-должника по решению арбитражного суда;

добровольная ликвидация несостоятельного предприятия под контролем кредиторов.

Ликвидация предприятия-должника осуществляется в процессе конкурсного производства.

Статья 3. Подведомственность дел о несостоятельности (банкротстве)

1. Дела о несостоятельности (банкротстве) предприятия рассматриваются Высшим арбитражным судом республики в составе Российской Федерации, краевым, областным, городским арбитражным судом, арбитражным судом автономной области, автономного округа по месту нахождения предприятия-должника, указанному в его учредительных документах.

2. Рассмотрение дел о несостоятельности (банкротстве) предприятий производится арбитражным судом в порядке, установленном настоящим Законом, а по вопросам, не урегулированным настоящим Законом,– в соответствии с Арбитражным процессуальным кодексом Российской Федерации.

3. Дела о несостоятельности (банкротстве) предприятий рассматриваются арбитражным судом, если требования к должнику в совокупности составляют сумму не менее 500 минимальных размеров оплаты труда, установленных законом.

Раздел II

РАССМОТРЕНИЕ ДЕЛА О НЕСОСТОЯТЕЛЬНОСТИ (БАНКРОТСТВЕ) ПРЕДПРИЯТИЯ В АРБИТРАЖНОМ СУДЕ

С т а т ь я 4 . Основание для возбуждения производства по делу

Основанием для возбуждения производства по делу о несостоятельности (банкротстве) предприятия является заявление должника или кредитора (кредиторов), а также прокурора.

С т а т ь я 5 . Заявление должника в арбитражный суд

1. Заявление должника о возбуждении производства по делу о несостоятельности (банкротстве) предприятия подается на основании решения собственника предприятия-должника, или органа, уполномоченного управлять имуществом должника, или руководящего органа предприятия, который вправе принять такое решение в соответствии с учредительными документами.

Заявление должника подается в письменной форме и подписывается руководителем предприятия-должника либо лицом, его заменяющим. В заявлении может содержаться ходатайство о проведении внешнего управления имуществом должника или санации.

2. Заявление должника должно содержать кроме данных, предусмотренных Арбитражным процессуальным кодексом Российской Федерации, сумму требований, которые не могут быть удовлетворены, сведения о форме собственности и субъекте собственности, причины, по которым должник считает невозможным выполнить свои обязательства, другие необходимые сведения. Заявление может быть подано в предвидении несостоятельности (банкротства) предприятия.

3. К заявлению должника прилагаются список его кредиторов и должников с расшифровкой их дебиторской и кредиторской задолженности, бухгалтерский баланс либо заменяющие его бухгалтерские документы.

4. Копия заявления с приложениями, указанными в пункте 3 настоящей статьи, направляется должником кредиторам.

5. В случае непредставления должником в течение 15 дней со дня подачи заявления бухгалтерского баланса либо заменяющих его бухгалтерских документов, указанных в пункте 3 настоящей статьи, арбитражный суд поручает составление и представление бухгалтерского баланса либо заменяющих его бухгалтерских документов независимому аудитору за счет должника. За непредставление указанных документов на руководителя предприятия-должника может быть наложен в административном порядке штраф в размере до десяти минимальных размеров оплаты труда, сумма которого направляется на увеличение конкурсной массы. Сумму, подлежащую выплате аудитору, должник вносит вперед на депозитный счет арбитражного суда.

Если должник не внесет необходимую сумму, причитающуюся аудитору, сумма выплачивается с депозитного счета арбитражного суда с последующим возмещением из имущества должника.

6. Заявление, поданное должником, не может быть им отозвано. Арбитражный суд рассматривает дело по существу.

7. Информация, полученная от должника арбитражным судом в процессе рассмотрения дела о несостоятельности (банкротстве) предприятия, не подлежит разглашению в какой бы то ни было форме до принятия решения о признании предприятия несостоятельным (банкротом).

С т а т ь я 6 . Извещение, направляемое кредитором должнику, и заявление кредитора в арбитражный суд

1. В случае невыполнения должником обязательств по оплате товаров (работ, услуг), кроме отказа от оплаты по основаниям, предусмотренным законодательством или договором, по истечении трех месяцев со дня наступления сроков исполнения указанных обязательств кредитор вправе направить должнику заказной почтой извещение с уведомлением о вручении. В извещении должны содержаться требования к должнику в недельный срок со дня его получения выполнить свои обязательства, а также предупреждение о том, что в случае их невыполнения в течение указанного срока кредитор обратится в арбитражный суд с заявлением о возбуждении производства по делу о несостоятельности (банкротстве) предприятия. При получении уведомления о вручении извещения должнику, но не ранее установленного в нем срока, кредитор вправе обратиться в арбитражный суд с заявлением о возбуждении производства по делу о несостоятельности (банкротстве) предприятия. В заявлении может содержаться ходатайство о проведении внешнего управления имуществом должника или санации.

84

2. Заявление кредитора представляется в письменной форме. К нему прилагаются документы, подтверждающие требования к должнику, которые не были удовлетворены в течение срока, указанного в статье 1 настоящего Закона, а также уведомление о вручении извещения должнику и подтверждение направления ему копии заявления с приложениями.

3. Кредитор обязан направить должнику копию заявления с приложениями.

4. Заявление кредитора может быть отозвано им до возбуждения арбитражным судом производства по делу.

Статья 7. Заявление прокурора в арбитражный суд

1. Прокурор вправе обратиться в арбитражный суд с заявлением о возбуждении производства по делу о несостоятельности (банкротстве) предприятия в случае обнаружения им признаков умышленного или фиктивного банкротства и в других случаях, предусмотренных законодательными актами Росссийской Федерации.

2. Заявление прокурора может быть отозвано им до возбуждения арбитражным судом производства по делу.

Статья 8. Возбуждение производства по делу

На основании заявления должника, кредитора или прокурора судья арбитражного суда возбуждает производство по делу о несостоятельности (банкротстве) предприятия, о чем выносит определение, которое направляется должнику, кредитору (кредиторам) и прокурору, а также трудовому коллективу предприятия-должника в лице органа, подписавшего коллективный договор.

Статья 9. Коллегиальность рассмотрения дел арбитражным судом

Арбитражный суд рассматривает дела о несостоятельности (банкротстве) предприятий в составе трех судей.

Статья 10. Решение и определение арбитражного суда

1. На заседание арбитражного суда приглашаются лица, участвующие в деле, в том числе должник, собственник предприятия-должника, орган, уполномоченный управлять государственным или муниципальным имуществом (в случае участия государства или местного Совета народных депутатов в имуществе должника), финансовый орган по месту регистрации должника, банк (банки), осуществляющий (осуществляющие) расчетное и кредитное обслуживание должника, известные арбитражному суду кредиторы, а также представитель трудового коллектива предприятия-должника, который избирается на общем собрании (конференции) трудового коллектива.

2. По результатам рассмотрения дела арбитражный суд принимает соответствующее решение:

о признании должника несостоятельным (банкротом) и открытии конкурсного производства;

об отклонении заявления в тех случаях, когда в ходе судебного разбирательства выявлена фактическая состоятельность должника и требования кредиторов могут быть удовлетворены.

3. При наличии ходатайства о проведении реорганизационных процедур и оснований для их проведения, предусмотренных в пункте 2 статьи 12 и в пункте 2 статьи 13 настоящего Закона, арбитражный суд выносит определение о приостановлении производства по делу о несостоятельности (банкротстве) предприятия и проведении внешнего управления имуществом должника или санации.

Статья 11. Особенности рассмотрения дел о банках

Коммерческий банк или иное кредитное учреждение, их кредиторы, а также прокурор вправе обратиться в арбитражный суд с заявлением о возбуждении производства по делу о несостоятельности (банкротстве) коммерческого банка или иного кредитного учреждения только после отзыва его лицензии на совершение банковских операций Центральным банком Российской Федерации.

Раздел III

РЕОРГАНИЗАЦИОННЫЕ ПРОЦЕДУРЫ

Статья 12. Внешнее управление имуществом должника

1. Ходатайство о проведении внешнего управления имуществом должника может быть подано должником, собственником предприятия-должника, кредитором с соблюдением

требований к оформлению заявлений, установленных в статьях 5 и 6 настоящего Закона, в арбитражный суд до принятия им соответствующего решения. В ходатайстве должны содержаться обоснование необходимости и целесообразности проведения указанной процедуры, предложение по кандидатуре арбитражного управляющего. К ходатайству прилагается письменное согласие кандидата на проведение внешнего управления имуществом должника.

К ходатайству, подаваемому должником, прилагается бухгалтерский баланс либо заменяющие его бухгалтерские документы на последнюю отчетную дату, а в том случае, если наступила новая отчетная дата,— новый бухгалтерский баланс либо новые заменяющие его бухгалтерские документы.

2. Основанием для назначения внешнего управления имуществом должника является наличие реальной возможности восстановить платежеспособность предприятия-должника с целью продолжения его деятельности путем реализации части его имущества и осуществления других организационных и экономических мероприятий.

Продолжительность проведения внешнего управления имуществом должника не должна превышать 18 месяцев.

3. На период проведения внешнего управления имуществом должника вводится мораторий на удовлетворение требований кредиторов к должнику.

4. При назначении внешнего управления имуществом должника арбитражный суд назначает арбитражного управляющего. Должник и кредиторы вправе предложить свои кандидатуры арбитражного управляющего. При наличии нескольких кандидатур арбитражный управляющий назначается на конкурсной основе.

Кандидат в арбитражные управляющие должен быть экономистом или юристом либо обладать опытом хозяйственной работы, а также не иметь судимостей. Кандидатом в арбитражные управляющие не может быть должностное лицо администрации предприятия-должника или кредитора. Кандидат в арбитражные управляющие представляет декларацию о своих доходах и имущественном состоянии.

5. Размер вознаграждения арбитражному управляющему определяется собранием (комитетом) кредиторов и утверждается арбитражным судом. Вознаграждение арбитражному управляющему выплачивается из имущества должника, кроме случаев, предусмотренных в абзаце 3 настоящего пункта.

Вознаграждение арбитражному управляющему выплачивается в очередности, установленной в статье 30 настоящего Закона. Арбитражный суд производит авансовые выплаты вознаграждения арбитражному управляющему из средств, внесенных заранее на депозитный счет арбитражного суда, в пределах сумм, поступивших на этот счет, с последующим возмещением из имущества должника.

В случае, если ходатайство о проведении внешнего управления имуществом должника подано собственником предприятия-должника или кредиторами, а в последующем арбитражный суд принимает решение о прекращении внешнего управления имуществом должника или выносит определение о назначении нового арбитражного управляющего согласно пункту 8 настоящей статьи, выплата вознаграждения или его части арбитражному управляющему может быть отнесена на счет стороны, подавшей ходатайство о проведении внешнего управления имуществом должника.

6. Арбитражный управляющий:

руководит предприятием-должником, имеет права и исполняет обязанности, предоставленные законодательными актами Росссийской Федерации руководителю предприятия;

отстраняет при необходимости руководителя от выполнения обязанностей по управлению предприятием-должником, принимает на работу и увольняет работников в соответствии с законодательством о труде;

распоряжается имуществом должника;

созывает собрание (комитет) кредиторов;

разрабатывает план проведения внешнего управления имуществом должника и организует его выполнение;

выполняет другие функции, предусмотренные настоящим Законом.

7. Собрание кредиторов:

может образовать комитет кредиторов и определить его функции, при этом комитет кредиторов имеет право требовать от арбитражного управляющего предоставление соответствующей информации и объяснений;

утверждает план проведения внешнего управления имуществом должника;

определяет размер вознаграждения арбитражному управляющему, который подлежит утверждению арбитражным судом;

определяет предприятие (предприятия), на которое (которые) возлагается обязанность внести денежные средства на депозитный счет арбитражного суда в случаях, предусмотренных настоящим Законом;

выполняет другие функции, предусмотренные настоящим Законом.

Собрание созывается по предложению кредиторов, сумма требований которых составляет не менее одной трети от размера обязательств должника.

На собрание кредиторов приглашается представитель трудового коллектива предприятия-должника.

8. Арбитражный управляющий не позднее чем в трехмесячный срок со дня своего назначения созывает собрание кредиторов для утверждения плана проведения внешнего управления имуществом должника. Проект плана предварительно направляется арбитражным управляющим участникам собрания. О решении собрания кредиторов арбитражный управляющий уведомляет арбитражный суд. В случае, если собрание кредиторов не одобряет (большинством в две трети от суммы требований кредиторов) план проведения внешнего управления имуществом должника, предложенный арбитражным управляющим, арбитражный суд может вынести определение об отмене внешнего управления имуществом должника или оставить его в силе, назначив нового арбитражного управляющего.

При проведении внешнего управления имуществом должника объекты, указанные в пункте 1 статьи 26 настоящего Закона, не могут быть ликвидированы без уведомления органов местного самоуправления и органов государственной власти, которые принимают эти объекты на свой баланс с сообщением об этом арбитражному управляющему не позднее чем через месяц после получения ими уведомления от арбитражного управляющего.

9. Собрание кредиторов вправе вносить изменения в утвержденный план проведения внешнего управления имуществом должника и предложения по его реализации, которые после утверждения их арбитражным судом должны приниматься арбитражным управляющим к исполнению.

10. Собственник предприятия-должника или любой из кредиторов, считающий, что план проведения внешнего управления имуществом должника либо действия (бездействие) арбитражного управляющего наносят ущерб его интересам, может обратиться в арбитражный суд с заявлением о пересмотре этого плана. Заявление рассматривается арбитражным судом в течение месяца, и по результатам рассмотрения выносится определение.

11. Арбитражный управляющий обращается в арбитражный суд с заявлением о завершении внешнего управления имуществом должника в случаях:

если цель внешнего управления имуществом должника, предусмотренная в пункте 2 настоящей статьи, достигнута;

если он убедился, что достижение этой цели невозможно.

В зависимости от результатов проведения внешнего управления имуществом должника и характера заявления арбитражного управляющего арбитражный суд может:

принять решение о прекращении внешнего управления имуществом должника, признании должника несостоятельным (банкротом) и об открытии конкурсного производства;

вынести определение о завершении внешнего управления имуществом должника и прекращении производства по делу о несостоятельности (банкротстве) предприятия;

вынести определение о продолжении проведения внешнего управления имуществом должника в пределах срока, установленного в пункте 2 настоящей статьи.

Статья 13. Санация

1. Ходатайство о проведении санации может быть подано должником, собственником предприятия-должника, кредитором с соблюдением требований к оформлению заявлений, установленных в статьях 5 и 6 настоящего Закона, в арбитражный суд до принятия им решения по делу.

В тех случаях, когда лица, желающие участвовать в проведении санации, определены до вынесения арбитражным судом определения по ходатайству о проведении этой процедуры, в арбитражный суд представляются список этих лиц, сведения о них, включая сведения о характере их имущественных отношений с должником, а также их письменное согласие на участие в проведении санации.

Преимущественное право на участие в проведении санации имеют собственник предприятия-должника, кредиторы, члены трудового коллектива этого предприятия. В случаях, если кандидатами на участие в санации являются собственник предприятия-должника и (или) члены трудового коллектива этого предприятия, они самостоятельно участвуют в санации.

2. Основанием для проведения санации является наличие реальной возможности восстановить платежеспособность предприятия-должника для продолжения его деятельности путем оказания этому предприятию финансовой помощи собственником и иными лицами.

3. В случае, если в течение 36 месяцев повторно подано заявление о возбуждении производства по делу о несостоятельности (банкротстве) предприятия, арбитражный суд не вправе выносить определения о проведении санации.

4. В случае удовлетворения ходатайства о санации арбитражный суд с согласия собственника предприятия-должника и кредиторов объявляет конкурс желающих принять

участие в санации. В обязательном порядке конкурс объявляется в том случае, если к моменту вынесения арбитражным судом определения о проведении санации собственник предприятия-должника и члены трудового коллектива не воспользовались своим преимущественным правом на участие в проведении санации. Объявление о проведении конкурса публикуется должником в "Вестнике Высшего арбитражного суда Росссийской Федерации" за свой счет.

К участию в конкурсе допускаются юридические, в том числе и иностранные, физические лица, а также члены трудового коллектива предприятия-должника.

Заявление на участие в конкурсе подается в арбитражный суд, объявивший конкурс, в течение месяца со дня опубликования объявления о проведении конкурса.

5. Если по истечении срока подачи заявлений на участие в конкурсе выразивших желание участвовать в санации не окажется, арбитражный суд выносит определение об отмене проведения санации и принимает одно из решений, предусмотренных в статье 10 настоящего Закона.

6. Не позднее десяти дней по истечении срока подачи заявлений на участие в конкурсе, а в тех случаях, когда конкурс не объявлялся,– не позднее десяти дней после вынесения определения о назначении санации арбитражный суд рассматривает кандидатуры лиц, выразивших желание участвовать в санации, и определяет лиц, допущенных к участию в ней, о чем выносит определение.

7. В семидневный срок со дня вынесения определения, указанного в пункте 5 настоящей статьи, участники санации обязаны провести собрание, на котором они должны выработать соглашение. В соглашении должно содержаться обязательство обеспечить удовлетворение требований всех кредиторов в согласованные с ними сроки, указываются предполагаемая продолжительность санации, согласованное с участниками санации распределение между ними ответственности перед кредиторами, ответственность одного или нескольких участников санации в случае их отказа от участия в санации после ее начала, а также другие условия, которые участники санации сочтут необходимым предусмотреть.

По истечении 12 месяцев с начала санации должно быть удовлетворено не менее 40 процентов от общей суммы требований кредиторов.

Удовлетворение требований кредиторов производится в очередности, установленной в статье 30 настоящего Закона.

В соглашении не может предусматриваться передача должником основных средств участникам санации.

Участники санации обязаны выполнить принятые обязательства перед кредиторами в полном объеме и несут за их выполнение солидарную ответственность, если соглашением не предусмотрено иное.

Соглашение передается в арбитражный суд в течение десяти дней с момента подписания.

8. На основании представленного соглашения арбитражный суд выносит определение о начале проведения санации в порядке и на условиях, определенных в соглашении, и осуществляет контроль за ее проведением.

9. Продолжительность санации не должна превышать 18 месяцев. Арбитражный суд вправе по ходатайству участников санации, за исключением случаев санации государственных или муниципальных предприятий, продлить срок ее проведения, но не более чем на шесть месяцев.

10. В процессе проведения санации собственник предприятия-должника, любой из кредиторов или члены трудового коллектива предприятия-должника могут обратиться в арбитражный суд с заявлением о неэффективности проведении санации или о действиях участников санации, ведущих к ущемлению интересов собственника предприятия-должника, либо кредиторов, либо членов трудового коллектива предприятия-должника. Арбитражный суд рассматривает такие заявления и принимает соответствующее решение вплоть до решения о прекращении санации.

11. Санация может быть прекращена в связи с окончанием установленного срока ее проведения, невыполнением требований, предусмотренных в абзаце 2 пункта 7 настоящей статьи, а также в связи с установленной неэффективностью санации.

В случае прекращения санации арбитражный суд принимает решение о признании должника несостоятельным (банкротом) и об открытии конкурсного производства.

12. Достижение цели санации дает основание арбитражному суду для вынесения определения о ее завершении и прекращении производства по делу о несостоятельности (банкротстве) предприятия. При этом сохраняются все права участников санации, установленные в соглашении о санации.

Статья 14. Особенности реорганизационных процедур для предприятий, в имуществе которых имеется вклад государства или местного Совета народных депутатов, а также получающих дотации из бюджетов соответствующих уровней

В трехдневный срок со дня возбуждения производства по делу о несостоятельности (банкротстве) предприятия должник уведомляет об этом:

орган, уполномоченный государством или местным Советом народных депутатов управлять имуществом предприятия, в котором вклад государства или местных Советов народных депутатов составляет не менее 50 процентов;

финансовые органы соответствующих уровней – в отношении предприятий, получающих дотации из бюджетов соответствующих уровней.

Орган, уполномоченный государством или местным Советом народных депутатов управлять имуществом предприятия, или финансовый орган соответствующего уровня в 15-дневный срок со дня получения уведомления представляет в арбитражный суд свои предложения.

В случае, если орган, уполномоченный государством или местным Советом народных депутатов управлять имуществом должника, или финансовый орган соответствующего уровня вносит предложение о проведении санации или о предоставлении предприятию дополнительной дотации из соответствующего бюджета, он обязан гарантировать удовлетворение имущественных требований всех кредиторов и возмещение арбитражных расходов.

В обязательном порядке предоставляются дотации предприятию, для которого в соответствии с законодательством установлены условия хозяйствования, при которых не возмещаются его затраты на производство товаров (работ. услуг). Эти дотации должны возместить убытки, понесенные предприятием в результате работы в таких условиях.

Гарантии органа, уполномоченного государством или местным Советом народных депутатов управлять имуществом предприятия, или финансового органа соответствующего уровня являются основанием для приостановления арбитражным судом производства по делу о несостоятельности (банкротстве) предприятия.

В случае отказа органа, уполномоченного государством или местным Советом народных депутатов управлять имуществом предприятия, от проведения санации или финансового органа соответствующего уровня от предоставления дотации арбитражный суд принимает одно из решений в соответствии со статьей 10 настоящего Закона.

Раздел IV

ПРИНУДИТЕЛЬНАЯ ЛИКВИДАЦИЯ ПРЕДПРИЯТИЯ-ДОЛЖНИКА ПО РЕШЕНИЮ АРБИТРАЖНОГО СУДА. КОНКУРСНОЕ ПРОИЗВОДСТВО

Статья 15. Цель конкурсного производства

Конкурсное производство осуществляется с целью соразмерного удовлетворения требований кредиторов и объявления должника свободным от долгов, а также с целью охраны сторон от неправомерных действий в отношении друг друга.

Статья 16. Решение о принудительной ликвидации предприятия-должника

Арбитражный суд, признав должника несостоятельным (банкротом), принимает решение о его принудительной ликвидации и об открытии конкурсного производства.

Об открытии конкурсного производства арбитражный суд уведомляет:

трудовой коллектив предприятия-должника;

соответствующие органы местного самоуправления;

местные финансовые органы;

банки и иные кредитные учреждения, обслуживающие должника.

Статья 17. Объявление о несостоятельности (банкротстве) предприятия

Решение о признании должника несостоятельным (банкротом) и открытии конкурсного производства публикуется в "Вестнике Высшего арбитражного суда Росссийской Федерации" за счет средств, перечисленных на депозитный счет арбитражного суда.

Публикация должна содержать:

наименование арбитражного суда, в производстве которого находится дело;

наименование и указание на местонахождение предприятия-должника;

дату принятия арбитражным судом решения, на основании которого открывается конкурсное производство;

обращение к кредиторам с предложением предъявить имеющиеся у них претензии к должнику в двухмесячный срок со дня публикации;

иные существенные обстоятельства.

С т а т ь я 1 8 . Последствия открытия конкурсного производства для должника

С момента признания должника несостоятельным (банкротом) и принятия решения об открытии конкурсного производства:

запрещается передача либо другое отчуждение имущества должника (кроме случаев, когда разрешение на отчуждение дано собранием кредиторов), погашение его обязательств. При этом платежи кредиторам-залогодержателям, а также платежи, предусмотренные в пункте 1 статьи 30 настоящего Закона, не приостанавливаются;

сроки исполнения всех долговых обязательств должника считаются наступившими;

прекращается начисление пени и процентов по всем видам задолженности предприятия-должника.

Все претензии имущественного характера с этого момента могут быть предъявлены должнику только в рамках конкурсного производства.

С т а т ь я 1 9 . Функции арбитражного суда в конкурсном производстве

Арбитражный суд:

открывает и закрывает конкурсное производство;

назначает конкурсного управляющего;

выносит определение об отстранении руководителя от выполнения обязанностей по управлению предприятием-должником;

принимает решения о правомерности действий участников конкурсного производства в случаях, предусмотренных в настоящем Законе.

С т а т ь я 2 0 . Участники конкурсного производства

Участниками конкурсного производства являются конкурсный управляющий, собрание (комитет) кредиторов, должник, члены трудового коллектива и другие заинтересованные лица.

С т а т ь я 2 1 . Конкурсный управляющий

1. Конкурсный управляющий:

приобретает право распоряжения имуществом должника;

осуществляет анализ финансового состояния должника, изучает обоснованность требований кредиторов, признает или отклоняет их;

формирует конкурсную массу, в том числе проводит работу по взиманию дебиторской задолженности;

представляет в арбитражный суд и кредиторам необходимую информацию о финансовом состоянии должника и его имуществе на момент открытия конкурсного производства;

выполняет функции управления предприятием-должником;

имеет право оспаривать в арбитражном суде сделки должника, заключенные им в течение последних шести месяцев, предшествующих возбуждению производства по делу о несостоятельности (банкротстве) предприятия;

формирует состав ликвидационной комиссии и руководит ее работой;

созывает собрание кредиторов.

2. Кандидатура конкурсного управляющего должна отвечать требованиям, установленным в пункте 4 статьи 12 настоящего Закона.

3. Конкурсный управляющий имеет право обжаловать в арбитражный суд решения собрания (комитета) кредиторов, принятые с нарушением компетенции собрания (комитета) либо ограничивающие полномочия конкурсного управляющего.

С т а т ь я 2 2 . Вознаграждение конкурсного управляющего

Размер вознаграждения конкурсного управляющего определяется собранием (комитетом) кредиторов и утверждается арбитражным судом.

Вознаграждение конкурсному управляющему выплачивается в очередности, установленной в статье 30 настоящего Закона.

Арбитражный суд производит авансовые выплаты вознаграждения конкурсному управляющему из средств, внесенных заранее на депозитный счет арбитражного суда в пределах сумм, поступивших на этот счет, с последующим возмещением из конкурсной массы.

С т а т ь я 2 3 . Собрание кредиторов

1. Право участвовать в собрании кредиторов имеют кредиторы, конкурсный управляющий, представитель трудового коллектива предприятия-должника и должник. Право принятия решения имеют только конкурсные кредиторы.

2. Собрание кредиторов:

может образовать комитет кредиторов и определить его функции;

выдвигает кандидатуру конкурсного управляющего;

дает разрешение конкурсному управляющему на совершение отдельных сделок, связанных с отчуждением имущества должника;

решает вопрос о начале продажи, форме продажи, а также о начальной цене имущества предприятия-должника;

определяет размер вознаграждения конкурсному управляющему; определяет предприятие или предприятия, на которые возлагается обязанность внести денежные средства на депозитный счет арбитражного суда в случаях, предусмотренных настоящим Законом;

может принять решение о заключении мирового соглашения;

осуществляет контроль за действиями конкурсного управляющего.

3. Собрание кредиторов является правомочным, если на нем представлены кредиторы с правом голоса, сумма требований которых составляет не менее 50 процентов от общей суммы не обеспеченных залогом обязательств. Любой из кредиторов может быть представлен на собрании доверенным лицом.

Конкурсный кредитор имеет право голоса на собрании кредиторов, если он является держателем признанных требований к должнику.

В случае, если собрание кредиторов не предложило кандидатуры конкурсного управляющего, он назначается арбитражным судом из списка кандидатур конкурсных управляющих, утвержденного в установленном порядке.

С т а т ь я 2 4 . Последствия открытия конкурсного производства для руководителя предприятия-должника

С момента открытия конкурсного производства руководитель предприятия-должника отстраняется от должности, а его права и обязанности переходят к конкурсному управляющему.

С т а т ь я 2 5 . Права представителя трудового коллектива предприятия-должника

Представитель трудового коллектива предприятия-должника, наделенный полномочиями общим собранием (конференцией) членов трудового коллектива, имеет право участвовать в рассмотрении дела о несостоятельности (банкротстве) предприятия, осуществлять совместно с кредиторами проверку сумм требований в части, относящейся к обязательствам должника перед работниками предприятия-должника, осуществлять проверку документов, представленных в обоснование несостоятельности (банкротства).

С т а т ь я 2 6 . Оценка активов должника и определение размеров его долга

1. Все имущество (активы) должника, указанное в бухгалтерском балансе либо заменяющих его бухгалтерских документах, образует основу для формирования конкурсной массы. В конкурсную массу включаются объекты социально-коммунальной сферы, находящиеся на балансе должника, за исключением жилищного фонда, детских дошкольных учреждений и отдельных жизненно важных для данного региона объектов производственной и коммунальной инфраструктуры, которые должны быть приняты на баланс соответствующих органов местного самоуправления или органов государственной власти, если иное не предусмотрено законодательством Российской Федерации.

2. В ходе конкурсного производства конкурсный управляющий с помощью привлеченных экспертов проводит инвентаризацию и оценку имущества (активов) должника и его обязательств (пассивов).

Размер вознаграждения экспертам определяется арбитражным судом в порядке, устанавливаемом Верховным Советом Российской Федерации.

3. Оценка имущества (активов) должника, составляющего конкурсную массу, производится в порядке, устанавливаемом законодательством Российской Федерации.

4. В конкурсную массу не включается имущество (активы), являющиеся предметом залога.

5. В конкурсную массу не включается имущество, не принадлежащее должнику на праве собственности (полного хозяйственного ведения), в том числе:

арендованное должником имущество;

имущество, находящееся на ответственном хранении у должника;

личное имущество работников предприятия-должника, за исключением имущества, на которое в соответствии с законодательством или учредительными документами предприятия может быть обращено взыскание по обязательствам должника.

С т а т ь я 2 7 . Признание претензий кредиторов

Конкурсный управляющий после истечения срока предъявления претензий кредиторов к должнику, указанного в абзаце 5 части второй статьи 17 настоящего Закона, анализирует все обязательства предприятия-должника независимо от поступления претензий от кредиторов, составляет список признанных и отклоненных претензий с указанием сумм признанных претензий и очередности их удовлетворения и в течение двух месяцев направляет этот список кредиторам.

Кредиторы вправе обратиться в арбитражный суд с заявлением об удовлетворении отклоненных претензий или с заявлением об определении очередности их удовлетворения.

К указанным заявлениям прилагается список признанных и отклоненных претензий, составленный конкурсным управляющим. Арбитражный суд рассматривает указанные заявления в течение месяца со дня его получения.

Статья 28. Признание недействительными действий должника, совершенных до признания его несостоятельным (банкротом)

1. По заявлению конкурсного управляющего арбитражный суд признает недействительными совершенные должником или от его имени до признания его несостоятельным (банкротом) действия, направленные:

на досрочное удовлетворение требований отдельных кредиторов по ранее возникшим обязательствам, если они были совершены в течение шести месяцев до дня возбуждения производства по делу о несостоятельности (банкротстве) предприятия и если в момент их совершения предприятие уже было фактически несостоятельным (банкротом), а также независимо от шестимесячного срока, если эти действия были совершены должником с намерением причинить ущерб другим кредиторам, и кредиторы, в пользу которых были совершены указанные действия, знали об этом намерении должника;

на удовлетворение требований отдельных кредиторов из числа тех кредиторов, срок удовлетворения требований которых наступил в то время, когда предприятие уже было фактически несостоятельным (банкротом) и стороны об этом знали.

Положения настоящего пункта не распространяются на действия должника, направленные на удовлетворение требований кредиторов-залогодержателей и привилегированных кредиторов.

2. В случае признания действий должника недействительными кредиторы обязаны возвратить в конкурсную массу все полученное ими в результате этих действий, а при невозможности возвратить полученное в натуре – возместить его стоимость в деньгах.

3. До завершения конкурсного производства каждый кредитор вправе предложить конкурсному управляющему оспорить указанные в настоящей статье действия должника в арбитражном суде. В случае его отказа каждый из кредиторов вправе подать соответствующее заявление в арбитражный суд от своего имени.

Статья 29. Погашение долговых обязательств должника, обеспеченных залогом

Из имущества должника вне конкурса погашаются его долговые обязательства, обеспеченные залогом.

Статья 30. Порядок распределения конкурсной массы

1. Вне очереди покрываются расходы, связанные с:

конкурсным производством, выплатой вознаграждений арбитражному и конкурсному управляющим;

продолжением функционирования предприятия-должника.

2. После покрытия расходов, указанных в пункте 1 настоящей статьи, удовлетворяются требования кредиторов в следующей очередности:

в первую очередь – граждан, перед которыми должник несет ответственность за причинение вреда их жизни или здоровью,– путем капитализации соответствующих повременных платежей;

во вторую очередь – по оплате труда работников, по отчислениям в Пенсионный фонд Российской Федерации, по выплате пособий в течение одного года со дня открытия конкурсного производства и по выплате вознаграждений, причитающихся по авторским и лицензионным договорам;

в третью очередь – по погашению задолженности по обязательным платежам в бюджет и внебюджетные фонды, возникшей в течение одного года со дня открытия конкурсного производства;

в четвертую очередь – конкурсных кредиторов;

в пятую очередь – членов трудового коллектива предприятия-должника, обладающих вкладом в его имущество;

в шестую очередь – прочих собственников;

в седьмую очередь – все остальные требования.

Кредиторы первой, второй и третьей очереди являются привилегированными.

3. Требования каждой очереди удовлетворяются после полного погашения требований предыдущей очереди.

4. При недостаточности взысканной суммы для полного удовлетворения всех требований кредиторов соответствующей очереди эти требования удовлетворяются пропорционально сумме, причитающейся каждому из них.

Статья 31. Обжалование решения конкурсного управляющего

Должник или кредитор, считающий, что решение конкурсного управляющего нарушает его права и законные интересы, вправе обратиться в арбитражный суд с соответствующим заявлением. По результатам рассмотрения заявления арбитражный суд принимает соответствующее решение.

Статья 32. Решение о продаже имущества должника

Решение о начале продажи, форме продажи и начальной цене имущества должника принимается собранием (комитетом) кредиторов по представлению конкурсного управляющего.

Статья 33. Информация о продаже имущества должника

Конкурсный управляющий извещает возможно более широкий круг заинтересованных лиц о начале продажи имущества должника, информирует об условиях его приобретения и о сроках подачи заявлений о намерении приобрести это имущество.

Статья 34. Продажа имущества должника

Продажа имущества должника проводится конкурсным управляющим. При этом имущество продается покупателю, предложившему наиболее высокую цену.

Статья 35. Удовлетворение требований кредиторов

1. Денежные средства, вырученные от продажи имущества должника, распределяются между кредиторами в соответствии с порядком и очередностью, установленными в статье 30 настоящего Закона.

2. Требования кредиторов, выявленные и заявленные после истечения срока, предусмотренного для их заявления, удовлетворяются из имущества должника, оставшегося после удовлетворения требований кредиторов, заявленных в установленный срок.

3. Требования кредиторов, не удовлетворенные из-за недостаточности конкурсной массы, считаются погашенными. Погашенными считаются также претензии, не признанные конкурсным управляющим, если кредиторы не оспаривают это в арбитражном суде либо если арбитражный суд признает иски кредиторов необоснованными.

Статья 36. Освобождение должника от долгов

Должник считается полностью свободным от долгов после удовлетворения требований и погашения претензий кредиторов в порядке и на условиях, установленных настоящим Законом.

Статья 37. Отчет конкурсного управляющего

После завершения всех расчетов конкурсный управляющий представляет в арбитражный суд отчет о своей деятельности, к нему прилагаются ликвидационный баланс и документы об использовании средств, оставшихся после удовлетворения требований кредиторов, а также представляет декларацию о своих доходах и имущественном положении.

Отчет подлежит утверждению арбитражным судом.

После утверждения отчета арбитражный суд выносит определение о завершении конкурсного производства. Копия определения направляется органу, осуществляющему государственную регистрацию предприятий.

Статья 38. Ликвидация предприятия-должника

Предприятие-должник считается ликвидированным с момента исключения его из соответствующего государственного реестра на основании вынесенного арбитражным судом определения о завершении конкурсного производства.

Раздел V

МИРОВОЕ СОГЛАШЕНИЕ

Статья 39. Сроки заключения мирового соглашения

Мировое соглашение между должником и конкурсными кредиторами может быть заключено на любом этапе производства по делу о несостоятельности (банкротстве) предприятия.

Статья 40. Условия заключения мирового соглашения

1. Мировое соглашение может быть заключено лишь в отношении требований четвертой и последующих очередей, установленных в статье 30 настоящего Закона.

2. Для конкурсных кредиторов, не согласных на заключение мирового соглашения, не могут быть установлены условия, худшие, чем для согласившихся на мировое соглашение кредиторов, требования которых отнесены к одной очереди.

3. При заключении мирового соглашения отсрочка и (или) рассрочка причитающихся кредиторам платежей или скидка с долгов, а также сложение недоимок по обязательным платежам в бюджет и внебюджетные фонды и возврат излишне поступивших сумм допускаются лишь в случае и порядке, установленных законодательством.

Статья 41. Заключение мирового соглашения и вступление его в силу

1. Мировое соглашение заключается в письменной форме.

2. Мировое соглашение подлежит утверждению арбитражным судом и считается принятым, если за его заключение высказалось не менее двух третей (по сумме требований) конкурсных кредиторов четвертой и последующих очередей.

3. Мировое соглашение вступает в силу со дня его утверждения арбитражным судом и является обязательным для конкурсных кредиторов четвертой и последующих очередей.

Статья 42. Рассмотрение мирового соглашения в арбитражном суде

1. Должник обязан направить в арбитражный суд мировое соглашение, бухгалтерский баланс либо заменяющие его бухгалтерские документы, список всех конкурсных кредиторов четвертой и последующих очередей с указанием их адресов и суммы задолженности, справку о сумме задолженности по требованиям, на которые мировое соглашение не распространяется.

2. О дате рассмотрения мирового соглашения арбитражный суд извещает заинтересованные стороны. Неявка вызванных лиц не препятствует рассмотрению дела.

3. Арбитражный суд обязан заслушать каждого присутствующего в заседании конкурсного кредитора, возражающего против утверждения мирового соглашения, даже если на собрании кредиторов он голосовал за принятие мирового соглашения.

4. В течение двух недель после утверждения мирового соглашения арбитражным судом кредиторы должны получить удовлетворение своих требований в размере не менее 35 процентов суммы долга.

Размер удовлетворения требований возрастает с увеличением рассрочки платежей и определяется соглашением сторон.

Статья 43. Недействительность мирового соглашения или его расторжение

1. По иску любого из кредиторов мировое соглашение может быть признано арбитражным судом недействительным, если должник неправильно указал свое имущество в бухгалтерском балансе либо заменяющих его бухгалтерских документах.

2. Мировое соглашение может быть расторгнуто по соглашению сторон или по решению арбитражного суда в случаях:

невыполнения мирового соглашения;

продолжающегося ухудшения финансового состояния предприятия-должника;

совершения должником действий, наносящих ущерб правам и законным интересам кредиторов.

После расторжения мирового соглашения арбитражный суд возобновляет производство по делу о несостоятельности (банкротстве) предприятия.

3. В случае расторжения мирового соглашения сообщение об этом публикуется в "Вестнике Высшего арбитражного суда Российской Федерации" за счет должника.

4. В случае признания мирового соглашения недействительным или его расторжения те требования кредиторов, по которым была произведена отсрочка и (или) рассрочка причитающихся им платежей или скидка с долгов, в неудовлетворенной их части восстанавливаются в полном размере.

Раздел VI

НЕПРАВОМЕРНЫЕ ДЕЙСТВИЯ ДОЛЖНИКА, СОБСТВЕННИКА ПРЕДПРИЯТИЯ, КРЕДИТОРОВ И ИНЫХ ЛИЦ

Статья 44. Неправомерные действия

Под неправомерными действиями в настоящем Законе понимаются нарушения, связанные с умышленными, некомпетентными или небрежными действиями должника, или собственника предприятия-должника, или кредиторов, или иных лиц до открытия конкурсного производства либо в его процессе, наносящие ущерб должнику или кредиторам.

Статья 45. Неправомерные действия должника или собственника предприятия-должника до открытия конкурсного производства

К неправомерным действиям должника или собственника предприятия-должника до открытия конкурсного производства относятся действия, подпадающие под понятия умышленного или фиктивного банкротства.

К неправомерным действиям должника или собственника предприятия-должника относятся также действия, совершенные в предвидении несостоятельности (банкротства) предприятия и наносящие ущерб интересам всех или части кредиторов, как то:

сокрытие части имущества должника и его обязательств;

сокрытие, уничтожение, фальсификация любого учетного документа, связанного с осуществлением хозяйственной деятельности должника;

невнесение необходимой записи в бухгалтерские документы;

уничтожение, продажа или внесение в качестве залога части имущества должника, полученного в кредит и не оплаченного.

Статья 46. Неправомерные действия должника или собственника предприятия-должника после открытия конкурсного производства

К неправомерным действиям должника или собственника предприятия-должника после открытия конкурсного производства относятся:

действия, предусмотренные в части второй статьи 45 настоящего Закона;

сокрытие от конкурсного управляющего сведений о том, кому, когда и в какой форме была передана часть имущества предприятия-должника;

непредъявление по требованию конкурсного управляющего имущества, находящегося в пользовании или на хранении у предприятия-должника;

непредставление должником конкурсному управляющему бухгалтерских документов;

сокрытие от конкурсного управляющего должником совершенных им действий, предусмотренных в статье 28 настоящего Закона.

Статья 47. Неправомерные действия кредитора и иных лиц

1. Кредитор считается совершившим неправомерное действие, если он, зная о предпочтительном удовлетворении его требований в ущерб другим кредиторам, согласился на такое удовлетворение.

2. Любое лицо считается совершившим неправомерное действие, если оно, зная о наступившей или предстоящей несостоятельности (банкротстве) предприятия, умышленно способствует сокрытию всего или части его имущества.

Статья 48. Последствия совершения неправомерных действий

Лица, совершившие неправомерные действия, указанные в статьях 45—47 настоящего Закона, могут быть привлечены к ответственности в соответствии с законодательными актами Российской Федерации.

Раздел VII

ВНЕСУДЕБНЫЕ ПРОЦЕДУРЫ

Статья 49. Внесудебные процедуры

Внесудебные процедуры являются способами, позволяющими должнику путем переговоров с кредиторами либо договариваться о продолжении деятельности предприятия-должника, либо согласовать с ним решение о его добровольной ликвидации.

Порядок и условия ведения переговоров определяются должником по согласованию с кредиторами.

Статья 50. Результаты внесудебных процедур

Результатами внесудебных процедур могут быть:

договоренность между должником и всеми или частью кредиторов об отсрочке и (или) рассрочке причитающихся кредиторам платежей или скидке с долгов для продолжения деятельности предприятия-должника;

добровольная ликвидация предприятия-должника под контролем кредиторов и официальное объединение должником о своей несостоятельности (банкротстве) в порядке и на условиях, установленных Законом.

Статья 51. Добровольная ликвидация предприятия-должника под контролем кредиторов

1. Решение о добровольной ликвидации предприятия-должника и об официальном объявлении им о своей несостоятельности (банкротстве) принимается руководителем предприятия-должника совместно с кредиторами на основе анализа экономического состояния предприятия, в результате которого установлено, что предприятие не может платить по своим обязательствам и нет возможности восстановить его платежеспособность.

Указанное решение утверждается собственником (собственниками) предприятия-должника.

Несогласие с решением о добровольной ликвидации предприятия-должника собственника (собственников), а также кого-либо из кредиторов данного предприятия с решением о его добровольной ликвидации влечет за собой возбуждение производства по делу о несостоятельности (банкротстве) предприятия в арбитражном суде в порядке, установленном в разделе II настоящего Закона.

Предприятие-должник считается находящимся в процессе ликвидации с момента утверждения собственником (собственниками) данного предприятия решения о его добровольной ликвидации.

Официальное объявление о добровольной ликвидации предприятия-должника публикуется в "Вестнике Высшего арбитражного суда Российской Федерации".

2. Руководитель предприятия-должника вносит предложение о кандидатуре (кандидатурах) конкурсного управляющего. Конкурсный управляющий назначается собственником (собственниками) предприятия-должника.

Кредиторы имеют право назначить нового конкурсного управляющего вместо назначенного собственником (собственниками) предприятия-должника.

Конкурсный управляющий принимает в свое распоряжение имущество должника и управляет им с момента его назначения. При этом руководитель предприятия-должника отстраняется от выполнения обязанностей по управлению предприятием-должником.

В обязанности конкурсного управляющего входит созыв собраний кредиторов и регулярное представление им на этих собраниях отчета о ходе ликвидации предприятия-должника.

Конкурсный управляющий выполняет и другие функции, предусмотренные в статье 21 настоящего Закона.

3. После назначения конкурсного управляющего должник не вправе удовлетворять требования кредиторов за счет своего имущества, за исключением требований кредиторов, права которых обеспечены залогом, и привилегированных кредиторов.

Должник обязан в течение семи дней после назначения конкурсного управляющего представить ему бухгалтерский баланс либо заменяющие его бухгалтерские документы.

4. Конкурсный управляющий созывает собрание кредиторов в течение 15 дней после принятия решения о добровольной ликвидации предприятия-должника.

Собранию кредиторов представляется бухгалтерский баланс либо заменяющие его бухгалтерские документы предприятия-должника, а также список кредиторов с указанием сумм их требований.

Функции собрания кредиторов определены в пункте 2 статьи 23 настоящего Закона.

5. Порядок продажи имущества должника и удовлетворения требований кредиторов определяется в соответствии со статьями 32–35 настоящего Закона.

Не подлежат продаже объекты, принятые на баланс соответствующими органами местного самоуправления и органами государственной власти в соответствии с пунктом 1 статьи 26 настоящего Закона.

6. После реализации имущества должника и распределения денежных средств между кредиторами конкурсный управляющий созывает заключительное собрание кредиторов, на которое приглашается собственник (собственники) предприятия-должника, и отчитывается о своей работе. Собрание принимает решение об утверждении ликвидационного баланса, отчета об использовании средств, оставшихся после удовлетворения требований кредиторов, и о ликвидации предприятия.

Предприятие считается ликвидированным с момента исключения его из государственного реестра на основании представления.

ЗАКОН "О ЗАЛОГЕ"
Принят 29 мая 1992
("Ведомости...", 1992, № 23, ст. 1239)

Раздел I

ОБЩИЕ ПОЛОЖЕНИЯ

С т а т ь я 1. Понятие залога

Залог – способ обеспечения обязательства, при котором кредитор-залогодержатель приобретает право в случае неисполнения должником обязательства получить удовлетворение за счет заложенного имущества преимущественно перед другими кредиторами за изъятиями, предусмотренными законом.

С т а т ь я 2. Законодательство Российской Федерации о залоге

Настоящим Законом определяются основные положения о залоге

Отношения залога, не урегулированные настоящим Законом, регулируются иными актами законодательства Российской Федерации.

Если международным договором Российской Федерации установлены иные правила о залоге, чем те, которые содержатся в актах законодательства Российской Федерации, то применяются правила международного договора.

С т а т ь я 3. Основания возникновения залога

1. Залог возникает в силу договора или закона.

2. Закон, предусматривающий возникновение залога, должен содержать указание на то, в силу какого обязательства и какое именно имущество должно признаваться находящимся в залоге.

С т а т ь я 4. Сфера применения залога

1. Залогом может быть обеспечено действительное требование, в частности, вытекающее из договора займа, в том числе банковской ссуды, договоров купли-продажи, имущественного найма, перевозки грузов и иных договоров.

2. Предметом залога могут быть вещи, ценные бумаги, иное имущество и имущественные права.

Предметом залога не могут быть требования, носящие личный характер, а также иные требования, залог которых запрещен законом.

3. Залог может устанавливаться в отношении требований, которые возникнут в будущем, при условии, если стороны договорятся о размере обеспечения залогом таких требований.

4. Залог производен от обеспечиваемого им обязательства. Существование прав залогодержателя находится в зависимости от судьбы обеспечиваемого залогом обязательства.

С т а т ь я 5. Виды залога

Законом или договором может быть предусмотрено, что заложенное имущество остается у залогодателя либо передается во владение залогодержателю (заклад).

Залог товаров может осуществляться путем передачи залогодержателю товарораспорядительного документа, являющегося ценной бумагой. Заложенные ценные бумаги могут быть переданы в депозит нотариальной конторы или банка.

Статья 6. Имущество как предмет залога

1. Предметом залога может быть любое имущество, которое в соответствии с законодательством Российской Федерации может быть отчуждено законодателем.

2. Залоговое право на вещи охватывает их принадлежности и неотделимые плоды, если иное не предусмотрено законом или договором. Залоговое право на вещи может включать отделимые плоды только в случаях, в пределах и в порядке, предусмотренных законом или договором.

3. Договором или законом может быть предусмотрено распространение залога на вещи, которые могут быть приобретены залогодателем в будущем.

Статья 7. Залог имущества, находящегося в общей собственности

1. Имущество, находящееся в общей совместной собственности, может быть передано в залог только с согласия всех собственников.

2. Залог собственником своей доли в общей долевой собственности не требует согласия остальных собственников.

3. Собственник квартиры самостоятельно решает вопрос о сдаче ее в залог.

Статья 8. Замена предмета залога

Замена предмета залога допускается только с согласия залогодержателя. Порядок замены предмета залога при залоге товаров в обороте регулируется статьями 46 и 47 настоящего Закона.

Статья 9. Залог и страхование

1. Законом или договором на залогодержателя может возлагаться обязанность страховать переданное в его владение заложенное имущество.

Ломбард обязан страховать за счет залогодателя принятое в залог имущество в его полной стоимости по оценке, произведенной по соглашению сторон при принятии имущества в залог.

2. Законом или договором на залогодержателя может возлагаться обязанность страхования на случай совершения государственными органами действий и принятия ими актов, прекращающих его хозяйственную деятельность, либо препятствующих ей, или неблагоприятно влияющих на нее (конфискация, реквизиция имущества), а также ликвидации или признания неплатежеспособным должником.

3. При наступлении страховых случаев залогодержатель имеет право преимущественного удовлетворения своих требований из суммы страхового возмещения.

Статья 10. Содержание и форма договора о залоге

1. В договоре о залоге должны содержаться условия, предусматривающие вид залога, существо обеспеченного залогом требования, его размер, сроки исполнения обязательства, состав и стоимость заложенного имущества, а также любые иные условия, относительно которых по заявлению одной из сторон должно быть достигнуто согласие.

2. Договор о залоге должен совершаться в письменной форме.

3. Договор о залоге, обеспечивающий обязательства, возникающие из основного договора, подлежащего нотариальному удостоверению либо нотариально удостоверенному по соглашению сторон, должен быть также удостоверен в органе, удостоверившем основной договор.

4. Условие о залоге может быть включено в договор, по которому возникает обеспеченное залогом обязательство. Такой договор должен быть совершен в форме, установленной для договора о залоге.

5. Форма договора о залоге определяется по законодательству места его заключения. Договор о залоге, заключенный за пределами Российской Федерации, не может быть признан недействительным вследствие несоблюдения формы, если соблюдены требования, установленные законодательством Российской Федерации.

Форма договора о залоге зданий, сооружений, предприятий, земельных участков и других объектов, находящихся на территории Российской Федерации, а также подвижного состава железных дорог, гражданских воздушных, морских и речных судов, космических объектов, зарегистрированных в Российской Федерации, независимо от места заключения такого договора определяется законодательством Российской Федерации.

6. Права и обязанности сторон договора о залоге определяются по законодательству страны, где учреждена, имеет место жительства или основное место деятельности сторона, являющаяся залогодателем, если иное не установлено соглашением сторон.

Статья 11. Государственная регистрация залога

Залог предприятия в целом или иного имущества, подлежащего государственной регистрации, должен быть зарегистрирован в органе, осуществляющем такую регистрацию, если настоящим Законом не установлен иной порядок регистрации.

Если залог имущества подлежит государственной регистрации, то договор о залоге считается заключённым с момента его регистрации.

Статья 12. Последствия несоблюдения формы договора о залоге

Несоблюдение установленной формы договора о залоге влечёт за собой недействительность договора с последствиями, предусмотренными законодательством Российской Федерации.

Статья 13. Обжалование действий, связанных с регистраций залога

Заинтересованное лицо вправе обжаловать отказ в регистрации или незаконное совершение регистрации залога в суд по месту нахождения органа, осуществляющего регистрацию.

Статья 14. Информация о регистрации залога

Орган, осуществляющий регистрацию залога, обязан выдавать залогодержателю и залогодателю свидетельства о регистрации, а также выписки из реестра по запросу залогодержателя, залогодателя и других заинтересованных лиц.

Статья 15. Государственная пошлина за регистрацию залога

За регистрацию залога, выдачу свидетельства о регистрации, а также предоставление выписок из реестра взимается государственная пошлина в размере, определённом законодательными актами Российской Федерации. Заявитель предоставляет органу, осуществляющему регистрацию, доказательства уплаты государственной пошлины. При отсутствии таких доказательств заявление оставляется без движения.

Статья 16. Ответственность органа, осуществляющего регистрацию

Орган, на который возложена регистрация залога, несёт ответственность за вред, причинённый в результате нарушения его работниками правил регистрации.

Статья 17. Регистрация исполнения обязательства, обеспеченного залогом

1. Залогодержатель по требованию залогодателя обязан выдать ему документы, подтверждающие полное или частичное исполнение обязательства для последующего внесения соответствующих сведений в реестр.

2. При получении документов, подтверждающих полное или частичное исполнение обеспеченного залогом обязательства, орган, осуществивший регистрацию залога, обязан незамедлительно внести соответствующую запись в реестр.

Статья 18. Ведение залогодателем книги записи залога

1. Залогодатели – юридические лица и физические лица, зарегистрированные в качестве предпринимателей, обязаны:

вести книгу записи залогов;

не позднее десяти дней после возникновения залога вносить в книгу запись, содержащую данные о виде и предмете залога, а также объёме обеспеченности залогом обязательства;

предоставлять книгу для ознакомления любому заинтересованному лицу.

2. Залогодатель несёт ответственность за своевременность и правильность внесения сведений о залоге в книгу записи залогов. Залогодатель обязан возместить потерпевшим в полном объёме убытки, причинённые несвоевременностью внесения записей в книгу, их неполнотой или неточностью, а также уклонением от обязанности предоставлять книгу записи залогов для ознакомления.

Статья 19. Залогодатель

1. Залогодателем может быть лицо, которому предмет залога принадлежит на праве собственности или полного хозяйственного ведения.

2. Предприятие, за которым имущество закреплено на праве полного хозяйственного ведения, осуществляет залог предприятия в целом, его структурных единиц и подразделений как имущественных комплексов, а также отдельных зданий и сооружений с согласия собственника этого имущества или уполномоченного им органа.

3. Учреждение может передавать в залог имущество, в отношении которого оно в соответствии с законом приобрело право на самостоятельное распоряжение.

4. Залогодателем прав может быть лицо, которому принадлежит передаваемое в залог право.

Арендатор может передавать свои арендные права в залог без согласия арендодателя, если иное не предусмотрено договором аренды.

Статья 20. Право распоряжения заложенным имуществом

Залогодатель сохраняет право распоряжения заложенным имуществом, если иное не предусмотрено законом или договором о залоге.

При этом переход права на заложенное имущество возможен только с переходом к новому залогодателю основного долга, обеспеченного залогом.

Статья 21. Последующий залог заложенного имущества

Последующие залоги уже заложенного имущества допускаются, если иное не предусмотрено настоящим Законом и предшествующими договорами о залоге.

Статья 22. Право предшествующего залогодержателя

1. Если предметом залога становится заложенное имущество, которое уже служит залоговым обеспечением иного обязательства, залоговое право предшествующего залогодержателя сохраняет силу.

Требования последующего залогодержателя удовлетворяются из стоимости предмета залога после удовлетворения требований предшествующего залогодержателя.

2. Залогодатель обязан сообщать каждому последующему залогодержателю обо всех существующих залогах данного имущества, а также о характере и размере обеспеченных этими залогами обязательств. Залогодатель обязан возместить убытки, возникшие у любого из его залогодержателей вследствие неисполнения этой обязанности.

Статья 23. Требования залогодержателя, удовлетворяемые за счет заложенного имущества

За счет заложенного имущества залогодержатель вправе удовлетворить свои требования в полном объеме, определяемом к моменту фактического удовлетворения, включая проценты, убытки, причиненные просрочкой исполнения, а в случаях, предусмотренных законом или договором,— неустойку; возмещению подлежат также необходимые издержки по содержанию заложенного имущества и расходы по осуществлению обеспеченного залогом требования.

Статья 24. Возникновение права обращения взыскания на предмет залога

Залогодержатель приобретает право обратить взыскание на предмет залога, если в момент наступления срока исполнения обязательства, обеспеченного залогом, оно не будет исполнено, за исключением случаев, когда по закону или договору такое право возникает позже либо в силу закона взыскание может быть осуществлено ранее.

Статья 25. Предмет залога при частичном исполнении обязательства

В случае частичного исполнения должником обеспеченного залогом обязательства залог сохраняется в первоначальном объеме до полного исполнения обеспеченного им обязательства, если иное не предусмотрено законом или договором.

Статья 26. Удовлетворение требования залогодержателя из предмета залога, состоящего из нескольких вещей (прав)

Если предметом залога является несколько вещей или прав, залогодержатель по своему выбору может получить удовлетворение за счет всего этого имущества либо за счет какой-либо из вещей (прав), сохраняя возможность впоследствии получить удовлетворение за счет других вещей (прав), составляющих предмет залога.

Статья 27. Последствия удовлетворения требования залогодержателя третьим лицом

В случае удовлетворения требования залогодержателя третьим лицом к нему вместе с правом требования переходит обеспечивающее его право залога в порядке, предусмотренном законодательством Российской Федерации для уступки требования.

Статья 28. Порядок обращения взыскания на заложенное имущество

1. Обращение взыскания на заложенное имущество производится по решению суда, арбитражного суда или третейского суда, если иное не предусмотрено законом. В случаях, предусмотренных законодательством Российской Федерации, обращение взыскания на заложенное имущество осуществляется в бесспорном порядке на основании исполнительной надписи нотариуса.

2. Реализация заложенного имущества, на которое обращается взыскание, осуществляется в соответствии с гражданским процессуальным законодательством Российской Федерации, если иное не предусмотрено настоящим Законом или договором.

Перечень имущества граждан, на которое не может быть обращено взыскание, устанавливается Гражданским процессуальным кодексом Российской Федерации.

С т а т ь я 29. Удовлетворение требований залогодержателя при недостаточности суммы, вырученной от реализации предмета залога

В случае, когда суммы, вырученной от продажи предмета залога, недостаточно для полного удовлетворения требований залогодержателя, он вправе, если иное не предусмотрено законом или договором, получить недостающую сумму из другого имущества должника, на которое может быть обращено взыскание в соответствии с законодательством Российской Федерации, не пользуясь при этом преимуществом, основанным на праве залога.

С т а т ь я 30. Возврат залогодателю суммы, вырученной при реализации предмета залога

Если сумма, вырученная при реализации предмета залога, превышает размер обеспеченных этим залогом требований залогодержателя, разница возвращается залогодателю.

С т а т ь я 31. Прекращение обращения взыскания на заложенное имущество исполнением обязательства

1. Залогодатель вправе в любое время до момента реализации предмета залога прекратить обращение взыскания на заложенное имущество посредством исполнения обеспеченного залогом обязательства.

2. Если обязательство, обеспеченное залогом, предусматривает исполнение по частям, залогодатель имеет право прекратить обращение взыскания на предмет залога посредством исполнения просроченной части обязательства.

3. Соглашения, ограничивающие права залогодателя, предусмотренные пунктами 1 и 2 настоящей статьи, недействительны.

С т а т ь я 32. Сохранение залога при переходе предмета залога к третьему лицу

Залог сохраняет силу, если право собственности или полного хозяйственного ведения на заложенную вещь либо составляющие предмет залога право переходит к третьему лицу.

С т а т ь я 33. Сохранение залога при уступке требования и переводе долга

В случаях, когда в установленном законом порядке происходит уступка залогодержателем обеспеченного залогом требования третьему лицу либо перевод залогодателем долга, возникшего из обеспеченного залогом обязательства, на другое лицо, залог сохраняет силу.

С т а т ь я 34. Основания и последствия прекращения залога

Право залога прекращается:

1) при прекращении обеспеченного залогом обязательства;
2) при гибели заложенного имущества;
3) при истечении срока действия права, составляющего предмет залога;
4) при переходе прав на предмет залога к залогодержателю;
5) в иных случаях, предусмотренных законом.

Раздел II

ЗАЛОГ С ОСТАВЛЕНИЕМ ИМУЩЕСТВА У ЗАЛОГОДАТЕЛЯ

Глава I

ОБЩИЕ ВОПРОСЫ

С т а т ь я 35. Предмет залога с оставлением заложенного имущества у залогодателя

1. Предметом залога с оставлением заложенного имущества у залогодателя могут быть предприятия, здания, сооружения, квартиры, транспортные средства, космические объекты и другое определенное в статье 6 настоящего Закона имущество.

2. Отделимые плоды могут быть предметом залога, указанного в пункте 1 настоящей статьи, при условии, если они не становятся с момента отделения объектом прав третьего лица.

3. Залог имущества, переданного залогодателем на время во владение или пользование третьему лицу, считается залогом с оставлением его у залогодателя.

Статья 36. Права залогодержателя при залоге с оставлением имущества у залогодателя

При залоге с оставлением имущества у залогодателя залогодержатель, если иное не предусмотрено договором, вправе:

1) проверять по документам и фактически наличие, размер, состояние и условия хранения предмета залога;

2) требовать от залогодателя принятия мер, необходимых для сохранения предмета залога;

3) требовать от любого лица прекращения посягательства на предмет залога, угрожающего его утратой или повреждением.

Если предмет залога утрачен не по вине залогодержателя и залогодатель его не восстановил или с согласия залогодержателя не заменил другим имуществом, равным по стоимости, залогодержатель вправе потребовать досрочного исполнения обеспеченного залогом обязательства.

Статья 37. Права залогодателя при залоге с оставлением имущества у залогодателя

Если иное не предусмотрено договором и законом, залогодатель при залоге с оставлением имущества у залогодателя вправе:

1) владеть и пользоваться предметом залога в соответствии с его назначением;

2) распоряжаться предметом залога путем его отчуждения с переводом на приобретателя долга по обязательству, обеспеченному залогом, либо путем сдачи в аренду.

Статья 38. Обязанности залогодателя при залоге имущества с оставлением его у залогодателя

Залогодатель при залоге с оставлением имущества у залогодателя, если иное не предусмотрено договором о залоге, обязан:

1) страховать за свой счет предмет залога на его полную стоимость;

2) принимать меры, необходимые для сохранения предмета залога, включая капитальный и текущий ремонт;

3) уведомлять залогодержателя о сдаче предмета залога в аренду.

Статья 39. Последствия нарушения обязанностей залогодателем при залоге с оставлением имущества у залогодателя

В случае нарушения залогодателем обязанностей, предусмотренных пунктами 1 и 2 статьи 38 настоящего Закона, залогодержатель вправе обратить взыскание на предмет залога до наступления срока исполнения обеспеченного залогом обязательства.

Статья 40. Форма и регистрация договора о залоге транспортных средств и космических объектов

1. Договор о залоге гражданских воздушных, морских и речных судов, подвижного состава железных дорог и космических объектов должен быть нотариально удостоверен.

2. Залог транспортных средств подлежит регистрации в реестрах, которые ведутся государственными организациями, осуществляющими регистрацию гражданских воздушных, морских, речных судов и других транспортных средств.

3. Залог объекта, предназначенного для исследования или использования в гражданских целях космического пространства, Луны и других небесных тел, подлежит регистрации в специальном государственном реестре.

Залог объекта, находящегося в космическом пространстве, на Луне или других небесных телах, подлежит регистрации в реестре, ведение которого осуществляется в соответствии с нормами международного космического права.

Статья 41. Залог земельных участков

Залог земельных участков лицами, которым они принадлежат на праве собственности, если такой залог не подпадает· под действие правил главы 2 настоящего раздела, осуществляется в порядке, установленном земельным и иным законодательством Российской Федерации.

Глава II

ЗАЛОГ ПРЕДПРИЯТИЯ, СТРОЕНИЯ, ЗДАНИЯ, СООРУЖЕНИЯ И ИНЫХ ОБЪЕКТОВ, НЕПОСРЕДСТВЕННО СВЯЗАННЫХ С ЗЕМЛЕЙ (ИПОТЕКА)

Статья 42. Понятие ипотеки

Ипотекой признается залог предприятия, строения, здания, сооружения или иного объекта, непосредственно связанного с землей, вместе с соответствующим земельным участком или правом пользования им.

Статья 43. Форма договора об ипотеке. Регистрация ипотеки

1. Договор об ипотеке должен быть нотариально удостоверен.

2. Ипотека регистрируется в поземельной книге по месту нахождения предприятия, строения, здания, сооружения или иного объекта.

Переход права собственности или полного хозяйственного ведения на предмет ипотеки от залогодателя к другому лицу подлежит регистрации в той же поземельной книге, в которой зарегистрирована ипотека.

3. Орган, осуществляющий государственную регистрацию залога предприятия в целом, обязан передать сведения о регистрации залога органам, ведущим поземельную книгу, в том числе и по месту расположения территориально обособленных подразделений предприятия.

Статья 44. Ипотека предприятия

1. Ипотека предприятия распространяется на все его имущество, включая основные фонды и оборотные средства, а также иные ценности, отраженные в самостоятельном балансе предприятия, если иное не установлено законом или договором.

2. Предприятие-залогодатель обязано по требованию залогодержателя предоставлять ему годовой баланс.

3. При неисполнении обязательства, обеспеченного ипотекой предприятия, залогодержатель вправе принять меры по оздоровлению финансового положения предприятия, предусмотренные договором об ипотеке, включая назначения представителей в руководящие органы предприятия, ограничение права распоряжаться произведенной продукцией и иным имуществом предприятия. Если указанные меры не дали надлежащих результатов, залогодержатель вправе обратить взыскание на находящееся в ипотеке предприятие.

4. При обращении взыскания на находящееся в ипотеке предприятие оно продается с аукциона как единый комплекс в порядке, предусмотренном законодательством Российской Федерации.

Статья 45. Досрочное исполнение обязательства, обеспеченного ипотекой

Залогодатель вправе в любое время досрочно исполнить обеспеченное ипотекой обязательство в полном объеме, если договор об ипотеке исключает возможность последующего залога того же предмета ипотеки.

Глава III

ЗАЛОГ ТОВАРОВ В ОБОРОТЕ И ПЕРЕРАБОТКЕ

Статья 46. Особенности залога товаров в обороте и переработке

1. При залоге товаров в обороте и переработке допускается изменение состава и натуральной формы предмета залога (товарных запасов, сырья, материалов, полуфабрикатов, готовой продукции и тому подобного) при условии, что их общая стоимость не становится меньше указанной в договоре о залоге.

Уменьшение стоимости заложенных товаров, находящихся в обороте и переработке, допускается соразмерно исполненной части обеспеченного их залогом обязательства, если иное не предусмотрено договором.

2. При залоге товаров в обороте и переработке реализованные залогодателем товары перестают быть предметом залога с момента их перехода в собственность, полное хозяйственное ведение или оперативное управление приобретателя, а приобретенные залогодателем товары, предусмотренные в договоре о залоге, становятся предметом залога с момента возникновения на них у залогодателя права собственности или полного хозяйственного ведения

С т а т ь я 47. Содержание договора о залоге товаров в обороте и переработке

Договор о залоге товаров в обороте и переработке должен определять вид заложенного товара, иные его родовые признаки, общую стоимость предмета залога, место, в котором он находится, а также виды товаров, которыми может быть заменен предметом залога.

С т а т ь я 48. Права залогодателя при залоге товаров в обороте и переработке

При залоге товаров в обороте и переработке залогодатель сохраняет право владеть, пользоваться и распоряжаться предметом залога с соблюдение правил настоящей главы.

Раздел III

ЗАЛОГ С ПЕРЕДАЧЕЙ ЗАЛОЖЕННОГО ИМУЩЕСТВА (ВЕЩИ) ЗАЛОГОДЕРЖАТЕЛЮ (ЗАКЛАД)

С т а т ь я 49. Понятие заклада

1. Закладом признается договор о залоге, по условиям которого заложенное имущество (вещь) передается залогодержателю во владение.

2. По соглашению залогодержателя с залогодателем предмет заклада может быть оставлен у залогодателя под замком и печатью залогодержателя (твердый залог). Индивидуально определенная вещь может быть оставлена у залогодателя с наложением знаков, свидетельствующих о закладе.

Правила настоящего раздела применяются к твердому залогу постольку, поскольку их применение не противоречит существу отношений залогодержателя с залогодателем при таком залоге.

С т а т ь я 50. Обязанности залогодержателя при закладе

При закладе залогодержатель, если иное не предусмотрено договором, обязан:

1) застраховать предмет заклада на его полную стоимость за счет и в интересах залогодателя;

2) принимать меры, необходимые для сохранения предмета заклада;

3) немедленно известить залогодателя о возникновении угрозы утраты или повреждения предмета заклада;

4) регулярно направлять залогодателю отчет о пользовании предметом заклада, если пользование им допускается в соответствии с пунктом 1 статьи 51 настоящего Закона;

5) немедленно возвратить предмет заклада после исполнения залогодателем или третьим лицом обеспеченного закладом обязательства.

Залогодержатель должен извлекать из предмета заклада доходы в интересах залогодателя в случае, когда это предусмотрено договором.

С т а т ь я 51. Права залогодержателя при закладе

1. Залогодержатель вправе пользоваться предметом заклада в случаях, прямо предусмотренных договором о залоге. Приобретенные залогодержателем в результате пользования предметом заклада доходы и иные имущественные выгоды направляются на покрытие расходов на содержание предмета заклада, а также засчитываются в счет погашения процентов по долгу или самого долга по обеспеченному закладом обязательству.

2. Если возникнет реальная угроза утраты, недостачи или повреждения предмета заклада не по вине залогодержателя, он вправе потребовать замены предмета заклада, а при отказе залогодателя выполнить это требование – обратить взыскание на предмет заклада до наступления срока исполнения обеспеченного закладом обязательства.

С т а т ь я 52. Возможность досрочного исполнения обязательства, обеспеченного закладом

Если залогодержатель хранит или использует предмет заклада ненадлежащим образом, залогодатель вправе в любое время потребовать прекращения залога либо досрочно исполнить обеспеченное закладом обязательство.

С т а т ь я 53. Ответственность залогодержателя за утрату, недостачу или повреждение предмета заклада

1. Залогодержатель отвечает за утрату, недостачу или повреждение предмета заклада, если не докажет, что утрата, недостача или повреждение произошли не по его вине.

Если залогодержателем является ломбард или иной предприниматель, для которого предоставление кредитов под заклад имущества является предметом его деятельности, освобождение от ответственности может иметь место лишь в случае, когда залогодержатель докажет, что утрата, недостача или повреждение предмета заклада произошли вследствие непреодолимой силы, либо умысла, или грубой неосторожности залогодателя.

2. Залогодержатель при закладе несет ответственность за утрату и недостачу предмета заклада в размере стоимости утраченного (недостающего), а за повреждение предмета заклада – в размере суммы, на которую понизилась стоимость заложенной вещи. Если при приеме вещи в заклад производилась оценка предмета заклада, ответственность залогодержателя не должна превышать указанной оценки.

Залогодержатель обязан в полном объеме возместить залогодателю убытки, причиненные утратой, недостачей или повреждением предмета заклада, если это предусмотрено законом или договором.

Раздел IV

ЗАЛОГ ПРАВ

Статья 54. Права как предмет залога

1. Предметом залога могут быть принадлежащие залогодателю права владения и пользования, в том числе права арендатора, другие права (требования), вытекающие из обязательств, и иные имущественные права

2. Право с определенным сроком действия может быть предметом залога только до истечения срока его действия.

3. В договоре о залоге прав, не имеющих денежной оценки, стоимость предмета залога определяется по соглашению сторон.

Статья 55. Содержание договора о залоге прав

В договоре о залоге прав наряду с условиями, предусмотренными статьей 10 настоящего Закона, должно быть указано лицо, которое является должником по отношению к залогодателю. Залогодатель обязан уведомить своего должника о состоявшемся залоге прав.

Статья 56. Обязанности залогодателя при залоге прав

При залоге прав, если иное не предусмотрено договором, залогодатель обязан:

1) совершать действия, которые необходимы для обеспечения действительности заложенного права;

2) не совершать уступки заложенного права;

3) не совершать действий, влекущих прекращение заложенного права или уменьшение его стоимости;

4) принимать меры, необходимые для защиты заложенного права от посягательств со стороны третьих лиц;

5) сообщать залогодержателю сведения об изменениях, произошедших в заложенном праве, о его нарушениях третьими лицами и о притязаниях третьих лиц на это право.

Статья 57. Права залогодержателя при залоге прав

При залоге прав, если иное не предусмотрено договором, залогодержатель вправе:

1) независимо от наступления срока исполнения обеспеченного залогом обязательства требовать в суде, арбитражном суде перевода на себя заложенного права, если залогодатель не исполнил обязанности, предусмотренные статьей 56 настоящего Закона;

2) вступать в качестве третьего лица в дело, в котором рассматривается иск о заложенном праве;

3) в случае неисполнения залогодателем обязанностей, предусмотренных пунктом 4 статьи 56 настоящего Закона, самостоятельно предпринимать меры, необходимые для защиты заложенного права от нарушений со стороны третьих лиц.

Статья 58. Последствия исполнения должником обязательств перед залогодателем

1. Если должник залогодателя до исполнения залогодателем обязательства, обеспеченного залогом, исполнит свое обязательство, все полученное при этом залогодателем становится предметом залога, о чем залогодатель обязан немедленно уведомить залогодержателя.

2. При получении от своего должника в счет исполнения обязательства денежных сумм залогодатель обязан по требованию залогодержателя перечислить соответствующие суммы

в счет исполнения обязательства, обеспеченного залогом, если иное не установлено договором о залоге.

Раздел V

ГАРАНТИИ ПРАВ СТОРОН ПРИ ЗАЛОГЕ

Статья 59. Защита интересов залогодержателя при прекращении его прав и прав залогодателя на заложенное имущество по основаниям, предусмотренным Законом

1. В случае принятия Российской Федерацией или республикой в составе Российской Федерации законодательных актов, прекращающих залоговое право либо право залогодателя на заложенное имущество, убытки, причиненные залогодержателю в результате принятия этих актов, возмещаются ему в полном объеме Российской Федерацией или соответствующей республикой в составе Российской Федерации. Споры о возмещении убытков разрешаются судом.

2. В случаях прекращения права собственности на заложенное имущество или прекращения заложенных прав в связи с решением государственного органа власти и управления, не направленным непосредственно на изъятие заложенного имущества или заложенных прав, в том числе решением об изъятии земельного участка, на котором находятся заложенные дом, иные строения, сооружения или насаждения, убытки, причиненные залогодержателю в результате этого решения, возмещаются залогодержателю в полном объеме этим государственным органом за счет средств, находящихся в его распоряжении. Споры о возмещении убытков разрешаются судом или арбитражным судом.

Статья 60. Недействительность актов, нарушающих залоговое право

1. Если в результате издания органом государственного управления или органом местного самоуправления не соответствующего законодательству акта нарушаются права залогодержателя, такой акт признается недействительным судом или арбитражным судом по заявлению залогодержателя.

2. Убытки, причиненные залогодержателю в результате издания акта, указанного в пункте 1 настоящей статьи, подлежат возмещению в полном объеме соответствующим органом государственного управления или органом местного самоуправления.

ЗАКОН
"ОБ ОСНОВАХ НАЛОГОВОЙ СИСТЕМЫ В РОССИЙСКОЙ ФЕДЕРАЦИИ"
Принят 27 декабря 1991, с изменениями и дополнениями от 16 июля 1992
("Ведомости...", 1992, № 11, ст. 527; 1992, № 34, ст. 1976)

Настоящий Закон определяет общие принципы построения налоговой системы в Российской Федерации, налоги, сборы, пошлины и другие платежи, а также права, обязанности и ответственность налогоплательщиков и налоговых органов.

Глава I

ОБЩИЕ ПОЛОЖЕНИЯ

Статья 1. Установление и отмена налогов и других платежей

Установление и отмена налогов, сборов, пошлин и других платежей, а также льгот их плательщикам осуществляются Верховным Советом Российской Федерации и другими органами государственной власти в соответствии с настоящим Законом.

Органы государственной власти национально-государственных, национально- и административно-территориальных образований дополнительные льготы по налогообложению могут предоставлять только в пределах сумм налогов, зачисляемых в соответствии с законодательством Российской Федерации в их бюджеты.

Законы, приводящие к изменению размеров налоговых платежей, обратной силы не имеют.

Статья 2. Понятие налога, другого платежа и налоговой системы

Под налогом, сбором, пошлиной и другим платежом понимается обязательный взнос в бюджет соответствующего уровня или во внебюджетный фонд, осуществляемый плательщиками в порядке и на условиях, определяемых законодательными актами.

Совокупность налогов, сборов, пошлин и других платежей (далее – налоги), взимаемых в установленном порядке, образует налоговую систему.

Статья 3. Плательщики налогов

Плательщиками налогов являются юридические лица, другие категории плательщиков и физические лица, на которых в соответствии с законодательными актами возложена обязанность уплачивать налоги.

Плательщики налогов, указанные в настоящей статье, в дальнейшем именуются налогоплательщиками.

Статья 4. Обязательность учета налогоплательщика

Налогоплательщик подлежит в обязательном порядке постановке на учет в органах Государственной налоговой службы Российской Федерации (далее – налоговые органы). При этом банки и кредитные учреждения открывают расчетные и иные счета налогоплательщикам только при предъявлении ими документа, подтверждающего постановку на учет в налоговом органе, и в пятидневный срок сообщают в этот орган об открытии указанных счетов.

За невыполнение указанных требований на руководителей банков и кредитных учреждений налагаются административные штрафы в размере пятикратного установленного законом размера минимальной месячной оплаты труда.

Статья 5. Объекты налогообложения

Объектами налогообложения являются доходы (прибыль), стоимость определенных товаров, отдельные виды деятельности налогоплательщиков, операции с ценными бумагами, пользование природными ресурсами, имущество юридических и физических лиц, передача имущества, добавленная стоимость продукции, работ и услуг и другие объекты, установленные законодательными актами.

Статья 6. Однократность налогообложения

Один и тот же объект может облагаться налогом одного вида только один раз за определенный законом период налогообложения.

Статья 7. Порядок установления налоговых ставок

Налоговые ставки, за исключением ставок акцизов, устанавливаются Верховным Советом Российской Федерации и другими органами государственной власти в соответствии с настоящим законом.

Статья 8. Порядок утверждения ставок акцизов

На отдельные виды и группы товаров, определяемые Верховным Советом Российской Федерации, ставки акцизов утверждаются Правительством Российской Федерации.

Статья 9. Распределение средств от налогов между бюджетами разного уровня

Зачисление налоговых поступлений в бюджеты разного уровня и во внебюджетные фонды осуществляется в порядке и на условиях, определяемых Верховным Советом Российской Федерации и другими органами государственной власти в соответствии с настоящим Законом и иными законодательными актами.

Статья 10. Льготы по налогам

По налогам могут устанавливаться в порядке и на условиях, определяемых законодательными актами, следующие льготы:

необлагаемый минимум объекта налога;

изъятие из обложения определенных элементов объекта налога;

освобождение от уплаты налогов отдельных лиц или категорий плательщиков;

понижение налоговых ставок;

вычет из налогового оклада (налогового платежа за расчетный период);

целевые налоговые льготы, включая налоговые кредиты (отсрочку взимания налогов);

прочие налоговые льготы.

Льготы по всем налогам применяются только в соответствии с действующим законодательством.

Запрещается предоставление налоговых льгот, носящих индивидуальный характер.

Статья 11. Обязанности налогоплательщика

1. Налогоплательщик обязан:

своевременно и в полном размере уплачивать налоги;

вести бухгалтерский учет, составлять отчеты о финансово-хозяйственной деятельности, обеспечивая их сохранность не менее пяти лет;

представлять налоговым органам необходимые для исчисления и уплаты налогов документы и сведения;

вносить исправления в бухгалтерскую отчетность в размере суммы сокрытого или заниженного дохода (прибыли), выявленного проверками налоговых органов;

в случае несогласия с фактами, изложенными в акте проверки, произведенной налоговым органом, представлять письменные пояснения мотивов отказа от подписания этого акта;

выполнять требования налогового органа об устранении выявленных нарушений законодательства о налогах;

другие обязанности.

Обязанности налогоплательщика возникают при наличии у него объекта налогообложения и по основаниям, установленным законодательными актами.

В целях определения обязанностей налогоплательщика законодательные акты устанавливают и определяют:

налогоплательщика (субъект налога);

объект и источник налога;

единицу налогообложения;

налоговую ставку (норму налогового обложения);

сроки уплаты налога;

бюджет или внебюджетный фонд, в который зачисляется налоговый оклад.

2. Обязанность физического лица по уплате налога прекращается уплатой им налога, отменой налога, а также смертью налогоплательщика при невозможности произвести уплату налога без его личного участия, если иное не установлено законодательными актами.

3. Обязанность юридического лица по уплате налога прекращается уплатой им налога либо отменой налога. Невозможность уплаты налога является основанием для признания в установленном законом порядке юридического лица, осуществляющего предпринимательскую деятельность, банкротом. В случае ликвидации юридического лица в судебном порядке или по решению собственника обязанность по уплате недоимки по налогу возлагается на ликвидационную комиссию.

4. В случае неисполнения налогоплательщиком своих обязанностей их исполнение обеспечивается мерами административной и уголовной ответственности, налоговыми санкциями в соответствии с настоящим Законом и другими законодательными актами, а также залогом денежных и товарно-материальных ценностей, поручительством или гарантией кредиторов налогоплательщика.

Статья 12. Права налогоплательщика

Налогоплательщик имеет право:

пользоваться льготами по уплате налогов на основаниях и в порядке, установленных законодательными актами;

представлять налоговым органам документы, подтверждающие право на льготы по налогам;

знакомиться с актами проверок, проведенных налоговыми органами;

представлять налоговым органам пояснения по исчислению и уплате налогов и по актам проведенных проверок;

в установленном законом порядке обжаловать решения налоговых органов и действия их должностных лиц и другие права, установленные законодательными актами.

Статья 13. Ответственность налогоплательщика за нарушение налогового законодательства

1. Налогоплательщик, нарушивший налоговое законодательство, в установленных законом случаях несет ответственность в виде:

а) взыскания всей суммы сокрытого или заниженного дохода (прибыли) либо суммы налога за иной сокрытый или неучтенный объект налогообложения и штрафа в размере той же суммы, а при повторном нарушении – соответствующей суммы и штрафа в двукратном размере этой суммы. При установлении судом факта умышленного сокрытия или занижения дохода (прибыли) приговором либо решением суда по иску налогового органа или прокурора может быть взыскан в федеральный бюджет штраф в пятикратном размере сокрытой или заниженной суммы дохода (прибыли);

б) штрафа в размере 10 процентов от причитающихся к уплате сумм налога за последний отчетный квартал, непосредственно предшествующий проверке, по каждому из следующих видов нарушений:

отсутствие учета объекта налогообложения;

ведение учета объекта налогообложения с грубым нарушением установленного порядка, повлекшим за собой сокрытие или занижение суммы налога за проверяемый период не менее чем на 5 процентов от причитающейся к уплате суммы налога за последний отчетный квартал;

непредставление или несвоевременное представление документов, необходимых для исчисления, а также для уплаты налога;

в) взыскания пени с налогоплательщика в случае задержки уплаты налога в размере 0,2 процента неуплаченной суммы налога за каждый день просрочки платежа начиная с установленного срока уплаты выявленной задержанной суммы налога, если законом не предусмотрены иные размеры пени. Взыскание пени не освобождает налогоплательщика от других видов ответственности;

г) других санкций, предусмотренных законодательными актами.

Взыскание недоимки по налогам и другим обязательным платежам, а также сумм штрафов и иных санкций, предусмотренных законодательством, производится с юридических лиц в бесспорном порядке, а с физических лиц – в судебном. Взыскание недоимки с юридических и физических лиц обращается на полученные ими доходы, а в случае отсутствия таковых – на имущество этих лиц.

2. Должностные лица и граждане, виновные в нарушении налогового законодательства, привлекаются в установленном законом порядке к административной, уголовной и дисциплинарной ответственности.

3. К юридическим и физическим лицам, освобожденным от уплаты налога, виды ответственности, предусмотренные настоящей статьей по данному налогу, не применяются.

С т а т ь я 14. Права налоговых органов и их должностных лиц

1. Налоговые органы вправе:

а) возбуждать в установленном порядке ходатайства о запрещении заниматься предпринимательской деятельностью;

б) предъявлять в суд или арбитражный суд иски:

о ликвидации предприятий по основаниям, установленным законодательством Российской Федерации;

о признании сделок недействительными и взыскании в доход государства всего полученного по таким сделкам;

о взыскании неосновательно приобретенного не по сделке, а в результате незаконных действий;

о признании регистрации предприятия недействительной в случаях нарушения установленного порядка создания предприятия или несоответствия учредительных документов требованиям законодательства и взыскании доходов, полученных этим предприятием;

в) другие права, предусмотренные законодательством.

2. Должностные лица налоговых органов имеют право в установленном законодательством порядке:

а) проверять все документы, связанные с исчислением и уплатой налогов, получать необходимые объяснения, справки и сведения по вопросам, возникающим при проверках;

б) обследовать любые используемые для извлечения доходов (прибыли) либо связанные с содержанием объектов налогообложения независимо от места их нахождения производственные, складские, торговые и иные помещения налогоплательщиков. В случае отказа физического лица допустить должностных лиц налогового органа к обследованию помещений, используемых для извлечения доходов (прибыли), или непредставления им необходимых для расчета налогов документов облагаемый доход определяется налоговыми органами исходя из дохода по аналогичным видам предпринимательской деятельности;

в) приостанавливать операции налогоплательщиков по счетам в банках и кредитных учреждениях в случаях непредставления документов, связанных с исчислением и уплатой налогов;

г) налагать на руководителей банков, кредитных учреждений, а также финансовых органов административные штрафы в случае невыполнения указаний налоговых органов;

д) изымать у налогоплательщиков документы, свидетельствующие о сокрытии или занижении дохода (прибыли) или о сокрытии иных объектов от налогообложения, с одновременным производством осмотра документов и фиксацией их содержания;

е) получать без оплаты от всех юридических лиц данные, необходимые для исчисления налоговых платежей плательщиков;

ж) другие права, предусмотренные законодательными актами.

С т а т ь я 15. Обязанности банков, кредитных учреждений и предприятий

Банки, кредитные учреждения, биржи и иные предприятия обязаны представлять соответствующим налоговым органам данные о финансово-хозяйственных операциях налогоплательщиков – клиентов этих учреждений и предприятий за истекший финансовый год в порядке, установленном Министерством экономики и финансов Российской Федерации.

В случае непредставления таких данных руководители указанных учреждений и предприятий привлекаются к административной ответственности в виде штрафа в размере пятикратного установленного законом размера минимальной месячной оплаты труда за каждую неделю просрочки.

Банкам и кредитным учреждениям запрещается задерживать исполнение поручений налогоплательщиков на перечисление налогов в бюджет или во внебюджетный фонд и использовать неперечисленные суммы налогов в качестве кредитных ресурсов. В случае установления таких фактов налоговый орган взыскивает полученный этими учреждениями доход в федеральный бюджет с привлечением руководителей этих учреждений к административной ответственности в виде штрафа в размере пятикратного установленного законом размера минимальной месячной оплаты труда.

В случае неисполнения (задержки исполнения) по вине банка или кредитного учреждения платежного поручения налогоплательщика с этого учреждения взыскивается в установленном порядке пеня в размере 0,2 процента неуплаченной суммы налога за каждый день просрочки платежа начиная с установленного срока уплаты выявленной задержанной суммы налога. Взыскание пени не освобождает банк или кредитное учреждение от других видов ответственности.

Предприятия обязаны правильно удерживать подоходный налог с доходов, выплачиваемых ими физическим лицам, и своевременно перечислять удержанные суммы в бюджет. В случае невыполнения указанных обязанностей руководители этих предприятий привлекаются к административной ответственности в виде штрафа в размере пятикратного установленного законом размера минимальной месячной оплаты труда.

Предприятия обязаны до наступления срока платежа сдать платежное поручение соответствующим учреждениям банка на перечисление налогов в бюджет или во внебюджетные фонды. Указанные платежные поручения исполняются в первоочередном порядке.

Плата за обслуживание юридических и физических лиц по таким операциям не взимается.

Статья 16. Обязанности и ответственность налоговых органов

Налоговые органы и их сотрудники обязаны сохранять коммерческую тайну, тайну сведений о вкладах физических лиц и выполнять другие обязанности, предусмотренные Законом Российской Федерации "О государственной налоговой службе РСФСР".

Ущерб (включая упущенную выгоду), причиненный налогоплательщикам вследствие ненадлежащего осуществления налоговыми органами и их сотрудниками возложенных на них обязанностей, подлежит возмещению в установленном порядке. Кроме того, налоговые органы и их сотрудники могут привлекаться к другим видам ответственности, предусмотренным законодательными актами Российской Федерации.

Налоговые органы ежемесячно представляют финансовым органам сведения о фактически поступивших суммах налогов и других платежей в бюджет.

Налоговые органы совместно с финансовыми органами осуществляют контроль за исполнением доходной части бюджета.

Статья 17. Защита прав и интересов налогоплательщиков и государства

Защита прав и интересов налогоплательщиков и государства осуществляется в судебном или ином порядке, предусмотренном законодательными актами Российской Федерации.

Глава II

ВИДЫ НАЛОГОВ И КОМПЕТЕНЦИЯ ОРГАНОВ ГОСУДАРСТВЕННОЙ ВЛАСТИ

Статья 18. Виды налогов, взимаемых на территории Российской Федерации

1. В Российской Федерации взимаются:

а) федеральные налоги;

б) налоги республик в составе Российской Федерации и налоги краев, областей, автономной области, автономных округов;

в) местные налоги.

2. Компетенция органов государственной власти в решении вопросов о налогах определяется в соответствии с настоящим Законом и другими законодательными актами.

Органы государственной власти всех уровней не вправе вводить дополнительные налоги и обязательные отчисления, не предусмотренные законодательством Российской Федерации, равно как и повышать ставки установленных налогов и налоговых платежей.

Статья 19. Федеральные налоги

1. К федеральным относятся следующие налоги:

а) налог на добавленную стоимость;

б) акцизы на отдельные группы и виды товаров;

в) налог на доходы банков;

г) налог на доходы от страховой деятельности;

д) налог с биржевой деятельности (биржевой налог);

е) налог на операции с ценными бумагами;

ж) таможенная пошлина;

з) отчисления на воспроизводство минерально-сырьевой базы, зачисляемые в специальный внебюджетный фонд Российской Федерации;

и) платежи за пользование природными ресурсами, зачисляемые в федеральный бюджет, в республиканский бюджет республики в составе Российской Федерации, в краевые, областные бюджеты краев и областей, областной бюджет автономной области, окружные бюджеты автономных округов и районные бюджеты районов, в порядке и на условиях, предусмотренных законодательными актами Российской Федерации;

к) подоходный налог (налог на прибыль) с предприятий;

л) подоходный налог с физических лиц;

м) налоги, служащие источниками образования дорожных фондов, зачисляемые в эти фонды в порядке, определяемом законодательными актами о дорожных фондах в Российской Федерации;

н) гербовый сбор;

о) государственная пошлина;

п) налог с имущества, переходящего в порядке наследования и дарения;

р) сбор за использование наименований "Россия", "Российская Федерация" и образованных на их основе слов и словосочетаний.

2. Все суммы поступлений от налогов, указанных в подпунктах "а" – "ж" и "р" пункта 1 настоящей статьи, зачисляются в федеральный бюджет.

3. Налоги, указанные в подпунктах "к" и "л" пункта 1 настоящей статьи, являются регулирующими доходными источниками, а суммы отчислений по ним, зачисляемые непосредственно в республиканский бюджет республики в составе Российской Федерации, в краевые, областные бюджеты краев и областей, областной бюджет автономной области, окружные бюджеты автономных округов и бюджеты других уровней, определяются при утверждении республиканского бюджета республики в составе Российской Федерации, краевого, областного бюджета автономной области, окружных бюджетов автономных округов.

4. Все суммы поступлений от налогов, указанных в подпунктах "н" – "п" пункта 1 настоящей статьи, зачисляются в местный бюджет в порядке, определяемом при утверждении соответствующих бюджетов, если иное не установлено законом.

5. Федеральные налоги (в том числе размеры их ставок, объекты налогообложения, плательщики налогов) и порядок зачисления их в бюджет или во внебюджетный фонд устанавливаются законодательными актами Российской Федерации и взимаются на всей ее территории.

Статья 20. Налоги республик в составе Российской Федерации и налоги краев, областей, автономной области, автономных округов

1. К налогам республик в составе Российской Федерации, краев, областей, автономной области, автономных округов относятся следующие налоги:

а) налог на имущество предприятий. Сумма платежей по налогу равными долями зачисляется в республиканский бюджет республики в составе Российской Федерации, краевые, областные бюджеты краев и областей, областной бюджет автономной области, окружные бюджеты автономных округов и в районные бюджеты районов, городские бюджеты городов по месту нахождения плательщиков;

б) лесной доход;

в) плата за воду, забираемую промышленными предприятиями из водохозяйственных систем.

2. Налоги, указанные в пункте 1 настоящей статьи, устанавливаются законодательными актами Российской Федерации и взимаются на всей ее территории. При этом конкретные ставки этих налогов определяются законами республик в составе Российской Федерации или решениями органов государственной власти краев, областей, автономной области, автономных округов, если иное не установлено законодательными актами Российской Федерации.

Статья 21. Местные налоги

1. К местным относятся следующие налоги:

а) налог на имущество физических лиц. Сумма платежей по налогу зачисляется в местный бюджет по месту нахождения (регистрации) объекта налогообложения;

б) земельный налог. Порядок зачисления поступлений по налогу в соответствующий бюджет определяется законодательством о земле;

в) регистрационный сбор с физических лиц, занимающихся предпринимательской деятельностью. Сумма сбора зачисляется в бюджет по месту их регистрации;

г) налог на строительство объектов производственного назначения в курортной зоне;

д) курортный сбор;

е) сбор за право торговли. Сбор устанавливается районными, городскими (без районного деления), районными (в городе), поселковыми, сельскими представительными органами власти – местными Советами народных депутатов. Сбор уплачивается путем приобретения разового талона или временного патента и полностью зачисляется в соответствующий бюджет;

ж) целевые сборы с граждан и предприятий, учреждений, организаций независимо от их организационно-правовых форм на содержание милиции, на благоустройство территорий и другие цели.

Ставка сборов в год не может превышать размера трех процентов от 12 установленных законом размеров минимальной месячной оплаты труда для физического лица, а для юридического лица – размера одного процента от годового фонда заработной платы, рассчитанного исходя из установленного законом размера минимальной месячной оплаты труда.

112

Ставки в городах и районах устанавливаются соответствующими представительными органами власти – местными Советами народных депутатов, а в поселках и сельских населенных пунктах – на собраниях и сходах жителей;

з) налог на рекламу. Налог уплачивают юридические и физические лица, рекламирующие свою продукцию, по ставке, не превышающей 5 процентов стоимости услуг по рекламе;

и) налог на перепродажу автомобилей, вычислительной техники и персональных компьютеров. Налог уплачивают юридические и физические лица, перепродающие указанные товары, по ставке, не превышающей 10 процентов суммы сделки;

к) сбор с владельцев собак. Сбор вносят физические лица, имеющие в городах собак (кроме служебных), в размере, не превышающем 1/7 установленного законом размера минимальной месячной оплаты труда в год;

л) лицензионный сбор за право торговли винно-водочными изделиями. Сбор вносят юридические и физические лица, реализующие винно-водочные изделия населению, в размере: с юридических лиц – 50 установленных законом размеров минимальной месячной оплаты труда в год, с физических лиц – 25 установленных законом размеров минимальной месячной оплаты труда в год. При торговле этими лицами с временных торговых точек, обслуживающих вечера, балы, гулянья и другие мероприятия, – половины установленного законом размера минимальной месячной оплаты труда за каждый день торговли;

м) лицензионный сбор за право проведения местных аукционов и лотерей. Сбор вносят их устроители в размере, не превышающем 10 процентов стоимости заявленных к аукциону товаров или суммы, на которую выпущены лотерейные билеты;

н) сбор за выдачу ордера на квартиру. Сбор вносится физическими лицами при получении права на заселение отдельной квартиры в размере, не превышающем 3/4 установленного законом размера минимальной месячной оплаты труда в зависимости от общей площади и качества жилья;

о) сбор за парковку автотранспорта. Сбор вносят юридические и физические лица за парковку автомашин в специально оборудованных для этих целей местах в размерах, устанавливаемых представительными органами власти – местными Советами народных депутатов;

п) сбор за право использования местной символики. Сбор вносят производители продукции, на которой использована местная символика (гербы; виды городов, местностей, исторических памятников и прочее), в размере, не превышающем 0,5 процента стоимости реализуемой продукции;

р) сбор за участие в бегах на ипподромах. Сбор вносят юридические и физические лица, выставляющие своих лошадей на состязания коммерческого характера, в размерах, устанавливаемых местными органами государственной власти, на территории которых находится ипподром;

с) сбор за выигрыш на бегах. Сбор вносят лица, выигравшие в игре на тотализаторе на ипподроме, в размере, не превышающем 5 процентов суммы выигрыша;

т) сбор с лиц, участвующих в игре на тотализаторе на ипподроме. Сбор вносится в виде процентной надбавки к плате, установленной за участие в игре, в размере, не превышающем 5 процентов этой платы;

у) сбор со сделок, совершаемых на биржах, за исключением сделок, предусмотренных законодательными актами о налогообложении операций с ценными бумагами. Сбор вносят участники сделки в размере, не превышающем 0,1 процента суммы сделки;

ф) сбор за право проведения кино- и телесъемок. Сбор вносят коммерческие кино- и телеорганизации, производящие съемки, требующие от местных органов государственного управления осуществления организационных мероприятий (выделение нарядов милиции, оцепление территории съемок и прочее), в размерах, устанавливаемых представительными органами власти – местными Советами народных депутатов;

х) сбор за уборку территорий населенных пунктов. Сбор вносят юридические и физические лица (владельцы строений) в размере, устанавливаемом представительными органами власти – местными Советами народных депутатов;

ц) сбор за открытие игорного бизнеса (установка игровых автоматов и другого оборудования с вещевым или денежным выигрышем, карточных столов, рулетки и иных средств для игры). Плательщиками сбора являются юридические и физические лица – собственники указанных средств и оборудования независимо от места их установки. Ставки сбора и порядок его взимания устанавливаются представительными органами власти – местными Советами народных депутатов.

2. Налоги, указанные в подпунктах "а" – "в" пункта 1 настоящей статьи, устанавливаются законодательными актами Российской Федерации и взимаются на всей территории. При этом конкретные ставки этих налогов определяются законодательными актами республик в составе Российской Федерации или решениями органов государственной власти краев, областей, автономной области, автономных округов, районов, городов и иных администра-

тивно-территориальных образований, если иное не предусмотрено законодательным актом Российской Федерации.

3. Налоги, указанные в подпунктах "г" и "д" пункта 1 настоящей статьи, могут вводиться районными и городскими органами государственной власти, на территории которых находится курортная местность. Суммы налоговых платежей зачисляются в районные бюджеты районов и городские бюджеты городов.

В сельской местности сумма налоговых платежей равными долями зачисляется в бюджеты сельских населенных пунктов, поселков, городов районного подчинения и в районные бюджеты районов, краевые, областные бюджеты краев и областей, на территории которых находится курортная местность.

4. Налоги и сборы, предусмотренные в подпунктах "з" – "х" пункта 1 настоящей статьи, могут устанавливаться решениями районных и городских представительных органов власти – местных Советов народных депутатов.

Суммы платежей по налогам и сборам зачисляются в районные бюджеты районов, городские бюджеты городов либо по решению районных и городских органов государственной власти – в районные бюджеты районов (в городах), бюджеты поселков и сельских населенных пунктов.

5. Расходы предприятий и организаций по уплате налогов и сборов, указанных в подпунктах "ж", "з", "о", "ф" и "х" пункта 1 настоящей статьи, относятся на финансовые результаты деятельности предприятий, земельного налога – на себестоимость продукции (работ, услуг), остальные местные налоги и сборы уплачиваются предприятиями и организациями за счет части прибыли, остающейся после уплаты налога на прибыль (доход).

Глава III

ЗАКЛЮЧИТЕЛЬНЫЕ ПОЛОЖЕНИЯ

Статья 22. Порядок уплаты налогов

Уплата налога на доход (прибыль) юридического лица, являющийся в соответствии с законодательством источником нескольких налогов, производится в следующем порядке:

уплачиваются все поимущественные налоги, пошлины и другие платежи в соответствии с законодательными актами;

налогооблагаемый доход (прибыль) налогоплательщика уменьшается на сумму уплаченных в соответствии с абзацем вторым настоящей статьи налогов, после чего уплачиваются местные налоги, расходы по уплате которых в соответствии с пунктом 5 статьи 21 настоящего Закона относятся на финансовые результаты деятельности;

налогооблагаемый доход (прибыль) налогоплательщика уменьшается на сумму уплаченных местных налогов, указанных в абзаце третьем настоящей статьи, после чего уплачиваются в установленном порядке все остальные налоги, вносимые за счет дохода (прибыли);

подоходный налог (налог на прибыль) вносится за счет дохода (прибыли), остающегося после уплаты указанных в настоящей статье налогов.

Уплата налогов физическими лицами производится в порядке, установленном законодательством Российской Федерации, если иное не установлено законом.

Статья 23. Международные соглашения

1. Правительство Российской Федерации участвует в координации налоговой политики с другими государствами, входящими в Содружество Независимых Государств, а также заключает международные налоговые соглашения об избежании (устранении) двойного налогообложения с последующей ратификацией этих соглашений Верховным Советом Российской Федерации.

2. Если международными договорами Российской Федерации или бывшего СССР установлены иные правила, чем те, которые содержатся в законодательстве Российской Федерации по налогообложению, то применяются правила международного договора.

Статья 24. Контроль за взиманием налогов

Контроль за правильностью и своевременностью взимания в бюджет налогов осуществляется налоговым органом в соответствии с Законом Российской Федерации "О Государственной налоговой службе Российской Федерации" и иными законодательными актами.

Срок исковой давности по претензиям, предъявляемым к физическим лицам по взысканию налогов в бюджет, составляет три года. Бесспорный порядок взыскания недоимок по налогам с юридических лиц может быть применен в течение шести лет с момента образования указанной недоимки.

Отсрочки и рассрочки платежей по налогам в республиканский бюджет Российской Федерации даются Министерством финансов Российской Федерации, а по платежам в другие бюджеты – соответствующими финансовыми органами в порядке, предусмотренном законодательством, с уведомлением о принятых решениях налоговых органов.

С т а т ь я 2 5 . Издание методических указаний

Инструкции и методические указания по применению законодательства о налогах издаются Государственной налоговой службой Российской Федерации по согласованию с Министерством финансов Российской Федерации.

С т а т ь я 2 6 . Налоговая реформа

Система налогообложения действует без изменения вплоть до принятия Верховным Советом Российской Федерации специального решения о налоговой реформе в соответствии с Законом Российской Федерации "Об основах бюджетного устройства и бюджетного процесса в Российской Федерации".

ЗАКОН
"О ТОВАРНЫХ БИРЖАХ И БИРЖЕВОЙ ТОРГОВЛЕ"
Принят 20 февраля 1992
("Ведомости...", 1992, № 18, ст. 961)

Настоящий Закон направлен на урегулирование отношений по созданию и деятельности товарных бирж, биржевой торговли и обеспечение правовых гарантий для деятельности на товарных биржах.

Раздел I

ОБЩИЕ ПОЛОЖЕНИЯ

Статья 1. Законодательство о товарных биржах и биржевой торговле

Отношения, связанные с деятельность товарных бирж (их филиалов и других обособленных подразделений) и биржевой торговлей, регулируются настоящим Законом и иными актами законодательства Российской Федерации, а также учредительными документами бирж, правилами биржевой торговли и другими внутренними документами бирж, принятыми в соответствии с законодательством.

Отношения, связанные с деятельностью бирж труда, фондовых и валютных бирж, а также фондовых и валютных секций (отделов, отделений) товарных, товарно-фондовых и универсальных бирж, настоящим Законом не регулируются.

Статья 2. Понятие товарной биржи

1. Под товарной биржей в целях настоящего Закона понимается организация с правами юридического лица, формирующая оптовый рынок путем организации и регулирования биржевой торговли, осуществляемой в форме гласных публичных торгов, проводимых в заранее определенном месте и в определенное время по установленным ею правилам.

2. Товарная биржа может иметь филиалы и другие обособленные подразделения, учреждаемые в соответствии с законодательством.

Товарная биржа далее по тексту именуется также «биржа».

Статья 3. Сфера деятельности товарной биржи

1. Биржа вправе осуществлять деятельность, непосредственно связанную с организацией и регулированием биржевой торговли, за исключением деятельности, предусмотренной пунктами 2 и 3 настоящей статьи.

2. Биржа не может осуществлять торговую, торгово-посредническую и иную деятельность, непосредственно не связанную с организацией биржевой торговли. Данное ограничение не распространяется на юридическое и физическое лицо, являющееся членом биржи.

3. Биржа не вправе осуществлять вклады, приобретать доли (паи), акции предприятий, учреждений и организаций, если указанные предприятия, учреждения и организации не ставят целью осуществление деятельности, предусмотренной пунктом 1 настоящей статьи.

Статья 4. Биржевые союзы, ассоциации и другие объединения

1. Биржи могут создавать союзы, ассоциации и иные объединения для координации своей деятельности, защиты интересов своих членов и осуществления совместных программ, в том числе для организации совместных торгов.

2. Запрещается создание биржевых союзов, ассоциаций и других объединений, если их образование противоречит требованиям антимонопольного законодательства Российской Федерации и настоящему закону, а также являются недействительными соглашения и

действия бирж, имеющие целью или влекущие за собой устранение либо ограничение конкуренции в биржевой торговле.

С т а т ь я 5. Ограничение использования слов «биржа» и «товарная биржа» в наименованиях предприятий, учреждений и организаций

Предприятия, учреждения и организации, не отвечающие требованиям, установленным статьями 2 и 3 настоящего Закона, а также их филиалы и другие обособленные подразделения не имеют права на организацию биржевой торговли, использование в своем названии слов «биржа» или «товарная биржа» и не подлежат государственной регистрации под наименованиями, включающими эти слова в любых сочетаниях.

С т а т ь я 6. Биржевой товар

1. Под биржевым товаром в целях настоящего Закона понимается не изъятый из оборота товар определенного рода и качества, в том числе стандартный контракт и коносамент на указанный товар, допущенный в установленном порядке биржей к биржевой торговле.

2. Биржевым товаром не могут быть недвижимое имущество и объекты интеллектуальной собственности.

С т а т ь я 7. Биржевая сделка

1. Биржевой сделкой является зарегистрированный биржей договор (соглашение), заключаемый участниками биржевой торговли в отношении биржевого товара в ходе биржевых торгов. Порядок регистрации и оформления биржевых сделок устанавливается биржей.

2. Сделки, совершенные на бирже, но не соответствующие требованиям, предусмотренным пунктом 1 настоящей статьи, не являются биржевыми. Гарантии биржи на такие сделки не распространяются.

Биржа вправе применять санкции к участникам биржевой торговли, совершающим небиржевые сделки на данной бирже.

3. Биржевые сделки не могут совершаться от имени и за счет биржи.

С т а т ь я 8. Виды биржевых сделок

В целях настоящего Закона участниками биржевой торговли в ходе биржевых торгов могут совершаться сделки, связанные с:

взаимной передачей прав и обязанностей в отношении реального товара;

взаимной передачей прав и обязанностей в отношении реального товара с отсроченным сроком его поставки (форвардные сделки);

взаимной передачей прав и обязанностей в отношении стандартных контрактов на поставку биржевого товара (фьючерсные сделки);

уступкой прав на будущую передачу прав и обязанностей в отношении биржевого товара или контракта на поставку биржевого товара (опционные сделки);

а также другие сделки в отношении биржевого товара, контрактов или прав, установленные в правилах биржевой торговли.

С т а т ь я 9. Биржевое посредничество на товарных биржах

1. Биржевая торговля осуществляется путем:

совершения биржевых сделок биржевым посредником от имени клиента и за его счет, от имени клиента и за свой счет или от своего имени и за счет клиента (брокерской деятельности);

совершения биржевых сделок биржевым посредником от своего имени и за свой счет с целью последующей перепродажи на бирже (дилерской деятельности).

2. Биржевое посредничество в биржевой торговле осуществляется исключительно биржевыми посредниками.

С т а т ь я 10. Биржевые посредники

1. Под биржевыми посредниками в целях настоящего Закона понимаются брокерские фирмы, брокерские конторы и независимые брокеры.

2. Брокерская фирма является предприятием, созданным в соответствии с Законом Российской Федерации «О предприятиях и предпринимательской деятельности».

3. Брокерской конторой в целях настоящего Закона является филиал или другое обособленное подразделение предприятия, учреждения, организации, имеющее отдельный баланс и расчетный счет.

4. Независимым брокером является физическое лицо, зарегистрированное в установленном порядке в качестве предпринимателя, осуществляющего свою деятельность без образования юридического лица.

Раздел II

УЧРЕЖДЕНИЯ, ОРГАНИЗАЦИЯ И ПОРЯДОК ПРЕКРАЩЕНИЯ ДЕЯТЕЛЬНОСТИ ТОВАРНОЙ БИРЖИ

Статья 11. Учреждение товарной биржи

1. Биржа может учреждаться юридическими и (или) физическими лицами и подлежит государственной регистрации в установленном порядке.

2. В учреждении биржи не могут участвовать:

высшие и местные органы государственной власти и управления;

банки и кредитные учреждения, получившие в установленном порядке лицензию на осуществление банковских операций;

страховые и инвестиционные компании и фонды;

общественные, религиозные и благотворительные объединения (организации) и фонды;

физические лица, которые в силу закона не могут осуществлять предпринимательскую деятельность.

3. Доля каждого учредителя или члена биржи в ее уставном капитале не может превышать десяти процентов.

Статья 12. Лицензия на организацию биржевой торговли

1. Биржевая торговля может осуществляться на биржах только на основе лицензии, выдаваемой в установленном порядке Комиссией по товарным биржам при Государственном комитете Российской Федерации по антимонопольной политике и поддержке новых экономических структур.

Биржа вправе подать заявление о предоставлении ей лицензии, если к моменту обращения сумма вкладов в уставный капитал составляет не менее пятидесяти процентов его объявленной суммы.

2. Лицензия на организацию биржевой торговли выдается бирже после установления соответствия ее учредительных документов и правил биржевой торговли настоящему Закону и другим законодательным актам Российской Федерации, а также при условии соответствующего оформления документов и представления их в Комиссию не позднее чем через два месяца со дня подачи заявления на получение лицензии.

3. Комиссия по товарным биржам вправе запрашивать у высших и местных органов государственной власти и управления, в том числе министерств и ведомств Российской Федерации, Советов Министров республик в составе Российской Федерации, а также банков, других предприятий, учреждений и организаций информацию, подтверждающую достоверность сведений, сообщаемых заявителем.

4. В случае отказа в выдаче лицензии биржа имеет право обратиться повторно в Комиссию по товарным биржам с заявлением о предоставлении ей лицензии, которое рассматривается в течение одного месяца со дня получения повторного заявления на выдачу лицензии.

Биржа вправе обжаловать в судебном порядке решение Комиссии об отказе в выдаче лицензии.

5. Порядок выдачи, аннулирования и приостановки действия лицензии определяется Положением о лицензировании товарных бирж, которое утверждается Верховным Советом Российской Федерации.

Статья 13. Ликвидация товарной биржи

Ликвидация биржи может быть осуществлена по решению высшего органа управления биржи, а также судом или арбитражным судом в порядке и на условиях, предусмотренных законодательными актами Российской Федерации.

Статья 14. Члены товарной биржи

1. Членами биржи в целях настоящего Закона могут быть юридические или физические лица (за исключением перечисленных в пункте 2 настоящей статьи), которые участвуют в формировании уставного капитала биржи либо вносят членские или иные целевые взносы в имущество биржи и стали членами биржи в порядке, предусмотренном ее учредительными документами.

2. Членами товарной биржи не могут быть:

служащие данной или какой-либо другой товарной биржи;

предприятия, учреждения и организации, если их руководители (заместители их руководителей или руководители их филиалов и других обособленных подразделений) являются служащими данной биржи;

высшие и местные органы государственной власти и управления;

банки и кредитные учреждения, получившие в установленном порядке лицензию на осуществление банковских операций, страховые и инвестиционные компании и фонды. При этом указанные учреждения могут быть членами фондовых и валютных секций (отделов, отделений) товарных бирж;

общественные, религиозные и благотворительные объединения (организации) и фонды;

физические лица, которые в силу закона не могут осуществлять предпринимательскую деятельность.

3. Членство на бирже дает право:

участвовать в биржевой торговле в соответствии с настоящим Законом;

участвовать в принятии решений на общих собраниях членов биржи, а также в работе других органов управления биржей – в соответствии с положениями, установленными в учредительных документах, и другими правилами, действующими на бирже;

получать дивиденды, если они предусмотрены учредительными документами биржи, и другие права, предусмотренные учредительными документами биржи.

4. Членство на бирже возникает в порядке и на условиях, установленных учредительными документами биржи, и подтверждается соответствующим свидетельством, выдаваемым биржей.

5. Порядок прекращения членства, а также полной или частичной уступки прав члена биржи определяется биржей с учетом требований, предусмотренных пунктами 6 и 7 настоящей статьи.

6. Уступка права на участие в биржевой торговле без передачи или продажи свидетельств (титулов) собственности на долю уставного капитала и прав на участие в управлении биржей не допускается, за исключением случаев, предусмотренных настоящим Законом.

7. Члены биржи в целях настоящего Закона имеют право сдавать в аренду (уступать на определенный договором срок) свое право на участие в биржевой торговле только одному юридическому или физическому лицу. Договор подлежит регистрации на бирже. Субаренда (переуступка) прав на участие в биржевой торговле не допускается.

8. Отказ биржи утвердить в членстве, равно как и ее решение об исключении члена биржи или о приостановке членства по основаниям, не предусмотренным уставом биржи, могут быть обжалованы в суд.

9. Члены биржи, являющиеся учредителями биржи, могут иметь особые права и обязанности на бирже вне сферы биржевой торговли при условии, что эти права и обязанности определены в уставе биржи и не нарушают равенства прав учредителей и других членов биржи в биржевой торговле. Указанные права предоставляются учредителям не более чем на три года с момента государственной регистрации биржи.

Статья 15. Категории членов товарной биржи

На бирже могут быть следующие категории членов биржи:

полные члены – с правом на участие в биржевых торгах во всех секциях (отделах, отделениях) биржи и на определенное учредительными документами биржи количество голосов на общем собрании членов биржи и на общих собраниях членов секций (отделов, отделений) биржи;

неполные члены – с правом на участие в биржевых торгах в соответствующей секции (отделе, отделении) и на определенное учредительными документами биржи количество голосов на общем собрании членов биржи и общим собрании членов секции (отдела, отделения) биржи.

Статья 16. Общее собрание членов товарной биржи

1. Общее собрание членов биржи является высшим органом управления биржей.

2. Общее собрание членов биржи обеспечивает реализацию всех прав и обязанностей биржи и ее членов.

Статья 17. Устав товарной биржи

В уставе биржи должны быть определены:

структура управления и органы контроля биржи, их функции и правомочия, порядок принятия решений;

размер уставного капитала;

перечень и порядок формирования постоянных фондов;

максимальное количество членов биржи;

порядок приема в члены биржи, приостановки и прекращения членства;

права и обязанности членов биржи и других участников биржевой торговли;

порядок разрешения споров между участниками биржевой торговли по биржевым сделкам, деятельности биржи, ее филиалов и других обособленных подразделений.

Статья 18. Правила биржевой торговли

В правилах биржевой торговли должны быть определены:

порядок проведения биржевых торгов;

виды биржевых сделок;

наименование товарных секций;

перечень основных структурных подразделений биржи;

порядок информирования участников биржевой торговли о предстоящих биржевых торгах;

порядок регистрации и учета биржевых сделок;

порядок котировки цен биржевых товаров;

порядок информировании участников биржевой торговли о биржевых сделках на предшествующих биржевых торгах, в том числе о ценах биржевых сделок и о котировке биржевых цен;

порядок информирования членов биржи и других участников биржевой торговли о товарных рынках и рыночной конъюнктуре биржевых товаров;

порядок взаимных расчетов членов биржи и других участников биржевой торговли при заключении биржевых сделок;

меры по контролю над процессом ценообразования на бирже в целях недопущения резкого дневного повышения или понижения уровней цен, искусственного завышения или занижения цен, сговора или распространения ложных слухов с целью воздействия на цены;

меры, обеспечивающие порядок и дисциплину на биржевых торгах, а также порядок и условия применения этих мер;

меры, обеспечивающие соблюдение членами биржи, другими участниками биржевой торговли решений органов государственной власти и управления по вопросам, относящимся к деятельности бирж, учредительных документов биржи, правил биржевой торговли, решений общего собрания членов биржи и других органов управления биржей;

перечень нарушений, за которые биржей взыскиваются штрафы с участников биржевой торговли, а также размеры штрафов и порядок их взимания;

размеры отчислений, сборов, тарифов и других платежей и порядок их взимания биржей.

Раздел III

ОРГАНИЗАЦИЯ БИРЖЕВОЙ ТОРГОВЛИ И ЕЕ УЧАСТНИКИ

С т а т ь я 19. Участники биржевой торговли

1. Участниками биржевой торговли в целях настоящего Закона являются члены биржи, постоянные и разовые посетители.

2. Посетители биржевых торгов участвуют в биржевой торговле с учетом ограничений, предусмотренных статьей 21 настоящего Закона.

3. Иностранные юридические и физические лица, не являющиеся членами бирж, могут участвовать в биржевой торговле исключительно через биржевых посредников.

С т а т ь я 20. Участие членов товарной биржи в биржевой торговле

1. Члены биржи, являющиеся брокерскими фирмами или независимыми брокерами, осуществляют биржевую торговлю непосредственно от своего имени и за свой счет, или от имени клиента и за его счет, или от своего имени за счет клиента, или от имени клиента за свой счет.

2. Члены биржи, не являющиеся брокерскими фирмами или независимыми брокерами, участвуют в биржевой торговле:

непосредственно от своего имени – только при торговле реальным товаром, исключительно за свой счет, без права на биржевое посредничество;

через организуемые ими брокерские конторы;

на договорной основе с брокерскими фирмами, брокерскими конторами и независимыми брокерами, осуществляющими свою деятельность на данной бирже.

С т а т ь я 21. Посетители биржевых торгов

1. Под посетителями биржевых торгов в целях настоящего Закона понимаются юридические и физические лица, не являющиеся членами биржи и имеющие в соответствии с учредительными документами биржи право на совершение биржевых сделок. Посетители биржевых торгов могут быть постоянными и разовыми.

2. Постоянные посетители, являющиеся брокерскими фирмами, брокерскими конторами или независимыми брокерами, вправе осуществлять биржевое посредничество в порядке и на условиях, установленных настоящим Законом для членов биржи с учетом особенностей, предусмотренных пунктами 3 и 4 настоящей статьи.

3. Постоянные посетители не участвуют в формировании уставного капитала и управлении биржей.

Постоянные посетители пользуются услугами биржи и обязаны вносить плату за право на участие в биржевой торговле в размере, определенном соответствующим органом управления биржи.

Предоставление постоянному посетителю права на участие в биржевых торгах на срок более трех лет не допускается.

4. Число постоянных посетителей не должно превышать тридцати процентов от общего числа членов биржи.

5. Разовые посетители биржевых торгов имеют право на совершение сделок только на реальный товар, от своего имени и за свой счет.

С т а т ь я 2 2 . Биржевые брокеры

Биржевые сделки совершаются в ходе биржевых торгов через биржевых брокеров.

Биржевыми брокерами являются служащие или представители предприятий, учреждений и организаций – членов биржи и биржевых посредников, а также независимые брокеры.

С т а т ь я 2 3 . Лицензирование биржевых посредников, биржевых брокеров

Совершение фьючерсных и опционных сделок в биржевой торговле осуществляется биржевыми посредниками, биржевыми брокерами на основе лицензий, выдаваемых Комиссией по товарным биржам.

Положение о лицензии на совершение фьючерсных и опционных сделок в биржевой торговле биржевыми посредниками, биржевыми брокерами утверждается Верховным Советом Российской Федерации.

Комиссия по товарным биржам вправе делегировать брокерским гильдиям или их ассоциациям свои права на выдачу лицензий биржевым посредникам, биржевым брокерам.

С т а т ь я 2 4 . Учет биржевых сделок биржевыми посредниками

Брокерские фирмы, брокерские конторы и независимые брокеры обязаны вести учет совершаемых в биржевой торговле биржевых сделок по каждому клиенту и хранить сведения об этих сделках в течение пяти лет со дня совершения сделки.

Брокерские фирмы, брокерские конторы и независимые брокеры обязаны предоставлять указанные сведения по требованию Комиссии по товарным биржам.

С т а т ь я 2 5 . Отношения между биржевыми посредниками и их клиентами

1. Отношения между биржевыми посредниками и их клиентами определяются на основе соответствующего договора.

2. Биржа в пределах своих полномочий может регламентировать взаимоотношения биржевых посредников и их клиентов, применять в установленном порядке санкции к биржевым посредникам, нарушающим установленные ею правила взаимоотношений биржевых посредников с их клиентами.

3. Биржевые посредники вправе требовать от своих клиентов внесения гарантийных взносов на свои расчетные счета, открытые в расчетных учреждениях (клиринговых центрах), а также предоставления прав на распоряжение ими от имени биржевого посредника в соответствии с данным ему поручением.

С т а т ь я 2 6 . Брокерские гильдии и их ассоциации

1. Биржевые посредники, биржевые брокеры вправе создавать брокерские гильдии, в частности при биржах. Брокерские гильдии могут объединяться в ассоциации.

2. Брокерские гильдии и их ассоциации создаются в порядке и на условиях, установленных законодательством для общественных объединений (организаций).

С т а т ь я 2 7 . Товарная экспертиза на товарной бирже

Биржа по требованию участника биржевой торговли обязана организовать экспертизу качества реальных товаров, реализуемых через биржевые торги.

С т а т ь я 2 8 . Гарантии в биржевой торговле при совершении форвардных, фьючерсных и опционных сделок

1. Биржа в целях обеспечения исполнения совершаемых на ней форвардных, фьючерсных и опционных сделок обязана организовать расчетное обслуживание путем создания расчетных учреждений (клиринговых центров), создаваемых в установленном порядке, или заключения договора с банком или кредитным учреждением об организации расчетного (клирингового) обслуживания.

2. Клиринговые центры могут создаваться как независимые от биржи организации биржевых посредников.

3. Клиринговые центры вправе:

устанавливать виды, размеры и порядок взимания взносов, гарантирующих исполнение форвардных, фьючерсных и опционных сделок и возмещение ущерба, возникшего в результате полного или частичного неисполнения обязательств по этим сделкам, а также определять другие финансовые обязательства участников этих сделок;

осуществлять в установленном порядке кредитование и страхование участников форвардных, фьючерсных и опционных сделок в пределах, необходимых для гарантирования этих сделок, а также возмещения ущерба в случае их неисполнения.

С т а т ь я 29. Гарантии свободных цен в биржевой торговле

1. Биржа имеет право на самостоятельное и свободное установление:

отчислений в пользу биржи от комиссионных, получаемых биржевыми посредниками в вознаграждение за посреднические операции на бирже;

сборов, тарифов и других платежей, взимаемых в пользу биржи с ее членов и других участников биржевой торговли за услуги, оказываемые биржей и ее подразделениями;

штрафов, взимаемых за нарушение устава биржи, правил биржевой торговли и других правил, установленных внутренними документами биржи.

2. Бирже запрещается устанавливать:

уровни и пределы цен на биржевой товар в биржевой торговле;

размеры вознаграждения, взимаемого биржевыми посредниками за посредничество в биржевых сделках.

С т а т ь я 30. Разрешение споров на товарной бирже

1. Споры, связанные с заключением биржевых сделок, рассматриваются в биржевой арбитражной комиссии, в суде, арбитражном суде.

2. Биржевая арбитражная комиссия создается как орган, осуществляющий примирение сторон или выполняющий иные функции третейского суда.

3. Положение о биржевой арбитражной комиссии и о порядке рассмотрения споров утверждается биржей в соответствии с законодательством.

4. Решение биржевой арбитражной комиссии может быть оспорено в установленном порядке в суде, арбитражном суде.

С т а т ь я 31. Внешнеэкономическая деятельность товарных бирж

1. Биржа вправе заключать от своего имени соглашения о сотрудничестве с иностранными юридическими и физическими лицами в пределах прав, предоставленных ей настоящим Законом и иными актами законодательства, в том числе заключать соглашения об импорте товаров, предназначенных для осуществления деятельности биржи в соответствии со статьей 2 настоящего закона, без права выставления этих товаров на биржевые торги.

Биржа не имеет права на импорт товаров, предназначенных для выставления на биржевые торги или для использования в целях, не предусмотренных настоящей статьей.

2. Экспорт и импорт товаров, предназначенных для выставления на биржевые торги, осуществляются биржевыми посредниками или их клиентами в порядке, установленном законодательством и настоящим Законом.

С т а т ь я 32. Служащие товарной биржи

1. Служащими товарной биржи являются физические лица, участвующие в ее деятельности на основе трудового договора в форме контракта.

Условия труда служащих биржи регулируются трудовым договором в форме контракта в соответствии с настоящим Законом и иными законодательными актами.

2. Служащим биржи запрещается участвовать в биржевых сделках и создавать собственные брокерские фирмы, а также использовать служебную информацию в собственных интересах.

Раздел IV

ГОСУДАРСТВЕННОЕ РЕГУЛИРОВАНИЕ ДЕЯТЕЛЬНОСТИ ТОВАРНЫХ БИРЖ

С т а т ь я 33. Комиссия по товарным биржам

1. Для осуществления государственного регулирования и контроля деятельности товарных бирж при Государственном комитете Российской Федерации по антимонопольной политике и поддержке новых экономических структур создается Комиссия по товарным биржам.

2. Положение о Комиссии по товарным биржам и ее структура утверждаются Верховным Советом Российской Федерации.

3. Председатель Комиссии по товарным биржам утверждается Верховным Советом Российской Федерации сроком на пять лет по представлению Государственного комитета Российской Федерации по антимонопольной политике и поддержке новых экономических структур. Верховный Совет Российской Федерации может досрочно освободить председателя Комиссии от занимаемой должности без вывода его из состава Комиссии.

4. В состав Комиссии по товарным биржам включаются представители государственных органов, деятельность которых связана с регулированием товарных рынков, представители биржевых союзов, ассоциаций и иных общественных объединений предпринимателей, а также эксперты.

Статья 34. Функции Комиссии по товарным биржам

1. Комиссия по товарным биржам:

выдает лицензии на организацию биржевой торговли;

осуществляет или контролирует лицензирование биржевых посредников, биржевых брокеров;

контролирует соблюдение законодательства о биржах;

организует изучение деятельности и развития бирж;

разрабатывает методические рекомендации по подготовке биржевых документов;

организует рассмотрение в Комиссии жалоб участников биржевой торговли на злоупотребления и нарушение законодательства в биржевой торговле.

2. Комиссия по товарным биржам разрабатывает и представляет в постоянные комиссии палат и комитеты Верховного Совета Российской Федерации предложения по совершенствованию законодательства о товарных биржах.

Статья 35. Полномочия Комиссии по товарным биржам

Комиссия по товарным биржам вправе:

отказать бирже в выдаче лицензии на организацию биржевой торговли в случае несоответствия ее учредительных документов и правил биржевой торговли требованиям, установленным пунктом 2 статьи 12 настоящего Закона, а также отложить выдачу этой лицензии при нарушении Положения о лицензировании товарных бирж;

аннулировать выданную бирже лицензию или приостановить ее действие, если биржа нарушает законодательство;

направить бирже обязательное для исполнения предписание об отмене или изменении положений учредительных документов, правил биржевой торговли, решений общего собрания членов биржи и других органов управления биржей, или прекращения деятельности, которая противоречит законодательству;

направить биржевому посреднику обязательное для исполнения предписание о прекращении деятельности, которая противоречит законодательству;

применять к бирже или биржевому посреднику соответствующие санкции в случае нарушения ими законодательства, неисполнения или несвоевременного исполнения предписаний Комиссии;

назначать государственного комиссара на биржу;

организовывать по согласованию с органами финансового контроля Российской Федерации аудиторские проверки деятельности бирж и биржевых посредников;

требовать от бирж, расчетных учреждений (клиринговых центров) и биржевых посредников представления учетной документации;

направлять в суд или арбитражный суд материалы для применения предусмотренных законом санкций к биржам и их членам, нарушившим законодательство, а в случае обнаружения признаков преступления передавать материалы в соответствующие правоохранительные органы.

Статья 36. Санкции за нарушение настоящего Закона

1. Комиссия по товарным биржам вправе применить к бирже санкцию в виде приостановки действия лицензии, выданной бирже, на срок до трех месяцев в случаях нарушения положений, предусмотренных пунктами 2, 3 статьи 3; пунктом 2 статьи 4; пунктом 3 статьи 7; пунктом 3 статьи 11; пунктами 2 (абзацы третий, четвертый и пятый) и 7 статьи 14; пунктом 2 (абзац первый) статьи 20; пунктом 1 статьи 28; пунктом 2 статьи 29; пунктом 1 статьи 31 настоящего Закона.

2. В случае, если биржа продолжает допускать нарушение положений настоящего Закона, перечисленных в пункте 1 настоящей статьи, Комиссия вправе аннулировать выданную бирже лицензию на организацию биржевой торговли.

3. Комиссия по товарным биржам вправе применить к бирже санкцию в виде штрафа в случаях:

проведения биржевых торгов без лицензии или в случае аннулирования или приостановки ее действия – в размере ста тысяч рублей;

нарушения порядка информирования членов биржи и участников биржевой торговли о предстоящих и предшествовавших торгах – в размере тридцати тысяч рублей;

нарушения установленного биржей порядка контроля за механизмом ценообразования – в размере пятидесяти тысяч рублей;

непредставления Комиссии в течение недели информации или документации, требуемой от биржи в соответствии со статьей 35 настоящего Закона,– в размере двадцати пяти тысяч рублей;

нарушения положений учредительных документов биржи о максимальном количестве ее членов – в размере ста тысяч рублей;

использования юридическими лицами в их наименовании и (или) рекламе слов «биржа» или «товарная биржа», за исключением случаев, предусмотренных статьей 1 настоящего Закона,– в размере пятисот тысяч рублей;

использования биржей, не имеющей лицензии на организацию биржевой торговли, в своем наименовании и (или) рекламе слова «биржа» – по истечении трех месяцев со дня ее государственной регистрации, в размере пятисот тысяч рублей.

4. Полученные Комиссией по товарным биржам, ее должностными лицами и служащими от биржи и (или) биржевого брокера, биржевого посредника и других участников биржевой торговли данные рассматриваются как конфиденциальные и не подлежащие оглашению без согласия последних.

Комиссии, ее должностным лицам и служащим запрещается разглашать информацию о товарных биржах и (или) биржевых брокерах, биржевых посредниках и других участниках биржевой торговли, содержащую их коммерческую тайну.

5. Санкции, предусмотренные настоящей статьей, применяются в судебном порядке.

6. Суммы штрафов, взысканные в соответствии с настоящей статьей, перечисляются в республиканский бюджет Российской Федерации.

Статья 37. Государственный комиссар на товарной бирже

1. Государственный комиссар на бирже осуществляет непосредственный контроль за соблюдением биржей и биржевыми посредниками законодательства.

2. Государственный комиссар на бирже вправе:

присутствовать на биржевых торгах;

участвовать в общих собраниях членов биржи и общих собраниях членов секций (отделов, отделений) биржи с правом совещательного голоса;

знакомиться с информацией о деятельности биржи, включая все протоколы собраний и заседаний органов управления биржей и их решения, в том числе конфиденциального характера;

вносить предложения и делать представления руководству биржи;

вносить предложения в Комиссию по товарным биржам;

осуществлять контроль за исполнением решений Комиссии по товарным биржам.

3. Права и обязанности государственного комиссара определяются настоящим Законом и положением о государственном комиссаре, утверждаемым Верховным Советом Российской Федерации по представлению Комиссии по товарным биржам.

4. Государственный комиссар не вправе принимать самостоятельно решения, обязательные к исполнению.

Статья 38. Гарантия самоуправления товарных бирж

1. Вмешательство высших и местных органов государственной власти и управления в деятельность бирж, за исключением случаев нарушения настоящего Закона и других актов законодательства, не допускается.

2. Решения высших и местных органов государственной власти и управления, имеющие следствием неисполнение и (или) нанесение ущерба сторонам биржевых сделок, признаются незаконными в судебном порядке.

Высшие и местные органы государственной власти и управления, а также их должностные лица, деяния которых повлекли за собой неисполнение биржевых сделок и (или) нанесение ущерба сторонам сделки, несут полную ответственность и возмещают нанесенный ущерб в полном объеме, включая упущенную выгоду. Ущерб возмещается из соответствующих бюджетов.

ПАТЕНТНЫЙ ЗАКОН РОССИЙСКОЙ ФЕДЕРАЦИИ
Принят 23 сентября 1992
("Ведомости...", 1992, № 42, ст. 2319)

Раздел I

ОБЩИЕ ПОЛОЖЕНИЯ

Статья 1. Отношения, регулируемые настоящим Законом

Настоящим Законом и принимаемыми на его основе законодательными актами республик в составе Российской Федерации регулируются имущественные, а также связанные с ними личные неимущественные отношения, возникающие в связи с созданием, правовой охраной и использованием изобретений, полезных моделей и промышленных образцов (далее по тексту также – объекты промышленной собственности).

Статья 2. Государственное патентное ведомство Российской Федерации

Государственное патентное ведомство Российской Федерации (далее – Патентное ведомство) в соответствии с настоящим Законом осуществляет единую политику в области охраны объектов промышленной собственности в Российской Федерации, принимает к рассмотрению заявки на изобретения, полезные модели и промышленные образцы, проводит по ним экспертизу, государственную регистрацию, выдает патенты, публикует официальные сведения, издает патентные правила и разъяснения по применению настоящего Закона и выполняет другие функции в соответствии с положением о нем, утверждаемым Президентом Российской Федерации.

Источниками финансирования деятельности Патентного ведомства являются патентные пошлины, средства республиканского бюджета Российской Федерации, а также плата за услуги и материалы, предоставляемые Патентным ведомством.

Статья 3. Правовая охрана изобретения, полезной модели, промышленного образца

1. Права на изобретение, полезную модель, промышленный образец охраняет закон и подтверждает патент на изобретение, свидетельство на полезную модель или патент на промышленный образец (далее – патент).

2. Патент удостоверяет приоритет, авторство изобретения, полезной модели или промышленного образца и исключительное право на их использование.

3. Патент на изобретение действует в течение двадцати лет, считая с даты поступления заявки в Патентное ведомство.

Свидетельство на полезную модель действует в течение пяти лет, считая с даты поступления заявки в Патентное ведомство. Действие свидетельства на полезную модель продлевается Патентным ведомством по ходатайству патентообладателя, но не более чем на три года.

Патент на промышленный образец действует в течение десяти лет, считая с даты поступления заявки в Патентное ведомство. Действие патента на промышленный образец продлевается Патентным ведомством по ходатайству патентообладателя, но не более чем на пять лет.

4. Объем правовой охраны, предоставляемой патентом на изобретение и свидетельством на полезную модель, определяется их формулой, а патентом на промышленный образец – совокупностью его существенных признаков, отображенных на фотографиях изделия (макета, рисунка).

5. Правовая охрана в соответствии с настоящим Законом не предоставляется изобретениям, полезным моделям, промышленным образцам, признанным государством секретными. Порядок обращения с секретными изобретениями, полезными моделями, промышленными образцами регулируется специальным законодательством Российской Федерации.

Раздел II

УСЛОВИЯ ПАТЕНТОСПОСОБНОСТИ

С т а т ь я 4. Условия патентоспособности изобретения

1. Изобретению предоставляется правовая охрана, если оно является новым, имеет изобретательский уровень и промышленно применимо.

Изобретение является новым, если оно не известно из уровня техники.

Изобретение имеет изобретательский уровень, если оно для специалиста явным образом не следует из уровня техники.

Уровень техники включает любые сведения, ставшие общедоступными в мире до даты приоритета изобретения.

При установлении новизны изобретения в уровень техники включаются при условии их более раннего приоритета все поданные в Российской Федерации другими лицами заявки на изобретения и полезные модели (кроме отозванных), а также запатентованные в Российской Федерации изобретения и полезные модели.

Изобретение является промышленно применимым, если оно может быть использовано в промышленности, сельском хозяйстве, здравоохранении и других отраслях деятельности.

Не признается обстоятельством, препятствующим признанию патентоспособности изобретения, такое раскрытие информации, относящейся к изобретению, автором, заявителем или любым лицом, получившим от них прямо или косвенно эту информацию, при котором сведения о сущности изобретения стали общедоступными, если заявка на изобретение подана в Патентное ведомство не позднее шести месяцев с даты раскрытия информации. При этом обязанность доказывания данного факта лежит на заявителе.

2. Объектами изобретения могут являться: устройство, способ, вещество, штамм микроорганизма, культуры клеток растений и животных, а также применение известного ранее устройства, способа, вещества, штамма по новому назначению.

3. Не признаются патентоспособными изобретениями:

научные теории и математические методы;

методы организации и управления хозяйством;

условные обозначения, расписания, правила;

методы выполнения умственных операций;

алгоритмы и программы для вычислительных машин;

проекты и схемы планировки сооружений, зданий, территорий, решения, касающиеся только внешнего вида изделий, направленные на удовлетворение эстетических потребностей;

топологии интегральных микросхем;

сорта растений и породы животных;

решения, противоречащие общественным интересам, принципам гумманности и морали.

С т а т ь я 5. Условия патентоспособности полезной модели

1. К полезным моделям относится конструктивное выполнение средств производства и предметов потребления, а также их составных частей.

Полезной модели предоставляется правовая охрана, если она является новой и промышленно применимой.

Полезная модель является новой, если совокупность ее существенных признаков не известна из уровня техники.

Уровень техники включает ставшие общедоступными до даты приоритета полезной модели опубликованные в мире сведения о средствах того же назначения, что и заявленная полезная модель, а также сведения об их применении в Российской Федерации. В уровень техники включаются при условии их более раннего приоритета все поданные в Российской Федерации другими лицами заявки на изобретения и полезные модели (кроме отозванных), а также запатентованные в Российской Федерации изобретения и полезные модели.

Полезная модель является промышленно применимой, если она может быть использована в промышленности, сельском хозяйстве, здравоохранении и других отраслях деятельности.

Не признается обстоятельством, препятствующим признанию патентоспособности полезной модели, такое раскрытие информации, относящейся к полезной модели, автором, заявителем или любым лицом, получившим от них прямо или косвенно эту информацию, при котором сведения о сущности полезной модели стали общедоступными, если заявка на полезную модель подана в Патентное ведомство не позднее шести месяцев с даты раскрытия информации. При этом обязанность доказывания данного факта лежит на заявителе.

2. В качестве полезных моделей не охраняются:

способы, вещества, штаммы микроорганизмов, культур клеток растений и животных, а также их применение по новому назначению;

объекты, указанные в пункте 3 статьи 4 настоящего Закона.

Статья 6. Условия патентоспособности промышленного образца

1. К промышленным образцам относится художественно-конструкторское решение изделия, определяющее его внешний вид.

Промышленному образцу предоставляется правовая охрана, если он является новым, оригинальным и промышленно применимым.

Промышленный образец признается новым, если совокупность его существенных признаков, определяющих эстетические и (или) эргономические особенности изделия, не известна из сведений, ставших общедоступными в мире до даты приоритета промышленного образца.

При установлении новизны промышленного образца учитываются при условии их более раннего приоритета все поданные в Российской Федерации другими лицами заявки на промышленные образцы (кроме отозванных), а также запатентованные в Российской Федерации промышленные образцы.

Промышленный образец признается оригинальным, если его существенные признаки обуславливают творческий характер эстетических особенностей изделия.

Промышленный образец признается промышленно применимым, если он может быть многократно воспроизведен путем изготовления соответствующего изделия.

Не признается обстоятельством, препятствующим признанию патентоспособности промышленного образца, такое раскрытие информации, при котором сведения о сущности промышленного образца стали общедоступными, если заявка на промышленный образец подана в Патентное ведомство не позднее шести месяцев с даты раскрытия информации. При этом обязанность доказывания данного факта лежит на заявителе.

2. Не признаются патентоспособными промышленными образцами решения:

обусловленные исключительно технической функцией изделия;

объектов архитектуры (кроме малых архитектурных форм), промышленных, гидротехнических и других стационарных сооружений;

печатной продукции как таковой;

объектов неустойчивой формы из жидких, газообразных, сыпучих или им подобных веществ;

изделий, противоречащих общественным интересам, принципам гуманности и морали.

Раздел III

АВТОРЫ И ПАТЕНТООБЛАДАТЕЛИ

Статья 7. Автор изобретения, полезной модели, промышленного образца

1. Автором изобретения, полезной модели, промышленного образца признается физическое лицо, творческим трудом которого они созданы.

2. Если в создании промышленной собственности участвовало несколько физических лиц, все они считаются его авторами. Порядок пользования правами, принадлежащими авторам, определяется соглашением между ними.

Не признаются авторами физические лица, не внесшие личного творческого вклада в создание объекта промышленной собственности, оказавшие автору (авторам) только техническую, организационную или материальную помощь либо только способствовавшие оформлению прав на него и его использованию.

3. Право авторства является неотчуждаемым личным правом и охраняется бессрочно.

Статья 8. Патентообладатель

1. Патент выдается:

автору (авторам) изобретения, полезной модели, промышленного образца;

физическим и (или) юридическим лицам (при условии их согласия), которые указаны автором (авторами) или его (их) правопреемником в заявке на выдачу патента либо в заявлении, поданном в Патентное ведомство до момента регистрации изобретения, полезной модели, промышленного образца;

работодателю в случаях, предусмотренных пунктом 2 настоящей статьи.

2. Право на получение патента на изобретение, полезную модель, промышленный образец, созданные работником в связи с выполнением им своих служебных обязанностей или полученного от работодателя конкретного задания, принадлежит работодателю, если договором между ними не предусмотрено иное.

При этом автор имеет право на вознаграждение, соразмерное выгоде, которая получена работодателем или могла бы быть им получена при надлежащем использовании объекта промышленной собственности, в случаях получения работодателем патента, передачи работодателем права на получение патента другому лицу, принятия работодателем решения о сохранении соответствующего объекта в тайне или неполучения патента по поданной работодателем заявке по причинам, зависящим от работодателя. Вознаграждение выплачивается в размере и на условиях, определяемых на основе соглашения между ними.

Если работодатель в течение четырех месяцев с даты уведомления его автором о созданном изобретении, полезной модели или промышленном образце не подаст заявку в Патентное ведомство, не переуступит право на подачу заявки другому лицу и не сообщит автору о сохранении соответствующего объекта в тайне, то автор имеет право подать заявку и получить патент на свое имя. В этом случае работодатель имеет право на использование соответствующего объекта промышленной собственности в собственном производстве с выплатой патентообладателю компенсации, определяемой на договорной основе.

В случае недостижения соглашения между сторонами о размере и порядке выплаты вознаграждения или компенсации спор рассматривается в судебном порядке. За несвоевременную выплату вознаграждения или компенсации, определенных договором, работодатель, виновный в этом, несет ответственность в соответствии с гражданским законодательством Российской Федерации.

Иные отношения, возникающие в связи с созданием работником изобретения, полезной модели, промышленного образца, регулируются законодательством Российской Федерации о служебных изобретениях, полезных моделях и промышленных образцах.

Статья 9. Федеральный фонд изобретений России

Федеральный фонд изобретений России осуществляет отбор изобретений, полезных моделей, промышленных образцов, приобретает на них права патентообладателя на договорной основе и содействует их реализации в интересах государства.

Источниками финансирования Федерального фонда изобретений России являются выручка от продажи лицензий на объекты промышленной собственности, патенты на которые принадлежат Фонду, добровольные взносы предприятий и граждан, а также средства республиканского бюджета Российской Федерации и иные поступления.

Федеральный фонд изобретений России осуществляет свою деятельность в соответствии с уставом, утверждаемым Правительством Российской Федерации.

Раздел IV

ИСКЛЮЧИТЕЛЬНОЕ ПРАВО НА ИСПОЛЬЗОВАНИЕ ИЗОБРЕТЕНИЯ, ПОЛЕЗНОЙ МОДЕЛИ, ПРОМЫШЛЕННОГО ОБРАЗЦА

Статья 10. Права и обязанности патентообладателя

1. Патентообладателю принадлежит исключительное право на использование охраняемых патентом изобретения, полезной модели или промышленного образца по своему усмотрению, если такое использование не нарушает прав других патентообладателей, включая право запретить использование указанных объектов другим лицам, кроме случаев, когда такое использование в соответствии с настоящим Законом не является нарушением права патентообладателя.

Взаимоотношения по использованию объекта промышленной собственности, патент на который принадлежит нескольким лицам, определяются соглашением между ними. При отсутствии такого соглашения каждое из них может использовать охраняемый объект по своему усмотрению, но не вправе предоставить на него лицензию или уступить патент другому лицу без согласия остальных владельцев.

2. Продукт (изделие) признается изготовленным с использованием запатентованного изобретения, полезной модели, а способ, охраняемый патентом на изобретение,— примененным, если в нем использован каждый признак изобретения, полезной модели, включенный в независимый пункт формулы, или эквивалентный ему признак.

Изделие признается изготовленным с использованием запатентованного промышленного образца, если оно содержит все его существенные признаки.

3. Нарушением исключительного права патентообладателя признается несанкционированное изготовление, применение, ввоз, предложение к продаже, продажа, иное введение в хозяйственный оборот или хранение с этой целью продукта, содержащего запатентованное изобретение, полезную модель, промышленный образец, а также применение способа, охраняемого патентом на изобретение, или введение в хозяйственный оборот либо хранение с этой целью продукта, изготовленного непосредственно способом, охраняемым патентом на изобретение. При этом новый продукт считается полученным запатентованным способом при отсутствии доказательств противного.

4. При неиспользовании или недостаточном использовании патентообладателем изобретения или промышленного образца в течение четырех лет, а полезной модели – в течение трех лет с даты выдачи патента любое лицо, желающее и готовое использовать охраняемый объект промышленной собственности, в случае отказа патентообладателя от заключения лицензионного договора может обратиться в Высшую патентную палату Российской Федерации (далее – Высшая патентная палата) с ходатайством о предоставлении ему принудительной неисключительной лицензии. Если патентообладатель не докажет, что неиспользование или недостаточное использование объекта промышленной собственности обусловлено уважительными причинами, Высшая патентная палата предоставляет указанную лицензию с определением пределов использования, размера, сроков и порядка платежей. Размеры лицензионных платежей должны быть установлены не ниже рыночной цены лицензии.

5. Если патентообладатель не может использовать изобретение, полезную модель, промышленный образец, не нарушая при этом прав другого патентообладателя, он вправе требовать от последнего заключения лицензионного договора.

6. Патентообладатель может уступить полученный патент любому физическому или юридическому лицу. Договор об уступке патента подлежит регистрации в Патентном ведомстве. Договор без регистрации считается недействительным.

7. Патент на изобретение, полезную модель, промышленный образец и право на его получение переходят по наследству.

Статья 11. Действия, не признаваемые нарушением
исключительного права патентообладателя

Не признается нарушением исключительного права патентообладателя:

применение средств, содержащих изобретения, полезные модели, промышленные образцы, защищенные патентами, в конструкции или при эксплуатации транспортных средств (морских, речных, воздушных, наземных и космических) других стран при условии, что указанные средства временно или случайно находятся на территории Российской Федерации и используются для нужд транспортного средства. Такое действие не признается нарушением исключительного права патентообладателя, если транспортные средства принадлежат физическим или юридическим лицам стран, предоставляющих такие же права владельцам транспортных средств Российской Федерации;

проведение научного исследования или эксперимента над средством, содержащим изобретение, полезную модель или промышленный образец, защищенные патентами;

применение средств, содержащих изобретения, полезные модели, промышленные образцы, защищенные патентами, при чрезвычайных обстоятельствах (стихийных бедствиях, катастрофах, крупных авариях) с последующей выплатой патентообладателю соразмерной компенсации;

применение средств, содержащих изобретения, полезные модели, промышленные образцы, защищенные патентами, в личных целях без получения дохода;

разовое изготовление лекарств в аптеках по рецептам врача;

применение средств, содержащих изобретения, полезные модели, промышленные образцы, защищенные патентами, если эти средства введены в хозяйственный оборот законным путем.

Статья 12. Право преждепользования

Любое физическое или юридическое лицо, которое до даты приоритета изобретения, полезной модели, промышленного образца добросовестно использовало на территории Российской Федерации созданное независимо от его автора тождественное решение или сделало необходимые к этому приготовления, сохраняет право на дальнейшее его безвозмездное использование без расширения объема.

Право преждепользования может быть передано другому физическому или юридическому лицу только совместно с производством, на котором имело место использование тождественного решения или были сделаны необходимые к этому приготовления.

Статья 13. Предоставление права на использование изобретения, полезной модели, промышленного образца

1. Любое лицо, не являющееся патентообладателем, вправе использовать изобретение, полезную модель, промышленный образец, защищенные патентом, лишь с разрешения патентообладателя (на основе лицензионного договора). По лицензионному договору патентообладатель (лицензиар) обязуется предоставить право на использование охраняемого объекта промышленной собственности в объеме, предусмотренном договором, другому лицу (лицензиату), а последний принимает на себя обязанность вносить лицензиару обусловленные договором платежи и осуществлять другие действия, предусмотренные договором.

При исключительной лицензии лицензиату передается исключительное право на использование объекта промышленной собственности в пределах, оговоренных договором, с сохранением за лицензиаром права на его использование в части, не передаваемой лицензиату; при неисключительной лицензии лицензиар, предоставляя лицензиату право на использование объекта промышленной собственности, сохраняет за собой все права, подтверждаемые патентом, в том числе и на предоставление лицензий третьим лицам.

2. Лицензионный договор подлежит регистрации в Патентном ведомстве и без регистрации считается недействительным.

3. Патентообладатель может подать в Патентное ведомство заявление о предоставлении любому лицу права на использование объекта промышленной собственности (открытая лицензия). Пошлина за поддержание патента в силе снижается в этом случае на 50 процентов с года, следующего за годом опубликования сведений о таком заявлении Патентным ведомством.

Лицо, изъявившее желание использовать указанный объект промышленной собственности, обязано заключить с патентообладателем договор о платежах. Споры по условиям договора рассматриваются Высшей патентной палатой. Заявление патентообладателя о предоставлении права на открытую лицензию отзыву не подлежит.

4. В интересах национальной безопасности Правительство Российской Федерации имеет право разрешить использование объекта промышленной собственности без согласия патентообладателя с выплатой ему соразмерной компенсации.

Споры о размере компенсации разрешаются Высшей патентной палатой.

Статья 14. Нарушение патента

1. Любое физическое или юридическое лицо, использующее изобретение, полезную модель или промышленный образец, защищенные патентом, с нарушением настоящего Закона, считается нарушителем патента.

2. По требованию патентообладателя нарушение патента должно быть прекращено, а физическое или юридическое лицо, виновное в нарушении патента, обязано возместить патентообладателю причиненные убытки в соответствии с гражданским законодательством Российской Федерации.

3. Требования к нарушителю патента могут быть заявлены также обладателем исключительной лицензии, если иное не предусмотрено лицензионным договором.

Раздел V

ПОЛУЧЕНИЕ ПАТЕНТА

Статья 15. Подача заявки на выдачу патента

1. Заявка на выдачу патента подается автором, работодателем или их правопреемником (далее – заявитель) в Патентное ведомство.

2. Заявление о выдаче патента представляется на русском языке. Прочие документы заявки представляются на русском или другом языке. Если документы заявки представлены на другом языке, к заявке прилагается их перевод на русский язык. Перевод на русский язык может быть представлен заявителем в течение двух месяцев после поступления в Патентное ведомство заявки, содержащей документы на другом языке.

3. Заявка может быть подана через патентного поверенного, зарегистрированного в Патентном ведомстве. Физические лица, проживающие за пределами Российской Федерации, или иностранные юридические лица либо их патентные поверенные ведут дела по получению патентов и поддержанию их в силе через патентных поверенных, зарегистрированных в Патентном ведомстве. Полномочия патентного поверенного удостоверяются доверенностью, выданной ему заявителем.

Требования к патентному поверенному, порядок его аттестации и регистрации определяются Положением о патентных поверенных, утверждаемым постановлением Правительства Российской Федерации.

С т а т ь я 1 6 . Заявка на выдачу патента на изобретение

1. Заявка на выдачу патента на изобретение (далее – заявка на изобретение) должна относиться к одному изобретению или группе изобретений, связанных между собой настолько, что они образуют единый изобретательский замысел (требование единства изобретения).

2. Заявка на изобретение должна содержать:

заявление о выдаче патента с указанием автора (авторов) изобретения и лица (лиц), на имя которого (которых) испрашивается патент, а также их местожительства или местонахождения;

описание изобретения, раскрывающее его с полнотой, достаточной для осуществления;

формулу изобретения, выражающую его сущность и полностью основанную на описании;

чертежи и иные материалы, если они необходимы для понимания сущности изобретения;

реферат.

К заявке на изобретение прилагается документ, подтверждающий уплату пошлины в установленном размере или основания для освобождения от уплаты пошлины, а также для уменьшения ее размера.

3. Требования к документам заявки на изобретение устанавливаются Патентным ведомством.

С т а т ь я 1 7 . Заявка на выдачу свидетельства на полезную модель

1. Заявка на выдачу свидетельства на полезную модель (далее – заявка на полезную модель) должна относиться к одной полезной модели или группе полезных моделей, связанных между собой настолько, что они образуют единый творческий замысел (требование единства полезной модели).

2. Заявка на полезную модель должна содержать:

заявление о выдаче свидетельства с указанием автора (авторов) полезной модели и лица (лиц), на имя которого (которых) испрашивается свидетельство, а также их местожительства или местонахождения;

описание полезной модели, раскрывающее ее с полнотой, достаточной для осуществления;

формулу полезной модели, выражающую ее сущность и полностью основанную на описании;

чертежи;

реферат.

К заявке на полезную модель прилагается документ, подтверждающий уплату пошлины в установленном размере или основания для освобождения от уплаты пошлины, а также для уменьшения ее размера.

3. Требования к документам заявки на полезную модель устанавливаются Патентным ведомством.

С т а т ь я 1 8 . Заявка на выдачу патента на промышленный образец

1. Заявка на выдачу патента на промышленный образец (далее – заявка на промышленный образец) должна относиться к одному промышленному образцу и может включать варианты этого образца (требование единства промышленного образца).

2. Заявка на промышленный образец должна содержать:

заявление о выдаче патента с указанием автора (авторов) промышленного образца и лица (лиц), на имя которого (которых) испрашивается патент, а также их местожительства или местонахождения;

комплекс фотографий, отображающих изделие, макет или рисунок, дающих полное детальное представление о внешнем виде изделия;

чертеж общего изделия, эргономическую схему, конфекционную карту, если они необходимы для раскрытия сущности промышленного образца;

описание промышленного образца, включающее перечень его существенных признаков.

К заявке на промышленный образец прилагается документ, подтверждающий уплату пошлины в установленном размере или основания для освобождения от уплаты пошлины, а также для уменьшения ее размера.

3. Требования к документам заявки на промышленный образец устанавливаются Патентным ведомством.

Статья 19. Приоритет изобретения, полезной модели, промышленного образца

1. Приоритет изобретения устанавливается по дате поступления в Патентное ведомство заявки, содержащей заявление о выдаче патента, описание, формулу и чертежи, если в описании на них имеется ссылка.

Приоритет полезной модели устанавливается по дате поступления в Патентное ведомство заявки, содержащей заявление о выдаче свидетельства, описание, формулу и чертежи.

Приоритет промышленного образца устанавливается по дате поступления заявки, содержащей заявление о выдаче патента, комплект фотографий и описание.

2. Приоритет может быть установлен по дате подачи первой заявки в государстве – участнике Парижской конвенции по охране промышленной собственности (конвенционный приоритет), если заявка на изобретение, полезную модель поступила в Патентное ведомство в течение двенадцати месяцев, а заявка на промышленный образец – в течение шести месяцев с указанной даты. Если по не зависящим от заявителя обстоятельствам заявка с испрашиванием конвенционного приоритета не могла быть подана в указанный срок, этот срок может быть продлен, но не более чем на два месяца.

Заявитель, желающий воспользоваться правом конвенционного приоритета, обязан указать на это при подаче заявки или в течение двух месяцев с даты поступления заявки в Патентное ведомство и приложить копию первой заявки или представить ее не позднее трех месяцев с даты поступления заявки в Патентное ведомство.

3. Приоритет может быть установлен по дате поступления дополнительных материалов, если они оформлены заявителем в качестве самостоятельной заявки, которая подана до истечения трехмесячного срока с даты получения заявителем уведомления Патентного ведомства о невозможности принятия во внимание дополнительных материалов в связи с признанием их изменяющими сущность заявленного решения.

4. Приоритет может быть установлен по дате поступления в Патентное ведомство более ранней заявки того же заявителя, раскрывающей это изобретение, полезную модель, промышленный образец, если заявка, по которой испрашивается такой приоритет, поступила не позднее двенадцати месяцев с даты поступления более ранней заявки на изобретение и шести месяцев – более ранней заявки на полезную модель, промышленный образец. При этом более ранняя заявка считается отозванной.

Приоритет может быть установлен на основании нескольких ранее поданных заявок с соблюдением для каждой из них указанных условий.

Приоритет не может устанавливаться по дате поступления заявки, по которой уже испрашивался более ранний приоритет.

5. Приоритет изобретения, полезной модели, промышленного образца по выделенной заявке устанавливается по дате поступления в Патентное ведомство раскрывающей их первоначальной заявки, если выделенная заявка поступила до принятия по первоначальной заявке решения об отказе в выдаче патента, возможности обжалования которого исчерпаны, а в случае выдачи по указанной заявке патента – до даты регистрации в государственном реестре.

6. Если в процессе экспертизы установлено, что идентичные объекты промышленной собственности имеют одну и ту же дату приоритета, то патент может быть выдан по заявке, по которой доказана более ранняя дата ее отправки в Патентное ведомство, а при совпадении этих дат – по заявке, имеющей более ранний регистрационный номер Патентного ведомства, если соглашением между заявителями не предусмотрено иное.

Статья 20. Исправление документов заявки по инициативе заявителя

В течение двух месяцев с даты поступления заявки заявитель имеет право внести в ее материалы исправления и уточнения без изменения сущности заявленного изобретения, полезной модели или промышленного образца.

При условии уплаты пошлины исправления и уточнения могут быть представлены по заявке на изобретение и по истечении указанного срока, но не позднее вынесения решения по результатам экспертизы по существу. Такие исправления и уточнения учитываются при публикации сведений о заявке на изобретение, если они поступили в Патентное ведомство в течение двенадцати месяцев с даты поступления заявки.

Статья 21. Экспертиза заявки на изобретение

1. По истечении двух месяцев с даты поступления заявки Патентное ведомство проводит по ней формальную экспертизу. По письменному ходатайству заявителя формальная экспертиза может быть начата до истечения указанного срока. В этом случае заявитель с момента подачи ходатайства лишается прав на исправления и уточнения документов заявки по своей инициативе без уплаты пошлины, предусмотренных частью первой статьи 20 настоящего Закона.

В ходе проведения формальной экспертизы заявки проверяется наличие необходимых документов, соблюдение установленных требований к ним и рассматривается вопрос о том, относится ли заявленное предложение к объектам, которым предоставляется правовая охрана.

2. Если в соответствии со статьей 20 настоящего Заклона заявителем представлены дополнительные материалы по заявке, в процессе экспертизы проверяется, не изменяют ли они сущность заявленного изобретения.

Дополнительные материалы изменяют сущность заявленного изобретения, если они содержат подлежащие включению в формулу изобретения признаки, отсутствовавшие в первоначальных материалах заявки. Дополнительные материалы в части, изменяющей сущность заявленного изобретения, при рассмотрении заявки во внимание не принимаются и могут быть оформлены заявителем в качестве самостоятельной заявки.

3. О положительном результате формальной экспертизы и установлении приоритета в соответствии с пунктом 1 статьи 19 настоящего Закона заявитель уведомляется. Если в результате формальной экспертизы будет установлено, что заявка оформлена на предложение, которое не относится к патентоспособным объектам, принимается решение об отказе в выдаче патента. На решение может быть подано возражение в Апелляционную палату Патентного ведомства в течение двух месяцев с даты его получения заявителем. Возражение должно быть рассмотрено Апелляционной палатой Патентного ведомства в течение двух месяцев с даты его поступления.

4. По заявке, оформленной с нарушением требований к ее документам, заявителю направляется запрос с предложением в течение двух месяцев с даты его поручения представить исправленные или отсутствующие документы.

В случае, если заявитель в указанный срок не представит запрашиваемые материалы или ходатайство о продлении установленного срока, заявка признается отозванной.

5. По заявке, поданной с нарушением требования единства, заявителю предлагается в течение двух месяцев с даты получения им соответствующего уведомления сообщить, какое из изобретений должно рассматриваться, и при необходимости внести уточнения в документы заявки. Другие изобретения, вошедшие в материалы первоначальной заявки, могут быть оформлены выделенными заявками.

В случае, если заявитель в течение двух месяцев после получения уведомления о нарушении требования единства не сообщит, какое из предложений необходимо рассматривать, и не представит уточненных документов, проводится рассмотрение объекта, указанного в формуле первым.

6. Патентное ведомство по истечении восемнадцати месяцев с даты поступления заявки, прошедшей формальную экспертизу с положительным результатом, публикует сведения о заявке, кроме случаев, когда она отозвана. Состав публикуемых сведений определяет Патентное ведомство. Любое лицо после опубликования сведений о заявке вправе ознакомиться с ее материалами.

По ходатайству заявителя Патентное ведомство может опубликовать сведения о заявке ранее указанного срока.

Автор изобретения имеет право отказаться быть упомянутым в качестве такового в публикуемых сведениях о заявке.

7. По ходатайству заявителя или третьих лиц, которое может быть подано в любое время в течение трех лет с даты поступления заявки, Патентное ведомство проводит экспертизу заявки по существу, включающую установление приоритета изобретения, если он не был установлен при проведении формальной экспертизы, и проверку патентоспособности изобретения. Если ходатайство о проведении экспертизы не будет подано в указанный срок, заявка считается отозванной. О поступивших ходатайствах третьих лиц заявитель уведомляется Патентным ведомством.

8. В период проведения экспертизы заявки по существу Патентное ведомство вправе запросить у заявителя дополнительные матриалы, без которых проведение экспертизы невозможно, в том числе измененную формулу изобретения. Дополнительные материалы по запросу экспертизы должны быть представлены без изменения сущности изобретения в течение двух месяцев с даты получения заявителем запроса или копий материалов, противопоставленных заявке, при условии, что указанные копии были запрошены заявителем в течение месяца с даты получения им запроса экспертизы. В случае, если заявитель в указанный срок не представит запрашиваемые материалы или просьбу о продлении установленного срока, заявка признается отозванной.

На дополнительные материалы в части, изменяющей сущность изобретения, распространяется порядок, установленный пунктом 2 настоящей статьи.

Если в результате экспертизы заявки по существу Патентное ведомство установит, что заявленное изобретение, выраженное формулой, предложенной заявителем, соответствует условиям патентоспособности, выносится решение о выдаче патента с этой формулой.

При установлении несоответствия заявленного изобретения, выраженного формулой, предложенной заявителем, условиям патентоспособности выносится решение об отказе в выдаче патента.

Заявитель может подать в Апелляционную палату Патентного ведомства возражение на решение об отказе в выдаче патента в течение трех месяцев с даты получения решения или затребованных от Патентного ведомства копий противопоставленных заявке материалов при условии запроса их заявителем в течение двух месяцев с даты получения им решения. Возражение должно быть рассмотрено Апелляционной палатой Патентного ведомства в течение четырех месяцев с даты его поступления.

9. При несогласии заявителя с решением Апелляционной палаты он может в течение шести месяцев с даты его получения обратиться с жалобой в Высшую патентную палату. Решение Высшей патентной палаты является окончательным.

10. Заявитель и третьи лица могут ходатайствовать о проведении по заявке, прошедшей формальную экспертизу с положительным результатом, информационного поиска для определения уровня техники, в сравнении с которым будет осуществляться оценка новизны и изобретательского уровня заявленного предложения. Порядок проведения такого поиска и предоставления сведений о нем определяется Патентным ведомством.

11. Заявитель имеет право знакомиться со всеми материалами, указанными в запросе экспертизы, решении экспертизы или отчете о поиске. Копии запрашиваемых заявителем патентных материалов Патентное ведомство направляет в течение месяца с даты получения запроса заявителя.

12. Сроки, которые предусмотрены настоящей статьей, кроме сроков, установленных пунктами 7 и 9, пропущены заявителем, могут быть восстановлены Патентным ведомством при условии подтверждения уважительных причин и уплаты пошлины.

Ходатайство о восстановлении срока может быть подано заявителем не позднее двенадцати месяцев со дня истечения пропущенного срока.

С т а т ь я 2 2. Временная правовая охрана

1. Заявленному изобретению с даты публикации сведений о заявке до даты публикации сведений о выдаче патента предоставляется временная правовая охрана в объеме опубликованной формулы.

2. Временная правовая охрана считается не наступившей, если принято решение об отказе в выдаче патента, возможности обжалования которого исчерпаны.

3. Физическое или юридическое лицо, использующее заявленное изобретение в период, указанный в пункте 1 настоящей статьи, выплачивает патентообладателю после получения патента денежную компенсацию. Размер компенсации определяется соглашением сторон.

4. Положения пункта 3 настоящей статьи распространяются на изобретения, полезные модели и промышленные образцы с даты уведомления заявителем использующего их лица о поданной заявке на выдачу патента, если в отношении изобретений эта дата наступила ранее даты публикации сведений о заявке, а в отношении полезных моделей и промышленных образцов – ранее даты публикации сведений о выдаче патента.

С т а т ь я 2 3. Экспертиза заявки на полезную модель

1. При экспертизе заявки на полезную модель проверка соответствия условиям патентоспособности, установленным пунктом 1 статьи 5 настоящего Закона, не осуществляется. Свидетельство выдается под ответственность заявителя без гарантии действительности.

2. При проведении формальной экспертизы заявки на полезную модель применяются соответственно положения, содержащиеся в пунктах 1–5 статьи 21 настоящего Закона. Если в результате экспертизы будет установлено, что заявка подана на предложение, относящееся к патентоспособным объектам, и документы ее оформлены правильно, принимается решение о выдаче свидетельства.

3. Заявитель и третьи лица вправе ходатайствовать о проведении информационного поиска по заявке на полезную модель для определения уровня техники, в сравнении с которым может осуществляться оценка патентоспособности полезной модели. Порядок проведения информационного поиска и предоставления сведений о нем определяется Патентным ведомством.

4. После публикации сведений о выдаче свидетельства на полезную модель любое лицо вправе ознакомиться с материалами заявки.

С т а т ь я 2 4. Экспертиза заявки на промышленный образец

1. По заявке на промышленный образец Патентное ведомство проводит формальную экспертизу и экспертизу по существу.

2. При проведении формальной экспертизы заявки на промышленный образец соответственно применяются положения, содержащиеся в пунктах 1–5 статьи 21 настоящего Закона.

При положительном результате формальной экспертизы проводится экспертиза по существу.

При проведении экспертизы заявки по существу соответственно применяются положения, содержащиеся в пунктах 8, 9, 11 и 12 статьи 21 настоящего Закона.

3. После публикации сведений о выдаче патента на промышленный образец любое лицо вправе ознакомиться с материалами заявки.

Статья 25. Публикация сведений о выдаче патента

Патентное ведомство после принятия решения о выдаче патента, при условии уплаты заявителем пошлины за выдачу патента, публикует в своем официальном бюллетене сведения о выдаче патента, включающие имя патора (авторов), если последний (последние) не отказался быть упомянутым в качестве такового (таковых), и патентообладателя, название и формулу изобретения или полезной модели или перечень существенных признаков промышленного образца и его изображение. Полный состав публикуемых сведений определяет Патентное ведомство.

Статья 26. Регистрация изобретения, полезной модели, промышленного образца и выдача патента

1. Патентное ведомство одновременно с публикацией сведений о выдаче патента вносит в Государственный реестр изобретений Российской Федерации, Государственный реестр полезных моделей Российской Федерации или Государственный реестр промышленных образцов Российской Федерации соответственно изобретение, полезную модель или промышленный образец и выдает патент лицу, на имя которого он испрашивался.

При наличии нескольких лиц, на имя которых испрашивался патент, им выдается один патент.

2. Форму патента и состав указываемых в нем сведений устанавливает Патентное ведомство.

3. В выданный патент по требованию патентообладателя Патентным ведомством вносятся исправления очевидных и технических ошибок.

Статья 27. Отзыв заявки

Заявитель вправе до публикации сведений о заявке на изобретение, не позднее даты его регистрации, либо до даты регистрации промышленного образца или полезной модели отозвать заявку.

Статья 28. Преобразование заявок

До публикации сведений о заявке на изобретение заявитель вправе преобразовать ее в заявку на полезную модель путем подачи соответствующего заявления. Преобразование заявки на полезную модель в заявку на изобретение возможно до принятия по ней решения о выдаче свидетельства.

При указанных преобразованиях сохраняется приоритет первой заявки.

Раздел VI

ПРЕКРАЩЕНИЕ ДЕЙСТВИЯ ПАТЕНТА

Статья 29. Оспаривание патента

1. Патент в течение всего срока его действия может быть оспорен и признан недействительным полностью или частично в случаях:

а) несоответствия охраняемого объекта промышленной собственности условиям патентоспособности, установленным настоящим Законом;

б) наличия в формуле изобретения, полезной модели или в совокупности существенных признаков промышленного образца признаков, отсутствовавших в первоначальных материалах заявки;

в) неправильного указания в патенте автора (авторов) или патентообладателя (патентообладателей).

2. Возражение против выдачи патента по сонованиям, предусмотренным подпунктами "а" и "б" пункта 1 данной статьи, должно быть рассмотрено Апелляционной палатой в течение шести месяцев с даты его поступления; патентообладатель должен быть ознакомлен с возражением. При этом Апелляционная палата рассматривает возражение в пределах содержащихся в нем мотивов.

3. При несогласии с решением Апелляционной палаты по возражению против выдачи патента любая из сторон в течение шести месяцев с момента принятия решения может подать жалобу в Высшую патентную палату, решение которой является окончательным.

Статья 30. Досрочное прекращение действия патента

1. Действие патента прекращается досрочно:

при признании патента недействительным полностью в соответствии со статьей 29 настоящего Закона;

на основании заявления, поданного патентообладателем в Патентное ведомство.

2. Патентное ведомство публикует в официальном бюллетене сведения о досрочном прекращении действия патента.

Раздел VII

ЗАЩИТА ПРАВ ПАТЕНТООБЛАДАТЕЛЕЙ И АВТОРОВ

Статья 31. Рассмотрение споров в судебном порядке

Споры, связанные с применением настоящего Закона, рассматриваются в порядке, установленном законодательством Российской Федерации.

Суды, в том числе арбитражные суды и третейские суды в соответствии с их компетенцией, рассматривают следующие споры:

об авторстве на изобретение, полезную модель, промышленный образец;

об установлении патентообладателя;

о нарушении исключительного права на использование охраняемого объекта промышленной собственности и других имущественных прав патентообладателя;

о заключении и исполнении лицензионных договоров на использование охраняемого объекта промышленной собственности;

о праве преждепользования;

о выплате вознаграждения автору работодателем в соответствии с пунктом 2 статьи 8 настоящего Закона;

о выплате компенсаций, предусмотренных настоящим Законом, кроме случая, предусмотренного пунктом 4 статьи 13 настоящего Закона;

другие споры, связанные с охраной прав, удостоверяемых патентом, кроме споров, относящихся к компетенции Высшей патентной палаты.

Статья 32. Ответственность за нарушение прав авторов

Присвоение авторства, принуждение к соавторству, незаконное разглашение сведений об объекте промышленной собственности влекут за собой уголовную ответственность в соответствии с законодательством Российской Федерации.

Раздел VIII

ЗАКЛЮЧИТЕЛЬНЫЕ ПОЛОЖЕНИЯ

Статья 33. Патентные пошлины

За совершение юридически значимых действий, связанных с патентом, взимаются патентные пошлины. Патентные пошлины уплачиваются в Патентное ведомство. Перечень действий, за совершение которых взимаются патентные пошлины, их размеры и сроки уплаты, а также основания для освобождения от уплаты пошлин, уменьшения их размеров или возврата пошлин утсанавливаются Правительством Российской Федерации.

Статья 34. Государственное стимулирование создания и использования объектов промышленной собственности

Государство стимулирует создание и использование объектов промышленной собственности, устанавливает авторам и хозяйствующим субъектам, использующим указанные объекты, льготные условия налогообложения и кредитования, предоставляет им иные льготы в соответствии с законодательством Российской Федерации.

Статья 35. Патентование объекта промышленной собственности в зарубежных странах

Патентование в зарубежных странах изобретений, полезных моделей, промышленных образцов, созданных в Российской Федерации, осуществляется не ранее чем через три месяца после подачи заявки в Патентное ведомство.

Патентное ведомство может в необходимых случаях разрешить патентование изобретения, полезной модели, промышленного образца в зарубежных странах ранее указанного срока.

Статья 36. Права иностранных физических и юридических лиц

Иностранные физические и юридические лица пользуются правами, предусмотренными настоящим Законом, наравне с физическими и юридическими лицами Российской Федерации в силу международных договоров Российской Федерации или на основе принципа взаимности.

Статья 37. Международные договоры

Если международным договором Российской Федерации установлены иные правила, чем те, которые содержатся в настоящем Законе, то применяются правила международного договора.

ЗАКОН
"О ТОВАРНЫХ ЗНАКАХ, ЗНАКАХ ОБСЛУЖИВАНИЯ И НАИМЕНОВАНИЯХ МЕСТ ПРОИСХОЖДЕНИЯ ТОВАРОВ"
Принят 23 сентября 1992
("Ведомости...", 1992, № 42, ст. 2322)

Настоящим Законом и принимаемыми на его основе законодательными актами республик в составе Российской Федерации регулируются отношения, возникающие в связи с регистрацией, правовой охраной и использованием товарных знаков, знаков обслуживания и наименований мест происхождения товаров.

Раздел I

ТОВАРНЫЙ ЗНАК И ЗНАК ОБСЛУЖИВАНИЯ

Глава I

ТОВАРНЫЙ ЗНАК И ЗНАК ОБСЛУЖИВАНИЯ, ИХ ПРАВОВАЯ ОХРАНА

Статья 1. Товарный знак и знак обслуживания

Товарный знак и знак обслуживания (далее – товарный знак) – это обозначения, способные отличать соответственно товары и услуги одних юридических или физических лиц от однородных товаров и услуг (далее – товары) других юридических или физических лиц.

Статья 2. Правовая охрана товарного знака

1. Правовая охрана товарного знака в Российской Федерации предоставляется на основании его государственной регистрации в порядке, установленном настоящим Законом, или в силу международных договоров Российской Федерации.

2. Право на товарный знак охраняется законом.

3. Товарный знак может быть зарегистрирован на имя юридичкского лица, а также физического лица, осуществляющего предпринимательскую деятельность.

Статья 3. Свидетельство на товарный знак

1. На зарегистрированный товарный знак выдается свидетельство на товарный знак.

2. Свидетельство удостоверяет приоритет товарного знака, исключительное право владельца на товарный знак в отношении товаров, указанных в свидетельстве.

Статья 4. Исключительное право на товарный знак

1. Владелец товарного знака имеет исключительное право пользоваться и распоряжаться товарным знаком, а также запрещать его использование другими лицами.

Никто не может использовать охраняемый в Российской Федерации товарный знак без разрешения его владельца.

2. Нарушением прав владельца товарного знака признается не санкционированное изготовление, применение, ввоз, предложение к продаже, продажа, иное введение в хозяйственный оборот или хранение с этой целью товарного знака или товара, обозначенного этим знаком, или обозначения, сходного с ним до степени смешения, в отношении однородных товаров.

С т а т ь я 5. Виды товарных знаков

1. В качестве товарных знаков могут быть зарегистрированы словесные, изобразительные, объемные и другие обозначения или их комбинации.

2. Товарный знак может быть зарегистрирован в любом цвете или цветовом сочетании.

С т а т ь я 6. Абсолютные основания для отказа в регистрации

1. Не допускается регистрация товарных знаков, состоящих только из обозначений:

не обладающих различительной способностью;

представляющих собой государственные гербы, флаги и эмблемы; официальные названия государств, эмблемы, сокращенные или полные наименования международных межправительственных организаций; официальные контрольные, гарантийные и пробирные клейма, печати, награды и другие знаки отличия или сходные с ними до степени смешения. Такие обозначения могут быть включены как неохраняемые элементы в товарный знак, если на это имеется согласие соответствующего компетентного органа или их владельца;

вошедших во всеобщее употребление как обозначения товаров определенного вида;

являющихся общепринятыми символами и терминами;

указывающих на вид, качество, количество, свойства, назначение, ценность товаров, а также на место и время их производства или сбыта.

Обозначения, указанные в абзацах 2, 4, 5 и 6 настоящего пункта могут быть включены как неохраняемые элементы в товарный знак, если они не занимают в нем доминирующего положения.

2. Не допускается регистрация в качестве товарных знаков или их элементов обозначений:

являющихся ложными или способными ввести в заблуждение потребителя относительно товара или его изготовителя;

противоречащих общественным интересам, принципам гуманности и морали.

С т а т ь я 7. Иные основания для отказа в регистрации

1. Не могут быть зарегистрированы в качестве товарных знаков обозначения, тождественные или сходные до степени их смешения:

с товарными знаками, ранее зарегистрированными или заявленными на регистрацию в Российской Федерации на имя другого лица в отношении однородных товаров;

с товарными знаками других лиц, охраняемыми без регистрации в силу международных договоров Российской Федерации;

с наименованиями мест происхождения товаров, охраняемыми в соответствии с законом Российской Федерации, кроме случаев, когда они включены как неохраняемый элемент в товарный знак, регистрируемый на имя лица, имеющего право пользования таким наименованием;

с сертификационными знаками, зарегистрированными в установленном порядке.

2. Не регистрируются в качестве товарных знаков обозначения, воспроизводящие:

известные на территории Российской Федерации фирменные наименования (или их часть), принадлежащие другим лицам, получившим право на эти наименования ранее даты поступления заявки на товарный знак в отношении однородных товаров;

промышленные образцы, права на которые в Российской Федерации принадлежат другим лицам;

названия известных в Российской Федерации произведений науки, литературы и искусства, персонажи из них или цитаты, произведения искусства или их фрагменты без согласия обладателя авторского права или его правопреемников;

фамилии, имена, псевдонимы и производные от них, портреты и факсимиле известных лиц без согласия таких лиц, их наследников, соответствующего компетентного органа или Верховного Совета Российской Федерации, если эти обозначения являются достоянием истории и культуры Российской Федерации.

Глава II

РЕГИСТРАЦИЯ ТОВАРНОГО ЗНАКА

С т а т ь я 8. Заявка на регистрацию товарного знака

1. Заявка на регистрацию товарного знака (далее – заявка) подается юридическим или физическим лицом (далее – заявитель) в Государственное патентное ведомство Российской Федерации (далее – Патентное ведомство).

2. Заявка может быть подана через патентного поверенного, зарегистрированного в Патентном ведомстве.

Иностранные юридические лица или постоянно проживающие за пределами Российской Федерации физические лица либо их патентные поверенные ведут дела, связанные с регистрацией товарных знаков, через патентных поверенных, зарегистрированных в Патентном ведомстве. Полномочия патентного поверенного удостоверяются доверенностью, выданной ему заявителем.

Требования к патентному поверенному, порядок его аттестации и регистрации определяются Положением о патентных поверенных, утверждаемым постановлением Правительства Российской Федерации.

3. Заявка должна относиться к одному товарному знаку.

4. Заявка должна содержать:

заявление о регистрации обозначения в качестве товарного знака с указанием заявителя, а также его местонахождения или местожительства;

заявляемое обозначение и его описание;

перечень товаров, для которых испрашивается регистрация товарного знака, сгруппированных по классам Международной классификации товаров и услуг для регистрации знаков.

Заявка представляется на русском языке.

5. К заявке должны быть приложены:

документ, подтверждающий уплату пошлины в установленном размере;

устав коллективного знака, если заявка подается на коллективный знак.

Документы, прилагаемые к заявке, представляются на русском или другом языке. Если эти документы представлены на другом языке, к заявке прилагается их перевод на русский язык. Перевод на русский язык может быть представлен заявителем в течение двух месяцев после поступления в Патентное ведомство заявки, содержащей документы на другом языке.

6. Требования к документам заявки устанавливаются Патентным ведомством.

С т а т ь я 9. Приоритет товарного знака

1. Приоритет товарного знака устанавливается по дате поступления в Патентное ведомство заявки, удовлетворяющей требованиям пункта 4 статьи 8 настоящего Закона.

2. Приоритет товарного знака может устанавливаться по дате подачи первой заявки в государстве – участнике Парижской конвенции по охране промышленной собственности (конвенционный приоритет), если в Патентное ведомство заявка поступила в течение шести месяцев с указанной даты.

3. Приоритет товарного знака, помещенного на экспонатах официальных или официально признанных международных выставок, организованных на территории одного из государств – участников Парижской конвенции по охране промышленной собственности, может устанавливаться по дате начала открытого показа экспоната на выставке (выставочный приоритет), если в Патентное ведомство заявка на товарный знак поступила в течение шести месяцев с указанной даты.

4. Заявитель, желающий воспользоваться правом конвенционного или выставочного приоритета, обязан указать это при подаче заявки на товарный знак или в течение двух месяцев с даты поступления заявки в Патентное ведомство и приложить необходимые документы, подтверждающие правомерность такого требования, либо представить эти документы не позднее трех месяцев с даты поступления заявки в Патентное ведомство.

5. Приоритет товарного знака может устанавливаться по дате международной регистрации товарного знака в соответствии с международными договорами Российской Федерации.

С т а т ь я 10. Экспертиза заявки на товарный знак

1. Экспертиза заявки осуществляется Патентным ведомством и включает предварительную экспертизу и экспертизу заявленного обозначения.

2. В период проведения экспертизы заявки до принятия по ней решения заявитель вправе по собственной инициативе дополнять, уточнять или исправлять материалы заявки.

Если дополнительные материалы изменяют заявку по существу, эти материалы не принимаются к рассмотрению и могут быть оформлены заявителем в качестве самостоятельной заявки.

3. В период проведения экспертизы Патентное ведомство вправе запросить у заявителя дополнительные материалы, без которых проведение экспертизы невозможно.

Дополнительные материалы по запросу экспертизы должны быть представлены в течение двух месяцев с даты получения запроса. По просьбе заявителя данный срок может быть продлен при условии, что просьба поступила до истечения этого срока. Если заявитель нарушил указанный срок или оставил запрос экспертизы без ответа, заявка считается отозванной.

4. Заявка может быть отозвана по просьбе заявителя на любом этапе ее рассмотрения, но не позднее даты регистрации товарного знака.

Статья 11. Предварительная экспертиза

1. Предварительная экспертиза заявки проводится в месячный срок с даты ее поступления в Патентное ведомство.

2. В ходе проведения предварительной экспертизы проверяются содержание заявки, наличие необходимых документов, а также их соответствие установленным требованиям. По результатам предварительной экспертизы заявителю сообщается о принятии заявки к рассмотрению либо об отказе в принятии ее к рассмотрению.

3. При принятии заявки к рассмотрению заявитель уведомляется об установлении приоритета товарного знака, за исключением случаев, когда он испрашивает конвенционный или выставочный приоритет, но на момент принятия заявки к рассмотрению не представил необходимых документов, подтверждающих правомерность этого требования.

Статья 12. Экспертиза заявленного обозначения

1. Экспертиза заявленного обозначения проводится по завершении предварительной экспертизы.

В ходе экспертизы проверяется соответствие заявленного обозначения требованиям, установленным статьями 1, 6 и пунктом 1 статьи 7 настоящего Закона, и устанавливается приоритет товарного знака, если он не был установлен при проведении предварительной экспертизы.

2. По результатам экспертизы принимается решение о регистрации товарного знака или об отказе в его регистрации.

3. Решение экспертизы о регистрации товарного знака может быть пересмотрено в связи с поступлением заявки, пользующейся более ранним приоритетом в соответствии со статьей 9 настоящего Закона.

Статья 13. Обжалование решения по заявке и восстановление пропущенных сроков

1. При несогласии заявителя с решением предварительной экспертизы или с решением экспертизы заявленного обозначения он вправе в течение трех месяцев с даты получения решения подать возражение в Апелляционную палату Патентного ведомства (далее – Апелляционная палата). Возражение должно быть рассмотрено Апелляционной палатой в течение четырех месяцев с даты его поступления.

2. При несогласии заявителя с решением Апелляционной палаты он может в течение шести месяцев с даты его получения обратиться с жалобой в Высшую патентную палату Российской Федерации (далее – Высшая патентная палата). Решение Высшей патентной палаты является окончательным.

3. Заявитель вправе знакомиться с материалами, указанными в решении экспертизы.

В течение месяца после получения решения по заявке заявитель может запросить копии этих материалов.

4. Сроки, предусмотренные пунктом 3 статьи 10 настоящего Закона и пунктами 1 и 3 настоящей статьи, пропущенные заявителем, могут быть восстановлены Патентным ведомством по ходатайству заявителя, поданному не позднее двух месяцев по их истечении, при условии подтверждения уважительных причин и уплаты пошлины.

Статья 14. Регистрация товарного знака

На основании решения о регистрации товарного знака Патентное ведомство в течение месяца с даты получения документа об уплате установленной пошлины производит регистрацию товарного знака в Государственном реестре товарных знаков и знаков обслуживания Российской Федерации (далее – Реестр). В Реестр вносятся товарный знак, сведения о его владельце, дата приоритета товарного знака и дата его регистрации, перечень товаров, для которых зарегистрирован товарный знак, другие сведения, относящиеся к регистрации товарного знака, а также последующие изменения этих сведений.

Статья 15. Выдача свидетельства на товарный знак

1. Выдача свидетельства на товарный знак производится Патентным ведомством в течение трех месяцев с даты регистрации товарного знака в Реестре.

2. Форма свидетельства и состав указываемых в нем сведений устанавливаются Патентным ведомством.

Статья 16. Срок действия регистрации

1. Регистрация товарного знака действует в течение десяти лет, считая с даты поступления заявки в Патентное ведомство.

2. Срок действия регистрации товарного знака может быть продлен по заявлению владельца, поданному в течение последнего года ее действия, каждый раз на десять лет.

По ходатайству владельца для продления срока действия регистрации товарного знака ему может быть предоставлен шестимесячный срок после истечения срока действия регистрации при условии уплаты дополнительной пошлины.

3. Запись о продлении срока действия регистрации товарного знака вносится Патентным ведомством в Реестр и свидетельство на товарный знак.

С т а т ь я 1 7 . Внесение изменений в регистрацию

Владелец товарного знака уведомляет Патентное ведомство об изменении своего наименования, фамилии, имени или отчества, сокращении перечня товаров, в отношении которых зарегистрирован товарный знак, изменении отдельных элементов товарного знака, не меняющем его существа, других изменениях, относящихся к регистрации товарного знака.

Изменения вносятся в Реестр и свидетельство на товарный знак при условии уплаты пошлины.

С т а т ь я 1 8 . Публикация сведений о регистрации

Сведения, относящиеся к регистрации товарного знака и внесенные в Реестр в соответствии со статьей 14 настоящего Закона, публикуются Патентным ведомством в официальном бюллетене в течение шести месяцев с даты регистрации товарного знака в Реестре или с даты внесения в Реестр изменений в регистрацию товарного знака.

С т а т ь я 1 9 . Регистрация товарного знака в зарубежных странах

Юридические и физические лица Российской Федерации вправе зарегистрировать товарный знак в зарубежных странах или произвести его международную регистрацию.

Заявка на международную регистрацию товарного знака подается через Патентное ведомство.

Глава III

КОЛЛЕКТИВНЫЙ ЗНАК

С т а т ь я 2 0 . Право на коллективный знак

1. Коллективным знаком является товарный знак союза, хозяйственной ассоциации или иного добровольного объединения предприятий (далее – объединение), предназначенный для обозначения выпускаемых и (или) реализуемых ими товаров, обладающих едиными качественными или иными общими характеристиками.

2. Коллективный знак и право на его использование не могут быть переданы другим лицам.

С т а т ь я 2 1 . Регистрация коллективного знака

1. К заявке на регистрацию коллективного знака прилагается устав коллективного знака, который содержит наименование объединения, уполномоченного зарегистрировать коллективный знак на свое имя, перечень предприятий, имеющих право пользования этим знаком, цель его регистрации, перечень и единые качественные или иные общие характеристики товаров, которые будут обозначаться коллективным знаком, условия его использования, порядок контроля за его использованием, ответственнсть за нарушение устава коллективного знака.

2. В Реестр и свидетельство на коллективный знак в дополнение к сведениям, предусмотренным статьей 14 настоящего Закона, вносятся сведения о предприятиях, имеющих право пользования коллективным знаком. Эти сведения, а также выписка из устава коллективного знака о единых качественных или иных общих характеристиках товаров, для которых этот знак зарегистрирован, публикуются Патентным ведомством в официальном бюллетене. Владелец коллективного знака уведомляет Патентное ведомство об изменениях в уставе коллективного знака.

3. В случае использования коллективного знака на товарах, не обладающих едиными качественными или иными общими характеристиками, действие регистрации может быть прекращено досрочно полностью или частично на основании решения Высшей патентной палаты, принятого по заявлению любого лица.

Глава IV

ИСПОЛЬЗОВАНИЕ ТОВАРНОГО ЗНАКА

Статья 22. Использование товарного знака и последствия его использования

1. Использованием товарного знака считается применение его на товарах, для которых товарный знак зарегистрирован, и (или) их упаковке владельцем товарного знака или лицом, которому такое право предоставлено на основе лицензионного договора в соответствии со статьей 26 настоящего Закона.

Использованием может быть признано также применение товарного знака в рекламе, печатных изданиях, на официальных бланках, на вывесках, при демонстрации экспонатов на выставках и ярмарках, проводимых в Российской Федерации, при наличии уважительных причин неприменения товарного знака на товарах и (или) их упаковке.

2. Юридические и физические лица, осуществляющие посредническую деятельность, могут на основе договора использовать свой товарный знак наряду с товарным знаком изготовителя товаров, а также вместо товарного знака последнего.

3. Действие регистрации товарного знака может быть прекращено досрочно полностью или частично на основании решения Высшей патентной палаты, принятого по заявлению любого лица, в связи с неиспользованием товарного знака непрерывно в течение пяти лет с даты регистрации или пяти лет, предшествующих подаче такого заявления.

При решении вопроса о досрочном прекращении действия регистрации товарного знака в связи с его неиспользованием могут быть приняты во внимание представленные владельцем товарного знака доказательства того, что товарный знак не использовался по не зависящим от него обстоятельствам.

Статья 23. Исчерпание прав, основанных на регистрации товарного знака

Регистрация товарного знака не дает права его владельцу запретить использование этого товарного знака другим лицам в отношении товаров, которые были введены в хозяйственный оборот непосредственно владельцем товарного знака или с его согласия.

Статья 24. Предупредительная маркировка

Владелец товарного знака может проставлять рядом с товарным знаком предупредительную маркировку, указывающую на то, что применяемое обозначение является товарным знаком, зарегистрированным в Российской Федерации.

Глава V

ПЕРЕДАЧА ТОВАРНОГО ЗНАКА

Статья 25. Уступка товарного знака

Товарный знак может быть уступлен его владельцем по договору юридическому или физическому лицу в отношении всех или части товаров, для которых он зарегистрирован.

Уступка товарного знака не допускается, если она может явиться причиной введения в заблуждение потребителя относительно товара или его изготовителя.

Статья 26. Предоставление лицензии на использование товарного знака

Право на использование товарного знака может быть предоставлено владельцем товарного знака (лицензиаром) другому лицу (лицензиату) по лицензионному договору.

Лицензионный договор должен содержать условие о том, что качество товаров лицензиата будет не ниже качества товаров лицензиара и что лицензиар будет осуществлять контроль за выполнением этого условия.

Статья 27. Регистрация договора об уступке товарного знака и лицензионного договора

Договор об уступке товарного знака и лицензионный договор регистрируются в Патентном ведомстве. Без этой регистрации они считаются недействительными.

Глава VI

ПРЕКРАЩЕНИЕ ПРАВОВОЙ ОХРАНЫ ТОВАРНОГО ЗНАКА

С т а т ь я 28. Признание регистрации товарного знака недействительной

1. Регистрация товарного знака может быть признана недействительной полностью или частично в течение всего срока ее действия, если она была произведена в нарушение требований, установленных пунктом 3 статьи 2 и статьей 6 настоящего Закона, или в течение пяти лет с даты публикации сведений о регистрации товарного знака в официальном бюллетене – по основаниям, установленным статьей 7 настоящего Закона.

2. Любое лицо может подать в сроки, предусмотренные пунктом 1 настоящей статьи, возражение против регистрации товарного знака в Апелляционную палату. Возражение против регистрации товарного знака должно быть рассмотрено в течение четырех месяцев с даты его поступления.

3. Решение Апелляционной палаты может быть обжаловано в Высшую патентную палату в течение шести месяцев с даты его принятия. Решение Высшей патентной палаты является окончательным.

С т а т ь я 29. Аннулирование регистрации товарного знака

Регистрация товарного знака аннулируется Патентным ведомством:

в связи с прекращением срока ее действия, предусмотренного статьей 16 настоящего Закона;

на основании решения Высшей патентной палаты о досрочном прекращении ее действия по причине использования коллективного знака на товарах, не обладающих едиными качественными или иными общими характеристиками, в соответствии с пунктом 3 статьи 21 настоящего Закона;

на основании решения Высшей патентной палаты о досрочном прекращении ее действия по причине неиспользования товарного знака в соответствии с пунктом 3 статьи 22 настоящего Закона;

в случае признания ее недействительной в соответствии со статьей 28 настоящего Закона;

при ликвидации юридического лица – владельца товарного знака;

на основании решения Высшей патентной палаты в случае превращения товарного знака в обозначение, вошедшее во всеобщее употребление как обозначение товаров определенного вида;

в случае отказа от нее владельца товарного знака.

Раздел II

НАИМЕНОВАНИЕ МЕСТА ПРОИСХОЖДЕНИЯ ТОВАРА

Глава VII

НАИМЕНОВАНИЕ МЕСТА
ПРОИСХОЖДЕНИЯ ТОВАРА И ЕГО ПРАВОВАЯ ОХРАНА

С т а т ь я 30. Наименование места происхождения товара

1. Наименование места происхождения товара – это название страны, населенного пункта, местности или другого географического объекта (далее – географический объект), используемое для обозначения товара, особые свойства которого исключительно или главным образом определяются характерными для данного географического объекта природными условиями или людскими факторами либо природными условиями и людскими факторами одновременно.

Наименованием места происхождения товара может являться историческое название географического объекта.

2. Не признается наименованием места происхождения товара обозначение хотя и представляющее собой или содержащее название географического объекта, но вошедшее в Российской Федерации во всеобщее употребление как обозначение товара определенного вида, не связанное с местом его изготовления.

Статья 31. Возникновение правовой охраны

1. Правовая охрана наименования места происхождения товара в Российской Федерации возникает на основании его регистрации в порядке, установленном настоящим Законом, или в силу международных договоров Российской Федерации.

2. Наименование места происхождения товара охраняется законом.

3. Наименование места происхождения товара может быть зарегистрировано одним или несколькими юридическими или физическими лицами. Лицо, зарегистрировавшее наименование места происхождения товара, получает право пользования им, если производимый данным лицом товар отвечает требованиям, установленным пунктом 1 статьи 30 настоящего Закона.

Право пользования этим же наименованием места происхождения товара, зарегистрированным в установленном порядке, может быть предоставлено любому юридическому или физическому лицу, находящемуся в том же географическом объекте и производящему товар с теми же свойствами.

4. Регистрация наименования места происхождения товара действует бессрочно.

Глава VIII

РЕГИСТРАЦИЯ И ПРЕДОСТАВЛЕНИЕ ПРАВА ПОЛЬЗОВАНИЯ НАИМЕНОВАНИЕМ МЕСТА ПРОИСХОЖДЕНИЯ ТОВАРА

Статья 32. Заявка на регистрацию и предоставление права пользования наименованием места происхождения товара

1. Заявка на регистрацию и предоставление права пользования наименованием места происхождения товара или заявка на предоставление права пользования уже зарегистрированным наименованием места происхождения товара (далее – заявка) подается в Патентное ведомство заявителем (заявителями) самостоятельно или через патентного поверенного в соответствии с пунктом 2 статьи 8 настоящего Закона.

2. Заявка должна относиться к одному наименованию происхождения товара.

3. Заявка должна содержать:

заявление о регистрации и предоставлении права пользования наименованием места происхождения товара или о предоставлении права пользования уже зарегистрированным наименованием места происхождения товара с указанием заявителя (заявителей), а также его (их) местонахождения или местожительства;

заявляемое обозначение;

вид товара, для обозначения которого испрашивается регистрация и предоставление права пользования наименованием места происхождения товара или предоставление права пользования уже зарегистрированным наименованием места происхождения товара, с указанием места его производства (границ географического объекта);

описание особых свойств товара.

Заявка представляется на русском языке.

4. К заявке должны быть приложены:

заключение компетентного органа о том, что заявитель находится в указанном географическом объекте и производит товар, особые свойства которого определяются характерными для данного географического объекта природными условиями или людскими факторами либо природными условиями и людскими факторами одновременно;

для иностранного заявителя – документ, подтверждающий его право на заявленное наименование места происхождения товара в стране происхождения товара;

документ, подтверждающий уплату пошлины в установленном размере.

Документы, прилагаемые к заявке, представляются на русском или другом языке. Если эти документы представлены на другом языке, к заявке прилагается их перевод на русский язык. Перевод на русский язык может быть представлен заявителем в течение двух месяцев после поступления в Патентное ведомство заявки, содержащей документы на другом языке.

5. Требования к документам заявки устанавливаются Патентным ведомством.

Статья 33. Экспертиза заявки

1. Экспертиза заявки осуществляется Патентным ведомством и включает предварительную экспертизу и экспертизу заявленного обозначения.

2. В период проведения экспертизы заявки до принятия по ней решения заявитель вправе по собственной инициативе дополнять, уточнять или исправлять материалы заявки.

Если дополнительные материалы изменяют заявку по существу, эти материалы не принимаются к рассмотрению и могут быть оформлены заявителем в качестве самостоятельной заявки.

3. В период проведения экспертизы Патентное ведомство вправе запросить у заявителя дополнительные материалы, без которых проведение экспертизы невозможно.

Дополнительные материалы по запросу экспертизы должны быть представлены в течение двух месяцев получения запроса. По просьбе заявителя данный срок может быть продлен при условии, что просьба поступила до истечения этого срока. Если заявитель нарушил указанный срок или оставил запрос экспертизы без ответа, заявка считается отозванной.

4. Предварительная экспертиза заявки проводится в течение двух месяцев с даты ее поступления в Патентное ведомство.

В ходе проведения предварительной экспертизы проверяются содержание заявки, наличие необходимых документов, а также их соответствие установленным требованиям. По результатам предварительной экспертизы заявителю сообщается о принятии заявки к рассмотрению либо об отказе в принятии ее к рассмотрению.

5. По принятой к рассмотрению заявке проводится экспертиза заявляемого обозначения на его соответствие требованиям, установленным статьей 30 настоящего Закона.

6. По результатам экспертизы Патентное ведомство принимает решение о регистрации наименования места происхождения товара и предоставлении права пользования им или об отказе в предоставлении права пользования им.

7. Заявитель может отозвать заявку на любом этапе ее рассмотрения.

С т а т ь я 3 4. Обжалование решения по заявке и восстановление
пропущенных сроков

1. При несогласии заявителя с решением предварительной экспертизы или с решением экспертизы заявленного обозначения он вправе в течение трех месяцев с даты получения решения подать возражение в Апелляционную палату. Возражение должно быть рассмотрено Апелляционной палатой в течение четырех месяцев с даты его поступления.

2. При несогласии заявителя с решением Апелляционной палаты он может в течение шести месяцев с даты получения решения обратиться с жалобой в Высшую патентную палату. Решение Высшей патентной палаты является окончательным.

3. Сроки, предусмотренные пунктом 3 статьи 33 настоящего Закона и пунктом 1 настоящей статьи и пропущенные заявителем, могут быть восстановлены Патентным ведомством по ходатайству заявителя, поданному не позднее двух месяцев по их истечении, при условии подтверждении уважительных причин и уплаты пошлины.

С т а т ь я 3 5. Регистрация наименования места происхождения товара
и выдача свидетельства на право пользования наименованием
места происхождения товара

1. На основании решения экспертизы Патентное ведомство производит регистрацию наименования места происхождения товара в Государственном реестре наименований мест происхождения товаров Российской Федерации (далее – Реестр). В Реестр вносятся наименование места происхождения товара, сведения об обладателе свидетельства на право пользования наименованием места происхождения товара (далее – свидетельство), вид и описание особых свойств товара, для которого зарегистрировано наименование места происхождения товара, другие сведения, относящиеся к регистрации и предоставлению права пользования наименованием места происхождения товара, продлению срока действия свидетельства, а также последующие изменения этих сведений.

2. Выдача свидетельства на право пользования наименованием места происхождения товара производится Патентным ведомством в течение трех месяцев с даты получения документа об уплате пошлины.

3. Форма свидетельства и состав указываемых в нем сведений устанавливаются Патентным ведомством.

С т а т ь я 3 6. Срок действия свидетельства на право пользования
наименованием места происхождения товара

1. Свидетельство действует в течение десяти лет, считая с даты поступления заявки в Патентное ведомство.

2. Срок действия свидетельства может быть продлен по заявлению обладателя свидетельства и при условии представления заключения компетентного органа, подтверждающего, что обладатель свидетельства находится в данном географическом объекте и производит товар с указанными в свидетельстве свойствами.

Заявление подается в течение последнего года действия свидетельства.

Срок действия свидетельства продлевается каждый раз на десять лет.

По ходатайству обладателя свидетельства для продления срока действия свидетельства ему может быть предоставлен шестимесячный срок после истечения срока действия свидетельства при условии уплаты дополнительной пошлины.

3. Запись о продлении срока действия свидетельства вносится Патентным ведомством в Реестр и свидетельство.

С т а т ь я 37. Внесение изменений в Реестр и свидетельство

Обладатель свидетельства уведомляет Патентное ведомство об изменении своего наименования, фамилии, имени или отчества, а также о других изменениях, относящихся к регистрации и предоставлению права пользования наименованием места происхождения товара.

Запись об изменении вносится в Реестр и свидетельство при условии уплаты пошлины.

С т а т ь я 38. Публикация сведений о регистрации и предоставлении права пользования наименованием места происхождения товара

Сведения, относящиеся к регистрации и предоставлению права пользования наименованием места происхождения товара и внесенные в Реестр в соответствии со статьей 35 настоящего Закона, публикуются Патентным ведомством в официальном бюллетене в течение шести месяцев с даты их внесения в Реестр.

С т а т ь я 39. Регистрация наименования места происхождения товара в зарубежных странах

1. Юридические и физические лица Российской Федерации вправе зарегистрировать наименование места происхождения товара в зарубежных странах.

2. Подача заявки на регистрацию наименования места происхождения товара в зарубежных странах производится после его регистрации и получения права пользования этим наименованием места происхождения товара в Российской Федерации.

Глава IX

ИСПОЛЬЗОВАНИЕ НАИМЕНОВАНИЯ МЕСТА ПРОИСХОЖДЕНИЯ ТОВАРА

С т а т ь я 40. Использование наименования места происхождения товара

1. Использованием наименования места происхождения товара считается применение его на товаре, упаковке, в рекламе, проспектах, счетах, бланках и иной документации, связанной с введением товара в хозяйственный оборот.

2. Не допускается использование зарегистрированного наименования места происхождения товара лицами, не имеющими свидетельства, даже если при этом указывается подлинное место происхождения товара или наименование используется в переводе либо в сочетании с такими выражениями, как "род", "тип", "имитация" и тому подобными, а также использование сходного обозначения для однородных товаров, способного ввести потребителей в заблуждение относительно места происхождения и особых свойств товара.

3. Обладатель свидетельства не вправе предоставлять лицензии на пользование наименованием места происхождения товара другим лицам.

С т а т ь я 41. Предупредительная маркировка

Обладатель свидетельства может проставлять рядом с наименованием места происхождения товара предупредительную маркировку, указывающую на то, что применяемое обозначение является наименованием места происхождения товара, зарегистрированным в Российской Федерации.

Глава X

ПРЕКРАЩЕНИЕ ПРАВОВОЙ ОХРАНЫ НАИМЕНОВАНИЯ МЕСТА ПРОИСХОЖДЕНИЯ ТОВАРА

С т а т ь я 42. Признание регистрации наименования места происхождения товара и свидетельства на право пользования наименованием места происхождения товара недействительными

1. Регистрация наименования места происхождения товара может быть признана недействительной, если она была произведена в нарушение требований, установленных настоящим Законом.

2. Действие регистрации наименования места происхождения товара может быть прекращено в связи с исчезновением характерных для данного географического объекта условий и невозможностью производства товара с указанными в Реестре свойствами.

Действие регистрации наименования места происхождения товара на имя иностранного юридического или физического лица помимо указанных оснований прекращается также в связи с утратой ими права на данное наименование места происхождения товара в стране происхождения товара.

3. Свидетельство на право пользования наименованием места происхождения товара может быть признано недействительным, если оно было выдано в нарушение требований, установленных настоящим Законом.

4. Действие свидетельства может быть прекращено:

в связи с утратой товаром особых свойств, указанных в Реестре в отношении данного наименования места происхождения товара;

в случае аннулирования регистрации наименования места происхождения товара;

при ликвидации юридического лица – обладателя свидетельства;

на основании заявления обладателя свидетельства, поданного в Патентное ведомство.

5. Любое лицо может подать по основаниям, указанным в пунктах 1–4 настоящей статьи, возражение против регистрации наименования места происхождения товара и выдачи свидетельства на право пользования наименованием места происхождения товара в Апелляционную палату. Возражение должно быть рассмотрено в течение четырех месяцев с даты его поступления. Лицо, подавшее возражение, а также обладатель свидетельства имеют право участвовать в его рассмотрении.

6. Решение Апелляционной палаты может быть обжаловано в Высшую патентную палату в течение шести месяцев с даты его принятия. Решение Высшей патентной палаты является окончательным.

7. Регистрация наименования места происхождения товара, а также свидетельство на право пользования наименованием места происхождения товара аннулируются Патентным ведомством в случае признания их недействительными на основании решения Высшей патентной палаты.

Раздел III

ЗАКЛЮЧИТЕЛЬНЫЕ ПОЛОЖЕНИЯ

Статья 43. Государственное Патентное ведомство Российской Федерации

Государственное Патентное ведомство Российской Федерации в соответствии с настоящим Законом осуществляет единую политику в области охраны товарных знаков и наименований мест происхождения товаров в Российской Федерации, принимает к рассмотрению заявки на регистрацию товарных знаков, а также заявки на регистрацию и предоставление права пользования наименованием места происхождения товаров, проводит по ним экспертизу, осуществляет их государственную регистрацию, выдает свидетельства, публикует официальные сведения, издает правила и разъяснения по применению настоящего Закона, выполняет другие функции, относящиеся к товарным знакам и наименованиям мест происхождения товаров, в соответствии с положением о Патентном ведомстве, утверждаемым Президентом Российской Федерации.

Статья 44. Пошлины

За совершение юридически значимых действий, связанных с регистрацией товарного знака, регистрацией и предоставлением права пользования наименованием места происхождения товара, взимаются пошлины. Пошлины уплачиваются в Патентное ведомство. Перечень действий, за совершение которых взимаются пошлины, их размеры и сроки уплаты, а также основания возврата пошлин устанавливаются Правительством Российской Федерации.

Статья 45. Рассмотрение споров, связанных с применением
настоящего Закона

1. Споры, связанные с применением настоящего Закона, рассматриваются в порядке, установленном законодательством Российской Федерации, судом, арбитражным судом или третейским судом, включая споры:

о нарушении исключительного права на товарный знак;

о заключении и исполнении лицензионного договора и договора об уступке товарного знака;

о незаконном использовании наименования места происхождения товара.

2. Высшая патентная палата рассматривает споры, отнесенные к ее компетенции в соответствии со статьями 13, 21, 22, 28, 29, 34, 42 настоящего Закона.

С т а т ь я 4 6. Ответственность за незаконное использование
товарного знака и наименования места происхождения товара

1. Использование товарного знака и наименования места происхождения товара или сходного с товарным знаком или наименованием места происхождения товара обозначения для однородных товаров, противоречащее положениям пункта 2 статьи 4 и пункта 2 статьи 40 настоящего Закона, влечет за собой гражданскую и (или) уголовную ответственность в соответствии с законодательством Российской Федерации.

2. Защита гражданских прав от незаконного использования товарного знака помимо требований о прекращении нарушения или взыскания причиненных убытков осуществляется также путем:

публикации судебного решения в целях восстановления деловой репутации потерпевшего;

удаления с товара или его упаковки незаконно используемого товарного знака или обозначения, сходного с ним до степени смешения, либо уничтожения изготовленных изображений товарного знака или обозначения, сходного с ним до степени смешения.

3. Лицо, незаконно использующее зарегистрированное наименование места происхождения товара или сходное с таким наименованием обозначение, обязано по требованию обладателя свидетельства на право пользования наименованием места происхождения товара, общественной организации или прокурора:

прекратить его использование, а также возместить всем потерпевшим причиненные убытки, а также внести в доход местного бюджета сумму полученной при незаконном использовании наименования места происхождения товара прибыли, превышающую возмещенные убытки;

опубликовать судебное решение в целях восстановления деловой репутации потерпевшего;

удалить с товара или его упаковки незаконно используемое наименование места происхождения товара или обозначение, сходное с ним до степени смешения, или уничтожить изготовленные изображения наименования места происхождения товара или обозначения, сходного с ним до степени смешения.

4. Лицо, производящее предупредительную маркировку по отношению к незарегистрированному в Российской Федерации товарному знаку или наименованию места происхождения товара, несет ответственность в порядке, предусмотренном законодательством Российской Федерации.

С т а т ь я 4 7. Права иностранных юридических и физических лиц

Иностранные юридические и физические лица пользуются правами, предусмотренными настоящим Законом, наравне с юридическими и физическими лицами Российской Федерации в силу международных договоров Российской Федерации или на основе принципа взаимности.

Право на регистрацию в Российской Федерации наименований мест происхождения товаров предоставляется юридическим и физическим лицам государств, предоставляющих аналогичное право юридическим и физическим лицам Российской Федерации.

С т а т ь я 4 8. Международные договоры

Если международным договором Российской Федерации установлены иные правила, чем те, которые содержатся в настоящем Законе, то применяются правила международного договора.

АРБИТРАЖНЫЙ
ПРОЦЕССУАЛЬНЫЙ КОДЕКС
РОССИЙСКОЙ ФЕДЕРАЦИИ
Введен постановлением Верховного Совета Российской Федерации
от 5 марта 1992

("Экономика и жизнь", №№ 16–18, апрель, май 1992)

Глава I

ОБЩИЕ ПОЛОЖЕНИЯ

С т а т ь я 1 . Законодательные акты о порядке разрешения споров
арбитражными судами

Арбитражные суды разрешают споры в соответствии с Законом Российской Федерации "Об арбитражном суде" и настоящим Кодексом. Особенности разрешения отдельных видов споров могут устанавливаться другими законодательными актами Российской Федерации.

С т а т ь я 2 . Право на обращение в арбитражный суд

В арбитражный суд вправе обращаться за защитой своих нарушенных или оспариваемых законных прав и интересов предприятия, учреждения, организации (включая колхозы), являющиеся юридическими лицами (организации), а также граждане, осуществляющие предпринимательскую деятельность без образования юридического лица и имеющие статус предпринимателя, приобретенный в установленном законом порядке (граждане-предприниматели).

В случаях, установленных законодательными актами Российской Федерации, право на обращение в арбитражный суд имеют органы государственной власти и управления, а также организации, не являющиеся юридическими лицами.

Организации с иностранными инвестициями, организации и граждане-предприниматели, которые находятся на территории другого государства, вправе обращаться в арбитражный суд в случаях, предусмотренных настоящим Кодексом.

Спор может быть передан на разрешение арбитражного суда лишь после принятия сторонами мер по непосредственному урегулированию спора в установленном порядке, за исключением требований организаций и граждан-предпринимателей о признании недействительными актов государственных и иных органов, об обжаловании отказа в государственной регистрации организаций либо самостоятельной предпринимательской деятельности, а также других споров в сфере управления с участием граждан-предпринимателей.

С т а т ь я 3 . Принятие дел к производству арбитражным судом

Арбитражный суд принимает к своему производству дела по заявлениям:

организаций и граждан-предпринимателей, обращающихся за защитой своих охраняемых законом прав и интересов;

государственных и иных органов в случаях, предусмотренных законодательными актами Российской Федерации, в защиту охраняемых законом прав и интересов организаций и граждан-предпринимателей, государственных и общественных интересов;

прокурора в защиту государственных и общественных интересов.

С т а т ь я 4 . Коллегиальность разрешения споров арбитражным судом

Разрешение споров производится арбитражным судом в составе трех судей, кроме споров, которые в соответствии с настоящим Кодексом разрешаются судьей единолично.

Все судьи при разрешении споров пользуются равными правами в решении всех вопросов.

Статья 5. Содействие достижению сторонами соглашения

Арбитражный суд содействует достижению соглашения между сторонами и принимает решение в соответствии с достигнутым соглашением, если оно не противоречит законодательству и не нарушает охраняемые законом права и интересы третьих лиц.

Статья 6. Независимость арбитражного суда и его судей и подчинение их только закону

Арбитражный суд и его судьи независимы, самостоятельны и подчиняются в своей деятельности только закону. Какое бы то ни было вмешательство любых органов, организаций и должностных лиц в деятельность арбитражного суда и его судей не допускается и влечет за собой ответственность в соответствии с законом.

Статья 7. Равенство сторон

Разрешение споров в арбитражном суде осуществляется на началах равенства сторон перед законом и судом независимо от места нахождения, подчиненности сторон, форм собственности, а граждан-предпринимателей – независимо от их происхождения, социального и имущественного положения, расовой и национальной принадлежности, пола, образования, языка, отношения к религии, рода и характера занятий, места жительства и других обстоятельств.

Статья 8. Гласность разрешения споров

Разрешение споров в арбитражном суде открытое, за исключением случаев, когда это противоречит законодательству об охране государственной или коммерческой тайны.

Статья 9. Язык судопроизводства

Судопроизводство в Высшем арбитражном суде Российской Федерации, краевых, областных, городских арбитражных судах ведется на русском языке, а в Высшем арбитражном суде республики в составе Российской Федерации, арбитражном суде автономной области, автономного округа – на языке соответственно республики, автономной области, автономного округа или на языке большинства населения данной местности.

Участвующим в деле лицам, не владеющим языком, на котором ведется судопроизводство, обеспечивается право полного ознакомления с материалами дела, участие в судебных действиях через переводчика и право выступать в суде на родном языке.

Судебные документы вручаются лицам, участвующим в деле, на языке судопроизводства, а также по их требованию – в переводе на язык, который они использовали в судебных действиях.

Статья 10. Законность и обоснованность решения

Решение арбитражного суда должно быть законным и обоснованным.

Статья 11. Законодательство, применяемое при разрешении споров

Арбитражный суд разрешает споры, руководствуясь Конституцией РСФСР, законами Российской Федерации и иным законодательством, действующим на территории Российской Федерации, конституциями, законами и иным законодательством республик в составе Российской Федерации, межгосударственными соглашениями, международными договорами.

Арбитражный суд, установив в процессе разрешения спора несоответствие нормативного акта государственного или иного органа законодательству, действующему на территории Российской Федерации, принимает решение на основании этого законодательства.

В случае отсутствия законодательства, регулирующего спорное отношение, арбитражный суд применяет законодательство, регулирующее сходные отношения, а при отсутствии такого законодательства исходит из общих начал и смысла закона.

Арбитражный суд в соответствии с законом или договором применяет нормы права других государств.

Статья 12. Обязательность решения арбитражного суда

Вступившее в законную силу решение, постановление, определение арбитражного суда подлежит обязательному исполнению всеми органами, организациями, должностными лицами и гражданами на всей территории Российской Федерации.

Глава II

СОСТАВ АРБИТРАЖНОГО СУДА. ОТВОДЫ

Статья 13. Состав арбитражного суда

Дела во всех арбитражных судах рассматриваются коллегиально в составе председательствующего и членов суда.

В случаях, когда настоящим Кодексом судье предоставлено право единолично разрешать отдельные вопросы, он действует от имени арбитражного суда.

Процессуальные действия, которые судья вправе совершать единолично, могут также совершаться арбитражным судом коллегиально.

В Высшем арбитражном суде республики в составе Российской Федерации, краевом, областном, городском арбитражном суде, арбитражном суде автономной области, автономного округа единолично судьей рассматриваются дела по спорам:

о заключении, изменении и расторжении договоров (контрактов), если сумма договора не превышает 10 млн. рублей;

об исполнении договоров и по другим основаниям на сумму до 250 тысяч рублей.

Проверка законности и обоснованности решений арбитражных судов по жалобам лиц, участвующих в деле, и протестам прокурора в кассационном порядке во всех случаях осуществляется тремя судьями коллегии по проверке в кассационном порядке законности и обоснованности решений арбитражных судов, не вступивших в законную силу.

Проверка законности и обоснованности решений арбитражного суда, вступивших в законную силу, в порядке надзора осуществляется тремя судьями коллегии Высшего арбитражного суда Российской Федерации по проверке в порядке надзора законности и обоснованности решений арбитражных судов, вступивших в законную силу, либо пленумом Высшего арбитражного суда Российской Федерации.

Статья 14. Отвод судьи

Судья не может участвовать в рассмотрении дела:

1) если он является родственником лиц, участвующих в деле, или их представителей;

2) если он лично, прямо или косвенно, заинтересован в исходе дела либо имеются иные обстоятельства, вызывающие сомнение в его беспристрастности. В состав арбитражного суда, рассматривающего дело, не могут входить лица, состоящие в родстве между собой.

Статья 15. Отвод прокурора, эксперта и переводчика

Прокурор, эксперт и переводчик не могут участвовать в рассмотрении дела и подлежат отводу по основаниям, указанным в статье 14 настоящего Кодекса.

Эксперт, кроме того, не может участвовать в рассмотрении дела:

1) если он находился или находится в служебной или иной зависимости от лиц, участвующих в деле, или их представителей;

2) если он производил ревизию, материалы которой послужили основанием возбуждения данного дела;

3) в случае, когда обнаружилась его некомпетентность.

Участие прокурора, эксперта и переводчика в предыдущем рассмотрении данного дела в качестве соответственно прокурора, эксперта, переводчика не является основанием для их отвода.

Статья 16. Недопустимость повторного участия судьи в рассмотрении дела

Судья, принимавший участие в рассмотрении дела по первой инстанции, не может участвовать в рассмотрении этого дела в кассационной или надзорной инстанции.

Судья, принимавший участие в рассмотрении дела в кассационной инстанции, не может участвовать в рассмотрении этого дела в первой или в надзорной инстанции.

Судья, принимавший участие в рассмотрении дела в надзорной инстанции, не может участвовать в рассмотрении этого дела в первой и в кассационной инстанции.

Статья 17. Заявление об отводе

При наличии обстоятельств, указанных в статьях 14-16 настоящего Кодекса, судья, прокурор, эксперт, переводчик обязаны заявить самоотвод. По тем же основаниям отвод может быть заявлен лицами, участвующими в деле.

Отвод должен быть мотивирован и заявлен до начала рассмотрения дела по существу. В ходе рассмотрении дела заявление отвода допускается лишь в случаях, когда основание отвода стало известно арбитражному суду или лицу, заявляющему отвод, после начала рассмотрения дела.

С т а т ь я 18. Порядок разрешения заявленного отвода

В случаях заявления отвода арбитражный суд должен выслушать мнение лиц, участвующих в деле, а также заслушать лицо, которому заявлен отвод, если отводимый желает дать объяснения. Вопрос об отводе разрешается арбитражным судом.

Вопрос об отводе судьи разрешается остальными судьями в отсутствии судьи, которому заявлен отвод. При равном количестве голосов, поданных за отвод и против отвода, судья считается отведенным.

Отвод заявленный нескольким судьям или всему составу арбитражного суда, разрешается этим же составом арбитражного суда в полном составе простым большинством голосов.

Вопрос об отводе судьи, разрешающего спор единолично, разрешается председателем соответствующей коллегии либо председателем арбитражного суда.

Вопрос об отводе прокурора, эксперта и переводчика разрешается судом, рассматривающим дело.

По результатам рассмотрения вопроса об отводе выносится определение.

С т а т ь я 19. Последствия удовлетворения заявления об отводе

В случае отвода члена арбитражного суда или всего состава арбитражного суда при рассмотрении дела в Высшем арбитражном суде Российской Федерации, Высшем арбитражном суде республики в составе Российской Федерации, краевом, областном, городском арбитражном суде, арбитражном суде автономной области, автономной области, автономного округа дело рассматривается в том же арбитражном суде, но в другом составе.

Дело должно быть передано в Высший арбитражный суд Российской Федерации, если в Высшем арбитражном суде республики в составе Российской Федерации, краевом, областном, городском арбитражном суде, арбитражном суде автономной области, автономного округа в результате удовлетворения отводов либо в других случаях невозможно образовать новый состав судей для рассмотрения данного дела.

Глава III

ПОДВЕДОМСТВЕННОСТЬ И ПОДСУДНОСТЬ СПОРОВ

С т а т ь я 20. Подведомственность арбитражному суду экономических споров

Арбитражному суду подведомственны экономические споры между организациями, гражданами-предпринимателями, находящимися на территории Российской Федерации, независимо от ведомственной принадлежности и подчиненности сторон и от суммы требований, возникающие в связи:

с заключением договоров в случаях, если имеется соглашение· сторон о передаче возникшего и могущего возникнуть спора на разрешение арбитражного суда либо если такая передача предусмотрена законодательными актами;

с изменением условий или расторжением договора;

с неисполнением или ненадлежащим исполнением обязательств;

с признанием права собственности;

с истребованием собственником или законным владельцем имущества из чужого незаконного владения;

с нарушением прав собственника или законного владельца, не связанных с лишением владения;

с иными основаниями.

Арбитражному суду подведомственны споры между организациями, гражданами-предпринимателями, когда одна из сторон находится на территории другого государства, если это предусмотрено межгосударственным соглашением, международным договором или соглашением сторон.

Арбитражному суду подведомственны также споры организаций с иностранными инвестициями, если это предусмотрено межгосударственным соглашением или соглашением сторон.

С т а т ь я 21. Право на обращение в третейский суд

По соглашению сторон возникший или могущий возникнуть экономический спор, подведомственный арбитражному суду, до принятия дела к производству арбитражным судом может быть передан на разрешение третейского суда.

Статья 22. Подведомственность арбитражному суду споров в сфере управления

Арбитражному суду подведомственны споры, возникающие в сфере управления, в частности:

о признании недействительными (полностью или частично) актов государственных и иных органов (адресованных конкретным лицам или группе лиц), в том числе решений Советов народных депутатов и администрации, не соответствующих законодательству и нарушающих охраняемые законом права и интересы организаций и граждан-предпринимателей;

о возмещении убытков, причиненных организациям и гражданам-предпринимателям такими актами, а также возникших в связи с ненадлежащим исполнением указанными органами своих обязанностей по отношению к организациям и гражданам-предпринимателям;

об обжаловании решений Советов народных депутатов об отказе в предоставлении об изъятии земельного участка;

об обжаловании отказа в государственной регистрации либо уклонения от государственной регистрации в установленный срок организации или предпринимательской деятельности граждан;

об обжаловании решений государственных и иных органов об изъятии у организаций и граждан-предпринимателей денежных средств и иного имущества, а также о возврате незаконно изъятых денежных средств и иного имущества;

о взыскании с организаций и граждан-предпринимателей штрафов и других денежных средств государственными и иными органами, в том числе органами, осуществляющими антимонопольную политику, банками, инспекциями, иными контролирующими органами, если законодательством не предусмотрено описание ими денежных средств в бесспорном порядке;

о возврате из бюджета денежных средств, списанных в виде экономических (финансовых) санкций, по другим основаниям государственными налоговыми инспекциями и иными контролирующими органами в бесспорном порядке с нарушением требований законодательства.

Арбитражному суду также подведомственны:

споры по условиям контрактов о принятии заказов на поставку продукции, выполнение работ (услуг) для государственных нужд, возникшие между государственными и иными органами (организациями);

выдавшими заказы, и организациями или гражданами-предпринимателями, принявшими обязательства по выполнению заказов;

споры, возникающие из экономических соглашений между государственными органами Российской Федерации и других государств, когда это предусмотрено межгосударственными соглашениями;

споры, возникающие из экономических соглашений между органами управления республик в составе Российской Федерации, краев, областей, городов, районов, автономной области, автономных округов;

иные споры в сфере управления, если они отнесены к компетенции арбитражного суда законодательными актами.

Статья 23. Подсудность споров

Споры, подведомственные арбитражному суду, разрешаются Высшими арбитражными судами республик в составе Российской Федерации, краевыми, областными, городскими арбитражными судами автономной области, автономных округов, за исключением споров, отнесенных к подсудности Высшего арбитражного суда Российской Федерации.

Высший арбитражный суд Российской Федерации разрешает:

экономические споры, возникающие в связи:

с признанием права собственности на имущество, находящееся в государственной собственности Российской Федерации (федеральной собственности);

с истребованием имущества, находящегося в государственной собственности Российской Федерации (федеральной собственности), из чужого незаконного владения;

с требованиями об устранении нарушений прав субъектов федеральной собственности и вытекающих из нее прав полного хозяйственного ведения или оперативного управления, не связанных с лишением владения;

иные споры, отнесенные к ведению Высшего арбитражного суда Российской Федерации законодательными актами Российской Федерации, межгосударственными соглашениями и международными договорами;

споры в сфере управления:

о признании недействительными (полностью или частично) актов государственных и иных органов Российской Федерации;

154

о возмещении убытков, причиненных организациям и гражданам-предпринимателям такими актами, а также возникших в связи с ненадлежащим исполнением указанными органами своих обязанностей по отношению к организациям и гражданам-предпринимателям;

о взыскании штрафов и других денежных средств государственными и иными органами Российской Федерации, в том числе органами, осуществляющими антимонопольную политику, банками, инспекциями, иными контролирующими органами Российской Федерации;

об обжаловании решений государственных и иных органов Российской Федерации об изъятии денежных средств и иного имущества, а также о возврате незаконно изъятых указанными органами денежных средств и иного имущества;

вытекающие из экономических соглашений между государственными органами Российской Федерации и государственными органами других государств, когда это предусмотрено межгосударственными соглашениями;

вытекающие из экономических соглашений между органами управления республик в составе Российской Федерации, краев, областей, городов Москвы и Санкт-Петербурга, автономной области, автономных округов;

по условиям контрактов о принятии заказов на поставку продукции, выполнение работ (услуг) для государственных нужд, заключаемых государственными и иными органами Российской Федерации, выдавшими заказы, и организациями или гражданами-предпринимателями, принявшими обязательства по выполнению заказов;

иные споры, отнесенные к ведению Высшего арбитражного суда Российской Федерации законодательными актами Российской Федерации, межгосударственными соглашениями и международными договорами.

Высший арбитражный суд Российской Федерации вправе принять к своему производству споры, подсудные другим арбитражным судам Российской Федерации, при наличии письменного соглашения между сторонами о передаче уже возникшего или могущего возникнуть спора на разрешение Высшего арбитражного суда Российской Федерации.

Высший арбитражный суд Российской Федерации вправе принять к своему производству любое дело, подведомственное арбитражному суду Российской Федерации, в качестве арбитражного суда первой инстанции при невозможности рассмотрения дела соответствующим арбитражным судом.

Статья 24. Территориальная подсудность споров

Споры, подведомственные арбитражным судам, возникающие при заключении, изменении и расторжении договоров (контрактов), связанных с поставкой, выполнением работ и оказанием услуг, рассматриваются по месту жительства гражданина-предпринимателя или по месту нахождения организации, являющихся поставщиками, выполняющими работы или оказывающими услуги.

Споры, возникающие при исполнении договоров (контрактов) и по другим основаниям, рассматриваются по месту нахождения ответчика.

Если в деле участвуют ответчики, находящиеся на территориях разных республик в составе Российской Федерации, краев, областей, городов, автономной области, автономных округов, спор рассматривается по выбору истца арбитражным судом по месту нахождения одного из ответчиков.

Подсудность споров с участием граждан-предпринимателей, организаций, находящихся на территориях других государств, может быть определена межгосударственным соглашением, международным договором или соглашением сторон.

Статья 25. Исключительная подсудность

Споры о признании права собственности на имущество, об истребовании имущества из чужого незаконного владения, об устранении нарушений прав собственника или законного владельца, не связанных с лишением владения, рассматриваются по месту нахождения имущества, за исключением споров, подсудных Высшему арбитражному суду Российской Федерации.

Споры в сфере управления с участием органов государственной власти и управления города Москвы подсудны арбитражному суду города Москвы.

Споры в сфере управления с участием органов государственной власти и управления Московской области подсудны арбитражному суду Московской области.

Споры, возникающие из договоров перевозки, в которых одним из ответчиков является орган транспорта, рассматриваются по месту нахождения органа транспорта.

Статья 26. Передача исковых материалов или дел по подсудности и разрешение возникающих при этом разногласий

При неподсудности спора данному арбитражному суду или при изменении подсудности спора в процессе его рассмотрения в связи с привлечением другого ответчика либо заменой стороны ее правопреемником арбитражный суд направляет исковые материалы или дело по подсудности не позднее пяти дней после поступления искового заявления или вынесения определения о передаче дела.

На определение о передаче дела может быть подана кассационная жалоба.

В случаях, когда исковые материалы или дело переданы в арбитражный суд с нарушением подсудности, эти материалы или дело с соответствующим заключением направляются для разрешения вопроса о подсудности спора в Высший арбитражный суд Российской Федерации.

Глава IV

ЛИЦА, ДЕЙСТВУЮЩИЕ В ДЕЛЕ

Статья 27. Состав лиц, участвующих в деле.

Лицами, участвующими в деле, признаются: стороны, третьи лица, прокурор, государственные и иные органы, принимающие участие в процессе в силу возложенных на них обязанностей.

Статья 28. Права и обязанности лиц, участвующих в деле

Лица, участвующие в деле, имеют право знакомиться с материалами дела, делать выписки из них, снимать копии, заявлять отводы, представлять доказательства, участвовать в исследовании доказательств, задавать вопросы участникам арбитражного процесса, заявлять ходатайства, давать устные и письменные объяснения арбитражному суду, представлять свои доводы и соображения по всем возникающим в ходе арбитражного процесса вопросам, возражать против ходатайств, доводов и соображений других лиц, участвующих в деле, обжаловать решения, определения и постановления арбитражного суда и пользоваться другими процессуальными правами, предоставленными им настоящим Кодексом.

Лица, участвующие в деле, обязаны добросовестно пользоваться всеми принадлежащими им процессуальными правами.

Статья 29. Стороны в арбитражном процессе

Сторонами в арбитражном процессе могут быть организации независимо от формы собственности, органы государственной власти и управления, которые на основании законодательных актов Российской Федерации и республик, входящих в состав Российской Федерации, могут защищать свои охраняемые законом права и интересы в арбитражном суде, а также граждане-предприниматели.

Истцами (заявителями) являются организации, органы государственной власти и управления и граждане-предприниматели, предъявившие иск (подавшие заявление) или в интересах которых предъявлен иск.

Ответчиками являются организации – юридические лица и граждане-предприниматели, к которым предъявлено исковое требование. В случаях, установленных законодательными актами Российской Федерации, ответчиками могут быть также органы государственной власти и управления и организации, не являющиеся юридическими лицами.

Стороны пользуются равными процессуальными правами.

Статья 30. Изменение основания или предмета иска, изменение размера исковых требований, отказ от иска, признание иска

Истец вправе до принятия решения по спору изменить основание или предмет иска, увеличить или уменьшить размер исковых требований либо отказаться от иска.

Арбитражный суд с согласия истца вправе изменить основание или предмет иска по своей инициативе.

Ответчик вправе признать иск полностью или частично.

Стороны вправе прийти к соглашению по спору полностью или частично.

Статья 31. Участие в деле нескольких истцов или ответчиков

Иск может быть предъявлен совместно несколькими истцами или одновременно к нескольким ответчикам. Каждый из истцов или ответчиков по отношению к другой стороне

156

выступает в процессе самостоятельно. Участники могут поручить ведение дела одному из участников.

Арбитражный суд при наличии достаточных оснований вправе до принятия решения по спору привлечь по ходатайству стороны или по своей инициативе соответствующую организацию или гражданина-предпринимателя к участию в деле в качестве другого ответчика.

Ходатайство о привлечение к делу ответчика может быть удовлетворено при условии принятия сторонами в определенных настоящим Кодексом случаях мер к непосредственному урегулированию спора.

Статья 32. Третьи лица

Третьи лица, заявляющие самостоятельные требования на предмет спора, могут вступить в дело до принятия арбитражным судом решения и пользуются правами и несут все обязанности истца.

Третьи лица, не заявляющие самостоятельных требований на предмет спора, могут вступить в дело на стороне истца или ответчика до принятия арбитражным судом решения, если решение по делу может повлиять на их права или обязанности по отношению к одной из сторон. Третьи лица могут быть привлечены к участию в деле также по ходатайству сторон, прокурора или по инициативе арбитражного суда. Третьи лица, не заявляющие самостоятельных требований, пользуются процессуальными правами и несут процессуальные обязанности стороны, кроме права на изменение основания и предмета иска, увеличение или уменьшение размера исковых требований, а также на отказ от иска, признание иска или достижение соглашения, требования принудительного исполнения судебного решения.

Третьи лица вступают в дело или привлекаются к участию в деле независимо от принятия мер к непосредственному урегулированию спора.

Арбитражный суд вправе в одном процессе рассмотреть первоначальный иск к ответчику и регрессный иск ответчика к третьему лицу без самостоятельных требований или иск последнего к одной из сторон и принять решение по регрессному иску.

Статья 33. Процессуальное правопреемство

В случае выбытия одной из сторон в спорном или установленном решением арбитражного суда правоотношении вследствие реорганизации юридического лица, уступки требования, перевода долга, смерти гражданина-предпринимателя арбитражный суд производит замену этой стороны ее правопреемником, указывая об этом в решении или определении суда.

Правопреемство возможно на любой стадии арбитражного процесса.

Для правопреемника все действия, совершенные до его вступления в процесс, обязательны в той мере, в какой они были обязательны для лица, которое правопреемник заменил.

Статья 34. Участие прокурора в арбитражном процессе

Прокурор принимает участие в арбитражном процессе в случаях предъявления иска в арбитражный суд либо принесения протеста на решение арбитражного суда.

Исковое заявление или протест в Высший арбитражный суд Российской Федерации направляет Генеральный прокурор Российской Федерации или его заместитель.

Исковое заявление или протест в Высший арбитражный суд республики в составе Российской Федерации, в краевой, областной, городской арбитражный суд, в арбитражный суд автономной области, автономного округа направляет Генеральный прокурор Российской Федерации или его заместитель, или соответственно прокурор данной республики в составе Российской Федерации, края, области, города, автономной области, автономного округа или его заметитель.

Статья 35. Участие в арбитражном процессе государственных и иных органов, выступающих в защиту прав других лиц

В случаях, предусмотренных законодательными актами Российской Федерации, государственные и иные органы могут предъявить иск в защиту охраняемых законом прав и интересов организаций и граждан-предпринимателей, а также государственных и общественных интересов.

Отказ указанных органов от предъявленного ими иска не лишает лицо, в защиту интересов которого предъявлен иск, права требовать разрешения спора по существу.

Государственные и иные органы могут быть привлечены арбитражным судом к участию в процессе для дачи заключения по спору.

Глава V

ПРЕДСТАВИТЕЛЬСТВО В АРБИТРАЖНОМ СУДЕ

Статья 36. Ведение дел через представителей

Дела юридических лиц ведут в арбитражном суде их органы (руководители или их заместители), действующие в пределах полномочий, предоставленных им законом, уставом или положением, или другие работники организации – представители юридического лица.

Полномочия руководителя организации (заместителя) подтверждаются документами, удостоверяющими его служебное положение.

Другие работники организации, выступающие в качестве представителей сторон, третьих лиц, подтверждают свои полномочия надлежаще оформленной доверенностью организации.

Граждане-предприниматели могут вести дела в арбитражном суде лично или через представителей. Личное участие гражданина не лишает его права иметь представителя. Полномочия представителя должны быть выражены в доверенности, выданной и оформленной в соответствии с законом.

В качестве представителя организации и гражданина-предпринимателя в арбитражном суде может выступать адвокат. Его полномочия удостоверяются документом, выдаваемым юридической консультацией.

Статья 37. Полномочия представителя

Полномочие на ведение дела в арбитражном суде дает представителю право на совершение от имени представляемого всех процессуальных действий, кроме полного или частичного отказа от исковых требований, признания иска, изменения предмета иска, передачи полномочий другому лицу (передоверие), предъявления приказа к взысканию, получения присужденного имущества или денег. Полномочие представителя на совершение каждого из указанных действий должно быть специально предусмотрено в доверенности, выданной в установленном законом порядке.

Статья 38. Лица, которые не могут быть представителями в арбитражном суде

Представителями в арбитражном суде не могут быть лица, не достигшие совершеннолетия или состоящие под опекой или попечительством.

Представителями в арбитражном суде не могут быть судьи, следователи, прокуроры и работники арбитражных судов. Это правило не распространяется на случаи, когда указанные лица выступают в процессе в качестве уполномоченных соответствующего суда, прокуратуры и арбитражного суда.

Глава VI

ДОКАЗАТЕЛЬСТВА

Статья 39. Понятие и виды доказательств

Доказательствами по делу являются любые фактические данные, на основании которых арбитражный суд устанавливает наличие или отсутствие обстоятельств, обосновывающих требования или возражения сторон, а также иные обстоятельства, имеющие значение для правильного разрешения спора.

Эти данные устанавливаются следующими средствами: письменными и вещественными доказательствами, объяснениями сторон и других лиц, участвующих в деле, а также заключениями экспертов и показаниями свидетелей.

Статья 40. Обязанность доказывания и представления доказательств

Каждая сторона должна доказывать те обстоятельства, на которые она ссылается как на основание своих требований или возражений.

Доказательства представляются сторонами и другими лицами, участвующими в деле.

Статья 41. Относимость и допустимость доказательств

Арбитражный суд принимает только те доказательства, которые имеют отношение к делу.

Обстоятельства дела, которые согласно законодательству должны быть подтверждены определенными средствами доказывания, не могут быть подтверждены никакими другими средствами доказывания.

Статья 42. Основания освобождения от доказывания

Обстоятельства, признанные арбитражным судом общеизвестными, не нуждаются в доказывании.

Факты, установленные вступившим в законную силу решением арбитражного суда при разрешении одного спора, не доказываются вновь при разрешении других споров, в которых участвуют те же организации и граждане-предприниматели.

Вступивший в законную силу приговор суда по уголовному делу обязателен для арбитражного суда, разрешающего спор, по вопросам, имели ли место определенные действия и кем они совершены.

Вступившее в законную силу решение суда по гражданскому делу обязательно для арбитражного суда, разрешающего спор, по вопросам о фактах, установленных судом и имеющих значение для дела.

Статья 43. Письменные доказательства

Письменными доказательствами являются акты, письма, иные документы и материалы, содержащие сведения об обстоятельствах, имеющих значение для правильного разрешения спора.

Письменные доказательства представляются в подлиннике либо в заверенной должным образом копии. Если для разрешения спора имеет значение лишь часть документа, представляется заверенная выписка из него.

Подлинные документы представляются, когда обстоятельства дела согласно законодательству должны быть удостоверены только такими документами, а также в иных необходимых случаях по требованию арбитражного суда.

Статья 44. Вещественные доказательства

Вещественными доказательствами являются предметы, которые могут служить средствами установления обстоятельств, имеющих значение для правильного разрешения спора.

Статья 45. Осмотр и исследование доказательств

Арбитражный суд может произвести осмотр и исследование доказательств в месте их нахождения в случае затруднительности представления этих доказательств непосредственно в арбитражном суде.

Осмотр и исследование доказательств на месте производится всем составом суда или единолично судьей и при необходимости – в присутствии сторон и других лиц, участвующих в деле.

По результатам осмотра и исследования доказательств составляется протокол, который подписывается составом суда.

Статья 46. Назначение экспертизы арбитражным судом

Для разъяснения возникающих при рассмотрении дела вопросов, требующих специальных познаний в области науки, искусства, техники или ремесла, суд назначает экспертизу.

Каждое лицо, участвующее в деле, вправе представить арбитражному суду вопросы, которые должны быть разъяснены экспертизой. Окончательно круг вопросов, по которым требуется заключение экспертизы, определяется арбитражным судом. Отклонение предложенных вопросов арбитражный суд обязан мотивировать.

Статья 47. Порядок проведения экспертизы

Экспертиза проводится экспертами соответствующих учреждений либо иными специалистами, назначенными арбитражным судом. В качестве эксперта может быть вызвано любое лицо, обладающее необходимыми познаниями для дачи заключения. При назначении эксперта арбитражный суд учитывает мнение лиц, участвующих в деле.

Экспертиза проводится в арбитражном суде или вне арбитражного суда, если это необходимо по характеру исследования либо в силу затруднительности доставить предмет исследования в арбитражный суд.

При назначении нескольких экспертов они вправе совещаться между собой. Если эксперты придут к общему выводу, они все подписывают одно заключение. В случае несогласия с другими экспертами эксперт дает самостоятельное отдельное заключение.

Статья 48. Обязанности и права эксперта

Эксперт обязан явиться по вызову арбитражного суда и дать объективное заключение по поставленным вопросам.

Если эксперт откажется от дачи заключения по причинам, признанным арбитражным судом неуважительными, или даст заведомо ложное заключение, к нему применяются меры, указанные в части второй статьи 52 настоящего Кодекса.

Эксперт может отказаться от дачи заключения, если представленные ему материалы недостаточны или если он не обладает необходимыми знаниями для выполнения возложенной на него обязанности.

Эксперт, поскольку это необходимо для дачи заключения, имеет право знакомиться с материалами дела, участвовать в судебном разбирательстве дела, просить арбитражный суд о представлении ему дополнительных материалов.

Статья 49. Заключение эксперта

Эксперт дает заключение в письменной форме. Заключение эксперта должно содержать подробное описание проведенных исследований, сделанные в результате их выводы и обоснованные ответы на поставленные арбитражным судом вопросы. Если эксперт при производстве экспертизы установит обстоятельства, имеющие значение для дела, по поводу которых ему не были поставлены вопросы, он вправе включить выводы об этих обстоятельствах в свое заключение.

Статья 50. Объяснения сторон и третьих лиц

Объяснения сторон и третьих лиц об известных им обстоятельствах, имеющих значение для дела, подлежат проверке и оценке наряду с другими собранными по делу доказательствами.

Признание стороной фактов, на которых другая сторона основывает свои требования или возражения, для арбитражного суда не является обязательным.

Арбитражный суд может считать признанный факт установленным, если у него нет сомнений в том, что признание соответствует обстоятельствам дела и не совершено стороной под влиянием обмана, насилия, угрозы, заблуждения или с целью сокрытия истины.

Статья 51. Свидетельские показания

К участию в деле могут быть привлечены в качестве свидетелей должностные лица и иные работники организаций, граждане, когда они вызваны для дачи объяснений по существу спора. Эти лица обязаны явиться в арбитражный суд по его вызову, сообщить известные им сведения и обстоятельства по делу, представить по требованию арбитражного суда объяснения в письменном виде, отвечать на вопросы судьи, лиц, участвующих в арбитражном процессе.

Свидетель дает подписку о том, что ему разъяснены его права и обязанности. Подписка приобщается к делу.

За дачу заведомо ложного показания и отказ или уклонение от дачи показаний свидетель несет уголовную ответственность в установленном порядке.

Статья 52. Обязанность представления письменных и вещественных доказательств

Организации, граждане-предприниматели, не участвующие в деле и не имеющие возможность представить требуемое письменное или вещественное доказательство или представить его в установленный арбитражным судом срок, обязаны известить об этом арбитражный суд с указанием причин.

В случае неизвещения, а также невыполнения требования арбитражного суда о представлении письменного или вещественного доказательства по причинам, признанным арбитражным судом неуважительными, организации, граждане-предприниматели подвергаются штрафу в размере до двух тысяч рублей. Наложение штрафа не освобождает от обязанности представления требуемого арбитражным судом письменного или вещественного доказательства.

Статья 53. Порядок истребования и представления письменных и вещественных доказательств

Лицо, ходатайствующее перед арбитражным судом об истребовании письменного или вещественного доказательства от лиц, участвующих либо не участвующих в деле, должно обозначить это доказательство, описать его и указать место нахождения доказательства.

Письменные и вещественные доказательства, истребуемые арбитражным судом от организации, граждан-предпринимателей, направляются непосредственно в арбитражный суд.

Арбитражный суд может также выдать лицу, участвующему в деле, запрос на право получения письменного или вещественного доказательства для представления в арбитражный суд.

Статья 54. Обеспечение доказательств

Лица, имеющие основания опасаться, что представление необходимых доказательств станет впоследствии невозможным или затруднительным, могут просить арбитражный суд, который принял к своему производству дело, об обеспечении этих доказательств, в частности, о проведении повторной проверки качества продукции (товаров), об истребовании документов и о принятии других мер для обеспечения доказательств.

В заявлении об обеспечении доказательств должны быть указаны доказательства, которые необходимо обеспечить, обстоятельства, для подтверждения которых необходимы эти доказательства, причины, побудившие заявителя обратиться с просьбой об обеспечении.

Об обеспечении доказательств или отказе в удовлетворении ходатайства выносится определение.

На определение арбитражного суда об отказе в удовлетворении ходатайства об обеспечении доказательств может быть подана кассационная жалоба или принесен протест.

Статья 55. Порядок обеспечения доказательств

Обеспечение доказательств производится судьей по правилам, установленным настоящим Кодексом.

Лица, участвующие в деле, извещаются о времени и месте рассмотрения заявления об обеспечении доказательств, однако их неявка не является препятствием к рассмотрению заявления.

Статья 56. Арбитражные судебные поручения

Арбитражный суд, рассматривающий дело, в случае необходимости сбора доказательств в другой республике в составе Российской Федерации, крае, области, городе, автономной области, автономном округе поручает соответствующему арбитражному суду произвести определенные процессуальные действия.

В определении об арбитражном судебном поручении кратко излагается существо рассматриваемого дела, указываются обстоятельства, подлежащие выяснению, доказательства, которые должен собрать арбитражный суд, выполняющий поручение. Это определение обязательно для арбитражного суда, которому дано поручение, и должно быть выполнено не позднее чем в десятидневный срок.

Статья 57. Порядок выполнения арбитражного судебного поручения

Арбитражное судебное поручение выполняется в заседании арбитражного суда по правилам, установленным настоящим Кодексом. Лица, участвующие в деле, извещаются о времени и месте заседания, их неявка не является препятствием к проведению заседания.

Протоколы и все собранные при выполнении поручения материалы немедленно пересылаются в арбитражный суд, рассматривающий дело.

Лица, участвующие в деле, свидетели, давшие объяснения или показания арбитражному суду, выполнявшему поручение, в случае своего участия в заседании арбитражного суда, рассматривающего дело, дают объяснения и показания в общем порядке.

Статья 58. Оценка доказательств

Арбитражный суд оценивает все доказательства по своему внутреннему убеждению, основанному на всестороннем, полном и объективном исследовании всех обстоятельств дела, руководствуясь при этом законодательством.

Никакие доказательства не имеют для арбитражного суда заранее установленной силы.

Заключение эксперта обсуждается арбитражным судом в заседании и оценивается в совокупности со всеми другими доказательствами по делу.

Заключение эксперта может быть отклонено полностью или частично арбитражным судом с указанием в решении мотивов отклонения.

Статья 59. Возвращение подлинных документов

Подлинные документы, имеющиеся в деле, по просьбе лиц, представивших эти документы, могут быть им возвращены после вступления решения арбитражного суда в законную силу. В деле оставляются заверенные судьей копии документов.

Статья 60. Хранение вещественных доказательств

Вещественные доказательства хранятся в деле или по описи сдаются в камеру хранения вещественных доказательств арбитражного суда.

Вещественные доказательства, которые не могут быть доставлены в арбитражный суд, хранятся в месте их нахождения. Они должны быть подробно описаны, а в случае необходимости сфотографированы и опечатаны.

Арбитражный суд принимает меры к сохранению вещей в неизменном состоянии.

Статья 61. Осмотр и использование вещественных доказательств, подвергающихся быстрой порче

Продукты и другие вещи, подвергающиеся быстрой порче, немедленно осматриваются арбитражным судом, после чего возвращаются лицам, от которых они были получены, или передаются организациям, которые могут их использовать по назначению. В этом случае владельцу впоследствии должны быть возвращены вещи того же рода и качества или их стоимость по установленным ценам на момент возвращения.

Статья 62. Возвращение вещественных доказательств

Вещественные доказательства после вступления в законную силу решения арбитражного суда возвращаются лицам, от которых были получены, или передаются лицам, за которыми арбитражный суд признал право на эти вещи.

Вещи, которые по закону не могут находиться во владении граждан-предпринимателей, передаются соответствующим организациям.

В отдельных случаях вещественные доказательства после осмотра и исследования их арбитражным судом могут быть до окончания дела возвращены лицам, от которых они были получены, если последние о том ходатайствуют и удовлетворение такого ходатайства возможно без ущерба для рассмотрения дела.

Глава VII

АРБИТРАЖНЫЕ РАСХОДЫ

Статья 63. Состав арбитражных расходов

Арбитражные расходы состоят из государственной пошлины и издержек, связанных с рассмотрением дела: сумм, подлежащих выплате за проведение экспертизы, назначенной арбитражным судом, за вызов свидетеля, осмотр на месте, услуги переводчика.

Статья 64. Освобождение от уплаты арбитражных расходов

От уплаты арбитражных расходов в доход государства освобождаются органы прокуратуры, а также государственные и иные органы, обращающиеся в случаях, предусмотренных законодательными актами, с заявлением в арбитражный суд в защиту прав и интересов других лиц, а также государственных и общественных интересов.

Законодательством Российской Федерации могут быть предусмотрены другие случаи освобождения от уплаты арбитражных расходов в доход государства.

Арбитражный суд, исходя из имущественного положения гражданина-предпринимателя, вправе освободить его от уплаты арбитражных расходов в доход государства.

Статья 65. Отсрочка или рассрочка уплаты арбитражных расходов и уменьшение их размера

Арбитражный суд, исходя из имущественного положения сторон, может отсрочить или рассрочить одной или обеим сторонами уплату арбитражных расходов, взыскиваемых в доход государства или уменьшить размер расходов.

Статья 66. Государственная пошлина

Государственной пошлиной оплачиваются:

исковые заявления;

кассационные жалобы на решение и определения арбитражного суда о прекращении производства по делу, об оставлении иска без рассмотрения, а также о наложении арбитражных штрафов;

заявления о выдаче приказа на принудительное исполнение решений третейского суда;

кассационные жалобы на определения арбитражного суда о выдаче приказа на принудительное исполнение решений третейского суда и об отказе в выдаче приказа.

По делам о взыскании денежных средств в иностранной валюте государственная пошлина по выбору истца может оплачиваться в рублях по рыночному курсу рубля к иностранным валютам либо в валюте.

При увеличении цены иска недостающая сумма государственной пошлины взыскивается в соответствии с увеличенной ценой иска. При уменьшении цены иска уплаченная пошлина не возвращается.

Статья 67. Цена иска

Цена иска определяется:

по искам о взыскании денежных средств, исходя из взыскиваемой суммы;

по искам об оспаривании по исполнительному или иному документу, по которому взыскание производится в бесспорном (безакцептном) порядке, исходя из оспариваемой суммы;

по искам о праве собственности и об истребовании имущества, исходя из стоимости этого имущества.

В цену иска включаются также указанные в исковом заявлении суммы неустойки (штрафа, пени).

Цена иска, состоящего из нескольких самостоятельных требований, определяется суммой всех требований.

Цена иска, предъявленного в иностранной валюте, исчисляется по рыночному курсу рубля к иностранным валютам, определяемому в установленном порядке.

В случаях неправильного указания цены иска она определяется арбитражным судом.

Статья 68. Уплата государственной пошлины

Государственная пошлина по всем спорам, разрешаемым арбитражными судами на территории Российской Федерации, уплачивается или взыскивается в федеральный бюджет Российской Федерации.

Статья 69. Размер государственной пошлины

При обращении в арбитражный суд уплачивается государственная пошлина в следующих размерах:

с исковых заявлений имущественного характера – 10 процентов от цены иска, но не менее 50 рублей;

с исковых заявленипй по спорам, возникающим при заключении, изменении или расторжении договоров (контрактов),– 1000 рублей;

с исковых заявлений неимущественного характера,

в том числе с заявлений о признании недействительными (полностью или частично) актов государственных и иных органов,– 1000 рублей;

с заявлений о выдаче или отказе в выдаче приказа на принудительное исполнение решений, принятых третейским судом,– 1000 рублей;

с кассационных жалоб на решения и определения арбитражного суда по спорам неимущественного характера – 50 процентов от ставки государственной пошлины, взимаемой при подаче искового заявления, а по спорам имущественного характера – от ставки, исчисленной исходя из оспариваемой суммы.

Статья 70. Возврат государственной пошлины

Государственная пошлина подлежит возврату в случаях, установленных законодательными актами Российской Федерации.

В решении, определении, постановлении арбитражного суда указываются обстоятельства, являющиеся основанием для полного или частичного возврата государственной пошлины.

По заявлениям или кассационным жалобам, оплаченным государственной пошлиной, но не поступившим в арбитражный суд или возвращенным арбитражным судом, возврат пошлины производится на основании выдаваемой справки.

Статья 71. Выплата сумм, причитающихся экспертам, свидетелям и переводчикам

Экспертам, свидетелям и переводчикам возмещаются понесенные ими в связи с явкой в арбитражный суд расходы по проезду, по найму помещения и выплачиваются суточные.

Эксперты и переводчики получают вознаграждение за работу, выполненную ими по поручению арбитражного суда, если эта работа не входит в круг их служебных обязанностей.

За рабочими и служащими, вызываемыми в арбитражный суд в качестве свидетелей, сохраняется за время их отсутствия в связи с явкой в арбитражный суд средняя месячная оплата труда по месту работы. Свидетели, не являющиеся рабочими и служащими, за отвлечение их от работы или обычных занятий получают денежное вознаграждение.

Суммы, подлежащие свидетелям и экспертам, вносит на депозитный счет арбитражного суда вперед сторона, заявившая соответствующую просьбу. Если просьба исходит от обеих сторон, требуемые суммы вносятся сторонами в равных частях.

Суммы, причитающиеся экспертам, свидетелям, переводчикам, выплачиваются арбитражным судом по выполнении ими своих обязанностей.

Порядок выплаты и размеры сумм, подлежащих выплате, устанавливаются Верховным Советом Российской Федерации.

Статья 72. Распределение между сторонами арбитражных расходов

Расходы по государственной пошлине относятся:

по спорам, возникающим при заключении, изменении и расторжении договоров,– на сторону, предложения которой не приняты, или на обе стороны, если арбитражным судом отклонена часть предложений каждой из сторон;

по спорам, возникающим в сфере управления, а также по экономическим спорам, возникающим при исполнении договоров и по другим основаниям,– на стороны пропорционально размеру удовлетворенных исковых требований.

Если дело возникло вследствие неправильных действий стороны (в частности, оставление предложения о непосредственном урегулировании спора без ответа, невысылка истцом ответчику истребованных им документов для урегулирования спора), арбитражный суд вправе отнести на нее расходы по государственной пошлине независимо от исхода дела.

Государственная пошлина, от уплаты которой в установленном порядке истец был освобожден, взыскивается с ответчика в доход бюджета пропорционально размеру удовлетворенных исковых требований, если ответчик не освобожден от уплаты пошлины.

Суммы, подлежащие выплате за проведение экспертизы, за вызов свидетеля, производство осмотра на месте, услуги переводчика относятся:

при удовлетворении иска – на ответчика;

при отказе в иске – на истца;

при частичном удовлетворении иска – на обе стороны пропорционально размеру удовлетворенных исковых требований.

При соглашении между сторонами о распределении арбитражных расходов арбитражный суд принимает решение в соответствии с этим соглашением.

Арбитражные расходы, понесенные сторонами в связи с подачей кассационной жалобы, распределяются в соответствии с правилами, изложенными в настоящей статье.

Глава VIII

АРБИТРАЖНЫЕ ШТРАФЫ

С т а т ь я 73. Наложение арбитражных штрафов

Арбитражные штрафы налагаются арбитражным судом в случаях и размерах, предусмотренных настоящим Кодексом, и взыскиваются в федеральный бюджет Российской Федерации.

Вопрос о взыскании штрафов с лиц, участвующих в деле, разрешается одновременно с принятием решения или определения.

Вопрос о взыскании штрафов с организаций, не участвующих в деле, разрешается в определениях о наложении арбитражного штрафа.

Взыскание штрафа осуществляется на основании приказа арбитражного суда.

С т а т ь я 74. Порядок наложения арбитражных штрафов

Вопрос о наложении штрафа разрешается в заседании. О времени и месте заседания извещаются лица, участвующие в деле, и организации, на которые налагается штраф. О наложении штрафа выносится определение.

На определение арбитражного суда о наложении штрафа может быть подана кассационная жалоба или принесен протест.

Глава IX

ПРОЦЕССУАЛЬНЫЕ СРОКИ

С т а т ь я 75. Установление и исчисление процессуальных сроков

Процессуальные действия совершаются в сроки, установленные законом. В тех случаях, когда процессуальные сроки не установлены законом, они назначаются арбитражным судом.

Сроки для совершения процессуальных действий определяются точной календарной датой, указанием на событие, которое обязательно должно наступить, или периодом времени, в течение которого действие может быть совершено.

Течение процессуального срока, исчисляемого годами, месяцами или днями, начинается на следующий день после календарной даты или наступления события, которыми определено его начало.

164

Статья 76. Окончание процессуальных сроков

Срок, исчисляемый годами, истекает в соответствующие месяц и число последнего года установленного срока. Срок, исчисляемый месяцами, истекает в соответствующие месяц и число последнего месяца установленного срока. Если окончание срока, исчисляемого месяцами, приходится на месяц, который соответствующего числа не имеет, то срок истекает в последний день этого месяца.

В случаях, когда последний день срока приходится на нерабочий день, днем окончания срока считается первый следующий за ним рабочий день.

Процессуальное действие может быть выполнено до 24 часов последнего дня установленного срока. Если исковое заявление, отзыв на исковое заявление, кассационная жалоба (протест), заявление о принесении протеста на решение, определение арбитражного суда, вступившего в законную силу, и другие документы были сданы на почту или телеграф до 24 часов последнего дня срока, то срок не считается пропущенным.

Статья 77. Приостановление процессуальных сроков

С приостановлением производства по делу течение всех неистекших процессуальных сроков приостанавливается. Со дня возобновления производства по делу течение процессуальных сроков продолжается.

Статья 78. Восстановление и продление процессуальных сроков

По заявлению стороны, прокурора или по своей инициативе арбитражный суд, признав причины пропуска установленного законом процессуального срока уважительными, восстанавливает пропущенный срок.

О восстановлении пропущенного срока указывается в решении, определении или постановлении арбитражного суда. Об отказе в восстановлении срока выносится определение.

На определение арбитражного суда об отказе в восстановлении пропущенного процессуального срока может быть подана кассационная жалоба или принесен протест.

Назначенные арбитражным судом процессуальные сроки могут быть им продлены по своей инициативе или по заявлению стороны.

Глава X

ПРЕДЪЯВЛЕНИЕ ИСКА И ВОЗБУЖДЕНИЕ ПРОИЗВОДСТВА ПО ДЕЛУ

Статья 79. Форма и содержание искового заявления

Исковое заявление подается в арбитражный суд в письменной форме и подписывается руководителем или заместителем руководителя организации, гражданином-предпринимателем.

В исковом заявлении должны быть указаны:

наименование сторон, их почтовые адреса;

цена иска, если иск подлежит оценке;

обстоятельства, на которых основывается исковое требование, и доказательства, подтверждающие их, обоснованный расчет взыскиваемой или оспариваемой суммы, законодательство, на основании которого предъявляется иск;

сведения о принятии мер к непосредственному урегулированию спора с каждым из ответчиков, за исключением случаев, когда принятие таких мер не требуется; исковое требование, а при предъявлении иска к нескольким ответчикам – требование в отношении каждого из них;

перечень прилагаемых к заявлению документов и других доказательств.

В исковом заявлении могут быть указаны и другие сведения, если они необходимы для правильного разрешения спора.

Статья 80. Документы, прилагаемые к исковому заявлению

К исковому заявлению прилагаются документы, подтверждающие:

принятие мер к непосредственному урегулированию спора с каждым из ответчиков, за исключением случаев, когда принятие мер не требуется;

направление ответчикам копий искового заявления и приложенных к нему документов, которые отсутствуют у ответчиков;

уплату государственной пошлины в установленных порядке и размере;

обстоятельства, на которых основывается исковое требование.

Статья 81. Направление копии искового заявления и прилагаемых к нему документов

Истец при предъявлении иска обязан направить другой стороне копию искового заявления и приложенных к нему документов, которые у нее отсутствуют.

Статья 82. Соединение и разъединение нескольких исковых требований

В одном исковом заявлении могут быть соединены несколько требований в случаях, когда они связаны между собой по основаниям возникновения или представленным доказательствам.

Судья вправе соединить несколько однородных исковых заявлений или дел, в которых участвуют одни и те же стороны, в одно дело, о чем указывается в определении о возбуждении дела или в решении.

Судья, принимающий исковое заявление, вправе выделить одно или несколько из соединенных требований в отдельное производство, если признает раздельное рассмотрение требований более целесообразным.

Статья 83. Отзыв на исковое заявление

Ответчик не позднее трех дней со дня получения определения о принятии дела к производству направляет:

арбитражному суду отзыв на исковое заявление и все документы, подтверждающие возражения против иска;

истцу, другим лицам, участвующим в деле, копию отзыва и документы, которые у них отсутствуют.

Отзыв подписывается руководителем или заместителем руководителя организации, гражданином-предпринимателем. В отзыве указываются:

наименование истца и номер дела;

мотивы полного или частичного отклонения требования истца со ссылкой на законодательство, а также доказательства, обосновывающие отклонение искового требования;

перечень прилагаемых к отзыву документов и других доказательств.

Статья 84. Предъявление встречного иска

Ответчик вправе до принятия решения по спору предъявить к истцу встречный иск для решения его совместно с первоначальным иском. Встречный иск должен быть связан с первоначальным.

Предъявление встречного иска производится по общим правилам предъявления исков.

Статья 85. Отказ в принятии искового заявления

Судья единолично решает вопрос о принятии искового заявления.

Судья отказывает в принятии искового заявления:

1) если спор не подлежит разрешению в арбитражном суде;

2) если сторонами заключено соглашение о передаче данного спора на разрешение третейского суда;

3) если в производстве другого органа, разрешающего споры, имеется дело по спору между теми же сторонами, о том же предмете и по тем же основаниям или имеется решение этого органа.

Об отказе в принятии искового заявления судьей выносится определение, которое направляется сторонам, другим лицам, участвующим в деле, не позднее пяти дней со дня поступления заявления.

К определению, направляемому истцу (заявителю), прилагается исковые материалы.

На определение об отказе в принятии искового заявления может быть подана кассационная жалоба или принесен протест.

В случае отмены определения исковое заявление считается поданным в день первоначального обращения в арбитражный суд.

Статья 86. Возвращение искового заявления

Судья возвращает исковое заявление и приложенные к нему документы без рассмотрения:

1) если исковое заявление подписано лицом, не имеющим права подписывать его, либо лицом, должностное положение которого не указано;

2) если в исковом заявлении не указаны наименование сторон, их почтовые адреса;

3) если не представлены доказательства уплаты государственной пошлины в установленных порядке и размере, за исключением споров, возникающих при заключении договоров и в сфере управления, а также при отсутствии ходатайства об освобождении, отсрочки, рассрочки уплаты государственной пошлины (статьи 64 и 65 настоящего Кодекса);

4) если в одном исковом заявлении соединены несколько требований к одному или нескольким ответчикам, когда эти требования не связаны между собой по основаниям возникновения или представленным доказательствам;

5) если не представлены доказательства направления ответчику копии искового заявления и приложенных к нему документов, которые у него отсутствуют;

6) если не представлены доказательства принятия мер к непосредственному урегулированию спора с другой стороной, кроме случаев, когда принятия таких мер не требуется;

7) если не представлены доказательства обращения в банк за получением с ответчика задолженности, когда она согласно законодательству должна быть получена через банк;

8) если до вынесения определения о возбуждении производства по делу от истца поступило заявление об урегулировании спора.

Возвращение искового заявления производится судьей не позднее пяти дней со дня поступления заявления. Письмо о возврате искового заявления направляется истцу и ответчику. Действия судьи по возврату искового заявления могут быть обжалованы председателю арбитражного суда в месячный срок.

Возвращение искового заявления не препятствует вторичному обращению с ним в арбитражный суд в общем порядке после устранения допущенного нарушения.

Статья 87. Принятие дела к производству

Судья единолично выносит определение о принятии дела к производству, в котором указывается о принятии искового заявления, назначения дела к рассмотрению в заседании арбитражного суда, о времени и месте его проведения, необходимых действиях по подготовке дела к рассмотрению в заседании.

Определение о принятии дела к производству выносится с соблюдением требований статьи 3 настоящего Кодекса. В определении также указываются данные, на основании которых возбуждается производство по делу.

Определение о принятии дела к производству высылается лицам, участвующим в деле, с таким расчетом, чтобы они имели достаточный срок для своевременной явки в арбитражный суд и подготовки к делу.

В необходимых случаях определение направляется свидетелям, экспертам и переводчикам, а также должностным лицам в случаях, когда они должны представить сведения и заключения, необходимые для разрешения спора.

Статья 88. Направление определений о принятии дела к производству

Определения о принятии дела к производству направляются извещаемому или вызываемому лицу заказным письмом по адресу, указанному стороной или другим лицом, участвующим в деле. Если по сообщенному арбитражному суду адресу гражданин-предприниматель фактически не проживает, определение может быть направлено по месту его работы.

Статья 89. Перемена адреса во время производства по делу

Лица, участвующие в деле, обязаны сообщать арбитражному суду об изменении своего адреса во время производства по делу. При отсутствии такого сообщения процессуальные документы направляются по последнему известному арбитражному суду адресу и считаются доставленными, хотя бы адресат по этому адресу более не проживал или не находился.

Статья 90. Действия судьи по подготовке материалов к рассмотрению дела в заседании

В целях обеспечения правильного и своевременного разрешения спора судья производит в необходимых случаях следующие действия по подготовке материалов к рассмотрению дела в заседании:

решает вопрос о привлечении к участию в деле в качестве другого ответчика или третьего лица организации и граждан-предпринимателей, не указанных истцом;

обязывает лиц, участвующих в деле, другие организации и их должностных лиц выполнить определенные действия;

истребует от лиц, участвующих в деле, других организаций документы, сведения и заключения, необходимые для разрешения спора;

решает вопрос о вызове должностных лиц организаций – сторон по делу и иных лиц для дачи объяснений по существу дела;

решает вопрос о проведении заседания арбитражного суда непосредственно в организации;

совершает другие действия, направленные на обеспечение правильного и своевременного разрешения спора.

Глава XI

ОБЕСПЕЧЕНИЕ ИСКА

С т а т ь я 91. Цель обеспечения иска

Арбитражный суд по заявлению лиц, участвующих в деле, или по своей инициативе вправе принять меры по обеспечению иска. Обеспечение иска допускается на любой стадии арбитражного процесса, если непринятие таких мер может затруднить или сделать невозможным исполнение решения арбитражного суда.

Заявление об обеспечении иска рассматривается арбитражным судом, разрешающим спор, в день поступления заявления без извещения лиц, участвующих в деле. По результатам рассмотрения заявления выносится определение.

С т а т ь я 92. Меры по обеспечению иска

Мерами по обеспечению иска могут быть:

1) наложение ареста на имущество или денежные средства, принадлежащие ответчику;

2) запрещение ответчику совершать определенные действия;

3) запрещение другим лицам совершать определенные действия, касающиеся предмета спора;

4) приостановление взыскания по оспариваемому истцом исполнительному или иному документу, по которому взыскание производится в бесспорном (безакцептном) порядке.

В необходимых случаях допускается принятие нескольких мер обеспечения иска.

За нарушения, указанные в пунктах 2 и 3 части первой настоящей статьи, с организаций и граждан-предпринимателей взыскивается штраф:

по спорам имущественного характера в размере до 50 процентов цены иска;

по спорам неимущественного характера в размере до 10 000 рублей.

Кроме того, истец вправе взыскать с этих лиц убытки, причиненные неисполнением определения арбитражного суда об обеспечении иска.

С т а т ь я 93. Замена одного вида обеспечения иска другим

Допускается замена одного вида обеспечения иска другим.

Вопрос о замене одного вида обеспечения иска другим разрешается в порядке, установленном частью первой статьи 94 настоящего Кодекса.

При обеспечении иска о взыскании денежных средств ответчик вправе вместо принятия установленных мер обеспечения иска внести на депозитный счет арбитражного суда истребуемую истцом сумму.

С т а т ь я 94. Отмена обеспечения иска

Обеспечение иска может быть отменено арбитражным судом, вынесшим определение об обеспечении иска. Вопрос об отмене обеспечения иска разрешается составом арбитражного суда, разрешающим дело.

Об отмене обеспечения иска указывается в решении или в определении, когда меры, обеспечивающие иск, необходимы до вступления решения в законную силу.

С т а т ь я 95. Обжалование определений об обеспечении иска

На определение об обеспечении иска может быть подана кассационная жалоба или принесен протест.

Подача кассационной жалобы или протеста на определение об обеспечении иска не приостанавливает исполнения этого определения.

С т а т ь я 96. Возмещение ответчику убытков,
   причиненных обеспечением иска

Ответчик после вступления в законную силу решения, которым в иске отказано, вправе требовать от истца возмещения убытков, причиненных ему обеспечением иска, принятым по заявлению истца.

Глава XII

РАЗРЕШЕНИЕ СПОРОВ

С т а т ь и 97. Срок разрешения споров

Споры должны быть рассмотрены, решения приняты и разосланы в срок, не превышающий двух месяцев со дня получения арбитражным судом искового заявления. Споры, связанные с заключением, изменением или расторжением договоров, а также споры в сфере управления подлежат рассмотрению в течение одного месяца.

Решения и определения рассылаются лицам, участвующим в деле, в пятидневный срок со дня их принятия.

В исключительных случаях срок разрешения споров может быть продлен председателем арбитражного суда или его заместителем.

Статья 98. Порядок ведения заседания

Споры разрешаются в заседании арбитражного суда в составе одного или трех судей с участием сторон, иных лиц, участвующих в деле, и их представителей.

Судья, председательствующий в заседании:

определяет порядок ведения заседания;

объявляет состав суда;

сообщает, кто участвует в качестве прокурора, эксперта, переводчика; разъясняет участникам арбитражного процесса их права и обязанности и оказывает содействие в осуществлении принадлежащих им прав;

руководит заседанием, обеспечивая выяснение всех обстоятельств дела;

принимает меры к обеспечению в арбитражном заседании надлежащего порядка.

Арбитражный суд в заседании заслушивает истца и ответчика или их представителей, эксперта и других лиц, участвующих в заседании, содействуя достижению соглашения между сторонами. Каждой стороне должны быть предоставлены равные и полные возможности предъявить любые необходимые для разрешения спора доказательства.

В случае нарушения порядка во время заседания арбитражного суда председательствующий от имени арбитражного суда делает предупреждение лицу, допустившему нарушение.

При повторном нарушении порядка указанные лица могут быть удалены из зала по распоряжению председательствующего.

Статья 99. Обязанности переводчика

Переводчик обязан переводить объяснения, заявления лиц, не владеющих языком, на котором ведется судопроизводство, а этим лицам – объяснения, заявления, а также распоряжения председательствующего, определения и решения арбитражного суда.

Председательствующий предупреждает переводчика об уголовной ответственности за выполнение заведомо неправильного перевода.

Статья 100. Разрешение спора при непредставлении отзыва
на исковое заявление или истребованных судьей материалов,
а также без участия сторон и их представителей

При непредставлении отзыва на исковое заявление или истребованных судьей материалов дело может быть рассмотрено по имеющимся в нем материалам.

При неявке в заседание арбитражного суда сторон или их представителей спор может быть разрешен в их отсутствие, если неявка не препятствует разрешению спора.

Статья 101. Разрешение спора непосредственно в организации

Арбитражный суд вправе разрешить спор непосредственно в организации.

Руководитель организации обязан в этом случае обеспечить необходимые условия для проведения заседания арбитражного суда.

Статья 102. Отложение рассмотрения дела. Перерыв в заседании

Арбитражный суд вправе отложить рассмотрение дела в случаях, когда дело не может быть рассмотрено в данном заседании.

О времени и месте проведения следующего заседания участники арбитражного процесса извещаются судьей определением или иным документом.

При разрешении особо сложных споров арбитражный суд вправе объявить перерыв в заседании на срок не более трех дней с последующим указанием об этом в своем решении.

Статья 103. Приостановление производства по делу и его возобновление

Арбитражный суд приостанавливает производство по делу в случаях невозможности рассмотрения данного дела до рассмотрения связанного с ним другого дела органом, разрешающим споры, либо до разрешения вопроса соответствующими компетентными органами.

Арбитражный суд вправе приостановить производство по делу по своей инициативе или по ходатайству стороны в случаях:

1) назначения арбитражным судом экспертизы;

2) направления материалов в следственные органы;

3) замены одной из сторон ее правопреемником;

4) длительной болезни (при подтверждении ее медицинской справкой) стороны – гражданина-предпринимателя.

Арбитражный суд возобновляет производство по делу после устранения обстоятельств, вызвавших его приостановление.

О приостановлении производства по делу и его возобновлении арбитражный суд выносит определение. На это определение может быть подана кассационаая жалоба или принесен протест.

Статья 104. Прекращение производства по делу

Арбитражный суд прекращает производство по делу:

1) если спор не подлежит рассмотрению в арбитражном суде;

2) если имеется соглашение сторон о передаче данного спора на разрешение третейского суда;

3) если имеется решение органа, разрешающего споры, по спору между теми же сторонами, о том же предмете и по тем же основаниям;

4) если истец не принял мер к непосредственному урегулированию спора с ответчиком, кроме случаев, когда принятие таких мер не требуется и возможность такого урегулирования утрачена;

5) если организация, выступающая стороной по делу, ликвидирована.

В случаях прекращения производства по делу вторичное обращение в арбитражный суд по спору между теми же сторонами, о том же предмете и по тем же основаниям не допускается.

О прекращении производства по делу выносится определение, в котором могут быть разрешены вопросы о распределении между сторонами арбитражных расходов, о возврате государственной пошлины из бюджета, а также о взыскании штрафа, предусмотренного частью третьей статьи 107 настоящего Кодекса.

На определение о прекращении производства по делу может быть подана кассационная жалоба или принесен протест.

Статья 105. Оставление иска без рассмотрения

Арбитражный суд оставляет иск без рассмотрения:

1) если в производстве органа, разрешающего споры, имеется дело по спору между теми же сторонами, о том же предмете и по тем же основаниям;

2) если истец не обращался в банк за получением с ответчика задолженности, когда она согласно законодательству должна быть получена через банк;

3) если истец без уважительных причин не представил истребованные арбитражным судом материалы, необходимые для разрешения спора;

4) если истец не принял мер к непосредственному урегулированию спора с ответчиком, кроме случаев, когда принятие таких мер не требуется и возможность такого урегулирования не утрачена.

Об оставлении иска без рассмотрения выносится определение, в котором могут быть разрешены вопросы о распределении между сторонами арбитражных расходов, о возврате государственной пошлины из бюджета, а также о взыскании штрафа, предусмотренного частью третьей статьи 107 настоящего Кодекса.

На определение об оставлении иска без рассмотрения может быть подана кассационная жалоба или принесен протест.

После устранения обстоятельств, послуживших основанием для оставления иска без рассмотрения, истец вправе вновь обратиться с ним в арбитражный суд в общем порядке.

Статья 106. Принятие решения

При разрешении спора по существу (удовлетворение иска, отказ в иске полностью или частично) арбитражный суд принимает решение.

Решение принимается с учетом достигнутого сторонами соглашения, если оно не противоречит законодательству, фактическим обстоятельствам и материалам дела.

При разрешении спора несколькими судьями решение принимается большинством голосов.

В исключительных случаях, по особо сложным делам, принятие решения может быть отложено, но не более чем на три дня.

Решение излагается в письменной форме и подписывается судьей, председательствующим в заседании, а если спор разрешается несколькими судьями – всеми судьями, участвующими в заседании. Судья, не согласный с решением, может изложить в письменном виде особое мнение, которое приобщается к делу.

Статья 107. Права арбитражного суда при принятии решения

Арбитражный суд признает недействительным полностью или в определенной части договор, противоречащий законодательству, а также отказывает в удовлетворении требований сторон, если эти требования основаны на акте государственного или иного органа, не соответствующем законодательству.

При принятии решения по спору арбитражный суд вправе:

1) выйти за пределы исковых требований, если это необходимо для защиты охраняемых законом прав и интересов организаций и граждан-предпринимателей;

2) уменьшить в исключительных случаях размер неустойки (штрафа, пени), подлежащей взысканию по иску организации или гражданина-предпринимателя со стороны, нарушившей обязательство;

3) отсрочить или рассрочить исполнение решения.

Кроме того, арбитражный суд вправе взыскать с виновной стороны штраф в размере до 10 000 рублей за невысылку в установленный срок истребованных материалов, а также за уклонение от совершения действий, возложенных на нее арбитражным судом.

Статья 108. Содержание решения

Решение арбитражного суда состоит из вводной, описательной, мотивировочной и резолютивной частей.

Вводная часть должна содержать наименование арбитражного суда, принявшего решение, номер дела, дату принятия решения, наименование сторон, третьих лиц, предмет спора, состав суда, фамилии лиц, участвующих в деле, и представителей с указанием их полномочий и должностей. При разрешении спора непосредственно в организации об этом также указывается в вводной части решения.

Описательная часть должна содержать краткое изложение требований истца, отзыва на исковое заявление, заявлений, объяснений и ходатайств сторон и их представителей, других участвующих в рассмотрении дела лиц, описание действий, проведенных арбитражным судом (осмотр и исследование доказательств, ознакомление с материалами непосредственно в месте их нахождения).

В мотивировочной части указываются обстоятельства дела, установленные арбитражным судом; причины возникновения спора; доказательства, на основании которых принято решение; содержание письменного соглашения сторон, если оно достигнуто; доводы, по которым арбитражный суд отклонил ходатайства и доказательства сторон, их предложения по условиям договора либо соглашение сторон; законодательство, которым арбитражный суд руководствовался при принятии решения.

Резолютивная часть должна содержать вывод по каждому заявленному требованию об удовлетворении иска либо об отказе в иске полностью или частично. Вывод арбитражного суда не должен зависеть от наступления или ненаступления каких-либо обстоятельств (условное решение).

При удовлетворении иска в резолютивной части решения указываются:

наименование стороны, в пользу которой разрешен спор, и стороны, с которой взысканы денежные средства или которая обязана выполнить определенные действия, срок выполнения этих действий, а также срок уплаты денежных средств при отсрочке или рассрочке исполнения решения;

размер подлежащих взысканию сумм [основной задолженности за материальные ценности, выполненные работы и оказанные услуги, убытков, неустойки (штрафа, пени), а также штрафов, предусмотренных настоящим Кодексом];

наименование счета, с которого производится взыскание денежных средств;

наименование подлежащего возврату имущества и место его нахождения (по спору о возврате имущества) или сумма, подлежащая взысканию, если имущество отсутствует;

наименование, номер и дата исполнительного или иного документа, по которому взыскание производится в бесспорном (безакцептном) порядке при признании такого документа не подлежащим исполнению, а также сумма, не подлежащая списанию.

По спору, возникшему при заключении или изменении договора, в резолютивной части указывается решение по каждому спорному условию договора, а по спору о понуждении заключить договор – условия, на которых стороны обязаны заключить договор.

В резолютивной части решения указывается о признании договора недействительным полностью или в определенной части в случаях его противоречия законодательству.

При удовлетворении иска о признании акта недействительным в резолютивной части указываются наименование акта и органа, его издавшего, номер акта, дата его издания, признается акт недействительным полностью или частично (в какой именно части), при неудовлетворении иска указывается об отказе в удовлетворении требования заявителя о признании акта недействительным.

При удовлетворении иска о признании недействительным отказа в регистрации либо необоснованным уклонения от государственной регистрации в резолютивной части решения указывается, с какой даты организация или предпринимательская деятельность считается зарегистрированной.

Если сторонами по рассматриваемому спору достигнуто соглашение, соответствующее законодательству, фактическим обстоятельствам и материалам дела, судья излагает в резолютивной части решения условия достигнутого соглашения.

В резолютивной части решения указывается о распределении арбитражных расходов между сторонами, о возврате государственной пошлины из бюджета.

При участии в деле нескольких истцов и ответчиков в решении указывается, как разрешен спор в отношении каждого из них.

При рассмотрении первоначального и встречного исков в решении указываются результаты рассмотрения каждого из исков.

В случаях, определенных частью третьей статьи 110 настоящего Кодекса, в решении указываются о его немедленном исполнении.

Статья 109. Объявление решения

Принятое решение объявляется председательствующим в заседании после окончания рассмотрения дела. Председательствующий вправе объявить только резолютивную часть решения.

Сторонам разъясняется порядок обжалования решения арбитражного суда

Статья 110. Вступление в законную силу решения арбитражного суда и его обязательность

Решение арбитражного суда вступает в законную силу по истечении срока на подачу кассационной жалобы (протеста), если такая жалоба (протест) не была подана.

В случае подачи кассационной жалобы (протеста) решение, если оно не было отмененно или изменено, вступает в законную силу после рассмотрения кассационной жалобы (протеста).

Немедленному исполнению подлежат решения:

1) по спорам, возникшим при заключении, изменении и расторжении договоров;

2) по спорам в сфере управления.

В исключительных случаях арбитражный суд предусматривает немедленное исполнение решений и по другим делам, если замедление в исполнении решения может сделать невозможным его исполнение.

Статья 111. Вынесение определения и его содержание

Если спор не разрешается по существу (отложение рассмотрения дела, приостановление, прекращение производства по делу, оставление иска без рассмотрения и в других случаях, предусмотренных настоящим Кодексом), арбитражный суд выносит определение.

Определение арбитражного суда выносится в порядке, установленном статьей 106 настоящего Кодекса, и должно содержать:

наименование арбитражного суда, номер дела и дату вынесения определения, наименование сторон. третьих лиц, цену иска, состав суда, фамилии лиц, участвующих в рассмотрении дела (с указанием их должностей и полномочий);

краткое изложение сущности спора или содержание вопроса, по которому выносится определение;

мотивы вынесения определения со ссылкой на законодательство;

вывод по рассмотренному вопросу;

указание на действия, которые должны совершить стороны, организации, не являющиеся сторонами, их должностные лица в сроки, назначенные арбитражным судом.

Статья 112. Частное определение

В случае выявления при разрешении спора нарушения законодательства в деятельности организации, государственного или иного органа, гражданина–предпринимателя или должностного лица арбитражный суд вправе вынести частное определение.

Частное определение направляется соответствующим организациям, государственным и иным органам, гражданам–предпринимателям, должностным лицам, которые обязаны в месячный срок сообщить арбитражному суду о принятых ими мерах.

Статья 113. Направление решений и определений

Решения и определения арбитражного суда рассылаются лицам, участвующим в деле, или вручаются под расписку.

Статья 114. Дополнительное решение

Арбитражный суд вправе по заявлению стороны или по своей инициативе принять дополнительное решение:

если по какому-либо требованию, изложенному в исковом заявлении, не было принято решение;

если не разрешен вопрос об арбитражных расходах.

На дополнительное решение может быть подана кассационная жалоба и принесен протест.

**Статья 115. Разъяснение решения. Исправление опечаток
и арифметических ошибок в решении**

Судья по заявлению стороны вправе разъяснить решение, не изменяя при этом его содержание, а также по заявлению стороны или по своей инициативе исправить допущенные в решении опечатки или арифметические ошибки, не затрагивая существа решения.

О разъяснении решения и об исправлении опечаток или арифметических ошибок выносится определение, на которое может быть подана кассационная жалоба и принесен протест.

Глава XIII

ПРОВЕРКА В КАССАЦИОННОМ ПОРЯДКЕ
ЗАКОННОСТИ И ОБОСНОВАННОСТИ РЕШЕНИЙ АРБИТРАЖНЫХ СУДОВ

**Статья 116. Право на обращение с кассационной жалобой
на решение арбитражного суда**

Лица, участвующие в деле, вправе подать кассационную жалобу на решение арбитражного суда.

**Статья 117. Принесение протеста прокурором
на решение арбитражного суда**

Протест на решение арбитражного суда, не вступившего в законную силу, может быть принесен прокурором, предъявившим иск, или его заместителем.

**Статья 118. Полномочия Высшего арбитражного суда
Российской Федерации по проверке в кассационном порядке
законности и обоснованности решений**

Высший арбитражный суд Российской Федерации в кассационном порядке проверяет законность и обоснованность решений:

по спорам, разрешенным Высшим арбитражным судом Российской Федерации;

по спорам, разрешенным арбитражным судом, не имеющим в своем составе коллегии по проверке в кассационном порядке законности и обоснованности решений арбитражных судов, не вступивших в законную силу.

**Статья 119. Состав арбитражного суда, осуществляющего проверку
законности и обоснованности решения**

Проверка законности и обоснованности решения осуществляется тремя судьями коллегии по проверке в кассационном порядке законности и обоснованности решений арбитражных судов, не вступивших в законную силу. Постановление по результатам проверки принимается большинством голосов.

**Статья 120. Форма и содержание кассационной жалобы
(протеста) на решение арбитражного суда**

Кассационная жалоба (протест) на решение арбитражного суда подается в письменной форме и должна содержать наименование арбитражного суда, принявшего решение, номер дела, дату принятия решения, наименование сторон, предмет спора, требование заявителя или прокурора, а также основания, по которым поставлен вопрос о проверке законности и обоснованности решения, со ссылкой на законодательство и материалы дела.

Кассационная жалоба подписывается руководителем организации или его заместителем, гражданином-предпринимателем.

Протест подписывается соответствующим прокурором.

**Статья 121. Порядок подачи кассационной жалобы
(протеста) на решение арбитражного суда**

Кассационная жалоба (протест) на решение арбитражного суда направляется в арбитражный суд, принявший решение, если в нем образована коллегия по проверке в кассационном порядке законности и обоснованности решений, не вступивших в законную силу.

При отсутствии в арбитражном суде коллегии кассационная жалоба (протест) подается в Высший арбитражный суд Российской Федерации через арбитражный суд, принявший решение. Жалоба (протест) вместе с делом направляются в Высший арбитражный суд Российской Федерации арбитражным судом, принявшим решение, в пятидневный срок со дня получения кассационной жалобы (протеста).

К кассационной жалобе (протесту) прилагаются документы, подтверждающие направление ее копии лицам, участвующим в деле. К кассационной жалобе прилагаются документы, подтверждающие уплату государственной пошлины.

С т а т ь я 1 2 2. Срок подачи кассационной жалобы и принесения протеста

Кассационная жалоба на решение арбитражного суда подается и протест прокурора приносится не позднее месячного срока со дня принятия решения.

С т а т ь я 1 2 3. Отзыв на кассационную жалобу (протест)

Лица, участвующие в деле, по получении копии кассационной жалобы (протеста) вправе направить свой отзыв арбитражному суду, другой стороне или прокурору, принесшему протест, в срок, обеспечивающий поступление отзыва ко дню рассмотрения кассационной жалобы (протеста).

Отзыв подписывается руководителем или заместителем руководителя организации, гражданином-предпринимателем.

С т а т ь я 1 2 4. Возвращение кассационной жалобы
(протеста) без рассмотрения

Кассационная жалоба (протест) не принимается к рассмотрению и возвращается:
1) если кассационная жалоба (протест) не подписана либо подписана лицом, не имеющим права подписывать ее, либо лицом, должностное положение которого не указано;
2) если к кассационной жалобе (протесту) не приложены доказательства отсылки ее копии лицам, участвующим в деле;
3) если к кассационной жалобе (протесту) не приложены документы, подтверждающие уплату государственной пошлины в установленных порядке и размере;
4) если кассационная жалоба (протест) подана по истечении установленного срока.

С т а т ь я 1 2 5. Порядок рассмотрения дела в кассационной инстанции

В кассационной инстанции дела рассматриваются коллегией под председательством одного из судей с участием лиц, участвующих в деле, в порядке, установленном для рассмотрения дела арбитражным судом.

О времени и месте заседания направляется извещение участвующим в деле лицам.

Неявка в судебное заседание лиц, участвующих в деле, не является препятствием к рассмотрению дела.

С т а т ь я 1 2 6. Срок рассмотрения кассационной жалобы (протеста)

Кассационная жалоба (протест) на решение арбитражного суда рассматривается не позднее одного месяца:

со дня поступления кассационной жалобы (протеста) – по решениям, принятым в данном арбитражном суде;

со дня поступления дела в Высший арбитражный суд Российской Федерации – по решениям, принятым арбитражными судами, не имеющими в своем составе коллегии по проверке в кассационном порядке законности и обоснованности решений арбитражных судов, не вступивших в законную силу.

С т а т ь я 1 2 7. Полномочия арбитражного суда
при рассмотрении дела в кассационной инстанции

При рассмотрении дела в кассационной инстанции арбитражный суд по имеющимся в деле и дополнительно представленным сторонами и другими лицами, участвующими в деле, материалам проверяет законность и обоснованность решения арбитражного суда как в обжалованной, так и в необжалованной части. Арбитражный суд не связан доводами кассационной жалобы или протеста и проверяет решение в полном объеме.

По результатам рассмотрения кассационной жалобы (протеста) коллегия арбитражного суда вправе:
1) оставить решение без изменения, а жалобу (протест) без удовлетворения;
2) отменить решение полностью или в части и передать дело на новое рассмотрение;
3) отменить решение полностью или в части и оставить иск без рассмотрения;
4) отменить решение полностью или в части и прекратить производство по делу;

5) изменить решение;

6) отменить решение и принять новое решение.

Коллегия арбитражного суда при рассмотрении кассационной жалобы (протеста) пользуется правами, предоставленными арбитражному суду при разрешении споров.

Статья 128. Основания к изменению или отмене решения

Основаниями к изменению или отмене решения являются:

1) неполное выяснение обстоятельств, имеющих значение для дела;

2) недоказанность обстоятельств, имеющих значение для дела, которые арбитражный суд считал установленными;

3) несоответствие выводов, изложенных в решении, обстоятельствам дела;

4) нарушение или неправильное применение норм материального или процессуального права.

Нарушение или неправильное применение норм процессуального права является основанием к изменению или отмене решения при условии, если это нарушение привело или могло привести к принятию неправильного решения.

Статья 129. Принятие постановления

По результатам рассмотрения кассационной жалобы (протеста) принимается мотивированное постановление, которое подписывается всеми судьями, принявшими его.

В постановлении указываются:

наименование арбитражного суда, коллегия которого рассматривает кассационную жалобу (протест), номер дела и дата принятия постановления, наименование сторон, наименование лица, подавшего кассационную жалобу, иных лиц, участвующих в деле, прокурор, принесший протест, состав коллегии, принявшей постановление, лица, давшие объяснения в арбитражном суде (с указанием их должностей и полномочий);

наименование арбитражного суда, в котором принято решение, номер дела, дата принятия решения, фамилии лиц, принявших решение;

краткое изложение сущности принятого решения;

основания, по которым поставлен вопрос о проверке законности и обоснованности решения, доводы, изложенные в отзыве на заявление или протест;

мотивы, по которым принимается постановление, со ссылкой на законодательство и материалы дела;

выводы по результатам рассмотрения жалобы или протеста;

действия, которые должны быть выполнены лицами, участвующими в деле, и арбитражным судом при отмене решения и передаче дела на новое рассмотрение.

Судья, не согласный с постановлением, может изложить в письменном виде особое мнение, которое приобщается к делу.

Постановление обжалованию не подлежит и вступает в законную силу с момента его принятия.

Статья 130. Обязательность указаний, содержащихся в постановлении

Указания, содержащиеся в постановлении, обязательны для арбитражного суда при новом рассмотрении данного дела.

Арбитражный суд, рассматривающий дело в кассационной инстанции, не вправе:

устанавливать или считать доказанными обстоятельства, которые не были установлены или были отвергнуты в решении;

предрешать вопросы о достоверности или недостоверности того или иного доказательства, о преимуществе одних доказательств перед другими, о том, какая должна быть применена норма материального права и какое решение должно быть принято при новом рассмотрении дела.

Статья 131. Направление постановлений

Постановления рассылаются лицам, участвующим в деле, прокурору, принесшему протест, в пятидневный срок со дня принятия постановления либо вручаются под расписку.

Статья 132. Рассмотрение кассационной жалобы
(протеста) на определение арбитражного суда

В случаях, указанных в настоящем Кодексе, рассмотрение кассационной жалобы (протеста) на определение арбитражного суда производится в порядке, предусмотренном для рассмотрения кассационной жалобы (протеста) на решение арбитражного суда.

Глава XIV

ПРОВЕРКА В ПОРЯДКЕ НАДЗОРА
ЗАКОННОСТИ И ОБОСНОВАННОСТИ РЕШЕНИЙ АРБИТРАЖНЫХ СУДОВ

Статья 133. **Лица, имеющие право принесения протеста
на решения арбитражного суда**

Вступившие в законную силу решения всех арбитражных судов Российской Федерации могут быть пересмотрены в порядке надзора по протестам следующих должностных лиц:

председателя Высшего арбитражного суда Российской Федерации – на решения любого арбитражного суда Российской Федерации, за исключением постановлений Пленума Высшего арбитражного суда Российской Федерации;

Генерального прокурора Российской Федерации – на решения любого арбитражного суда Российской Федерации, за исключением постановления Пленума Высшего арбитражного суда Российской Федерации;

заместителей председателя Высшего арбитражного суда Российской Федерации – на решения арбитражных судов Российской Федерации, за исключением постановлений коллегии Высшего арбитражного суда Российской Федерации по проверке в порядке надзора законности и обоснованности решений арбитражных судов, вступивших в законную силу;

заместителей Генерального прокурора Российской Федерации – на решения арбитражных судов Российской Федерации, принятым ими в первой инстанции или в кассационном порядке, за исключением решений Высшего арбитражного суда Российской Федерации.

Статья 134. **Заявление о принесении протеста**

Лица, участвующие в деле, вправе обратиться в Высший арбитражный суд Российской Федерации с заявлением о принесении протеста на решение арбитражного суда, вступившее в законную силу.

Заявление подается в арбитражный суд, принявший решение, который обязан направить это заявление вместе с делом в Высший арбитражный суд Российской Федерации в пятидневный срок.

Председатель и заместитель председателя арбитражного суда, принявшего решение, вправе представить в Высший арбитражный суд Российской Федерации свое заключение по делу. В случае, если в заключении поддерживаются требования заявителя, принесение протеста является обязательным. При этом в протесте излагается позиция лица, принесшего протест, по вопросу законности и обоснованности решения арбитражного суда.

Заявление должно быть рассмотрено в месячный срок. В случае отклонения заявления должен быть дан мотивированный ответ. Отказ заместителя председателя Высшего арбитражного суда Российской Федерации в принесении протеста может быть обжалован заявителем председателю Высшего арбитражного суда Российской Федерации.

Статья 135. **Принесение протеста**

При наличии оснований для принесения протеста заместитель председателя Высшего арбитражного суда Российской Федерации или заместитель Генерального прокурора Российской Федерации направляет протест в коллегию Высшего арбитражного суда Российской Федерации по проверке в порядке надзора законности и обоснованности решений арбитражных судов, вступивших в законную силу.

Протесты председателя Высшего арбитражного суда Российской Федерации и Генерального прокурора Российской Федерации направляются на рассмотрение Пленума Высшего арбитражного суда Российской Федерации.

Лицам, участвующим в деле, направляются копии протеста, принесенного по их делу. В необходимых случаях лица, участвующие в деле, извещаются о времени и месте рассмотрения дела.

Должностное лицо, принесшее протест в порядке надзора, вправе отозвать его до начала рассмотрения дела.

Председатель Высшего арбитражного суда или коллегии Высшего арбитражного суда Российской Федерации по проверке в порядке надзора законности и обоснованности решений арбитражных судов, вступивших в законную силу, вправе приостановить исполнение соответствующих решений до окончания производства в порядке надзора.

Протест не может быть принесен по истечении года со дня вступления решения арбитражного суда в законную силу.

С т а т ь я 1 3 6 . Порядок рассмотериня дела коллегией
Высшего арбитражного суда Российской Федерации
по проверке законности и обоснованности решений
арбитражных судов, вступивших в законную силу

При рассмотрении протеста в порядке надзора коллегией Высшего арбитражного суда Российской Федерации по проверке в порядке надзора законности и обоснованности решений арбитражных судов, вступивших в законную силу, применяются правила, изложенные в статьях 125 и 126 настоящего Кодекса.

С т а т ь я 1 3 7 . Порядок рассмотрения протеста Пленумом Высшего
арбитражного суда Российской Федерации

При рассмотрении протеста Пленум Высшего арбитражного суда Российской Федерации заслушивает доклад судьи Высшего арбитражного суда Российской Федерации об обстоятельствах дела и доводах протеста. Для объяснения на заседание Пленума могут быть приглашены лица, участвующие в деле. В этом случае им направляются извещения о дне заседания Пленума и копии протеста. Неявка лиц, участвующих в деле, не препятствует рассмотрению дела.

С т а т ь я 1 3 8 . Порядок принятия постановления Пленума
Высшего арбитражного суда Российской Федерации

После обсуждения протеста Пленум Высшего арбитражного суда Российской Федерации открытым голосованием принимает постановление. Постановление считается принятым, если за него подано большинство голосов членов Пленума, участвующих в заседании. Член Пленума, не согласный с постановлением, вправе изложить свое особое мнение, которое приобщается к постановлению.

Судьи, ранее принимавшие участие в рассмотернии дела в первой инстанции, в кассационной и надзорной инстанциях, не принимают участия в голосовании.

Постановление Пленума подписывается Председателем Высшего арбитражного суда Российской Федерации и секретарем Пленума.

Постановление Пленума вступает в силу немедленно по его принятии и подлежит обязательному исполнению всеми органами, организациями, должностными лицами и гражданами.

С т а т ь я 1 3 9 . Полномочия коллегии Высшего арбитражного суда
Российской Федерации по проверке в порядке надзора
законности и обоснованности решений арбитражных
судов, вступивших в законную силу, и Пленума
Высшего арбитражного суда Российской Федерации

При рассмотрении дела в порядке надзора коллегия Высшего арбитражного суда Российской Федерации по проверке в порядке надзора законности и обоснованности решений арбитражных судов, вступивших в законную силу, и Пленум Высшего арбитражного суда Российской Федерации по имеющимся в деле и дополнительно представленным материалам проверяют законность и обоснованность решений арбитражных судов как в опротестованной, так и в неопротестованной части. Коллегия и Пленум не связаны доводами протеста и проверяют решение в полном объеме.

Коллегия и Пленум по результатам рассмотрения дела в порядке надзора вправе:
1) оставить решение без изменения, а протест без удовлетворения;
2) отменить решение полностью или в части и передать дело на новое рассмотрение в арбитражный суд первой или кассационной инстанции;
3) отменить решение полностью или в части и оставить иск без рассмотрения;
4) отменить решение полностью или в части и прекратить производство по делу;
5) изменить решение;
6) отменить решение и принять новое решение.

По результатам рассмотрения дела в порядке надзора принимается постановление.

С т а т ь я 1 4 0 . Основание к отмене или изменению в порядке
надзора решения, вступившего в законную силу

Основаниями к отмене или изменению в порядке надзора решения, вступившего в законную силу, являются его необоснованность или несоответствие законодательству.

С т а т ь я 1 4 1 . Содержание постановления о пересмотре
решения в порядке надзора

Содержание постановления о пересмотре решения в порядке надзора и порядок рассылки постановлений и определений регулируются правилами, изложенными в статьях 129 и 131 настоящего Кодекса.

Статья 142. Обязательность для арбитражного суда указаний, содержащихся в постановлении о пересмотре решения в порядке надзора

Указания, изложенные в постановлении о пересмотре решения в порядке надзора, обязательны для арбитражного суда при новом рассмотрении данного дела.

Коллегия Высшего арбитражного суда Российской Федерации, рассмотревшая дело в порядке надзора, и Пленум Высшего арбитражного суда Российской Федерации не вправе:

устанавливать или считать доказательными обстоятельства, которые не были установлены или были отвергнуты в решении;

предрешать вопросы о достоверности или недостоверности того или иного доказательства, о преимуществе одних доказательств перед другими, о том, какая должна быть применена норма материального права и какое решение должно быть принято при новом рассмотрении дела.

Равным образом при рассмотрении дела в порядке надзора не допускается заранее предрешать выводы, которые могут быть сделаны при новом рассмотрении дела по существу.

Статья 143. Проверка в порядке надзора определений и постановлений арбитражного суда

Проверка в порядке надзора определений и постановлений, предусмотренных настоящим Кодексом, производится в порядке, установленном для проверки решений арбитражных судов.

Глава XV

ПЕРЕСМОТР РЕШЕНИЙ АРБИТРАЖНОГО СУДА ПО ВНОВЬ ОТКРЫВШИМСЯ ОБСТОЯТЕЛЬСТВАМ

Статья 144. Основания пересмотра

Арбитражный суд может пересмотреть принятое им решение по вновь открывшимся обстоятельствам, которые не были и не могли быть известны заявителю в момент обращения его в арбитражный суд, но имеют существенное значение для дела.

Статья 145. Порядок и срок подачи заявления

Заявление о пересмотре решения по вновь открывшимся обстоятельствам может быть подано в арбитражный суд, принявший решение, лицами, участвующими в деле, или прокурором не позднее одного месяца со дня установления обстоятельств, служащих основанием для пересмотра решения.

Заявитель обязан направить другой стороне копии своего заявления и приложенных к нему документов, которые отсутствуют у этой стороны.

К заявлению прилагаются документы, подтверждающие направление копии заявления другой стороне.

При подаче заявления после истечения установленного срока либо при непредставлении доказательств направления копий заявления и приложенных к нему документов другой стороне оно к рассмотрению не принимается и возвращается заявителю.

Срок подачи заявления исчисляется со дня открытия обстоятельств, имеющих существенное значение для дела.

Статья 146. Пересмотр решения

Пересмотр решения осуществляется арбитражным судом, которым было принято первоначальное решение.

По результатам пересмотра выносятся:

1) решение или постановление – при изменении или отмене решения;

2) определение – при оставлении решения в силе.

Решения, постановления и определения направляются лицам, участвующим в деле, в пятидневный срок после принятия.

В случае поступления заявления о пересмотре решения по вновь открывшимся обстоятельствам арбитражный суд вправе приостановить исполнение решения до окончания его пересмотра, если первоначальное решение не исполнено.

Решения, постановления и определения, принятые по результатам пересмотра решения по вновь открывшимся обстоятельствам, могут быть пересмотрены в кассационном и надзорном порядке в соответствии с настоящим Кодексом.

Статья 147. Пересмотр по вновь открывшимся обстоятельствам постановлений и определений

Пересмотр по вновь открывшимся обстоятельствам постановлений и определений арбитражного суда, которые могут быть пересмотрены в кассационном и надзорном порядке, производится по правилам, установленным для пересмотра по вновь открывшимся обстоятельствам решений арбитражных судов.

Глава XVI

ИСПОЛНЕНИЕ РЕШЕНИЙ

Статья 148. Приказ арбитражного суда и направление его для исполнения

Решения арбитражного суда подлежит обязательному исполнению всеми предприятиями, организациями, учреждениями и их должностными лицами, гражданами–предпринимателями на всей территории Российской Федерации.

Исполнение решения арбитражного суда, вступившего в законную силу, производится в соответствии с законодательством Российской Федерации и республик в составе Российской Федерации на основании приказа, выдаваемого арбитражным судом. Приказ является исполнительным документом.

Приказ выдается взыскателю после вступления решения в законную силу.

Если в решении о взыскании денежных средств предусмотрено немедленное исполнение, то приказ направляется взыскателю одновременно с решением.

Приказ на взыскание денежных средств выдается взыскателю либо направляется ему заказным или ценным письмом и исполняется соответствующим банком. При взыскании средств в доход бюджета приказ направляется налоговому органу и исполняется в установленном порядке через банк. Остальные приказы исполняются судебными исполнителями.

В случае полного или частичного удовлетворения первоначального и встречного исков приказы на взыскание выдаются отдельно по каждому иску.

Статья 149. Содержание приказа

В приказе арбитражного суда должны быть указаны:

наименование арбитражного суда, выдавшего приказ;

номер дела, по которому выдан приказ, дата исполнения решения, дата выдачи приказа и срок его действия;

резолютивная часть решения;

наименование взыскателя и должника.

Если при принятии решения устанавливаются отсрочка или рассрочка исполнения, в приказе указывается, с какого времени начинается течение срока его действия.

В приказе, подлежащем исполнению судебным исполнителем или направляемом налоговому органу, указывается также адрес должника.

Приказ подписывается судьей и заверяется печатью арбиражного суда.

Статья 150. Срок предъявления приказа к исполнению

Выданный взыскателю приказ может быть предъявлен к исполнению не позднее шести месяцев со дня вступления решения в законную силу или окончания срока, установленного при отсрочке или рассрочке исполнения решения, либо со дня вынесения определения о восстановлении пропущенного срока для предъявления приказа к исполнению. В этот срок не засчитывается время, на которое исполнение решения было приостановлено.

В случае возврата приказа в связи с невозможностью его исполнения банком или судебным исполнителем новый срок для предъявления приказа к исполнению исчисляется со дня его возврата.

Срок исполнения решения прерывается предъявлением приказа к исполнению, а также частичным исполнением решения.

Статья 151. Меры по обеспечению исполнения решения. Ответственность за неисполнение решения

В случае неисполнения организацией, гражданином–предпринимателем решения арбитражного суда о передаче имущества в натуре арбитражный суд вправе вынести определение о приостановлении операций по всем счетам организации, гражданина–предпринимателя, не исполнивших решение, до фактического его исполнения.

179

За неисполнение решения арбитражного суда о взыскании денежных средств органом, которому приказ предъявлен для исполнения, на него налагается арбитражным судом штраф в размере до 50 процентов суммы, подлежащей взысканию.

Неоднократное неисполнение приказов арбитражных судов коммерческими банками является основанием для отзыва лицензии на осуществление банковских операций.

На должностное лицо, виновное в неисполнении решении арбитражного суда, налагается штраф в размере до 2000 рублей в порядке, предусмотренном законодательством для наложения штрафа за неисполнение решений общих судов.

С т а т ь я 1 5 2. Выдача дубликата приказа

В случае утраты приказа арбитражный суд может выдать его дубликат, если взыскатель обратился с заявлением об этом до истечения срока, устанавленного для предъявления приказа к исполнению. О выдаче дубликата приказа выносится определение.

К заявлению о выдаче дубликата приказа должна быть приложена справка об утрате приказа или непредъявлении его к исполнению банка, судебного исполнителя, органа связи, организации.

Справка организации подписывается руководителем или заместителем руководителя и главным (старшим) бухгалтером организации.

С т а т ь я 1 5 3. Отсрочка или рассрочка исполнения решения, изменение способа и порядка исполнения решения

Арбитражный суд по заявлению стороны или по своей инициативе вправе отсрочить или рассрочить исполнение решения, изменить способ и порядок его исполнения.

При отсрочке или рассрочке исполнения решения арбитражный суд может принять меры по обеспечению исполнения решения в порядке, предусмотренном в главе XI настоящего Кодекса.

Об отсрочке или рассрочке исполнения решения, изменении способа и порядка его исполнения или об отказе в удовлетворении заявления выносится определение.

На определение может быть подана кассационная жалоба или принесен протест.

В необходимых случаях определение высылается банку по месту нахождения должника.

С т а т ь я 1 5 4. Поворот исполнения решения, прекращение взыскания по решению

Если приведенное в исполнение решение изменено или отменено и принято новое решение о полном или частичном отказе в иске, либо производство по делу прекращено, либо иск оставлен без рассмотрения, стороне возвращается все, что с нее взыскано в пользу в соответствующей части решению.

Арбитражный суд выдает приказ на возврат взысканных денежных средств, имущества или его стоимости по заявлению организации, гражданина-предпринимателя. К заявлению прилагается документ, подтверждающий исполнение ранее принятого решения.

Если не приведенное в исполнение решение изменено, отменено и принято новое решение о полном или частичном отказе в иске, либо производство по делу прекращено, либо иск оставлен без рассмотрения, арбитражный суд принимает решение о полном или частичном прекращении взыскания по измененному или отмененному в соответствующей части решению.

С т а т ь я 1 5 5. Восстановление пропущенного срока для предъявления приказа к исполнению

При пропуске срока предъявления приказа к исполнению по причинам, признанным арбитражным судом уважительными, пропущенний срок может быть восстановлен, если иное не установлено законом.

Заявление о восстановлении пропущенного срока подается в арбитражный суд, принявший решение. Заявление рассматривается в заседании арбитражного суда.

На определение арбитражного суда по вопросу о восстановлении срока может быть подана кассационная жалоба или принесен протест.

С т а т ь я 1 5 6. Порядок обращения взыскания на имущество

При отсутствии у организации, гражданина-предпринимателя денежных средств, достаточных для исполнения решения арбитражного суда, взыскание может быть обращено на любое принадлежащее должнику имущество.

В случаях, предусмотренных законодательными актами Российской Федерации, взыскание может быть обращено на имущество другой организации, гражданина-предпринимателя.

Денежные средства и имущество граждан-предпринимателей, на которые не может быть обращено взыскание, определяются законодательными актами Российской Федерации.

Статья 157. Исполнение решения третейского суда

Решение третейского суда исполняется добровольно в установленный в решении срок.

В случае невыполнения ответчиком решения в установленный срок приказ на принудительное исполнение решения выдается Высшим арбитражным судом республики в составе Российской Федерации, краевым, областным, городским арбитражным судом, арбитражным судом автономной области, автономного округа, на территории которых находится третейский суд.

Заявление о выдаче приказа на принудительное исполнение решения третейского суда подается в Высший арбитражный суд республики в составе Российской Федерации, арбитражный суд края, области, города, арбитражный суд автономной области, автономного округа, на территории которых находится третейский суд, либо в постоянно действующий третейский суд, в котором хранится дело. для направления заявления вместе с делом в соответствующий арбитражный суд.

По результатам рассмотрения заявлений выносится определение о выдаче либо об отказе в выдаче приказа.

Арбитражный суд вправе отказать в выдаче приказа на исполнение решения третейского суда в случаях:

если соглашение сторон о рассмотрении спора в третейском суде не достигнуто;

если состав третейского суда или процедура рассмотрения спора не соответствовали соглашению сторон о рассмотрении спора в третейском суде;

если сторона, против которой принято решение третейского суда, не была надлежащим образом извещена о дне разбирательства в третейском суде или по другим причинам не могла представить объяснения;

если спор возник в сфере управления и не подлежал рассмотрению в третейском суде.

На определение арбитражного суда может быть подана кассационная жалоба.

Предусмотренный настоящей статьей порядок принудительного исполнения решения третейского суда применяется, если иное не установлено законодательными актами Российской Федерации.

ВРЕМЕННОЕ ПОЛОЖЕНИЕ
О ТРЕТЕЙСКОМ СУДЕ ДЛЯ РАЗРЕШЕНИЯ ЭКОНОМИЧЕСКИХ СПОРОВ
Утверждено постановлением Верховного Совета Российской Федерации от 24 июня 1992
("Экономика и жизнь", № 31, август 1992)

Раздел I

ОБЩИЕ ПОЛОЖЕНИЯ

С т а т ь я 1. Применение Временного положения

Настоящее Временное положение (далее – Положение) применяется при передаче на разрешение третейских судов экономических споров, подведомственных арбитражным судам в соответствии с Законом Российской Федерации "Об арбитражном суде" и Арбитражным процессуальным кодексом Российской Федерации, межгосударственными соглашениями и международными договорами.

Если иное не установлено соглашением сторон, настоящее Положение не применяется, когда хотя бы одна из сторон находится на территории другого государства либо является предприятием, организацией с иностранными инвестициями.

Настоящее Положение не распространяется на организацию и деятельность Арбитражного суда при Торгово-промышленной палате Российской Федерации и Морской арбитражной комиссии при Торгово-промышленной палате Российской Федерации.

С т а т ь я 2. Третейские суды

В Российской Федерации могут создаваться третейские суды для рассмотрения конкретного спора и постоянно действующие третейские суды.

Третейский суд для рассмотрения конкретного спора создается сторонами.

Порядок организации, деятельности и разрешения споров для третейского суда, предусмотренного частью второй настоящей статьи, определяется настоящим Положением.

Постоянно действующие третейские суды (органы, которым по соглашению сторон поручена организация третейского разбирательства конкретного спора) могут создаваться торговыми палатами, иными органами, биржами, объединениями, а также предприятиями, учреждениями и организациями, которые информируют арбитражный суд республики в составе Российской Федерации, края, области, города, автономной области, автономного округа, на территории которых расположен постоянно действующий третейский суд, о его создании и составе.

Порядок организации, деятельности и разрешения споров для постоянно действующих третейских судов определяется правилами предприятия, учреждения или организации, создавших постоянно действующий третейский суд.

Если необходимые для создания и (или) деятельности третейского суда вопросы не урегулированы правилами постоянно действующего третейского суда, третейский суд и стороны руководствуются настоящим Положением.

С т а т ь я 3. Соглашение о передаче спора третейскому суду

Соглашение о передаче спора третейскому суду – это соглашение сторон о передаче третейскому суду конкретного спора, определенных категорий или всех споров, которые возникли или могут возникнуть между ними в связи с каким-либо правоотношением, независимо от того, носило ли оно договорный характер. Соглашение может быть заключено в виде оговорки в договоре или в виде отдельного соглашения.

Соглашение заключается в письменной форме. Соглашение о передаче спора третейскому суду считается заключенным в письменной форме, если оно содержится в документе, подписанном сторонами, или заключено путем обмена письмами, сообщениями по телетайпу, телеграфу, или с использованием иных средств связи, обеспечивающих фиксирование такого соглашения.

При несоблюдении норм, предусмотренных частями первой и второй настоящей статьи, соглашение признается незаключенным.

Признание третейским судом недействительным договора не влечет за собой недействительность соглашения о передаче спора третейскому суду.

Раздел II

СОСТАВ ТРЕТЕЙСКОГО СУДА

С т а т ь я 4. Число третейских судей

Число третейских судей должно быть нечетным.

С т а т ь я 5. Назначение третейских судей

Третейским судьей может быть только физическое лицо, обладающее дееспособностью и давшее согласие на выполнение обязанностей третейского судьи.

Стороны могут по своему усмотрению согласовать порядок назначения третейского судьи (судей) для рассмотрения конкретного спора.

Третейский суд образуется в составе трех судей при отсутствии иного соглашения сторон. Каждая сторона назначает одного судью, а двое назначенных таким образом третейских судей назначают третьего.

Если в течение 15 дней после получения уведомления одной из сторон о назначении третейского судьи другая сторона не назначит другого третейского судью, или если в течение того же срока судьи не достигли соглашения о третьем третейском судье, либо третейский суд по иным причинам не создан, стороны вправе отказаться от соглашения о передаче спора на разрешение третейского суда. В этом случае спор может быть передан на разрешение арбитражного суда.

При передаче спора в постоянно действующий третейский суд стороны назначают третейских судей в порядке, установленном правилами этого суда.

С т а т ь я 6. Прекращение полномочий третейского судьи

Полномочия третейского судьи могут быть прекращены по его просьбе или по соглашению сторон.

С т а т ь я 7. Назначение нового третейского судьи

Если полномочия третейского судьи прекращены в соответствии со статьей 6 настоящего Положения, новый третейский судья назначается в соответствии с правилами, которые применялись при назначении заменяемого судьи.

С т а т ь я 8. Решение третейским судом вопроса о возможности рассмотрения спора

Третейский суд самостоятельно решает вопрос наличия или действительности соглашения о передаче спора третейскому суду. Если третейский суд признает отсутствие или недействительность соглашения сторон, спор может быть передан на разрешение арбитражного суда.

Раздел III

ТРЕТЕЙСКОЕ РАЗБИРАТЕЛЬСТВО

С т а т ь я 9. Равенство сторон

Разрешение споров в третейском суде осуществляется на началах равенства сторон.

Каждой стороне должны быть предоставлены равные возможности для изложения своей позиции и защиты своих прав.

Статья 10. Определение порядка разрешения спора

Стороны могут по своему усмотрению определить порядок разрешения спора в третейском суде, созданного для рассмотрения конкретного спора.

Третейский суд может определить порядок разрешения спора с учетом настоящего Положения и Арбитражного процессуального кодекса Российской Федерации при отсутствии такого соглашения.

Порядок разрешения споров в постоянно действующем третейском суде определяется в соответствии с частью пятой статьи 2 настоящего Положения.

Статья 11. Место разрешения спора

Стороны могут по своему усмотрению договориться о месте разрешения спора. При отсутствии такой договоренности место разрешения спора определяется третейскими судом с учетом всех обстоятельств дела.

Статья 12. Язык (языки) производства третейского суда

Третейский суд определяет язык (языки), который должен применяться при разрешении спора, при отсутствии иного соглашения сторон.

Третейский суд может потребовать от сторон перевода любых письменных доказательств на язык, который должен применяться при разрешении спора.

Статья 13. Исковое заявление и отзыв на исковое заявление

В течение срока, согласованного сторонами или определенного третейским судом, истец излагает свои требования в форме письменного заявления, которое передается третейскому суду, а его копия – ответчику.

В исковом заявлении указываются:

1) дата и номер искового заявления;
2) наименования сторон, их почтовые адреса и расчетные реквизиты;
3) цена иска, если иск подлежит оценке;
4) исковое требование;
5) обстоятельства, на которых основано исковое требование и подтверждающие их доказательства; обоснованный расчет искового требования, законодательство, на основании которого предъявляется иск;
6) перечень прилагаемых к заявлению документов и других доказательств.

К исковому заявлению прилагаются документы, подтверждающие:

1) наличие соглашения сторон о передаче спора на разрешение третейского суда;
2) исковое требование.

В течение срока, предусмотренного в части первой настоящей статьи, ответчик должен направить отзыв на исковое заявление третейскому суду и в копии – истцу.

Статья 14. Разрешение спора на основании документов и других доказательств

Третейский суд самостоятельно определяет необходимость проведения заседаний с участием сторон или их представителей либо разрешения спора только на основании документов и других доказательств при отсутствии иного соглашения сторон.

Сторонам заблаговременно должно быть направлено уведомление о заседании третейского суда письмом, сообщениями по телетайпу, телеграфу или с использованием иных средств связи, обеспечивающих фиксирование такого уведомления.

Копии всех заявлений, документов, других доказательств, предоставляемых одной стороной третейскому суду, должны быть переданы другой стороне.

Третейский суд должен передать сторонам заключения экспертов и другие документы (их копии), истребованные третейским судом в процессе рассмотрения спора, на которых третейский суд основывает свое решение.

Статья 15. Последствия непредставления документов или неявки сторон

Непредставление ответчиком отзыва на исковое заявление, неявка на заседание третейского суда сторон или их представителей, надлежащим образом извещенных о рассмотрении дела, не являются препятствием к рассмотрению спора при отсутствии иного соглашения сторон.

Непредставление ответчиком отзыва на исковое заявление не может рассматриваться как признание требований истца.

Статья 16. Назначение экспертизы

Для разъяснения возникающих при рассмотрении дела вопросов, требующих специальных познаний в области науки, искусства, техники и ремесла, третейский суд может назначить экспертизу при отсутствии иного соглашения сторон и потребовать от сторон предоставления необходимых для осуществления такой экспертизы документов и других доказательств.

Статья 17. Расходы, связанные с рассмотрением дела

В расходы, связанные с рассмотрением дела третейским судом, входят гонорар третейским судьям, третейский сбор, суммы, подлежащие выплате переводчику, за проведение экспертизы, расходы, связанные с командировкой судей к месту рассмотрения спора и другие.

Распределение расходов между сторонами производится по соглашению сторон, а при отсутствии такого соглашения – третейским судом.

Раздел IV

ПРИНЯТИЕ РЕШЕНИЯ ТРЕТЕЙСКИМ СУДОМ

Статья 18. Нормы, применяемые третейским судом

Третейский суд при разрешении споров руководствуется законами Российской Федерации и иным законодательством, действующим на территории Российской Федерации, законами и иным законодательством республик в составе Российской Федерации, другими нормативными актами, межгосударственными соглашениями, международными договорами.

Третейский суд применяет нормы права других государств в случаях, предусмотренных законодательством либо договором сторон.

В случае отсутствия законодательства, регулирующего спорное правоотношение, третейский суд применяет законодательство, регулирующее сходные правоотношения, а при его отсутствии исходит из общих начал и смысла законодательства.

Третейский суд принимает решение в соответствии с условиями договора и с учетом торговых обычаев, применимых к данному договору.

Статья 19. Принятие решения третейским судом

Решение третейского суда принимается большинством всех членов третейского суда. Судья, не согласный с решением, излагает свое особое мнение, которое прилагается к решению.

Если сторонами достигнуто соглашение об урегулировании спора, решение принимается третейским судом с учетом этого соглашения.

Статья 20. Форма и содержание решения третейского суда

Решение третейского суда принимается в письменной форме и подписывается составом третейского суда.

В решении третейского суда должны быть указаны:

1) дата его принятия, состав третейского суда, место и время рассмотрения спора;

2) наименования участников спора, фамилии и должности их представителей с указанием полномочий;

3) сущность спора, заявления и объяснения участвующих в рассмотрении спора лиц;

4) обстоятельства дела, установленные судом, доказательства, на основании которых принято решение, законодательство, которым суд руководствовался при принятии решения;

5) содержание принятого решения, распределение сумм гонорара и других расходов, связанных с рассмотрением дела;

6) срок и порядок исполнения принятого решения.

После принятия решения каждой стороне должен быть передан экземпляр решения, подписанный третейскими судьями.

Статья 21. Прекращение производства по делу

Третейский суд выносит определение о прекращении производства по делу, если:
стороны достигли соглашения о прекращении разбирательства;
спор не подлежит рассмотрению третейским судом.

Статья 22. Исправление в решении третейского суда арифметических ошибок и опечаток. Разъяснение решения. Дополнительное решение

В течение 10 дней после получения решения третейского суда, если сторонами не согласован иной срок, любая из сторон, уведомив об этом другую сторону, может просить третейский суд исправить допущенные в решении арифметическую ошибку, опечатку либо иную ошибку аналогичного характера.

В течение того же срока любая из сторон, уведомив об этом другую сторону, может просить третейский суд дать разъяснение решения или его части.

Третейский суд в течение 10 дней после получения просьбы стороны вправе внести соответствующие исправления или дать разъяснение, не изменяя при этом существа решения.

При удовлетворении заявления выносится определение, которое является частью решения.

Если стороны не договорились об ином, любая из сторон, уведомив об этом другую сторону, может в течение 10 дней по получении решения третейского суда просить третейский суд вынести дополнительное решение в отношении требований, которые были заявлены в ходе третейского разбирательства, однако не были отражены в решении. Третейский суд должен в течение 10 дней вынести дополнительное решение.

Статья 23. Хранение дел

Дело, рассмотренное третейским судом, в пятидневный срок после принятия решения сдается им для хранения в арбитражный суд республики в составе Российской Федерации, края, области, города, автономной области, автономного округа, на территории которых было вынесено решение третейским судом.

Дело, рассмотренное в постоянно действующем третейском суде, хранится в этом третейском суде.

Раздел V

ИСПОЛНЕНИЕ РЕШЕНИЯ ТРЕТЕЙСКОГО СУДА

Статья 24. Порядок исполнения решения третейского суда

Решение третейского суда исполняется добровольно в порядке и сроки, установленные в решении.

Если в решении срок исполнения не установлен, оно подлежит немедленному исполнению.

Статья 25. Принудительное исполнение решения третейского суда

В случае неисполнения ответчиком решения в установленный срок приказ на принудительное исполнение решения выдается арбитражным судом республики в составе Российской Федерации, края, области, города, арбитражным судом автономной области, автономного округа, на территории которых находится третейский суд.

Заявление о выдаче приказа на принудительное исполнение решения третейского суда подается стороной, в пользу которой вынесено решение:

в арбитражный суд, указанный в части первой настоящей статьи;

в постоянно действующий третейский суд, в котором хранится дело.

Заявление может быть подано в течение месяца со дня окончания срока исполнения решения третейского суда.

К заявлению прилагаются документы, подтверждающие неисполнение решения третейского суда, и доказательства уплаты государственной пошлины.

Постоянно действующий третейский суд в пятидневный срок с момента получения заявления направляет его в арбитражный суд, правомочный выдать приказ.

Заявления, поданные с нарушением установленного срока либо без приложения необходимых документов, возвращаются арбитражным судом без рассмотрения.

При наличии уважительных причин пропуска срока на подачу заявления о выдаче приказа срок по ходатайству стороны может быть восстановлен арбитражным судом.

Заявление рассматривается единолично судьей в месячный срок со дня его получения арбитражным судом.

По результатам рассмотрения заявления выносится определение о выдаче приказа либо об отказе в выдаче приказа.

Статья 26. Основания для отказа в выдаче приказа

Арбитражный суд вправе отказать в выдаче приказа на исполнение решения третейского суда в случаях:

если соглашение сторон о рассмотрении спора в третейском суде не достигнуто;

если состав третейского суда или процедура рассмотрения спора не соответствовали соглашению сторон о рассмотрении спора в третейском суде;

если сторона, против которой принято решение третейского суда, не была надлежащим образом извещена о дне разбирательства в третейском суде или по другим причинам не могла представить свои объяснения;

если спор возник в сфере управления и не подлежал рассмотрению в третейском суде.

На определение арбитражного суда может быть подана кассационная жалоба в порядке, предусмотренном в Арбитражном процессуальном кодексе Российской Федерации.

Если при рассмотрении заявления о выдаче приказа на принудительное исполнение решения третейского суда будет установлено, что решение не соответствует законодательству либо принято по неисследованным материалам, арбитражный суд возвращает дело на новое рассмотрение в третейский суд, принявший решение.

При невозможности рассмотрения дела в том же третейском суде исковое требование может быть предъявлено в арбитражный суд в соответствии с установленной подсудностью.

ЗАКОН
"О ГОСУДАРСТВЕННОЙ ПОШЛИНЕ"
Принят 9 декабря 1991, с изменениями и дополнениями
от 24 июня 1992, 16 июля 1992 и от 17 февраля 1993
("Ведомости...", 1992, № 11, ст. 521;
№ 34, ст.ст. 1966, 1976; 1993, № 10, ст. 359)

С т а т ь я 1. Плательщики государственной пошлины

Плательщиками государственной пошлины являются юридические и физические лица, в интересах которых специально уполномоченные органы совершают действия и выдают документы, имеющие юридическое значение.

С т а т ь я 2. Объекты взимания государственной пошлины

Государственная пошлина взимается:

с подаваемых в суд исковых заявлений, с заявлений по преддоговорным спорам, с заявлений (жалоб) по делам особого производства, с кассационных жалоб, а также за выдачу судом копий (дубликатов) документов;

с подаваемых в арбитражный суд исковых заявлений имущественного характера, с исковых заявлений по спорам, возникающим при заключении, изменении или расторжении договоров (контрактов), с исковых заявлений неимущественного характера, в том числе с заявлений о признании недействительными (полностью или частично) актов государственных или иных органов, с заявлений о выдаче или об отказе в выдаче приказа на принудительное исполнение решений, принятых третейским судом, с кассационных жалоб на решения и определения арбитражного суда;

за совершение любых нотариальных действий в уполномоченных на то государственных учреждениях, а также за выдачу копий (дубликатов) нотариально удостоверенных документов;

за регистрацию актов гражданского состояния, а также за выдачу повторных свидетельств о регистрации актов гражданского состояния и свидетельств в связи с изменением, дополнением, исправлением и восстановлением записей актов гражданского состояния;

с подаваемых заявлений о приобретении или прекращении гражданства Российской Федерации в порядке регистрации;

с подаваемых ходатайств о приобретении или прекращении гражданства Российской Федерации;

за выдачу или продление срока действия документов для выезда из Российской Федерации и въезда в Российскую Федерацию, о приглашении в Российскую Федерацию лиц из других государств, видов на жительство иностранным гражданам и лицам без гражданства, а также за внесение изменений в указанные документы и выдачу повторных документов (дубликатов) взамен утраченных либо испорченных;

за регистрацию и продление срока действия регистрации иностранных паспортов или заменяющих их документов;

за регистрацию (прописку) по месту жительства;

за выдачу разрешений на право охоты и за другие объекты, определяемые законодательными актами.

С т а т ь я 3. Ставки государственной пошлины

1. С подаваемых в суд исковых заявлений, в том числе по преддоговорным спорам, с заявлений (жалоб) по делам особого производства, с кассационных жалоб, а также за выдачу судом копий (дубликатов) документов государственная пошлина взимается в следующих размерах:

а) с исковых заявлений, кроме указанных в подпункте "е" настоящего пункта, при цене иска: до 1000 рублей – 5 процентов цены иска, от 1000 рублей и свыше – 15 процентов цены иска;

б) с жалоб на неправомерные действия органов государственного управления и их должностных лиц, ущемляющие права физических лиц,– 10 рублей;

в) с исковых заявлений о расторжении брака – 30 рублей, с исковых заявлений о расторжении повторного брака – 50 рублей, в случае раздела имущества при расторжении брака – размер пошлины определяется в соответствии с подпунктом "а" настоящего пункта;

г) с исковых заявлений о расторжении брака с лицами, признанными в установленном порядке безвестно отсутствующими или недееспособными вследствие душевной болезни или слабоумия, либо с лицами, осужденными к лишению свободы на срок не менее трех лет,– 5 рублей;

д) с исковых заявлений об изменении или расторжении договора найма жилых помещений, о продлении срока принятия наследства, об освобождении имущества от ареста и других исковых заявлений неимущественного характера или не подлежащих оценке,– 10 рублей;

е) с исковых заявлений по преддоговорным спорам – 25 рублей;

ж) с заявлений (жалоб) по делам особого производства – 10 рублей;

з) с кассационных жалоб на решения суда – 50 процентов пошлины, подлежащей уплате при подаче исковых заявлений или иных заявлений (жалоб), а по имущественным спорам – пошлины, исчисленной из оспариваемой суммы;

и) за выдачу копий (дубликатов) судебных решений, приговоров, определений, прочих постановлений суда, а также копий (дубликатов) других документов из дела, выдаваемых судом по просьбе сторон и других лиц, участвующих в деле,– 5 рублей за каждый документ.

2. С исковых заявлений, кассационных жалоб, подаваемых в арбитражный суд, государственная пошлина взимается в следующих размерах:

а) с исковых заявлений имущественного характера – 10 процентов от цены иска, но не менее 50 рублей;

б) с исковых заявлений по спорам, возникающим при заключении, изменении или расторжении договоров (контрактов) – 1000 рублей;

в) с исковых заявлений неимущественного характера, в т.ч. с заявлений о признании недействительными (полностью или частично) актов государственных и иных органов – 1000 рублей;

г) с заявлений о выдаче или отказе в выдаче приказа на принудительное исполнение решений, принятых третейским судом,– 1000 рублей;

д) с кассационных жалоб на решения и определения арбитражного суда по спорам неимущественного характера – 50 процентов ставки государственной пошлины, взимаемой при подаче искового заявления, а по спорам имущественного характера – от ставки, начисленной исходя из оспариваемой суммы;

е) за выдачу копий решений, определений, прочих постановлений арбитражного суда и иных документов из дела, выдаваемых арбитражным судом по просьбе сторон и других лиц, участвующих в деле,– 5 рублей за каждый документ.

3. За совершение нотариальных действий в уполномоченных на то учреждениях, а также за выдачу копий (дубликатов) нотариально удостоверенных документов государственная пошлина взимается в следующих размерах:

а) за удостоверение договоров, связанных с предоставлением в бессрочное пользование земельных участков под строительство жилых домов,– 50 рублей;

б) за удостоверение договоров отчуждения жилых домов, квартир, дач, гаражей, иных помещений, сооружений и строений (кроме договоров дарения): детям, супругу, родителям – 3 процента суммы договора, но не менее 30 рублей; другим лицам – 10 процентов суммы договора, но не менее 100 рублей;

в) за удостоверение договоров отчуждения автомототранспортных средств (кроме договоров дарения): детям, супругу, родителям – 3 процента от действительной стоимости автомототранспортного средства; другим лицам – 7 процентов от действительной стоимости автомототранспортного средства;

г) за удостоверение договоров приватизации жилищного фонда государственных и муниципальных предприятий и других договоров, подлежащих оценке,– 5 процентов суммы договора, но не менее 10 рублей;

д) за удостоверение договоров раздела имущества, договоров поручительства и других сделок, не подлежащих оценке: для физических лиц – 10 рублей; если хотя бы одна из сторон является юридическим лицом – 100 рублей;

е) за удостоверение завещаний – 10 рублей;

ж) за выдачу свидетельств о праве на наследство и за удостоверение договоров дарения на сумму: до 1000 рублей – 5 рублей; от 1000 до 5000 рублей – 25 рублей; от 5000 до 50 000 рублей – 100 рублей; от 50 000 рублей и свыше – 500 рублей;

з) за выдачу супругам свидетельства о праве собственности на долю в общем имуществе, нажитом в период брака,– 5 рублей;

и) за удостоверение доверенностей на право пользования и распоряжения имуществом и совершение кредитных операций: детям, супругу, родителям – 5 рублей; другим лицам – 15 рублей;

к) за удостоверение доверенностей на право пользования и распоряжения автомототранспортными средствами: детям, супругу, родителям – 15 рублей; другим лицам – 50 рублей;

л) за удостоверение прочих доверенностей – 10 рублей;

м) за принятие мер к охране наследственного имущества – 250 рублей;

н) за совершение морского протеста – 50 рублей;

о) за свидетельствование верности перевода документа с одного языка на другой – 5 рублей за каждую страницу;

п) за совершение исполнительных надписей – 2 процента взыскиваемой суммы, но не менее 50 копеек;

р) за свидетельствование верности копий документов и выписок из них: для физических лиц – 1 рубль за каждую страницу; для юридических лиц – 10 рублей за каждую страницу;

с) за свидетельствование подлинности подписи на документах, в том числе подлинности подписи переводчика: для физических лиц – 1 рубль за каждый документ; для юридических лиц – 10 рублей за каждый документ;

т) за передачу заявлений юридических и физических лиц другим юридическим и физическим лицам, а также совершение иных нотариальных действий, кроме указанных в подпунктах "а" – "с" пункта 3 данной статьи – 5 рублей;

у) за выдачу копий (дубликатов) нотариально удостоверенных документов – 3 рубля;

ф) за свидетельствование подлинности подписей при открытии счетов в банках – 10 рублей.

За нотариальные действия, совершаемые вне нотариальной конторы, государственная пошлина взимается в двойном размере, а также оплачиваются фактически произведенные расходы, связанные с выездом для совершения этих действий.

4. За регистрацию актов гражданского состояния, а также за выдачу гражданам повторных свидетельств о регистрации актов гражданского состояния и свидетельств в связи с изменением, дополнением, исправлением и восстановлением записи актов гражданского состояния государственная пошлина взимается в следующих размерах:

а) за регистрацию брака – 15 рублей;

б) за регистрацию расторжения брака: по взаимному согласию супругов, не имеющих несовершеннолетних детей,– 100 рублей; на основании решения суда, если оба супруга состоят в первом браке,– от 100 до 200 рублей (с одного или обоих супругов); на основании решения суда, если один из супругов состоит в повторном браке,– от 200 до 300 рублей (с одного или обоих супругов); с лицами, признанными в установленном порядке безвестно отсутствующими или недееспособными вследствие душевной болезни или слабоумия, либо с лицами, осужденными за совершение преступления к лишению свободы на срок не менее трех лет,– 5 рублей;

в) за регистрацию перемены фамилии, имени и отчества – 50 рублей;

г) за выдачу свидетельств в связи с изменением, дополнением, исправлением и восстановлением записи о рождении, о регистрации брака, расторжении брака, о смерти – 3 рубля;

д) за выдачу повторных свидетельств о регистрации актов гражданского состояния – 5 рублей.

5. За совершение иных действий государственная пошлина взимается в следующих размерах:

а) за выдачу гражданину Российской Федерации заграничного паспорта или продление срока его действия – двукратного установленного законом размера минимальной месячной оплаты труда;

б) за выдачу к удостоверению личности (паспорту) гражданина Российской Федерации вкладыша для выезда за пределы Российской Федерации или продление срока действия вкладыша – 50 процентов установленного законом размера минимальной месячной оплаты труда;

в) за выдачу иностранному гражданину и лицу без гражданства, постоянно проживающим в Российской Федерации, визы (удостоверения) для выезда за пределы Российской Федерации или продление срока действия визы (удостоверения) – 50 процентов установленного законом размера минимальной месячной оплаты труда;

г) за выдачу и продление иностранному гражданину и лицу без гражданства, временно пребывающим в Российской Федерации, визы к иностранному паспорту или заменяющему его документу для:

выезда из Российской Федерации; выезда из Российской Федерации и последующего въезда в Российскую Федерацию – 50 процентов установленного законом размера минимальной месячной оплаты труда;

многократного пересечения границы Российской Федерации – однократного установленного законом размера минимальной месячной оплаты труда;

д) за выдачу гражданину Российской Федерации, иностранному гражданину и лицу без гражданства документа о приглашении в Российскую Федерацию лиц из других государств – 20 процентов установленного законом размера минимальной месячной оплаты труда за каждого приглашенного;

е) за внесение каких-либо изменений (кроме продления срока действия) в выданный ранее документ для выезда из Российской Федерации и въезда на ее территорию – 10 процентов установленного законом размера минимальной месячной оплаты труда;

ж) за выдачу или продление вида на жительство иностранному гражданину и лицу без гражданства – 20 процентов установленного законом размера минимальной месячной оплаты труда;

з) за регистрацию или продление срока действия регистрации иностранного паспорта или заменяющего его документа – 10 процентов установленного законом размера минимальной месячной оплаты труда;

и) за выдачу взамен утраченных либо испорченных заграничного паспорта, вкладыша, визы, документа о приглашении в Российскую Федерацию, вида на жительство – в размерах, указанных соответственно в подпунктах "а" – "д", "ж" настоящего пункта;

к) с заявлений о приобретении гражданства Российской Федерации, восстановлении в гражданстве Российской Федерации и выходе из гражданства Российской Федерации – в порядке их регистрации, об определении принадлежности к гражданству – 10 процентов установленного законом размера минимальной месячной оплаты труда;

л) с ходатайств о приеме в гражданство Российской Федерации, восстановлении в гражданстве Российской Федерации, о выходе из гражданства Российской Федерации – 20 процентов установленного законом размера минимальной месячной оплаты труда;

м) за регистрацию (прописку) по месту жительства – 1 процента установленного законом размера минимальной месячной оплаты труда.

н) за выдачу решений на право охоты – 5 рублей.

С т а т ь я 4 . Льготы по государственной пошлине

1. Освобождаются от государственной пошлины в суде:

а) истцы – по искам о взыскании сумм оплаты труда и другим требованиям, связанным с трудовой деятельностью;

б) истцы – по искам, вытекающим из авторского права, а также из права на открытие, изобретение, рационализаторское предложение и промышленные образцы;

в) истцы – по искам о взыскании алиментов;

г) истцы – по искам о возмещении вреда, причиненного увечьем или иным повреждением здоровья, а также смертью кормильца;

д) органы социального страхования и органы социального обеспечения – по регрессным искам о взыскании с причинителя вреда сумм пособий и пенсий, выплаченных потерпевшему или членам его семьи;

е) органы социального обеспечения – по регрессным искам о взыскании с причинителя вреда сумм компенсации расходов на бензин, ремонт, техническое обслуживание автомототранспортных средств и запасные части к ним, на обучение инвалидов вождению автомототранспортных средств, а также по искам о взыскании неправильно выплаченных сумм пособий и пенсий;

ж) истцы – по искам о возмещении материального ущерба, причиненного преступлением;

з) стороны – с кассационных жалоб по делам о расторжении брака;

и) юридические и физические лица – за выдачу им документов в связи с уголовными делами и делами о взыскании алиментов;

к) Министерство труда и занятости населения Российской Федерации и его органы – по искам, предъявляемым к переселенцам, не выехавшим к месту переселения или самовольно выбывшим из мест вселения, о возмещении расходов, связанных с переселением;

л) учебные заведения системы профтехобразования – по искам о взыскании понесенных государством расходов на содержание учащихся, самовольно оставивших учебные заведения или исключенных из них;

м) органы рыбоохраны – по делам о возмещении ущерба, причиненного рыбному хозяйству нарушением правил рыболовства и охраны рыбных запасов;

н) Государственный концерн по водному хозяйству и мелиорации земель Российской Федерации и его органы – по искам о взыскании в доход государства средств в возмещение ущерба, причиненного государству нарушением водного законодательства, действующего на территории Российской Федерации;

о) Главное управление охотничьего хозяйства и заповедников при Правительстве Российской Федерации и его органы – по искам о возмещении ущерба, причиненного охотничьему хозяйству и государственному охотничьему фонду;

п) физические лица – с кассационных жалоб по уголовным делам, в которых оспаривается правильность взыскания материального ущерба, причиненного преступлением;

р) Государственный концерн по обеспечению нефтепродуктами Российской Федерации и его органы – по искам о взыскании штрафов за нарушение установленных приоритетов и графиков отгрузки продукции и о взыскании неустойки в случаях непредъявления покупателем поставщику требования об уплате неустойки за просрочку поставки или недопоставку продукции, а также по искам о взыскании штрафов за отпуск продукции без нарядов, перерасход на собственные нужды сверх выделенных фондов и за нарушение порядка реализации сверхнормативных и неиспользуемых материальных ценностей;

с) юридические и физические лица, обратившиеся в случаях, предусмотренных законом, в суд с заявлением в защиту охраняемых законом прав и интересов других лиц;

т) истцы – по делам о взыскании сумм лесного дохода (включая убытки и неустойки за нарушение правил отпуска леса на корню, а также штрафы за самовольную порубку леса, самовольные сенокошение и пастьбу скота), по делам о безвозмездном изъятии в фонд местных Советов народных депутатов жилых домов, квартир, дач и другого имущества, находящихся в собственности физических лиц, а также по делам об изъятии у физических лиц в государственный фонд принадлежащего им имущества, имеющего историческую, художественную или иную ценность, в случаях бесхозяйственного обращения физических лиц с этим имуществом;

у) Центральный банк Российской Федерации и его учреждения, Управление драгоценных металлов Министерства финансов Российской Федерации – истцы и ответчики – по всем делам и документам;

ф) органы внутренних дел – истцы – по делам о взыскании расходов по розыску лиц, уклоняющихся от уплаты алиментов и других платежей;

х) финансовые органы – за подачу в суд заявлений по делам особого производства;

ц) юридические и физические лица – за подачу в суд:

заявлений об отмене определений суда о прекращении дел или оставлении их без права рассмотрения, об отсрочке или рассрочке исполнения решений, изменений способа и порядка исполнения решений, об обеспечении исков или замене одного вида обеспечения другим;

заявлений о пересмотре решений, определений или постановлений суда по вновь открывшимся обстоятельствам;

заявлений о сложении или уменьшении штрафов, наложенных решениями суда;

заявлений о повороте исполнения решений суда;

заявлений о восстановлении пропущенных сроков, а также жалоб на действия судебных исполнителей;

частных жалоб на определения судов об отказе в сложении или уменьшении штрафов, других частных жалоб на определения суда;

жалоб на постановления по делам об административных правонарушениях, вынесенных уполномоченными на то органами;

ч) Министерство экологии и природных ресурсов Российской Федерации и его органы – по искам о взыскании в доход государства средств в возмещение ущерба, причиненного государству загрязнением окружающей среды и нерациональным использованием природных ресурсов;

ш) органы прокуратуры – по искам, подаваемым в интересах юридических и физических лиц;

щ) налоговые и финансовые органы, выступающие в качестве истцов и ответчиков – по искам о взыскании платежей в бюджет; о ликвидации предприятий любой организационно-правовой формы по основаниям, установленным законодательством; о признании государственной регистрации предприятий недействительной в случае нарушения установленного порядка создания предприятия или несоответствия учредительных документов требованиям законодательства и о взыскании доходов, полученных в этих случаях; о признании сделок недействительными и взыскании в доход государства всего полученного по таким сделкам; о взыскании суммы всего приобретенного не по сделкам, а в результате других незаконных действий (в редакции от 16 июля 1992);

э) общественные организации инвалидов, их учреждения, учебно-производственные предприятия и объединения – по всем искам;

ю) Пенсионный фонд Российской Федерации и его органы – по искам о взыскании с физических лиц обязательных платежей.

2. Освобождаются от уплаты государственной пошлины в арбитражных судах:

а) органы социального страхования и органы социального обеспечения – по регрессным искам о взыскании с причинителя вреда сумм пособий и пенсий, выплаченных потерпевшему или членам его семьи;

б) органы социального обеспечения – по регрессным искам о взыскании с причинителя вреда сумм компенсации расходов на бензин, ремонт, техническое обслуживание автомототранспортных средств и запасные части к ним, на обучение инвалидов вождению автомототранспортных средств;

в) истцы – по делам о взыскании сумм лесного дохода (включая убытки и неустойки за нарушение правил отпуска леса на корню, а также штрафы за самовольную порубку леса, самовольные сенокошение и пастьбу скота);

г) Центральный банк Российской Федерации и его учреждения, Управление драгоценных металлов Министерства финансов Российской Федерации, выступающие в качестве истцов и ответчиков,– по всем делам и документам;

д) органы рыбоохраны – по делам о возмещении ущерба, причиненного рыбному хозяйству нарушением правил рыболовства, охраны рыбных запасов, а также сбросом в рыбохозяйственные водоемы сточных вод и других отходов;

е) Главное управление охотничьего хозяйства и заповедников при Правительстве Российской Федерации и его органы – по искам, предъявляемым к юридическим лицам в возмещение ущерба, причиненного охотничьему хозяйству и государственному охотничьему фонду;

ж) Государственный концерн по водному хозяйству и мелиорации земель Российской Федерации и его органы – по искам о взыскании в доход государства средств в возмещение ущерба, причиненного государству нарушением водного законодательства, действующего на территории Российской Федерации;

з) Государственный комитет Российской Федерации по материально-техническому обеспечению республиканских и региональных программ и его органы – по делам о взыскании в бюджет штрафов с предприятий и организаций за отпуск продукции без нарядов и использование ее на собственные нужды, за нарушение порядка реализации сверхнормативных и неиспользуемых материальных ценностей, а также за нарушение устанавливаемой очередности отгрузки, поставки и о взыскании неустойки в случаях непредъявления покупателем поставщику требования об уплате неустойки за просрочку поставки или недопоставку продукции;

и) Государственный комитет Российской Федерации по стандартизации, метрологии и сертификации при Президенте Российской Федерации и его органы – по искам о взыскании в бюджет штрафов с предприятий и организаций за поставку продукции, отгрузка которой была запрещена органами, осуществляющими государственный надзор за внедрением и соблюдением стандартов, технологических условий и требований, а также контроль за качеством продукции, или другими уполномоченными на то органами;

к) Государственный концерн по обеспечению нефтепродуктами Российской Федерации и его органы – по искам о взыскании штрафов за нарушение установленных приоритетов и графиков отгрузки продукции и о взыскании неустойки в случаях непредъявления покупателем поставщику требования об уплате неустойки за просрочку поставки или недопоставку продукции, а также по искам о взыскании штрафов за отпуск продукции без нарядов, перерасход на собственные нужды сверх выделенных фондов и за нарушение порядка реализации сверхнормативных и неиспользуемых материальных ценностей;

л) налоговые и финансовые органы, выступающие в качестве истцов и ответчиков – по искам о взыскании платежей в бюджет; о ликвидации предприятия по основаниям, установленным законодательством, о признании государственной регистрации предприятия недействительной в случае нарушения установленного порядка создания предприятия или несоответствия его учредительных документов требованиям законодательства и о взыскании доходов, получаемых в этих случаях; о признании сделок недействительными и взыскании в доход государства всего полученного по таким сделкам; о взыскании суммы всего приобретенного не по сделкам, а в результате незаконных операций;

м) Министерство экологии и природных ресурсов Российской Федерации и его органы – по искам о взыскании в доход государства средств в возмещение ущерба, причиненного государству загрязнением окружающей среды и нерациональным использованием природных ресурсов;

н) другие государственные и иные органы, обращающиеся в случаях, предусмотренных законодательными актами, с заявлением в арбитражный суд в защиту прав и интересов других лиц, а также государственных и общественных интересов;

о) органы прокуратуры, обращающиеся в арбитражный суд в защиту государственных и общественных интересов;

п) общественные организации инвалидов, их учреждения, учебно-производственные предприятия и объединения – по всем искам.

Законодательством Российской Федерации могут быть предусмотрены другие случаи освобождения от уплаты государственной пошлины.

3. В органах, совершающих нотариальные действия, от уплаты государственной пошлины освобождаются:

а) физические лица – за свидетельствование верности копий (дубликатов) документов, необходимых для получения государственных пособий, а также по делам опеки и усыновления;

б) физические лица – за удостоверение их завещаний и договоров дарения имущества в пользу государства, а также в пользу юридических лиц;

в) налоговые и финансовые органы – за выдачу им свидетельств или их дубликатов о праве государства на наследство, а также за все документы, необходимые для получения этих свидетельств или их дубликатов;

г) общественные организации инвалидов, их учреждения, учебно-производственные предприятия и объединения – по всем нотариальным действиям;

д) юридические лица – за выдачу им свидетельств о праве на наследство имущества, переходящего им по завещанию;

е) физические лица – за выдачу им свидетельств о праве на наследство:

имущества лиц, погибших при защите СССР и Российской Федерации в связи с выполнением ими государственных или общественных обязанностей либо с выполнением долга гражданина СССР и Российской Федерации по спасению человеческой жизни, охране государственной собственности и правопорядка;

жилого дома (квартиры) или пая в жилищно-строительном кооперативе, если они проживали совместно с наследодателем, были прописаны на день смерти наследодателя и продолжают проживать в этом доме (квартире) после его смерти;

вкладов в банках, страховых сумм по договорам личного и имущественного страхования, облигаций государственных займов, сумм оплаты труда, авторских прав, сумм авторского гонорара и вознаграждений за открытия, изобретения и промышленные образцы;

ж) Центральный банк Российской Федерации и его учреждения – по всем нотариальным действиям;

з) физические лица – за удостоверение доверенностей на получение пенсий и пособий;

и) матери – за свидетельствование верности копий (дубликатов) документов по делам о награждении их орденами и медалями за многодетность;

к) воинские части, учреждения, предприятия и организации Советской Армии и Военно-Морского Флота – за совершение исполнительных надписей о взыскании задолженности в возмещение ущерба;

л) школы-интернаты – за совершение исполнительных надписей о взыскании с родителей задолженности за содержание их детей в школах-интернатах;

м) финансовые органы – за совершение исполнительных надписей о взыскании с родителей задолженности за содержание их детей в специальных школах и специальных профтехучилищах Министерства образования Российской Федерации;

н) наследники рабочих и служащих, которые были застрахованы за счет предприятий и организаций на случай смерти и погибли в результате несчастного случая по месту работы (службы),– за выдачу свидетельств, подтверждающих право наследования страхового вознаграждения;

о) физические лица, страдающие хронической душевной болезнью, над которыми учреждена опека в установленном законодательством порядке,– за получение свидетельств о наследовании ими имущества;

п) Министерство труда и занятости населения Российской Федерации и его органы – за удостоверение трудовых договоров, заключаемых в порядке организованного набора работников;

р) инвалиды Великой Отечественной войны и члены семей лиц, погибших или без вести пропавших на фронтах Великой Отечественной войны; лица, раненные при защите СССР и исполнении служебных обязанностей в Советской Армии; лица, принимавшие участие в ликвидации последствий аварии на Чернобыльской АЭС в пределах зоны отчуждения в 1986–1987 годах, а также эвакуированные и добровольно выехавшие из зоны отчуждения в 1986 году в связи с аварией на Чернобыльской АЭС, а в случае их гибели – члены их семей – за свидетельствование верности копий документов, необходимых для предоставления льгот;

с) Всесоюзное агентство по авторским правам и его органы – за совершение исполнительных надписей о взыскании вознаграждений, причитающихся к выплате по авторским правам;

т) физические лица – за выдачу им свидетельств о праве наследования страховых сумм по обязательному страхованию пассажиров и страховых возмещений по обязательному страхованию имущества, принадлежащего физическим лицам;

194

у) физияеские лица – за выдачу им свидетельств о праве наследования имущества родственников, подвергшихся репрессиям.

4. По делам о выезде из Российской Федерации в другие государства освобождаются от уплаты государственной пошлины:

а) физические лица – за выдачу им дипломатических паспортов;

б) физические лица – за выдачу заграничных паспортов или заменяющих их документов на выезд за границу, если он связан со смертью близких родственников или посещением места их захоронения;

в) физические лица, не достигшие 16-летнего возраста,– за выдачу им документов на выезд за границу;

г) иностранные туристы – за регистрацию иностранных паспортов;

д) физические лица, вызываемые в зарубежные суды в соответствии с договорами об оказании правовой помощи по гражданским, семейным и уголовным делам в качестве стороны, свидетелей и экспертов по гражданским и уголовным делам,– за выдачу им документов на выезд за границу;

е) учащиеся, достигшие 16-летнего возраста и выезжающие за границу по линии Министерства образования Российской Федерации для прохождения производственной практики,– за выдачу им заграничных паспортов;

ж) Объединенный институт ядерных исследований – за выдачу его сотрудникам заграничных паспортов на выезд за границу по служебным делам.

При оформлении служебного паспорта, паспорта моряка, а также заграничного паспорта гражданам, направляемым предприятиями, учреждениями и организациями за границу по служебным целям, государственная пошлина уплачивается этими предприятиями, учреждениями и организациями.

5. Освобождаются от уплаты государственной пошлины за регистрацию места жительства:

а) престарелые и инвалиды, проживающие в домах-интернатах для престарелых и инвалидов;

б) учащиеся школ-интернатов и профтехучилищ, находящиеся на полном государственном обеспечении и проживающие в общежитиях.

6. Освобождаются от уплаты государственной пошлины за выдачу разрешений на право охоты:

а) работники государственного охотничьего надзора, непрерывно проработавшие в системе Главного управления охотничьего хозяйства и заповедников при Правительстве Российской Федерации десять и более лет,– за выдачу или продление им разрешений на право охоты;

б) охотоведы, егеря, штатные охотники, общественные охотинспектора из числа сезонных охотников, проработавшие в системе потребительской кооперации десять и более лет,– за выдачу или продление им разрешений на право охоты;

в) лица, проживающие в районах Крайнего Севера и местностях, приравненных к этим районам,– за выдачу им разрешений на право охоты.

7. В органах, осуществляющих регистрацию актов гражданского состояния, от уплаты государственной пошлины освобождаются:

а) органы народного образования, комиссии по делам несовершеннолетних – за выдачу повторных свидетельств о рождении для направления детей-сирот и детей, оставшихся без попечения родителей, во все детские интернатные учреждения и учебные заведения;

б) физические лица – за регистрацию рождения, смерти, усыновления и установления отцовства, за выдачу им свидетельств при изменении, дополнении и исправлении записей актов о рождении в случаях установления отцовства, усыновления, а также в связи с ошибками, допущенными при регистрации актов гражданского состояния;

в) физические лица – за выдачу им на основании судебного решения свидетельств о расторжении брака с лицами, признанными в установленном порядке безвестно отсутствующими или недееспособными вследствие душевной болезни или слабоумия, либо с лицами, осужденными за совершение преступления к лишению свободы на срок не менее трех лет;

г) физические лица – за выдачу им повторных или замену ранее выданных свидетельств о смерти реабилитированных родственников;

д) физические лица – за регистрацию актов гражданского состояния, а также за выдачу им повторных свидетельств в связи с изменением, дополнением, исправлением, и восстановлением записей актов в соответствии с Указом Президента СССР "О мерах по реализации предложений Комитета солдатских матерей".

8. Органы государственной власти автономной области, автономных округов, районов, городов (кроме городов районного подчинения), районов в городах имеют право устанавливать для отдельных плательщиков дополнительные льготы по государственной пошлине, кроме государственной пошлины по делам, рассматриваемым арбитражным судом.

Статья 5. Порядок уплаты, возврата государственной пошлины и ответственность должностных лиц за его соблюдение

1. Государственная пошлина уплачивается наличными деньгами, пошлинными марками, а также путем перечисления сумм пошлины со счета плательщика через банковские учреждения.

2. Уплаченная государственная пошлина подлежит возврату полностью или частично в случаях:

а) внесения пошлины в большем размере, чем требуется по законодательству;

б) возвращения или отказа в принятии заявления (жалобы), а также отказа в совершении нотариальных действий уполномоченными на то органами;

в) прекращения производства по делу или оставления иска без рассмотрения, если дело не подлежит рассмотрению в суде либо в арбитражном суде, а также когда истцом не соблюдены требования, определенные установленным порядком предварительного разрешения спора по делам данной категории, либо когда иск предъявлен недееспособным лицом;

г) внесения государственной пошлины за регистрацию расторжения брака по взаимному согласию супругов, не имеющих несовершеннолетних детей, в случае, если расторжение брака не состоялось в связи с примирением супругов или неявкой одного из них;

д) отказа в выдаче заграничного паспорта;

е) в иных случаях, определяемых Министерством финансов Российской Федерации.

3. Руководители учреждений, взимающих государственную пошлину, несут ответственность за правильность ее взимания, а также за своевременность и полноту внесения пошлины в бюджет в установленном порядке.

Контроль за действиями учреждений, взимающих государственную пошлину, осуществляется в соответствии с законодательными актами Российской Федерации.

ЗАКОН
"О ВАЛЮТНОМ РЕГУЛИРОВАНИИ И ВАЛЮТНОМ КОНТРОЛЕ"
Принят 9 октября 1992
("Ведомости...", 1992, № 45, ст. 2542)

Настоящий Закон определяет принципы осуществления валютных операций в Российской Федерации, полномочия и функции органов валютного регулирования и валютного контроля, права и обязанности юридических и физических лиц в отношении владения, пользования и распоряжения валютными ценностями, ответственность за нарушение валютного законодательства.

Раздел I

ОБЩИЕ ПОЛОЖЕНИЯ

Статья 1. Основные понятия

Понятия, используемые в настоящем Законе, означают следующее:

1. "Валюта Российской Федерации":

а) находящиеся в обращении, а также изъятые или изымаемые из обращения, но подлежащие обмену рубли в виде банковских билетов (банкнот) Центрального банка Российской Федерации и монеты;

б) средства в рублях на счетах в банках и иных кредитных учреждениях в Российской Федерации;

в) средства в рублях на счетах в банках и иных кредитных учреждениях за пределами Российской Федерации на основании соглашения, заключаемого Правительством Российской Федерации и Центральным банком Российской Федерации с соответствующими органами иностранного государства об использовании на территории данного государства валюты Российской Федерации в качестве законного платежного средства.

2. "Ценные бумаги в валюте Российской Федерации"– платежные документы (чеки, векселя, аккредитивы и другие), фондовые ценности (акции, облигации) и другие долговые обязательства, выраженные в рублях.

3. "Иностранная валюта":

а) денежные знаки в виде банкнот, казначейских билетов, монеты, находящиеся в обращении и являющиеся законным платежным средством в соответствующем иностранном государстве или группе государств, а также изъятые или изымаемые из обращения, но подлежащие обмену денежные знаки;

б) средства на счетах в денежных единицах иностранных государств и международных денежных или расчетных единицах.

4. "Валютные ценности":

а) иностранная валюта;

б) ценные бумаги в иностранной валюте – платежные документы (чеки, векселя, аккредитивы и другие), фондовые ценности (акции, облигации) и другие долговые обязательства, выраженные в иностранной валюте;

в) драгоценные металлы – золото, серебро, платина и металлы платиновой группы (палладий, иридий, родий, рутений и осмий) в любом виде и состоянии, за исключением ювелирных и других бытовых изделий, а также лома таких изделий;

г) природные драгоценные камни – алмазы, рубины, изумруды, сапфиры и александриты в сыром и обработанном виде, а также жемчуг, за исключением ювелирных и других бытовых изделий из этих камней и лома таких изделий.

Порядок и условия отнесения изделий из драгоценных металлов и природных драгоценных камней к ювелирным и другим бытовым изделиям и лому таких изделий устанавливаются Правительством Российской Федерации.

5. "Резиденты":

а) физические лица, имеющие постоянное местожительство в Российской Федерации, в том числе временно находящиеся за пределами Российской Федерации;

б) юридические лица, созданные в соответствии с законодательством Российской Федерации, с местонахождением в Российской Федерации;

в) предприятия и организации, не являющиеся юридическими лицами, созданные в соответствии с законодательством Российской Федерации, с местонахождением в Российской Федерации:

г) дипломатические и иные официальные представительства Российской Федерации, находящиеся за пределами Российской Федерации;

д) находящиеся за пределами Российской Федерации филиалы и представительства резидентов, указанных в подпунктах "б" и "в" настоящего пункта.

6. "Нерезиденты":

а) физические лица, имеющие постоянное местожительство за пределами Российской Федерации, в том числе временно находящиеся в Российской Федерации;

б) юридические лица, созданные в соответствии с законодательством иностранных государств, с местонахождением за пределами Российской Федерации;

в) предприятия и организации, не являющиеся юридическими лицами, созданные в соответствии с законодательством иностранных государств, с местонахождением за пределами Российской Федерации;

г) находящиеся в Российской Федерации иностранные дипломатические и иные официальные представительства, а также международные организации, их филиалы и представительства;

д) находящиеся в Российской Федерации филиалы и представительства нерезидентов, указанных в подпунктах "б" и "в" настоящего пункта.

7. "Валютные операции":

а) операции, связанные с переходом права собственности и иных прав на валютные ценности, в том числе операции, связанные с использованием в качестве средства платежа иностранной валюты и платежных документов в иностранной валюте;

б) ввоз и пересылка в Российскую Федерацию, а также вывоз и пересылка из Российской Федерации валютных ценностей;

в) осуществление международных денежных переводов.

8. Операции с иностранной валютой и ценными бумагами в иностранной валюте подразделяются на текущие валютные операции и валютные операции, связанные с движением капитала.

9. "Текущие валютные операции":

а) переводы в Российскую Федерацию и из Российской Федерации иностранной валюты для осуществления расчетов без отсрочки платежа по экспорту и импорту товаров, работ и услуг, а также для осуществления расчетов, связанных с кредитованием экспортно-импортных операций на срок не более 180 дней;

б) получение и предоставление финансовых кредитов на срок не более 180 дней;

в) переводы в Российскую Федерацию и из Российской Федерации процентов, дивидендов и иных доходов по вкладам, инвестициям, кредитам и прочим операциям, связанным с движением капитала;

г) переводы неторгового характера в Российскую Федерацию и из Российской Федерации, включая переводы сумм заработной платы, пенсий, алиментов, наследства, а также другие аналогичные операции.

10. "Валютные операции, связанные с движением капитала":

а) прямые инвестиции, то есть вложения в уставный капитал предприятия с целью извлечения дохода и получения прав на участие в управлении предприятием;

б) портфельные инвестиции, то есть приобретение ценных бумаг;

в) переводы в оплату права собственности на здания, сооружения и иное имущество, включая землю и ее недра, относимое по законодательству страны его местонахождения к недвижимому имуществу, а также иных прав на недвижимость;

г) предоставление и получение отсрочки платежа на срок более 180 дней по экспорту и импорту товаров, работ и услуг;

д) предоставление и получение финансовых кредитов на срок более 180 дней;

е) все иные валютные операции, не являющиеся текущими валютными операциями.

11. "Уполномоченные банки" - банки и иные кредитные учреждения, получившие лицензии Центрального банка Российской Федерации на проведение валютных операций.

Раздел II

ВАЛЮТНОЕ РЕГУЛИРОВАНИЕ

Статья 2. Защита валюты Российской Федерации

1. Расчеты между резидентами осуществляются в валюте Российской Федерации без ограничений.

2. Порядок приобретения и использования в Российской Федерации валюты Российской Федерации нерезидентами устанавливается Центральным банком Российской Федерации в соответствии с законами Российской Федерации.

3. Вывоз и пересылка из Российской Федерации валюты Российской Федерации и ценных бумаг, выраженных в валюте Российской Федерации, а также ввоз и пересылка в Российскую Федерацию валюты Российской Федерации и ценных бумаг, выраженных в валюте Российской Федерации, осуществляются резидентами и нерезидентами в порядке, устанавливаемом Центральным банком Российской Федерации совместно с Министерством финансов Российской Федерации и Государственным таможенным комитетом Российской Федерации.

4. Сделки, заключенные в нарушении положений настоящего Закона, являются недействительными. Лица, совершившие такие сделки, несут уголовную, административную и иную ответственность в соответствии с законодательством Российской Федерации.

Статья 3. Право собственности на валютные ценности

1. Валютные ценности в Российской Федерации могут находиться в собственности как резидентов, так и нерезидентов.

В Российской Федерации право собственности на валютные ценности защищается государством наряду с правом собственности на другие объекты собственности.

Виды обязательных платежей государству (налогов, сборов, пошлин и иных безвозмездных платежей) в иностранной валюте определяются законами Российской Федерации.

2. Порядок совершения сделок с драгоценными металлами, природными драгоценными камнями, а также жемчугом в Российской Федерации устанавливается Правительством Российской Федерации.

Статья 4. Внутренний валютный рынок Российской Федерации

1. Резиденты имеют право покупать иностранную валюту на внутреннем валютном рынке Российской Федерации в порядке и на цели, определяемые Центральным банком Российской Федерации.

2. Покупка и продажа иностранной валюты в Российской Федерации производится через уполномоченные банки в порядке, устанавливаемом Центральным банком Российской Федерации.

Сделки купли-продажи иностранной валюты могут осуществляться непосредственно между уполномоченными банками, а также через валютные биржи, действующие в порядке и на условиях, устанавливаемых Центральным банком Российской Федерации. Покупка и продажа иностранной валюты, минуя уполномоченные банки, не допускается.

3. Заключенные в нарушение положений пунктов 1 и 2 настоящей статьи сделки купли-продажи иностранной валюты являются недействительными.

4. Центральный банк Российской Федерации в целях регулирования внутреннего валютного рынка Российской Федерации может устанавливать предел отклонения курса покупки иностранной валюты от курса ее продажи, а также проводить операции по покупке и продаже иностранной валюты.

Статья 5. Счета резидентов в иностранной валюте

1. Резиденты могут иметь счета в иностранной валюте в уполномоченных банках.

Иностранная валюта, получаемая предприятиями (организациями) – резидентами, подлежит обязательному зачислению на их счета в уполномоченных банках, если иное не установлено Центральным банком Российской Федерации.

2. Резиденты могут иметь счета в иностранной валюте в банках за пределами Российской Федерации в случаях и на условиях, устанавливаемых Центральным банком Российской Федерации.

3. Порядок открытия и ведения уполномоченными банками счетов резидентов в иностранной валюте устанавливает Центральный банк Российской Федерации.

Статья 6. Валютные операции резидентов в Российской Федерации

1. Текущие валютные операции осуществляются резидентами без ограничений.

2. Валютные операции, связанные с движением капитала, осуществляются резидентами в порядке, устанавливаемом Центральным банком Российской Федерации.

3. Резиденты имеют право без ограничений переводить, ввозить и пересылать валютные ценности в Российскую Федерацию при соблюдении таможенных правил. Порядок обязательного перевода, ввоза и пересылки в Российскую Федерацию иностранной валюты и ценных бумаг в иностранной валюте, принадлежащих резидентам, устанавливает Центральный банк Российской Федерации. Порядок обязательного ввоза и пересылки в Российскую Федерацию драгоценных металлов, природных драгоценных камней, а также жемчуга, принадлежащих резидентам, определяет Правительство Российской Федерации.

4. Резиденты имеют право продавать иностранную валюту за валюту Российской Федерации на внутреннем валютном рынке Российской Федерации в порядке, предусмотренном статьей 4 настоящего Закона.

5. Порядок формирования государственных валютных резервов устанавливается Верховным Советом Российской Федерации. Порядок обязательной продажи резидентами поступлений иностранной валюты на внутреннем валютном рынке Российской Федерации устанавливается Президентом Российской Федерации с последующим представлением информации Верховному Совету Российской Федерации.

6. Физические лица – резиденты имеют право переводить, вывозить и пересылать из Российской Федерации ранее переведенные, ввезенные или пересланные в Российскую Федерацию валютные ценности при соблюдении таможенных правил в пределах, указанных в декларации или ином документе, подтверждающем их перевод, ввоз или пересылку в Российскую Федерацию.

7. Порядок вывоза и пересылки резидентами из Российской Федерации валютных ценностей, за исключением случаев, указанных в пункте 6 настоящей статьи, устанавливает Центральный банк Российской Федерации совместно с Государственным таможенным комитетом Российской Федерации.

Статья 7. Счета нерезидентов в иностранной валюте и в валюте Российской Федерации

1. Нерезиденты могут иметь счета в иностранной валюте и в валюте Российской Федерации в уполномоченных банках.

2. Порядок открытия и ведения уполномоченными банками счетов нерезидентов в иностранной валюте и в валюте Российской Федерации устанавливает Центральный банк Российской Федерации.

Статья 8. Валютные операции нерезидентов в Российской Федерации

1. Нерезиденты имеют право без ограничений переводить, ввозить и пересылать валютные ценности в Российскую Федерацию при соблюдении таможенных правил.

2. Нерезиденты имеют право продавать и покупать иностранную валюту за валюту Российской Федерации в порядке, устанавливаемом Центральным банком Российской Федерации.

3. Нерезиденты имеют право беспрепятственно переводить, вывозить и пересылать из Российской Федерации валютные ценности при соблюдении таможенных правил, если эти валютные ценности были ранее переведены, ввезены или пересланы в Российскую Федерацию или приобретены в Российской Федерации на основаниях, указанных в пункте 2 настоящей статьи, и в иных случаях в соответствии с законодательством Российской Федерации.

4. Порядок перевода, вывоза и пересылки нерезидентами из Российской Федерации валютных ценностей, за исключением случаев, указанных в пункте 3 настоящей статьи, устанавливает Центральный банк Российской Федерации совместно с Государственным таможенным комитетом Российской Федерации.

Статья 9. Центральный банк Российской Федерации как орган валютного регулирования

1. Центральный банк Российской Федерации является основным органом валютного регулирования в Российской Федерации.

2. Центральный банк Российской Федерации в рамках настоящего Закона:

а) определяет сферу и порядок обращения в Российской Федерации иностранной валюты и ценных бумаг в иностранной валюте;

б) издает нормативные акты, обязательные к исполнению в Российской Федерации резидентами и нерезидентами;

в) проводит все виды валютных операций;

г) устанавливает правила проведения резидентами и нерезидентами в Российской Федерации операций с иностранной валютой и ценными бумагами в иностранной валюте, а также правила проведения нерезидентами в Российской Федерации операций с валютой Российской Федерации и ценными бумагами в валюте Российской Федерации;

д) устанавдливает порядок обязательного перевода, ввоза и пересылки в Российскую Федерацию иностранной валюты и ценных бумаг в иностранной валюте, принадлежащих резидентам, а также случаи и условия открытия резидентами счетов в иностранной валюте в банках за пределами Российской Федерации;

е) устанавливает общие правила выдачи лицензий банкам и иным кредитным учреждениям на осуществление валютных операций и выдает такие лицензии;

ж) устанавливает единые формы учета, отчетности, документации и статистики валютных операций, в том числе уполномоченными банками, а также порядок и сроки их представления;

з) готовит и публикует статистику валютных операций Российской Федерации по принятым международным стандартам;

и) выполняет другие функции, предусмотренные настоящим законом.

Раздел III

ВАЛЮТНЫЙ КОНТРОЛЬ

С т а т ь я 1 0 . Цель и направления валютного контроля

1. Целью валютного контроля является обеспечение соблюдения валютного законодательства при осуществлении валютных операций.

2. Основными направлениями валютного контроля являются:

а) определение соответствия проводимых валютных операций действующему законодательству и наличия необходимых для них лицензий и разрешений;

б) проверка выполнения резидентами обязательств в иностранной валюте перед государством, а также обязательств по продаже иностранной валюты на внутреннем валютном рынке Российской Федерации;

в) проверка обоснованности платежей в иностранной валюте;

г) проверка полноты и объективности учета и отчетности по валютным операциям, а также по операциям нерезидентов в валюте Российской Федерации.

С т а т ь я 1 1 . Органы и агенты валютного контроля

1. Валютный контроль в Российской Федерации осуществляется органами валютного контроля и их агентами.

2. Органами валютного контроля в Российской Федерации являются Центральный банк Российской Федерации, а также Правительство Российской Федерации в соответствии с законами Российской Федерации.

3. Агентами валютного контроля являются организации, которые в соответствии с законодательными актами Российской Федерации могут осуществлять функции валютного контроля. Агенты валютного контроля подотчетны соответствующим органам валютного контроля.

4. Уполномоченные банки являются агентами валютного контроля, подотчетными Центральному банку Российской Федерации.

С т а т ь я 1 2 . Полномочия органов и агентов валютного контроля

1. Органы валютного контроля в пределах своей компетенции издают нормативные акты, обязательные к исполнению всеми резидентами и нерезидентами в Российской Федерации.

2. Органы и агенты валютного контроля в пределах своей компетенции:

а) осуществляют контроль за проводимыми в Российской Федерации резидентами и нерезидентами валютными операциями, за соответствием этих операций законодательству, условиями лицензий и разрешений, а также за соблюдением ими актов органов валютного контроля;

б) проводят проверки валютных операций резидентов и нерезидентов в Российской Федерации.

3. Органы валютного контроля определяют порядок и формы учета, отчетности и документации по валютным операциям резидентов и нерезидентов.

Статья 13. Права и обязанности резидентов и нерезидентов

1. Резиденты и нерезиденты, осуществляющие в Российской Федерации валютные операции, а также нерезиденты, осуществляющие операции с валютой Российской Федерации и ценными бумагами в валюте Российской Федерации, имеют право:

а) знакомиться с актами проверок, проведенных органами и агентами валютного контроля;

б) обжаловать действия агентов валютного контроля соответствующим органам валютного контроля, а также действия органов валютного контроля в порядке, установленном законодательством Российской Федерации;

в) на другие права, установленные настоящим Законом и иными законодательными актами Российской Федерации.

2. Резиденты и нерезиденты, осуществляющие в Российской Федерации валютные операции, а также нерезиденты, осуществляющие операции с валютой Российской Федерации и ценными бумагами в валюте Российской Федерации, обязаны:

а) представлять органам и агентам валютного контроля все запрашиваемые документы и информацию об осуществлении валютных операций;

б) представлять органам и агентам валютного контроля объяснения в ходе проведения ими проверок, а также по их результатам;

в) в случае несогласия с фактами, изложенными в акте проверки, произведенной органами и агентами валютного контроля, представлять письменные пояснения мотивов отказа от подписания этого акта;

г) вести учет и составлять отчетность по проводимым ими валютным операциям, обеспечивая их сохранность не менее пяти лет;

д) выполнять требования (предписания) органов валютного контроля об устранении выявленных нарушений;

е) выполнять другие обязанности, установленные законодательством Российской Федерации.

Статья 14. Ответственность за нарушение валютного законодательства

1. Резиденты, включая уполномоченные банки, и нерезиденты, нарушившие положения статей 2–8 настоящего Закона, несут ответственность в виде:

а) взыскания в доход государства всего полученного по недействительным в силу настоящего Закона сделкам;

б) взыскания в доход государства необоснованно приобретенного не по сделке, а в результате незаконных действий.

2. Резиденты, включая уполномоченные банки, и нерезиденты за отсутствие учета валютных операций, ведение учета валютных операций с нарушением установленного порядка, непредставление или несвоевременное представление органам и агентам валютного контроля документов и информации в соответствии с пунктом 2 статьи 13 настоящего Закона несут ответственность в виде штрафов в пределах суммы, которая не была учтена, была учтена ненадлежащим образом или по которой документация и информация не были представлены в установленном порядке. Порядок привлечения к ответственности в случаях, предусмотренных настоящим пунктом, устанавливается Центральным банком Российской Федерации в соответствии с законами Российской Федерации.

3. При повторном нарушении указанных в настоящей статье положений, а также за невыполнение или ненадлежащее выполнение предписаний органов валютного контроля резиденты, включая уполномоченные банки, и нерезиденты несут ответственность в виде:

а) взыскания в доход государства сумм, указанных в пункте 1 настоящей статьи, а также штрафов в пределах пятикратного размера этих сумм, осуществляемого Центральным банком Российской Федерации в соответствии с законами Российской Федерации;

б) приостановления действия или лишения резидентов, включая уполномоченные банки, или нерезидентов выданных органами валютного контроля лицензий и разрешений;

в) других санкций, установленных законодательством Российской Федерации.

4. Взыскание упомянутых в настоящей статье сумм штрафов и иных санкций производится органами валютного контроля, в том числе по представлению агентов валютного контроля, с юридических лиц – в бесспорном порядке, а с физических лиц – в судебном.

5. Должностные лица юридических лиц – резидентов, в том числе уполномоченных банков, и юридических лиц – нерезидентов, а также физические лица, виновные в нарушении валютного законодательства, несут уголовную, административную и гражданско-правовую ответственность в соответствии с законодательством Российской Федерации.

С т а т ь я 15. Права и обязанности должностных лиц органов и агентов валютного контроля. Обжалование действий должностных лиц органов валютного контроля

1. Должностные лица органов и агентов валютного контроля в пределах компетенции этих органов имеют право:

а) проверять все документы, связанные с осуществлением ими функций валютного контроля, получать необходимые объяснения, справки и сведения по вопросам, возникающим при проверках, а также изымать документы, свидетельствующие о нарушениях в сфере валютного законодательства;

б) приостанавливать операции по счетам в уполномоченных банках в случае непредставления упомянутых в настоящей статье документов и информации;

в) приостанавливать действие или лишать резидентов, включая уполномоченные банки, а также нерезидентов лицензий и разрешений на право осуществления валютных операций;

г) на другие права, предусмотренные законодательством Российской Федерации.

2. Органы и агенты валютного контроля и их должностные лица обязаны сохранять ставшую им известной при выполнении функций валютного контроля коммерческую тайну резидентов и нерезидентов.

3. Органы валютного контроля и их должностные лица в случае ненадлежащего осуществления возложенных на них обязанностей могут привлекаться к ответственности в порядке, предусмотренном законодательством Российской Федерации.

ПОЛОЖЕНИЕ О ЧЕКАХ

Введено постановлением Верховного Совета Российской Федерации от 13 февраля 1992

("Экономика и жизнь", № 25, июнь 1992)

Глава I

ОСНОВНЫЕ ПОНЯТИЯ

С т а т ь я 1. Для целей настоящего Положения принимаются следующие понятия:

чек – документ установленной формы, содержащий письменное поручение чекодателя плательщику произвести платеж чекодержателю указанной в нем денежной суммы. Образец чека утверждается Центральным банком Российской Федерации;

чекодатель – лицо, выписавшее чек;

чекодержатель – лицо, являющееся владельцем выписанного чека;

плательщик – банк или иное кредитное учреждение, получившее лицензию на совершение банковских операций (в дальнейшем именуемые "банк") и производящее платеж по предъявленному чеку;

индоссант – чекодержатель, передающий чек другому лицу (индоссату) посредством передаточной надписи (индоссамента);

аваль – поручительство за оплату чека, оформляемое гарантийной надписью на нем.

С т а т ь я 2. Порядок и условия использования чеков в платежном обороте Российской Федерации регулируются настоящим Положением и другими актами законодательства Российской Федерации.

Глава II

О РЕКВИЗИТАХ ЧЕКА И ЕГО СОСТАВЛЕНИИ

С т а т ь я 3. Чек должен содержать:

1) наименование "чек", включенное в текст документа на том языке, на котором этот документ составлен;

2) поручение плательщику выплатить конкретную денежную сумму;

3) наименование плательщика и указание счета, с которого должен быть произведен платеж;

4) указание валюты платежа;

5) указание даты и места составления чека;

6) подпись чекодателя.

Отсутствие в документе какого-либо из указанных реквизитов лишает его силы чека.

С т а т ь я 4. Заполнение чека допускается как от руки, так и с использованием технических средств.

Использование факсимиле при подписании чеков не допускается.

На чеке, выданном от имени юридического лица, должна быть так же проставлена его печать.

С т а т ь я 5. Чек, если иное не предусмотрено настоящим Положением, выставляется на банк, где чекодатель имеет средства, которыми он распоряжается путем выставления чеков.

Чек оплачивается за счет средств чекодателя, в том числе за счет средств, предоставляемых ему на основании соглашений.

С т а т ь я 6. Чек не может быть акцептован плательщиком. Учиненная на чеке надпись об акцепте считается несуществующей.

С т а т ь я 7. Чек может быть выписан:

1) определенному лицу с оговоркой "приказу" или без нее (ордерный чек);
2) определенному лицу с оговоркой "не приказу" (именной чек);
3) предъявителю с записью "предъявителю" (предъявительский чек).

Чек без указания наименования чекодержателя рассматривается как чек на предъявителя.

С т а т ь я 8. Чек может быть предъявлен в порядке, предусмотренном статьей 27 настоящего Положения, к оплате у третьего лица при условии, что оно является банком.

С т а т ь я 9. Чек, сумма которого написана словами и цифрами, в случае их несовпадения, имеет силу на сумму, написанную словами.

С т а т ь я 10. Ответственность перед чекодержателем за оплату чека наступает лишь в случае предъявления чека к платежу в установленный срок и отказа плательщика от оплаты чека (статьи 21, 22 и 25 настоящего Положения).

Глава III

О ПЕРЕДАЧЕ ЧЕКА

С т а т ь я 11. Чек может быть передан во владение другому лицу путем простого вручения, посредством индоссамента либо в порядке, установленном гражданским законодательством Российской Федерации.

Простым вручением осуществляется передача предъявительских чеков, а также ордерных чеков с бланковым индоссаментом.

Посредством индоссамента могут передаваться ордерные и предъявительские чеки.

Именной чек не подлежит передаче, за исключением случаев обращения взыскания на имущество чекодержателя в порядке, установленном гражданским законодательством Российской Федерации.

С т а т ь я 12. Передача ордерного или предъявительского чека посредством индоссамента может быть совершена любому другому лицу (включая чекодателя), которое может, в свою очередь, индоссировать чек.

Индоссамент на плательщика имеет лишь силу расписки по платежу, кроме того случая, когда плательщик имеет несколько филиалов (отделений) и индоссамент совершен в пользу иного филиала (отделения), чем тот, на который выставлен чек.

С т а т ь я 13. Индоссамент должен быть написан на обороте чека или на присоединенном к нему листке и подписан индоссантом с указанием даты совершения надписи.

Индоссамент ничем не обуславливается. Всякое ограничивающее его условие считается ненаписанным. Индоссамент на часть суммы, указанной в чеке, недействителен. Недействительным является также индоссамент плательщика.

С т а т ь я 14. Индоссамент может быть именным, если в нем указано наименование лица, которому передается чек, или бланковым, если оно не указано. Индоссамент на предъявителя имеет силу бланкового индоссамента.

Держатель чека с бланковым индоссаментом может превратить бланковую надпись в именную, указав в ней свое имя или имя другого лица, передать чек посредством нового бланкового или именного индоссамента либо путем простого вручения.

Именной индоссамент, содержащий оговорку "не приказу", означает, что чек дальнейшей передаче не подлежит.

Именной индоссамент не превращает предъявительский чек в ордерный или именной. Такой чек может передаваться простым вручением, и право получения платежа по нему принадлежит любому его держателю.

С т а т ь я 15. Держатель ордерного чека может путем записи в именном индоссаменте "валюта к получению", "на инкассо" и "как доверенному" дать поручение определенному лицу получить платежи, совершать действия, необходимые для охраны и осуществления прав по чеку, и реализовать другие права по нему. Это лицо может индоссировать такой чек другому лицу лишь путем равнозначного индоссамента, если в предшествующем индоссаменте не оговорено воспрещение дальнейшей передачи чека.

С т а т ь я 16. Лицо, располагающее чеком, полученным по индоссаменту, рассматривается как законный чекодержатель, если оно основывает свое право на непрерывном ряде индоссаментов, даже если последний индоссамент бланковый. Зачеркнутые индоссаменты при этом считаются ненаписанными.

С т а т ь я 17. Индоссант отвечает за платеж (несет солидарную ответственность с чекодателем, авалистом, другими индоссантами), за исключением случая, когда его индоссамент сделан с оговоркой "без оборота на меня", означающей, что он не несет ответственности перед теми лицами, которым чек был индоссирован после него.

Глава IV

ОБ АВАЛЕ

Статья 18. Платеж по чеку может быть гарантирован авалистом полностью или частично посредством аваля.

Гарантия платежа по чеку может даваться любым лицом, за исключением плательщика.

Статья 19. Аваль проставляется на лицевой стороне чека или на дополнительном листе путем записи "считать за аваль" и указания, за кого он дан. Аваль подписывается авалистом с указанием своего адреса и даты совершения записи.

Статья 20. Права и обязанности авалиста регулируются в соответствии со статьей 210 Гражданского кодекса РСФСР и настоящим Положением.

Глава V

О ПРЕДЪЯВЛЕНИИ ЧЕКА И ПЛАТЕЖЕ

Статья 21. Чек подлежит оплате по предъявлению соответствующему плательщику. На территории Российской Федерации чек подлежит оплате в течение:

10 дней, если чек выписан на территории Российской Федерации;

20 дней, если чек выписан на территории государств – членов Содружества Независимых Государств;

70 дней, если чек выписан на территории какого-либо другого государства.

Окончание срока действия чека определяется календарной датой места платежа в порядке, установленном законодательством Российской Федерации.

Статья 22. Если предъявителю чека в установленный срок препятствовало чрезвычайное или непредотвратимое при данных условиях событие (непреодолимая сила), то этот срок соответственно продлевается.

Статья 23. Реорганизация юридического лица, выдавшего чек, а также смерть или недееспособность чекодателя, наступившие после того, как был выписан чек, не дают плательщику права отказывать в оплате чека.

Плательщик вправе отказать в оплате чека, если ему стало известно о ликвидации юридического лица, выписавшего чек. В этом случае чекодержатель вправе предъявить иск в порядке, предусмотренном главой VII настоящего Положения.

Статья 24. Отзыв чека действителен только после истечения срока для его предъявления.

Статья 25. Плательщик может при оплате чека потребовать, чтобы он был вручен ему чекодержателем с распиской в получении платежа.

Глава VI

О КРОССИРОВАННОМ И РАСЧЕТНОМ ЧЕКАХ

Статья 26. Чекодатель или чекодержатель могут кроссировать чек с последствиями, предусмотренными статьей 27 настоящего Положения.

Кроссирование производится двумя параллельными линиями на лицевой стороне чека. На чеке допускается только одно кроссирование.

Кроссирование может быть общим, если между линиями нет никакого обозначения или имеется пометка "банк", или специальным, если между линиями вписано наименование плательщика.

Общее кроссирование может быть превращено в специальное путем вписывания между линиями наименования плательщика. Специальное кроссирование не может быть превращено в общее.

Зачеркивание кроссирования или наименования банка считается недействительным.

Статья 27. Чек, имеющий общее кроссирование, может быть оплачен плательщиком только банку или своему клиенту.

Держатель чека, имеющего специальное кроссирование, может предъявить его только банку, наименование которого указано между линиями.

Банк может принять кроссированный чек только от своего клиента или от другого банка.

Статья 28. Чекодатель или чекодержатель могут запретить оплату чека наличными деньгами, сделав на его лицевой стороне надпись "расчетный". В этом случае оплата чека производится путем записей по счетам.

Зачеркивание надписи "расчетный" считается недействительным.

Плательщик, не выполнивший требования настоящей статьи, обязан возместить чекодателю или чекодержателю убытки в полном объеме, включая упущенную выгоду.

Глава VII

О ПОСЛЕДСТВИЯХ НЕОПЛАТЫ ЧЕКА

С т а т ь я 29. В случае отказа плательщика в оплате чека чекодержатель вправе по своему выбору предъявить иск к одному, нескольким или всем обязанным по чеку лицам, которые несут перед ним солидарную ответственность.

Факт отказа от оплаты чека должен быть нотариально удостоверен в порядке, установленном законодательством Российской Федерации, либо отметкой плательщика на чеке об отказе в его оплате с указанием даты представления чека к оплате.

Факт отказа в оплате чека должен быть удостоверен до истечения установленного настоящим Положением срока для оплаты чека.

С т а т ь я 30. Чекодержатель, индоссанты и авалисты могут требовать от того лица, к которому они обращаются с иском, оплату:

1) суммы неоплаченного чека;

2) процентов в размере шести годовых со дня предъявления чека к платежу, а также пени в размере одного процента с суммы чека;

3) издержек, связанных с иском.

Лицо, оплатившее чек, вправе потребовать после его оплаты передачи ему чека, а также предъявить со дня оплаты иск к другим обязанным по чеку лицам.

С т а т ь я 31. Чекодатель и другие обязанные по чеку лица вправе предъявить иск об оплате чека в течение шести месяцев со дня возникновения права на предъявление такого иска.

По истечении трех лет со дня отказа плательщика оплатить чек прекращаются все права требования по нему.

Глава VIII

ЗАКЛЮЧИТЕЛЬНЫЕ ПОЛОЖЕНИЯ

С т а т ь я 32. Чеки, выданные за границей Российской Федерации с платежом на ее территории, должны соответствовать требованиям главы II настоящего Положения.

Чек, выданный на территории Российской Федерации с платежом за границей, должен отвечать требованиям законодательства государства по месту платежа.

Если международным договором с участием Российской Федерации предусмотрено иное, чем установлено настоящим Положением, то применяются правила международного договора.

СОДЕРЖАНИЕ

П 68   Правовой словарь предпринимателя: С приложением действующего законодательства Российской Федерации, связанного с предпринимательством.— М.: Большая Российская энциклопедия, 1993.– 207 с.
ISBN 5-85270-053-3

Небольшой по объему «Правовой словарь предпринимателя» содержит краткие статьи, раскрывающие содержание понятий и терминов, широкое использование которых в нашем законодательстве и хозяйственной практике обусловлено проведением глубоких экономических преобразований с целью создания рыночной экономики. Особое значение для предпринимательской деятельности имеет знание действующего в этой сфере законодательства. Поэтому в словаре помещены тексты основополагающих законодательных актов, связанных с предпринимательством.

П $\frac{1203021400-014}{007(01)-93}$ 34(03)

ИБ № 209

Сдано в набор 19.10.92. Подписано в печать 22.04.93. Формат издания 60 x 90 1/16. Бумага офсетная № 1. Гарнитура Таймс.
Печать офсетная. Объем издания 13,0 печ.л.; 22,06 уч.-изд.л.; 13,0 кр.-отт. Тираж 70000 экз. Заказ № 1269. С 6.

Оригиналы текста подготовлены в издательстве на персональных компьютерах.

Научное издательство «Большая Российская энциклопедия», 109817, Москва, Покровский бул., д. 8.

Ордена Трудового Красного Знамени Тверской полиграфический комбинат Министерства печати и информации Российской Федерации.
170024, г. Тверь, пр. Ленина, д. 5.